위르겐 클롭

JÜRGEN

위르겐 클롭

KLOPP

THE BIOGRAPHY

엘마 네벨링 지음 | 이성모 옮김

한스미디어

▲ **마인츠 시대(1990~2008)**
마인츠로서는 이례적인 푸른색 유니폼을 입은 위르겐 클롭(1999–2000시즌).

▲ 재회의 기쁨: 1998년 4월, 마인츠로 복귀한 은사 볼프강 프랑크(오른쪽)를 반갑게 맞이하는 위르겐 클롭. 중앙의 뒤쪽에 있는 사람은 마인츠의 매니저인 크리스티안 하이델.

▼ 위어딩겐의 하산 부랄Hasan Vural과 공을 다투는 1997~98시즌의 클롭(왼쪽).

▲ 선수 시절부터 독자적인 팬클럽이 있었다. '멘서 클로포스Meenzer KLOPPOS'(1998년 8월).

▼ 리그 잔류가 확정되자 감격한 마인츠의 서포터가 클롭을 안고 들어 올리고 있다(1998년 6월).

▲ 심판과 이야기하는 클롭. 당시부터 적극적으로 커
뮤니케이션을 하는 유형이었다(1998년 9월).

▲ 임시 감독 만프레드 로렌츠Manfred Lorenz의 이야
기를 듣는 클롭(2000년 11월).

▲ 2001년 4월, RW 오버하우젠을 1 대 0으로 이기고 기뻐하는 젊은 감독 위르겐 클롭과 포워드 미하엘 투르
크(가운데), 매니저 크리스티안 하이델(오른쪽). 경기 종료 직전에 투르크가 결승골을 넣었다.

▶ (오른쪽 위) 2001년 6월, 마인츠가 새로 영입한 선수들
그리고 어시스턴트 코치 젤리코 부바치(뒷줄 맨 왼쪽)와 함께.
▶ (오른쪽 아래) SV 발트호프 만하임에 승리해 1위의 자리를 지킨 뒤
마인츠 서포터들과 기쁨을 나누는 위르겐 클롭(2001년 10월).

▲ 2002년 4월, 사인회에서.

▼ 아쉽게도 승격에는 실패했지만 마인츠 서포터들의 공감을 손에 넣었다.
　응원에 감사하는 클롭(2002년 5월).

▲ 감독이 된 뒤에도 적극적으로 훈련에 참가했다.
왼쪽은 산드로 슈바르츠, 중앙은 안토니오 다 실바(2003년 6월).

▼ 마인츠가 마침내 1부 리그 승격. 매니저 크리
스티안 하이델과 부둥켜안고 기쁨의 눈물을
흘리다(2004년 5월).

▼ 마인츠의 구텐베르크 광장에서. 승격을 축하하기 위해 몰려든
서포터들을 고무시키는 클롭(2004년 5월).

▲ 클럽 창설 100주년이자 첫 분데스리
가 1부 리그 시즌. "우리가 분데스리
가를 접수한다"라는 현수막을 내건
마인츠의 서포터들(2004년 8월).

◀ 2004년의 승격 파티에서 댄스에 도
전하는 클롭과 미드필더 안토니오 다
실바.

▲ 데니스 바일란트를 강하게 설득하는
클롭(2004년 10월).

▼ 승격에 감격한 감독을 축하하는 마인
츠 회장 하랄트 슈트루츠(2004년 5월).

▲ 〈키커〉지의 독자 설문조사에서 前 시즌 최우수 감독으로 선정되어 '골든K'를 받다(2005년 7월).

▲ 한 시대의 종언. 2008년 5월, 오랫동안 몸담았던 마인츠의 송별 이벤트에서.
◀ 2부 리그 강등. 눈물을 보이면서도 충실한 마인츠 서포터들의 응원에 감사하는 클롭(2007년 5월).

▲ 텔레비전 해설자로서
유로 2008에서 스튜디오 해설자로 활약하다. 왼쪽은 심판 출신인 스위스인 우르스 마이어, 오른쪽은 사회자인 요하네스 B. 커너.

▼ 2010 남아공 월드컵에서는 사회자 귄터 야우흐(오른쪽)와 함께 해설을 했다.

도르트문트 시대(2008~2015)

▲ 새로운 막이 열리다. 2008-09시즌부터 도르트문트의 감독으로 취임. 새로 영입된 선수들과 함께.

◀ 감정이 폭발해 제4심판을 모자챙으로 밀다 (2010년 11월).

▼ 도르트문트의 좌측 풀백인 마르셀 슈멜처와 함께 (2008년 8월).

▲ 2010년 7월, 도르트문트의 훈련 모습.

▼ 2011년 2월, 분데스리가 우승의 분수령 중 하나였던 바이에른 뮌헨과의 경기에서 3 대 1로 승리하고 기뻐하는
  클롭과 선수들.

▲ 두 경기를 남기고 리그 우승을 결정지은 챔피언의 환희. 감독을 헹가래 치는 도르트문트의 선수들(2011년 4월).

▼ 마이스터샬레를 들고 환희의 감정을 폭발시키다: 2010-11시즌의 독일 챔피언 보루시아 도르트문트(2011년 5월).

▲ 퍼레이드 버스가 도르트문트의 거리를 행진하다. DFB-포칼과 분데
스리가의 더블을 달성한 영웅들을 축복하는 시민들(2012년 5월).

▶ 새로 영입한 마르코 로이스와. 2012년 독일 최우수선수로 선정된 로
이스가 이적한 카가와 신지의 포지션을 계승하게 된다(2012년 8월).

▼ 영광의 숨은 공로자들. 2012년 5월, 마이스터샬레와 포칼을 들고 포
즈를 취하는 스포츠 디렉터 미하엘 조르크(왼쪽)와 위르겐 클롭, 그
리고 바츠케 CEO(오른쪽).

▲ 영국 런던의 웸블리 스타디움에서 열린 2013년 챔피언스리 그 결승전은 감독 간의 대결이기도 했다. 결과적으로 FC 바이에른 뮌헨의 유프 하인케스 감독(왼쪽)이 2 대 1로 승리하면서 클롭 감독은 쓴 패배를 맛보았다(2013년 5월).

▲ 런던에서 패배한 이후 열린 연회에서 되찾은 미소: 위르겐 클롭과 아내 울라(2013년 5월).

▲ DFB 포칼 결승전 패배에 대한 가벼운 복수인 동시에 보루시아 도르트문트에서 이룬 클롭의 마지막 성과: 보루시아 도르트문트 선수단이 2014년 독일 슈퍼컵 결승에서 FC 바이에른 뮌헨을 상대로 2 대 0으로 승리한 후, 관중들 앞에서 승리를 자축하고 있다(2014년 8월).

▲ 당혹스런 표정: 위르겐 클롭 감독이 시즌을 마치고 기자회견을 자청해 보루시아 도르트문트 팀과의 작별을 고하고 있다. 한 시대의 종말이었다. 침통한 표정을 한 한스-요아힘 바츠케 구단주(왼쪽)와 미하엘 조르크 단장(오른쪽)이 클롭의 활약에 대해 깊은 감사의 인사를 전하고 있다(2015년 4월).

▼ 공로를 인정받다: 2014-15시즌 분데스리가 마지막 경기에서 도르트문트의 서포터즈와 팬들이 클롭의 모습을 연출하며 감동적인 퍼포먼스를 선사했다(2015년 5월).

▲ 결승전에서 지다: 클롭이 맨시티를 상대로 치른 2016 리그컵 결승 연장전에서 선수들을 불러 모으고 있다. 하지만 맨시티가 승부차기 끝에 승리했다(2016년 2월).

▲ 포효해도 소용없다: 2015-16시즌 유로파리그 결승전, 리버풀은 세비야를 상대로 훌륭한 전반전을 치렀지만 후반전에 와르르 무너지며 1 대 3으로 지고 말았다. 게다가 다음 시즌 유럽 대회 진출권도 얻지 못했다(2016년 5월).

◀ 안경이 부러지다: 노르위치 시티와의 팽팽한 접전 끝에 애덤 랄라나가 뒤늦게 결승 골을 터뜨리며 5 대 4가 됐다. 랄라나는 클롭의 품속으로 펄쩍 뛰어들며 기뻐했다. 그때 실수로 클롭의 안경을 부러뜨리고 말았다(2016년 1월).

▲ 환희에 빠진 안필드: 리버풀이 2015−16시즌 유로파리그 8강에서 BVB 그리고 자신의 후계자 토마스 투헬(클룹 옆)을 만났다. 리버풀은 2차전에서 3 대 1의 스코어로 역전에 성공했다. 리버풀은 총합 4 대 3으로 4강에 진출했다(2016년 4월).

다시 2위: 리버풀은 UCL 결승전에서 레알 마드리드를 상대로 아쉽게 패배했다. 클룹이 실망스러운 표정으로 빅이어를 지나치고 있다(2018년 5월).

▲ 다음 시즌, 그의 팀은 최고의 경기력과 함께 환상적인 순간을 맞이했다. 감독과 선수들은 콥(리버풀 서포터
즈의 애칭) 앞에서 바르셀로나를 화끈하게 잡았다. 바르셀로나 원정에서 0 대 3으로 진 그들은 자신의 홈
에서 4 대 0으로 이겼다. 클롭은 그의 팀에 승리를 향한 열망을 한 번 더 고무시켰다(2019년 5월).

▼ 마땅한 영예: 바르셀로나를 상대할 때보다 관중은 적었지만, 어쨌든 우승자가 됐다. 리버풀은 토트넘 홋스
퍼를 2 대 0으로 물리친 후 여섯 번째 빅이어를 들어 올렸다. 그리고 도시에서 퍼레이드를 즐겼다. '축제광'
클롭이 앞장섰다(2019년 6월).

▲ 세계 최고: 리버풀과 클롭은 세계 축구의 정상에 섰다. '더 레즈(리버풀 애칭)'는 FIFA 클럽 월드컵에서도 우승을 차지했다(2019년 12월). 클롭은 FIFA 올해의 감독상을 받았다(오른쪽, 2019년 9월).

▼ 30년의 기다림이 끝을 맺다: 클롭이 리버풀을 1990년 이후 처음으로 프리미어리그 정상에 올려놓으며 클럽 역사에 기념비를 세웠다. 코로나19 팬데믹으로 인한 집합 금지와 거리 두기 규정, 클롭의 호소에도 불구하고 수천 명의 팬이 리버풀 항구에 모여 열광했다.

"아마도 나는
노멀 원Normal One일 것입니다."

개정판 옮긴이의 글

2016년 11월, 이 책의 옮긴이의 글을 통해 역자는 "팀은 감독을 닮는다"라는 말과 함께 "오직 클럽이기에 리버풀이 리그 챔피언을 꿈꿀 수 있다고 말해도 좋다"라고 썼다. 그 사이 5년이라는 시간이 지났고, 클럽은 리버풀을 이끌고 리그 우승은 물론 챔피언스리그 우승까지 차지했다(영광스럽게도 역자는 그 현장에 있었다). 역자가 5년 전 이 책을 읽는 독자들에게 했던 말, 아니 독자들과 함께 생각했던 그 믿음이 그저 하나의 망상이 아니었다는 것이 증명된 것이다. 5년이라는 세월이 흘러 그 과정을 가까이서 지켜본 사람으로서 이 책의 개정판을 다시 번역할 수 있게 되어 감사하다.

클롭 감독과 리버풀은 참으로 많은 공통점을 갖고 있다. 둘 모두 '최고'라는 수식어를 붙이기에 부족함이 없지만, 그보다는 오히려 '그 누구도 흉내 낼 수 없는 고유의 정체성'을 갖고 있다는 점에서 그렇다. 클롭이 감독으로서 경기 중에 종종 보여주는 열정과 그라운드 안팎에서 보여주는 인간적인 모습은 물론, 리버풀이라는 클럽의 DNA 속에 담겨 있는 그들만의 불굴의 의지와 드라마틱하고 뜨거운 열정이 그렇다. 그런 정체성 때문에 유독 마음 고생하는 일이 많은 리버풀 팬들이지만, 바로 그렇기 때문에 승리와 우승의 희열과 클럽에 대한 사랑이 더 큰 것이 아닐까 생각한다.

지난 5년 사이 클롭과 리버풀은 챔피언스리그 결승에서 큰 불운을 겪으며 석패한 바로 다음 시즌에 다시 한번 결승전에 올라 우승 트로피를 들어 올리는 드라마를 보여줬다. 뿐만 아니라 우승에 이르는 과정에서 클롭이라는 사람(감독)과 리버풀이라는 팀이 어떻게 하나가 되어 작동하고 함께 나아가는지를 보여줬다. 그들의 이러한 행보는 시간이 지날수록 더 높은 평가를 받을 거라고 굳게 믿는다.

2016년에 옮긴 책에서 역자가 썼던 글은 5년이 지난 2021년 현재 상당 부분 현실이 됐다. 5년 후 이 책의 또 다른 개정판이 나온다면, 그 사이에 클롭과 리버풀 사이에는 어떤 일들이 벌어질까? 클롭 감독이 여전히 리버풀을 이끌면서 또 다른 우승을 차지할 수 있을까? 아니면 각자의 위대한 행보를 이어가게 될까?

2020년대 유럽 축구계의 현실에서 한 감독이 리버풀과 같은 규모의 클럽을 5년 이상 지휘하는 것은 어쩌면 챔피언스리그 우승이나 리그 우승보다도 더 힘든 일일지 모른다. 그러나 역자는 2016년에 남겼던 '예언'과 비슷한 예상을 다시 한번 남기고 싶다. 한 감독이 한 팀을 10년 넘게 지휘하는 일은 실로 대단히 어렵겠지만, 그것이 가능한 감독과 팀이 있다면 바로 클롭과 리버풀일 것이라고.

2021년 6월

이성모

보루시아 도르트문트BVB는 2011년과 2012년에 분데스리가 2연패라는 위업을 달성했다. 당시 열광적으로 우승을 자축하던 팀과 팬의 모습은 지금도 마치 어제의 일처럼 기억 속에 선명하게 남아 있다. 그런데 사실 2005년만 해도 BVB는 경영 파탄의 벼랑 끝에 몰려 있었다. 투자자들이 재건 계획에 동의해주지 않았더라면 프로 리그에 남지 못했을 것이다. 덕분에 파산은 면할 수 있었지만, 강도 높은 긴축 노선을 걸어야 했던 탓에 이후 몇 년 동안 팀의 성적은 중위권에 머물렀다.

그러나 그로부터 6년 뒤, BVB는 다시 독일 축구의 강호 클럽으로 떠올랐다. 그리고 많은 수익과 명성을 가져다주는 UEFA 챔피언스리그 무대에 복귀함으로써 경영 상태는 더더욱 호전되었다. 이것은 약진하는 젊은 팀이 성적과 재정의 양 측면에서 모두 긍정적인 결과를 남긴 덕분에 가능했던 일이었다. BVB가 세간의 예상을 깨고 2011년에 우승을 차지하자 전문가들은 입을 모아 "이렇게 우승 타이틀이 어울리는 팀은 지금까지 없었다"라는 찬사를 보냈다. 역사를 되돌아봐도 축구가 이보다 큰 감동을 불러일으킨 적은 거의 없었다. 축구

팬들이 환희에 도취될 만큼 '매혹적인 축구'였다. 게다가 그 도취감은 이듬해에도 사라지지 않았다. 2012년에는 리그 2연패를 달성했을 뿐만 아니라 DFB-포칼(독일 FA컵) 결승에서 바이에른 뮌헨을 5 대 2라는 압도적인 스코어로 격파함으로써 클럽 역사상 최초로 리그, DFB-포칼 우승의 '더블'을 달성했다. 도르트문트의 시민들은 노인이 되어서도 그들의 손자 손녀들에게 반짝이는 눈망울로 당시의 영광을 이야기할 것이다.

이 성공 스토리의 주인공은 위르겐 클롭Jürgen Klopp이다. 클롭은 분데스리가의 중위권 팀을 3년 만에 우승팀으로 탈바꿈시켰다. 카리스마와 치밀함으로 무장한 이 감독을 두고 BVB의 단장 미하엘 조르크Michael Zorc는 "제가 추진한 이적 중 최고의 작품입니다"라고 말했다. 무엇보다 놀라운 점은 그 영광을 손에 넣은 방법이다. 클롭 이전에 BVB가 마지막으로 우승한 2002년의 경우는 경험이 풍부한 선수들과 토마시 로시츠키Tomáš Rosický, 얀 콜레르Jan Koller, 마르시우 아모로소Márcio Amoroso 같은 세계적인 톱스타들의 활약에 힘입은 바가 컸다. 반면 클롭의 팀은 젊은 선수들로 구성되었으며, 그중에는 마리오 괴체Mario Götze나 케빈 그로스크로이츠Kevin Großkreutz 같은 클럽 유스 출신도 포함되어 있었다. 클럽의 정체성을 상징하는 선수들이 BVB 서포터들을 한층 열광적으로 만든 것이다.

도르트문트의 감독으로 취임하면서 풀 스로틀 풋볼full throttle football(클럽의 축구 스타일이나 철학에 대해 현지에서 자주 사용되는 표현으로, 자동차 용어로는 '액셀 페달을 끝까지 밟아서 스로틀 밸브를 전개하여 최고 마력을 내는 상태'를 의미한다. 즉 경기 중 압박, 속도를 최고로 발휘하는 열정적이고 전력을 다하는 축구를 뜻하는 것으로, 훗날 리버풀 감독에 취임하면서도 같은 표현을 사용했다-옮긴이)을 약속했던 클롭은 자신의 약속을 충실히 이행했다.

클롭의 인기는 BVB 서포터들 사이에서만이 아니라 독일 전역으로 확산되었다. 과거에 클롭은 텔레비전에서 수백만 명이 넘는 독일 국민을 상대로 축구 초보자들도 쉽게 이해할 수 있는 표현을 사용하며 국가대표팀의 경기를 해설했다. 또한 도르트문트에서는 과거에 1. FSV 마인츠 05를 이끌었던 시절과 마찬가지로 전성기를 구축했다. 그렇게 할 수 있었던 클롭의 재능은 과연 무엇일까? 무엇이 그를 움직이고 있을까? 그의 성공 비결은 무엇이고, 그는 어떻게 최고의 감독이 되었을까?

이 책에서는 이런 질문에 하나하나 답할 것이다. 그리고 이를 위해 위르겐 클롭이라는 감독의 인성과 성장 과정, 일에 임하는 자세, 전술 이념에 관해 자세히 묘사하려 한다. 또한 축구가 아닌 다른 분야의 전문가와 나눈 담화를 통해 클롭의 내면에 좀 더 가까이 다가갈 수 있는 흥미 깊은 관점을 제공할 것이다. 이 책은 시간이 흐르는 순서에 따라 기술한 전기이지만, 사적인 부분은 다루지 않고 축구와 인간성의 측면에서 전직 선수 위르겐 클롭과 현직 감독 위르겐 클롭을 소개할 것이다.

이 책을 쓰는 과정에 클롭 본인이 관여하지는 않았지만, 본인 대신 과거의 동료들이 클롭의 인품과 인상을 객관적으로 이야기해줬다.

그들의 이야기를 들으면 '인간 확성기 클럽' 같은 꼬리표가 정당하지 않다는 사실은 물론 클롭이 단순히 수수한 차림새의 동기부여자가 아니라는 사실을 알게 될 것이다.

이 책에는 클롭이 지금까지 지나 온 모든 순간에 새겨진 축구를 향한 그의 뜨거운 열정을 기록했다. SV 글라텐 유스 시절을 시작으로 2부 리그 선수 시절을 거쳐 약 20년간 감독 생활을 이어 나가며 자신만의 정체성을 확립한 클롭의 이야기가 펼쳐진다.

클롭은 2015년, 자발적으로 BVB의 지휘봉을 내려놓았다. 리버풀이라는 새로운 도전에 나선 클롭은 곧 안필드의 '잠자는 거인'을 다시 성공 가도로 올려놓으며 잉글랜드 프리미어리그에서 성공한 첫 번째 독일 감독이 됐다. 클롭이 감독을 맡은 이후 리버풀은 과거의 영광을 되찾았다. 5년 만에 유럽 축구의 왕좌에 오르더니, 프리미어리그까지 평정했다. 그렇게 클롭은 마인츠와 BVB에 이어 리버풀 팬들까지 사로잡았다.

클롭은 자신이 거쳐 온 모든 팀에서 '레전드' 칭송을 받으며, 마침내 세계적으로 존경받는 독보적인 감독이 됐다. 그는 2011년에 분데스리가 우승을 차지한 후 이렇게 말했다. "이 리그 우승은 말하자면 투르 드 프랑스Tour de France(프랑스의 도로 사이클 대회)의 스테이지 우승 같은 겁니다." 클롭은 이미 최종 결승점인 파리의 개선문까지 도착했다. 물론 그의 거침없는 질주는 아직 끝나지 않았다.

CONTENTS

서장

도르트문트에서의
우승 퍼레이드

JÜRGEN KLOPP

JÜRGEN KLOPP

2011년 5월 15일, 도르트문트의 거리는 비상사태였다. 차량의 통행이 금지된 연방 도로의 양쪽 길가에 수많은 군중이 모여 있었다. 40만 명으로 추정되는 팬들이 환희에 가득 찬 모습으로 BVB의 일곱 번째 독일 리그 우승(분데스리가 출범 이전의 우승을 포함했을 때의 횟수-옮긴이)을 축하했고, 선수들과 프런트가 클럽의 상징색인 검은색과 노란색으로 그려진 오픈 버스를 타고 거리를 행진했다. 퍼레이드는 12시에 보르지히 광장에서 시작되었다. 도시의 북부에 자리한 보르지히 광장은 BVB가 탄생한 곳이다. 1909년에 이 부근에 있었던 음식점 '춤 빌트쉴츠Zum Wildschütz'에서 클럽이 결성되었다. 이 발상지를 기리는 노래가 한 곡 있는데, 비가 내리기 시작했음에도 도시의 거의 모든 사람이 모여든 이 성대한 파티에서 그 노래가 널리 울려 퍼졌다.

파산의 위기를 극복하고 거머쥔 영광

"어서 가자, 어서 가자, 어서 가자 보르지히 광장으로Rubbeldikatz, rubbeldikatz, rubbeldikatz am Borsigplatz!"

환희에 도취된 위르겐 클롭이 버스 위에서 노래를 부르기 시작했다. 그러자 군중들이 이에 가세했다. 한 번 들어보면 계속 귓가를 맴도는 이 멜로디는 독일 리그에서 우승한 경험이 있는 BVB의 전설적인 선수 알프레드 슈미트Alfred Schmidt, 일명 '아키Aki'가 밴드 '카지노 엑스프레스'와 부른 노래다. '클로포Kloppo'라는 애칭으로 불리는 클롭 감독은 2시간밖에 잠을 못 자 피곤함이 가득한 눈을 선글라스로 감추고 있었지만, 목이 쉬어 갈라지는 목소리에서 '마이스터Meister(리그 챔피언)'가 된 전날 밤에 우승을 자축한 흔적을 엿볼 수 있었다. 그렇다. 선수 시절에는 텔레비전을 통해서만 분데스리가 1부 리그를 경험했던 사내가 마이스터가 된 것이다.

도르트문트의 경기장 아나운서이며 1989년에 BVB가 DFB-포칼에서 우승했을 당시 '베를린의 영웅(DFB-포칼은 매년 베를린에서 결승전을 개최한다)'이었던 노르베르트 디켈Norbert Dickel이 클롭에게 마이크를 향했다. "베스트팔렌할렌 앞에서 영웅이 도착하기를 기다리고 있는 팬들에게 한마디 해주십시오!"

클롭은 "지금은 몸을 풀고 있습니다. 조금 있다가 도착해서 이 자리를 실컷 즐길 겁니다. 하지만 그전에는 페널티킥 연습을 해야 합니다!"라고 말하며, 같은 내용이 적힌 종이를 펼쳐 보였다. 그도 그럴 것이, 이 시즌에 BVB는 다섯 차례 페널티킥을 얻었지만 단 한 골도 넣지 못했다. 그러나 지금 누가 그런 것을 신경이나 쓰겠는가?

축하 이벤트는 쉴 새 없이 진행되었다. 몇 시간 후 BVB의 버스는 목적지인 베스트팔렌할렌 앞의 광장에 도착했다. 선수와 감독이 번갈아서 즉석 스테이지를 걸으며 군중의 성원을 받았다. 클롭이 올라가자 가수 바론 폰 보르지히Baron Von Borsig가 클럽에게 바치는 노래인 〈클로포, 당신은 팝스타Kloppo du Popstar〉가 흘러나왔다. 클롭은 목소리를 쥐어짜 냈다. "정말 고맙습니다. 여러분도 조금만 정숙해주십시오. 이제 목소리가 잘 안 나와서 말이지요. 그 이유는 물론…. 믿을 수 없는, 정말 믿을 수 없는 하루 때문입니다. 믿을 수 없는 2주(우승이 결정된 뒤의 시간) 때문입니다." 그리고 다시 서포터들의 노래를 함께 따라 불렀다. "독일의 마이스터는 BVB뿐이라네! BVB뿐이라네!" 2010년에 바이에른 뮌헨이 우승했을 때 루이 판 할Louis van Gaal 감독은 '파티광'을 자처했는데, 위르겐 클롭은 바로 그 정통 후계자라고 해도 과언이 아니었다.

그리고 시선을 모으는 '제2의 위르겐 클롭'이 있었다. 열혈 BVB 서포터 마르틴 휘셴Martin Hüschen의 등에 있는 클롭이다. 2011년 봄에 휘셴은 자신의 등에 클롭이 포효하는 모습을 문신으로 새겼고, 이후 클롭의 옆에 마이스터샬레(접시 모양의 분데스리가 우승 트로피)를 추가했다. 이것은 아직 도르트문트의 우승이 확정되기 전이었는데, 텔레비전의 촬영 스태프가 동행해 이 예술 작품이 등의 상반부를 완전히 뒤덮는 모습을 기록했다. 문신의 디자인을 이렇게 결정한 이유는 클롭이 '우리에게 꼭 맞은 인물'이며 '최고로 멋진 놈'이기 때문이라고 한다. 이에 대해 숭배받는 당사자의 반응은 "다 큰 어른이니 충분히 생각하고 결정했겠지"였다. 그럴 만도 한 것이, 휘셴은 불혹을 넘긴 나이였다.

팬, 팀, 클럽 그리고 도시가 하나가 되어 열광적인 우승 축하 이벤트를 진행했다. 원래 예정에 없던 이벤트였다. 그 누구도 예상하지 못했다. 아니, 꿈조차 꾸지 못했다. 몇 년 전까지만 해도 성적의 측면에서나 재정의 측면에서나 힘든 시기를 보내고 있었기 때문이다. 좋은 성적을 추구하다가 지출을 제어하지 못한 BVB는 파산의 벼랑 끝에 몰렸다. 훗날 이따금 인용된 표현을 빌리면 '병리 부검 준비실'에 있는 상태였다. 다행히 파산이 확정되는 것은 피할 수 있었지만, 팀의 성적을 끌어올리기는 벅찬 상황이었다.

"우리는 일순간이나마 사람들에게 행복을 줄 수 있다"

물론 2002년에 도르트문트가 우승했을 때도 축하는 성대했다. 그러나 사람들이 이번만큼 열광하지는 않았다. 이번만큼 많은 사람에게 기쁨이 전파되지는 않았다. 그 기쁨은 단순히 도르트문트 시내에만 확산된 것이 아니었다. 모든 경기에 헌신적으로 임하는 이 젊은 팀의 모습은 시의 경계를 넘어서 많은 이에게 인정받았다. 그렇기에 2011년의 영웅들은 이 거리에서 전례가 없을 만큼 뜨거운 축복을 받은 것이다. 2002년은 아직 예전의 영광이 기억에 남아 있는 시기였다. 우승의 여운이 아직 남아 있었다. 1997년에는 챔피언스리그와 인터콘티넨털컵에서 우승했고, 1995년과 1996년에는 분데스리가 우승을 차지했다. 또 1993년과 2002년에는 UEFA컵의 결승에 진출했다. 도르트문트의 연보에 새로운 영광의 기록이 정기적으로 갱신되는 것은 하나의 법칙처럼 생각되었다.

클롭과 그의 팀은 우승을 통해 도시에 자부심과 자신감을 불어넣었다. 이 도시에서는 자신이 어떤 사람인지 설명할 때 축구팀의 이름을 연결시켜서 이야기한다. 이것은 독일에서도 루르 지방(노르트라인베스트팔렌 주에 속한 독일 최대의 공업 지역. 도르트문트는 이 지역의 최대 도시다-옮긴이)만의 현상일 것이다. 실업률이 13퍼센트에 이르는 (2011년 4월 기준. 독일 연방 노동국 조사) 이 도시의 사람들은 BVB의 우승에서 한층 강렬한 '대리만족'을 느꼈다. 이 도시에서는 '보루시아'가 시의 본체이고 도르트문트 시의 존재는 단순한 덤처럼 보이기까지 한다.

클롭은 그런 도시에 대한 책임을 자각하고 있다. "우리가 할 수 있는 일은 사람들의 기분을 바꾸는 것, 사람들에게 기쁨을 주는 것입니다. 제게 정치적인 상황을 좋게 만들 능력은 없습니다. 사회의 현실을 바꾸지는 못합니다. 하지만 우리는 일순간이나마 사람들에게 행복을 줄 수 있습니다."

이 우승 퍼레이드로부터 약 2년 전, 클롭은 자신의 동기를 이렇게 밝혔다. 이러한 자세 때문에 사람들은 클롭을 사랑한다. 그리고 위르겐 클롭은 마인츠에 이은 두 번째 사랑을 도르트문트에서 발견했다. 그것도 BVB의 슬로건처럼 '진정한 사랑Echte Liebe'을.

위르겐 클롭은 우승 감독이 되기까지 어떤 여정을 걸어왔을까? 이 이야기가 시작되는 장소는 슈바르츠발트 지방에 자리한 작고 한적한 휴양지 마을이다.

제1장

유스 시절

JÜRGEN KLOPP

JÜRGEN KLOPP

⚽

　클롭이 축구를 배운 곳은 독일 남서부의 슈바르츠발트 지방에 자리한 작은 마을 글라텐이다. 숲속의 그라운드에는 터치라인에 전나무 한 그루가 서 있었고, 때로는 그라운드 옆을 따라서 흐르는 강에 볼이 빠지기도 했다. 이곳을 떠난 클롭은 훗날 다시 이 땅으로 돌아와 은혜를 갚았다.

클롭의 집

　글라텐에는 검은색과 노란색의 깃발을 건 집이 한 채 있다. 위르겐 클롭이 자란 집이다. 바로 옆에는 세련된 새 시청사와 초등학교가 있다. 덕분에 클롭은 학교에 다닐 때 길만 건너면 됐다. 그 깃발은 이곳에 사는 어머니와 누나가 건 것이 아니라 이 집의 방 하나에 세 들어 사는 주민의 것이었다. 이 지역에서 유일한 BVB 팬이다. 글라텐에서는 전통적으로 바이에른 뮌헨 아니면 FC 샬케 04를 응원했다. 요컨대 이웃에 앙숙이 살고 있는 셈이다(보루시아 도르트문트와 FC 샬케 04는 유명한 견원지간으로, 이들의 경기인 레비어더비Revierderby는 분데스리가 최고의 더비로 손꼽힌다-옮긴이). 현대의 팬들 중에는 먼 과거에 시작된 두 클럽 간 다툼의 원인을 아는 이가 많지 않지만, 양 팀 사이의 해묵은 감정은 지금도 사라지지 않고 있다.

슈투트가르트에서 태어나다

슈투트가르트에서 태어나 글라텐에서 어린 시절을 보낸 위르겐 클롭은 고향 팀인 VfB 슈투트가르트를 열심히 응원했다. 어린 시절에 사용한 작은 다락방에는 지붕과 맞닿은 곳에 침대가 놓여 있고, 벽에 VfB 슈투트가르트의 삼각기가 걸려 있었다. 당시 옆집에 살았고 SV 글라텐에서 B-유스(U-16~U-17에 해당)까지 클럽과 함께 공을 찬 엔스 하스Jens Haas는 당시의 추억을 이야기했다. 하스에게 축구는 그저 '공차기'였지만, 클롭에게 축구는 '게임'이기도 했다. 하스는 라디오로 분데스리가 실황 중계를 들었을 때를 회상했다. 그때 아직 11세였던 클롭은 슈투트가르트의 감독이 내린 판단에 대해 "지금 클로츠Bernd Klotz를 교체해야 하는데…"라고 말했다. 한지 뮐러Hansi Müller와 푀르스터 형제(뵈른트 푀르스터Bernd Förster와 칼하인츠 푀르스터Karlheinz Förster), 카를 알괴버Karl Allgöwer, 발터 켈쉬Walter Kelsch가 있고 헬무트 롤레더Helmut Roleder가 골키퍼를 보던 시절이다.

실제로 그 경기에서 감독은 클롭의 말처럼 클로츠를 교체했다. 그렇게 안 했다면 엄청난 비판을 받았을 것이다. 당시의 감독은 위르겐 준더만Jürgen Sundermann 혹은 로타허 부흐만Lothar Buchmann이었을 것이다.

클롭에게는 재능이 있다

클롭에게 재능이 있음은 금방 드러났다. D-유스(U-12~U-13)가 되었을 무렵에는 누가 봐도 분명히 알 수 있었다. 어디서나 그렇듯이 축구를 하려면 선수를 뽑아야 하고 선수를 뽑을 때는 당연히 우수한 선수를 제일 먼저 뽑는데, 클롭은 제일 먼저 뽑히는 선수였다.

잘하는 선수가 한 명 있으면 다른 선수들은 자신의 부족함을 뼈저리게 느끼기 마련이다. 그러나 하스는 클롭의 경우 다른 잘하는 선수와 결정적으로 다른 점이 있었다고 말했다. "클롭은 그런 티를 전혀 내지 않습니다. 경기 중에 화를 내는 일은 있었지만 그건 그 또래라면 누구나 하는 행동일 뿐이고, 특정 개인을 공격하는 일은 절대 없었습니다." 지금도 클롭은 상대에게 스트레스를 주는 유형의 사람이 아니다. 모두와 좋은 인간관계를 유지한다. '너와는 수준 차이가 나서 같이 못 하겠어'라는 느낌을 주는 언행을 하지 않는다. 자신의 의견을 밀고 나가는 힘은 있지만 자신만의 방식이 있다. 할 말은 확실히 하지만 상냥함이 있는 것이다.

클롭은 라디오 중계를 들으면서 슈투트가르트의 감독을 비판하기는 했지만 자신이 뛰는 글라텐의 감독을 비판하지는 않았다. "항상 아버지가 함께 있었고, 문제가 있으면 아버지와 토론을 했습니다." 하스는 이렇게 말했다. 클롭이 분데스리가 2부 리그의 마인츠에서 뛰었을 때도 아버지가 끊임없이 찾아와 피치 위의 아들에게 우렁찬 목소리로 지시를 보냈다고 한다.

주장으로서의 아우라
C유스(U-14~U-15) 팀의 주장으로서 "클롭에게는 사람을 안심케

하는 아우라가 있었습니다"라고 하스는 말했다. 그에 의하면 클롭은 팀의 중심이며 피치 위에서 어떤 상황에 놓이더라도 신뢰할 수 있는 선수였다고 한다. 언제나 믿고 공을 맡길 수 있는 선수였고, 축구 선수로서나 한 사람의 인간으로서나 행동에 빈틈이 없었다. 선수들이 '오늘 경기는 힘들겠는데'라고 느꼈을 때도 클롭은 전혀 그런 기색을 내비치지 않았다. 이것도 팀에 도움이 되는 능력이다. 그렇다면 클롭이 싫어하는 것은 무엇이었을까? "패배입니다." 하스는 바로 이렇게 대답했다. 주위로 불꽃이 튈 것만 같을 때도 있었다고 한다. 그 이야기를 들으니 터치라인에서 감정을 폭발시키는 감독 클롭의 모습이 떠올랐다.

에르겐징겐으로 이적하다

C유스에서 위르겐 클롭은 미드필더로 지구 선발전과 지방 연맹 선발전에 출장해 많은 골을 터뜨렸다. 그러나 하스는 클롭이 프로축구 선수가 될 수 있으리라고는 생각하지 않았다. 클롭이 TuS 에르겐징겐으로 이적했을 때도 그 생각에는 변함이 없었다. 클롭이 이적한 A유스(U-18~U-19)는 발터 바우어Walter Baur라는 훌륭한 감독이 있는 평판이 좋은 팀이었다. 이때 에르겐징겐으로 이적한 선수는 한 명이 더 있었다. 위르겐 하우크Jürgen Haug다. 클롭의 아버지 노르베르트Norbert Klopp는 둘을 훈련장까지 데려가고 또 데리고 왔다. 자동차 안에서는 언제나 개인 강의가 펼쳐졌다. 그리고 클롭은 클럽 이적과 같은 시기에 학교를 옮겼다. 클롭을 포함해 학생 세 명이 글라텐에서 이웃 마

올인 도른슈테텐의 경제 김나지움으로 진학했다. 학교를 옮기고도 2년 동안은 글라텐의 친구들과 교류가 계속되었지만, 이후에는 '단절'을 느꼈다고 하스는 말했다. 이것은 결코 드문 일이 아니다. 이런 일은 서로의 인간관계에 대한 자세나 감정과는 상관없이 일어나기 마련이다.

하스는 텔레비전이나 홈센터의 광고에 등장하는 위르겐 클롭에게 자신의 아들이 어떻게 반응하는지 관찰한 적이 있다고 한다. 아들에게 클롭은 도르트문트의 벤치나 텔레비전 속에서만 볼 수 있는 먼 존재다. 그러나 하스에게는 그렇지 않다. 두 명의 클롭이 존재하는 것이다. "텔레비전 광고에 나오는 클롭은 유명인입니다. 하지만 글라텐의 축하회(2011년에 도르트문트 우승을 축하하기 위해 클롭을 초대한 축하회)에 온 클롭은 제 학교 친구이자 팀 동료입니다. 서로 잘 지냈느냐고 안부를 묻지요."

"리프팅을 세 번도 못 하는 선수였다"

클롭은 에르겐징겐에서 3년 반 동안 뛰었다. A유스 1년차에는 출장 기회를 거의 얻지 못해 대부분의 시간을 트레이닝복 차림으로 벤치에서 보냈다. 특출한 선수가 아니었던 것이다. "리프팅을 세 번도 못하는 선수였지요." 당시 A유스의 감독이었던 발터 바우어는 이렇게 말하면서 웃음 띤 얼굴로 자신의 방에 있는 파일 한 권을 꺼냈다. 그가 펼친 페이지에는 SSV 로이틀링겐과의 경기에 대한 개인 평가가 적혀 있었는데, 클롭의 평점은 6(독일의 평점 방식은 1이 최고이고 6이 최저다)이었다. "자신의 역할을 전혀 수행하지 못함. 1 대 1에서 전혀 이기지 못함." 당시의 바우어는 그렇게 적었다. 클롭이 에르겐징겐에 온 것은 사실 우연의 산물이었다.

아버지 노르베르트의 가르침

클롭이 글라텐에서 뛰던 무렵, 당시 유스 감독이었던 헤르만 바우어Hermann Baur는 어느 날 열린 선발 경기에서 글라텐의 포워드 위르겐 하우크를 관찰했다. 또 한 명의 위르겐(클롭)을 관찰할 예정은 원래 없었지만, 결국은 두 명 모두 에르겐징겐으로 이적하게 되었다. 에르겐징겐으로 이적한 뒤로는 훈련에 참가하기 위해 40킬로미터나 되는 거리를 일주일에 세 번 이동해야 했는데, 클롭의 아버지 노르베르트가 두 사람을 데려다 주고 또 데리러 왔다. 클롭은 지금도 자신이 에르겐징겐으로 이적할 수 있었던 중요한 요인은 자신의 재능이 아니라 아버지의 자동차였다고 생각하고 있다.

새로운 클럽까지의 드라이브는 클롭에게 달콤한 시간이 아니었다. 이동 시간은 곧 플레이를 분석할 시간이었다. 아버지 노르베르트는 최고의 위르겐 비평가였으며, 아들에게 큰 기대를 품고 있었다. 이것이 클롭의 의욕을 더욱 북돋았다. "위르겐은 자신을 데려다 주고 데리러 오는 아버지에게 큰 고마움을 느꼈고 그런 아버지에게 보답하고 싶어 했지요. 참으로 공명심이 강한 아이였습니다." 바우어는 이렇게 회상했다.

위르겐 클롭은 아버지의 이야기는 물론 바우어 감독의 이야기도 귀담아들었다. 라커룸에서 팀 동료들이 감독의 이야기를 무시하고 자기들끼리 잡담을 나누는 동안에도 클롭만큼은 열심히 귀를 기울였다. 클롭은 바우어 감독이 했던 말을 지금도 기억하고 있다. 그리고 감독이 이야기를 마치면 클롭은 밖으로 나와 리프팅 연습을 했다. "반년 뒤의 크리스마스 파티에서 선수들은 물개가 되었습니다. 이마에 공을 올려놓은 채로 앉았다가 일어서기를 반복했지요"라고 바우어는 말했다.

피치 밖에서도 리더십을 발휘하다

클롭은 물개가 되지는 못했지만 그래도 눈에 띄게 성장했다. A유스 2년차에는 주장으로 임명되었는데, 피치 위에서만 리더십을 발휘한 것이 아니라 크리스마스 파티와 라커룸 파티를 기획하는 등 피치 밖에서도 리더십을 발휘했다. 지역의 여자아이들 사이에서도 인기가 높아 바우어가 '멀대'라고 부르는 클롭에게 매료된 소녀들이 꽤 있었다. 그리고 클롭은 에르겐징겐의 파티에서 여자 친구를 만나게 된다.

성령 강림 축일(5~6월에 해당하는 크리스트교의 이동 축일) 시기에 열리는 전통적인 A유스 대회에서 클롭의 팀은 결승전에 진출해 체코에서 온 비트코비체 오스트라바와 맞붙었다. 두 팀은 0 대 0으로 승부를 가리지 못해 결국 승부차기로 우승을 결정하게 되었는데, 바우어는 '체코에서 온 가난한 소년들'에게 우승을 양보하고 싶었다. 그러나 클롭의 생각은 달랐다. 그는 "지금 제정신이신가요? 우린 최선을 다할 겁니다"라고 말했고, 결국 우승을 차지해 트로피를 높이 들어 올렸다.

클롭은 이것을 마지막으로 유스 생활을 마치고 성인팀으로 올라 갔다. 그런데 이때 지역 라이벌 팀인 VfL 나골트에서 제안이 들어왔다. 그러자 당시 18세였던 클롭은 즉시 에르겐징겐의 수뇌부를 찾아가서 A유스의 감독인 발터 바우어가 성인팀을 담당하도록 요청해 승낙을 받아냈다. 만약 요청을 들어주지 않으면 에르겐징겐을 떠날 생각이었다.

"저 선수는 누구지?"

1986년 7월, 분데스리가의 아인트라흐트 프랑크푸르트가 연습경기를 위해 에르겐징겐의 그라운드인 '브라이트비제'를 찾아왔다. 원정 멤버 중에는 멕시코 월드컵에서 막 돌아온 독일 국가대표 수비수 토마스 베어톨트Thomas Berthold가 있었다. 4년 후에 독일 국가대표가 되어 월드컵 우승에 공헌한 그이지만, 이날은 경기 전후에 사인을 요청하는 팬들 때문에 고생했고 경기 중에는 우측 미드필더인 클롭에게 고전을 면치 못했다. 바우어는 "위르겐은 베어톨트를 수없이 제치며 일생에 남을 플레이를 펼쳤습니다"라고 말했다. 게다가 1 대 9로 패한 이날 경기에서 유일한 1점을 낸 선수가 바로 클롭이었다.

프랑크푸르트의 감독인 디트리히 바이제Dietrich Weise는 깜짝 놀라서 "저 선수는 누구지?"라고 친구인 바우어에게 물었고, 그 후에도 '그 선수'의 근황을 계속 물어봤다. 그 선수, 즉 클롭은 겨울에 오버리가

(5부 리그에 해당)의 1. FC 포르츠하임으로 이적했고, 1987년 여름에는 아인트라흐트 프랑크푸르트의 아마추어 팀으로 옮겼다. 에르겐징겐은 포르츠하임으로부터 1만 2,000마르크라는 놀라운 액수의 이적료를 받았다고 한다.

"마인츠의 다음 감독이 누구라고 생각해요?"

클롭은 프랑크푸르트대학에서 스포츠 과학을 전공하는 한편, 아마추어 팀에서 플레이하면서 아인트라흐트 프랑크푸르트 D유스의 감독도 맡았다. 이후 빅토리아 진들링겐과 로트바이스 프랑크푸르트를 거쳐 1990년에 1. FSV 마인츠 05에 입단했고, 11년 뒤인 2001년의 '카니발의 일요일(매년 2~3월에 열리는 대규모 전통 축제)'에 마인츠의 선수로서, 또한 현역 프로 선수로서 마지막 경기를 맞이했다. 그로이터 퓌르트와의 원정경기였는데, 이 경기에서 에크하르트 크라우춘Eckhard Krautzun 감독은 후반전에 클롭을 교체했다. 그리고 마인츠는 경기에서 패배했다. 카니발의 중심 도시 마인츠는 축제가 끝난 것 같은 정적에 휩싸였고, 크라우춘은 마인츠를 떠났다.

다음 날인 카니발의 월요일 11시 50분, 바우어의 집 전화벨이 울렸다. 에르겐징겐에서 온 전화로, 상대는 유스 시절의 제자였다. 바우어는 지금도 당시의 대화를 정확히 기억하고 있다. "발터, 한번 맞혀봐요. 마인츠의 다음 감독이 누구일 것 같아요?" 클롭이 물었다. 바우어의 첫 대답은 정답이 아니었다. 두 번째 대답도 틀렸다. 그러자 클롭이 정답을 말했다. "10분 전부터 저예요." 바우어는 할 말을 잃었다.

클롭의 감독 커리어는 이렇게 시작되었다. 아버지 노르베르트가 살아 있었다면 틀림없이 자랑스럽게 생각했을 것이다. 노르베르트는 위르겐이 마인츠의 성인팀을 맡기 조금 전에 암으로 세상을 떠났다. 바우어는 장례식장을 찾아가 고인의 명복을 빌었다.

2008년, 클롭은 마인츠를 떠나 보루시아 도르트문트로 갔다. 이때 발터 바우어는 VfL 나골트의 A유스 감독을 맡고 있었다. 클롭이 마인츠의 감독일 때부터 클롭을 위해 마인츠의 상대 팀을 관찰하고 재능 있는 선수를 소개했던 바우어는 클롭이 도르트문트의 감독이 된 뒤에도 남부 독일에서 젊고 우수한 축구 선수를 물색했다. 그런 바우어가 주목한 선수로는 라스 벤더Lars Bender와 스벤 벤더Sven Bender(당시 TSV 1860 뮌헨 소속), 그리고 마츠 훔멜스Mats Hummels(당시 바이에른 뮌헨)가 있다.

2011년, 클롭은 A유스 대회의 트로피가 아니라 1부 리그 우승팀에게 주어지는 마이스터 샬레를 높이 들어 올렸다. 스벤 벤더, 훔멜스 등과 함께 보루시아 도르트문트를 분데스리가의 정상에 올려놓은 것이다.

인생에서 중요한 것은

클롭과 바우어는 자주 전화로 이야기를 나눈다. 분데스리가 우승 후 바우어는 클롭에게 축하를 전했는데, 그전에 클롭의 수석 코치인 젤리코 부바치Celjko Buvac에게 전화를 걸었다. "축제 와중에 부바치한테까지 생각이 미칠 사람은 없을 것 같아서 말이지.” 한편 에르 겐징겐에서는 클롭이 예전에 우승했던 A유스 대회에 와서 이런저런 역할을 해줬으면 좋겠다는 이야기가 많이 나왔는데, 클롭에게 부탁하는 것은 바우어의 역할이었다. 바우어는 깊게 숨을 들이마시고 클롭에게 해도 괜찮은 부탁은 무엇인지, 하지 말아야 할 부탁은 무엇인지 곰곰이 생각했다.

2008년 12월, 〈슈테른〉지와의 인터뷰에서 클롭은 인생에서 중요한 것은 무엇이냐는 질문에 “자신이 예전에 있었던 장소에 조금이나마 공헌하는 것, 최선을 다하는 모습을 보이는 것, 애정을 쏟는 것, 애정을 받는 것, 그리고 자신을 과대평가하지 않는 것입니다”라고 대답했다. 바우어는 자신을 과대평가하지 않는다. 그는 도르트문트의 우승 파티에 초대받았지만 사양했다. 자신이 지도하는 A유스가 오버리가에서 잔류를 놓고 싸우는 중이었고 VfR 알렌과의 경기를 앞두고 있었기 때문이다. 결국 바우어의 팀은 강등되었다. 이에 바우어는 감독직을 내려놓고 싶었지만 계속하기로 결심했다. 해야 한다면 온 힘을 다해서 한다. 이것은 클롭도 마찬가지다. 바우어에게 배운 것이기 때문이다.

제2장

평범한 프로 선수 시절

스승 볼프강 프랑크 감독의 가르침

JÜRGEN KLOPP

JÜRGEN KLOPP

에르겐징겐을 떠난 클롭은 한 클럽에 오래 있지 못하고 이 클럽 저 클럽을 옮겨 다니는 '철새'가 되었다. 포르츠하임(1987년)을 거쳐 곧바로 아인트라흐트 프랑크푸르트의 아마추어 팀으로 이적했는데, 이것은 토마스 베어톨트를 상대로 굉장한 플레이를 보인 덕분이었다. 그러나 불과 1년 만에 빅토리아 진들링겐으로 이적했고, 이어서 1989-90시즌에 다시 팀을 옮겼다. 이번에 옮긴 클럽은 로트바이스 프랑크푸르트였는데, 이 팀을 지휘하고 있던 사람은 훗날 분데스리가의 아인트라흐트 프랑크푸르트와 바이어 레버쿠젠에서 명성을 얻게 되는 드라고슬라브 스테파노비치Dragoslav Stepanović였다.

"우리 팀에 없는 유형의 선수였다" (마인츠 이적)

당시 클럽이 있었던 로트바이스 프랑크푸르트는 1990년에 헤센리가(당시 3부 리그에 해당했던 헤센 주의 리그. 현재는 5부 리그에 해당) 우승을 차지해 분데스리가 2부 승격 플레이오프에 진출했다. 그러나 6경기에서 불과 승점 1점밖에 얻지 못해 승격의 기회를 놓치고 말았는데, 그중 2패는 마인츠를 상대로 기록했다. 한편 마인츠는 남부 승격 플레이오프(당시는 독일 북부와 남부의 두 그룹으로 나눠서 플레이오프를 실시했다)에서 1위에 올라 2부 리그 승격을 달성했다. 그리고 얼마 후 클롭은 마인츠로 이적했다. 당시 측면 공격수였던 클롭의 플레이 스타일에 강렬한 인상을 받은 로베르토 융Robert Jung 감독이 이적을 제안한 것이었다. 융 감독은 "헤딩 능력이 매우 뛰어난, 우리 팀에 없는 유형의 선수였습니다. 그래서 주목하게 되었습니다"라고 당시를 회상했다.

마인츠는 클롭이 선수로서 만족하고 뛸 수 있는 클럽이었다. 자신이 있을 곳을 발견한 클롭은 선수 커리어를 마칠 때까지는 물론 그 후에도 이 클럽에 충성을 다했다. 당시 팀 동료였던 크리스티안 호크Christian Hock는 클럽과 함께 보낸 마인츠 시절을 다음과 같이 회고했다.

볼프강 프랑크의 스타일

가벼운 헤센 방언을 섞어서 말하는 호크는 마인츠에서 2부 리그 234경기에 출장한 날쌘 미드필더였다. 41세의 나이에도 그의 몸은 여전히 선수 시절을 떠올리게 했다. 호크가 카셀 시내의 호텔에 묵고 있는 이유는 레기오날리가(4부 리그에 해당)에 소속된 KSV 헤센 카셀의 감독을 맡고 있기 때문인데, 그가 감독이 된 배경에는 볼프강 프랑크Wolfgang Frank의 존재가 크게 자리하고 있다.

호크는 과거에 사용한 연간 캘린더를 아직 가지고 있다. 그 캘린더에는 프랑크가 실시한 훈련의 내용이 빼곡하게 기입되어 있었다. "뭘 했는지 정확히 되돌아볼 수 있도록 가지고 있습니다"라고 호크는 말했다. 팀 동료 중에 이렇게까지 철저했던 선수는 없었지 않을까? 그러나 당시의 인상적이었던 훈련 내용은 위르겐 클롭도 확실히 기록해놓았다. 종이가 아니라 머릿속에 기록했다는 차이점은 있지만. 볼프강 프랑크 감독은 선수들이 축구에 대해 생각하고 축구라는 직업에 100퍼센트의 힘을 쏟도록 지도했다.

'우리는 틀림없이 포백으로 잘해낼 수 있을 거야!'

1995년 9월 25일, 마인츠는 7경기에서 승점 1점, 골득실 마이너스 13이라는 성적을 낸 호르스트 프란츠Horst Franz 감독을 해임하고 후임 감독으로 볼프강 프랑크와 계약했다. 프랑크는 첫 훈련에서 상황을 타개하기 위한 수단을 명확히 제시했고, 그 수단이 어느 정도 기능할 것 같아 보이자 본격적으로 시도하기 시작했다. FC 자르브뤼켄과의 연습경기에서 지역방어와 포백의 4-4-2 포메이션을 처음으로 활용한 것이다. 경기 전까지 몇 주 동안 볼을 가진 선수의 위치에 대응해서 공간을 메우기 위해 개인 또는 팀 전체가 움직이도록 훈련한 마인츠는 30분 만에 4 대 0으로 앞서나갔고, 경기 종료 휘슬이 울렸을 때는 5 대 0으로 앞서 있었다. '이거 괜찮은데? 우리는 틀림없이 포백으로 잘해낼 수 있을 거야!' 그때 호크는 이렇게 실감했다고 한다. 당시 이런 생각을 한 팀은 마인츠 이외엔 거의 없었다. 1년 전에 프랑크푸르트의 유프 하인케스Jupp Heynckes가 지역방어를 시도한 바 있지만 선수와 서포터, 언론의 반대에 부딪혀 좌절할 수밖에 없었다.

한편 전술의 측면에서 선진적인 스위스의 아라우와 베팅엔, 빈터투어의 감독을 역임한 프랑크에게는 다른 경험이 있었다. 1970년대에 VfB 슈투트가르트와 아인트라흐트 브라운슈바이크, 보루시아 도르트문트, 1. FC 뉘른베르크에서 공격수로 좋은 활약을 했던 프랑크는 AC 밀란의 명장 아리고 사키Arrigo Sacchi의 교재 비디오와 스위스 유스 선발 경기의 영상을 마인츠의 선수들에게 소개했다. "우리는 그 비디오를 끝없이 봤습니다"라고 호크는 말했다. 프랑크는 새 시스템 아래서 각 선수가 달릴 방향을 막대기로 표시했다. 밧줄을 이용한 연습도 실시했다. 밧줄에 묶인 상태에서 10미터 간격으로 나란히 선다. 그러면 선수 네 명이 50미터의 지역을 커버할 수 있다. 양 터치라인의 간격이 70미터인 필드의 가로 폭을 거의 커버하는 것이다.

이 기회에 감독은 팀 리더도 바꿨다. 주장으로 지명한 선수는 라스 슈미트Lars Schmidt였다. 포백의 중앙에서 플레이하게 된 슈미트에게 주장을 맡김으로써 자신감을 심어주려 한 것이다. 그 결과 우측 풀백인 위르겐 클롭은 주장 완장을 넘기게 되었지만, 팀에는 영향을 주지 않았다. "그래도 클로포는 팀을 이끄는 선수였고, 감독의 의견을 대변했지요"라고 호크는 말했다. '클로포'는 마인츠에서 클롭을 이르는 별명이었다.

승리를 위한 계획이 최하위 마인츠를 변화시키다

최하위인 마인츠는 아직 승점이 많이 부족한 상황이었지만 이제 계획을 갖고 플레이하기 시작했다. 이렇게 계획을 갖고 플레이하는 것은 대부분의 선수들이 처음 경험하는 일이었다. "각자 자신의 포지션에서 해야 할 일을 이해하고 있었습니다. 설령 실수를 하더라도 팀 동료가 미리 정해놓은 포지션에서 커버하고 있으니 걱정할 필요가 없다는 안심감이 생겼지요. 이것이 무엇보다 중요했습니다"라고 호크는 말했다. 그런 안심감을 확보하기 위해서는 전보다 훨씬 많은 활동량이 요구되었지만, 머리가 좋은 마인츠의 선수들은 그런 상황을 부담으로 느끼지 않았다. 최하위 팀이 승리할 수 있는 둘도 없는 기회였기 때문이다. 그리고 선수들은 경이적인 성적을 올리며 그 기회를 자신들의 것으로 만들었다. 겨울 휴식기 이후 마인츠는 맹렬한 속도로 강등권을 벗어났고, 후반기만 놓고 보면 1위의 성적을 올리면서 전체 시즌을 11위로 마감했다.

볼프강 프랑크는 반년도 채 되지 않는 기간 동안 클럽을 변화시켰다. "목표는 1부 승격이다"라고 공언하고, 하랄트 슈트루츠Harald Strutz 회장에게 홈구장인 슈타디온 암 브루히베크의 확장 공사를 요구했다. 현재의 수용 인원인 1만 3,000명을 채운 적도 사실상 전무한데 확장을 요구한 것이다. 또한 프랑크 감독은 선수의 육성에도 야심을 드러내어 팀 미팅에서 멘탈 트레이닝의 비중을 높였다. 그러나 당시 선수 중에는 효과를 느끼는 이들만 멘탈 트레이닝에 적극적으로 참여할 뿐, 심드렁한 태도를 보이는 선수들도 있었다. "지금 생각해보면 그런 강제적인 방법은 효과적이지 못했던 것 같습니다. 본인이 원하지 않는다면 멘탈 트레이닝은 불가능합니다. 오히려 역효과만 부르지요"라고 호크는 말했다.

멘탈 트레이닝에 대한 의견은 호불호가 갈렸지만, 다른 집중적인 훈련의 효과에 대한 선수들의 믿음은 확고했다. 그런데 프랑크는 점점 혹독한 훈련에만 집중할 뿐 훈련의 피로를 풀기 위한 휴식 시간을 소홀히 여기게 되었다. 1997년 초에 키프로스에서 열흘 동안 훈련 캠프가 열렸는데, 훌륭한 훈련 환경에 크게 만족한 감독은 마인츠의 얼어붙은 피치 상태도 감안해 캠프 기간을 3주 반으로 연장했다. "감독은 가끔 너무 열정적이 된 나머지 균형을 잃곤 했습니다. 실질적으로 3주 내내 긴장 상태가 이어졌고, 선수들은 완전히 녹초가 되고 말았지요." 호크는 이렇게 말했다.

완전히 지쳐버린 마인츠의 선수들이 귀국 후 두 경기에서 패하자 프랑크는 사임을 표명했다. 마른하늘에 날벼락 같은 소식이었다. 클롭을 비롯한 선수들은 다시 한번 사임을 재고해달라고 호소했지만, 프랑크 감독은 자신의 생각을 절대 바꾸지 않는 사람이었다. 그 누구도 그의 결심을 돌릴 수는 없었다.

프랑크의 가르침을 받고 축구계에서 활약하는 감독들

볼프강 프랑크가 지도한 선수들처럼 축구계에서 지속적으로 활약하고 있는 예는 그리 많지 않다. 포백 전술과 장시간의 팀 미팅을 경험한 마인츠의 선수 중 많은 수가 감독이 되었다. 크리스티안 호크는 "이것은 결코 우연이 아닙니다"라고 말했다. "그때 우리는 철저히 전술에 몰두했습니다. 덕분에 지도자가 되기까지 그리 긴 여정이 필요하지 않았지요." 크리스티안 호크와 위르겐 클롭 외에도 토르스텐 리베르크네흐트Torsten Lieberknecht, 위르겐 크람니Jürgen Kramny, 스벤 데만트 Sven Demandt, 페테르 노이슈타터Peter Neustädter, 우베 슈퇴버Uwe Stöver가 마인츠에서 볼프강 프랑크에게 지도를 받은 세대다.

"클롭은 굉장히 감정적이 되고는 했다"

프랑크의 후임인 라인하르트 자프티히Reinhard Saftig와 디트마르 콘스
탄티니Dietmar Constantini는 둘 다 포백을 계승했지만 세간의 관심이 식자
서서히 포백을 포기했다. 이에 대한 선수들의 반응은 아주 나빴다.
팀의 중심 멤버들은 프랑크의 시스템이 더 효과적이라고 확신하고
있었다. 위르겐 클롭과 크리스티안 호크도 같은 의견이었다. "그전에
도 그랬고 그때도 그랬고, 우리는 시스템에 대해 같은 이미지를 갖고
있었습니다"라고 호크는 말했다.

그러나 경기 형식의 훈련을 할 때 두 사람은 매우 대조적이었다.
한 명은 좌측 공격수였고, 다른 한 명은 우측 풀백이었다. 174센티미
터의 크리스티안 호크와 그보다 17센티미터나 더 큰 위르겐 클롭이
1 대 1로 경합하는 모습은 마인츠의 훈련 모습을 구경하러 온 사람
들에게 큰 재미를 줬다. 한 명은 강력한 왼발을 가진 몸집이 작고 민
첩한 선수, 다른 한 명은 기술보다 강력한 헤딩과 운동량으로 프로
가 된 선수다. 호크는 당시를 회상하며 "우리는 종종 피치를 가로지
르며 줄기차게 서로를 괴롭혔습니다"라고 말했다. "클롭은 때때로 굉
장히 감정적이 되고는 했지요."

2005년 여름에 위르겐 클롭은 축구지 〈룬트〉의 취재에서 거짓말
탐지기를 몸에 부착한 채로 질문을 받았는데, 가장 심하게 화가 났
을 때가 언제였느냐는 질문에 다음과 같이 대답했다. "감독이 되기

조금 전이었는데, 친구였던 산드로 슈바르츠*Sandro Schwarz*에게 박치기를 먹인 적이 있습니다. 훈련 중에 두 번이나 나가떨어진 저는 벌떡 일어나서 얼굴을 가까이 가져다 댔는데, 다음 순간 산드로가 바닥에 쓰러졌지요. 그때는 정말 죽고 싶었습니다. 그저 죽고 싶다는 생각뿐이었습니다. 그만큼 나 자신에게 화가 났습니다."

"잉글랜드에서 뛰었다면 좋은 선수 커리어를 쌓았을지도 모른다"

볼프강 프랑크는 우측 풀백인 클롭이 감정을 폭발시키는 모습을 당시부터 지켜봤는데, 그 주된 원인은 뜻대로 공을 다루지 못하는 자신에게 화가 났기 때문이라고 생각했다. "클롭은 피치 위에서도 감정을 폭발시킬 때가 있었습니다. 머릿속에는 좋은 아이디어가 넘쳐나는데 자신의 축구 실력으로는 그 아이디어를 실현할 수 없었기 때문이지요. 너무 심하게 화를 내서 터치라인으로 불러들여야 할 때도 있었습니다." 프랑크는 당시를 이렇게 회상했다. 한편 클롭은 2002년에 자신의 선수 시절을 회고하면서 잉글랜드에서 뛰었다면 좀 더 나은 활약을 했을지도 모르겠다고 말했다. "그곳에서 뛰었다면 좋은 선수 커리어를 쌓았을지도 모릅니다. 날아오는 롱볼을 헤딩하는 건 자신 있었으니까요."

로트바이스 프랑크푸르트에서 마인츠로 왔을 때 클롭은 아직 포워드였다. 그가 3부 리그에서 프로 리그로 날아오를 수 있었던 원동력은 스피드였다. 1991년 8월에 에르푸르트의 슈타이거발트 슈타디온에서 클롭은 자신이 원하는 플레이를 했고, 그 결과 마인츠 역사상 최초로 2부 리그에서 한 경기에 네 골을 넣은 선수가 되었다. 그러나 그 후에는 다른 대부분의 공격수처럼 커리어가 길어짐에 따라 점점 후방 포지션으로 내려갔다. 조시프 쿠세$_{Josip\ Ku\check{z}e}$ 감독 밑에서는 중원의 우측 측면에 배치되었고, 볼프강 프랑크 감독의 시대에 우측 풀백으로 정착했다. 클롭은 1990년부터 2001년까지 325경기에서 52골을 기록했다. 2부 리그 출장 경기 수로는 마인츠에서 최다 기록이다. 2부 리그는 1부 리그보다 덜 다듬어진 선수에게 적합한 리그이기 때문에 클롭과 궁합이 잘 맞았다.

커리어 말년이 되자 스피드가 있는 클롭도 거친 모습을 보이는 일이 많아졌다. 가해자가 될 때도 있었고 피해자가 될 때도 있었다. 이것을 잘 말해주는 일화가 있다. FC 장크트파울리에 베른트 홀러바흐$_{Bernd\ Hollerbach}$라는 미드필더가 있었는데, 그는 함부르크에 있는 홈구장인 밀레른토어 슈타디온에서 위르겐 클롭과 마찰을 빚은 적이 있다. 클롭은 2002년에 당시의 상황을 생생하게 이야기했다. "우리 팀이 완벽한 역습 기회를 잡았는데, 중앙선 근처에서 홀러바흐가 제 넓적다리를 무릎으로 찍었습니다. 정말 아파서 죽는 줄 알았지요. 비겁한 플레이였지만 아무도 보지 못했기 때문에 오히려 할리우드 액션을 한다고 야유를 받았습니다." 앞서 소개한 〈룬트〉지의 취재에서 클롭은 그 2부 리그다운 일화의 뒷이야기를 소개했다. "진실을 알고 있었던 사람은 저와 홀러바흐뿐이었습니다. 그러니 어쩌겠습니까? 다음 경기에서 홀러바흐한테 그대로 되갚아줬지요."

20년 가까이 지난 과거의 일에는 관용적이 되기 마련이지만, 호크도 클롭과 마찬가지로 당시의 축구를 미담처럼 이야기하지는 않는다. "피치 위에는 넓은 공간이 펼쳐져 있지만, 등 뒤에서는 저를 마크하는 수비수가 제 발뒤꿈치를 박살 내려고 뛰어왔지요."

제3장

감독 클롭의 탄생

하루아침에 마인츠의 선수에서 감독이 되다

JÜRGEN KLOPP

JÜRGEN KLOPP

위르겐 클롭은 임시 감독이었다. 2001년 2월 말, 2부 리그 클럽 마인츠의 매니저인 크리스티안 하이델Christian Heidel은 에크하르트 크라우춘의 후임자를 물색했지만 선수로서 전성기가 지난 클롭 이외에는 선택지가 없었다. 처음에는 '클롭에게 한 경기만 맡겨보자'는 생각이었지만 '다음 경기도 맡겨볼까?', '몇 경기 더 맡겨볼까?'와 같은 식으로 점점 기간이 연장되었고, 결국 연 단위의 계약이 되었다. 물론 좋을 때도 있었고 나쁠 때도 있었지만 좋을 때가 더 많았다.

3부 리그로 강등당할 위기에서 벗어나다

마인츠의 사무소에 있는 크리스티안 하이델의 사무실에는 위르겐 클롭을 떠올리게 하는 것이 여럿 있었다. 벽에 걸려 있는 사진도 그렇지만, 특히 하이델의 열정적인 어조와 친구 클롭에 대해 이야기할 때의 즐거워 보이는 표정에서 클롭의 존재가 느껴졌다. 클롭과는 이틀 전에도 전화로 이야기를 나눴다고 한다. 하이델은 빠른 말투로 이야기했다. 그만큼 하고 싶은 이야기가 많은 것이다. 또한 당시의 추억을 이야기할 때 보이는 즐거운 표정에서는 클롭과 함께 일한 것이 얼마나 즐거웠는지 알 수 있었다.

당시를 회상하는 하이델의 얼굴에서는 웃음이 떠나지 않았다. 당시를 떠올리는 것은 당시에 실제로 경험했을 때와 동등한, 아니 그 이상으로 즐거운 일이었다. 과거에 마인츠는 2부 리그에서도 걸핏하면 강등의 위기에 몰리던 팀이었지만 지금은 당당한 1부 리그 클럽으로 성장했다. 그 과정에서 결정적인 역할을 한 사람은 볼프강 프랑크였다. 또한 위르겐 클롭은 선수로서 평범한 재능을 지닌 거친 우측 풀백이었지만 우승 감독으로 성장했다. 그 과정에서 중요한 역할을 한 사람 역시 볼프강 프랑크였다. 프랑크는 1995-96시즌 도중에 당시 강등이 확실시되던 마인츠의 감독으로 취임했다. 참담한 성적으로 전반기를 마친 마인츠는 최하위라는 심각한 상황에 놓여 있었다. 그러나 그런 심각한 상황이었기에 무엇인가를 시도할 수 있었다. 아니, 시도할 수밖에 없었다.

"앞으로는 4-4-2를 사용한다. 리베로는 두지 않는다"

1951년에 태어난 볼프강 프랑크는 과거에 VfB 슈투트가르트와 보루시아 도르트문트에서 센터포워드로 뛰었으며, 키는 172센티미터로 작았지만 헤딩에 능했다. 마인츠에 오기 전에는 스위스의 클럽과 당시 2부 리그 클럽이었던 로트바이스 에센에서 지휘봉을 잡았다. 에센에서는 1994년 DFB-포칼 결승에 진출했지만 SV 베르더 브레멘에 1 대 3으로 패배했다.

프랑크는 마인츠에서 새로운 시도를 했다. "최하위에서 벗어나려면 무엇인가를 바꿔야 했죠"라고 하이델은 말했다. 겨울 휴식기에 프랑크는 이렇게 선언했다. "앞으로는 4-4-2를 사용한다. 리베로는 두지 않는다." 하이델은 '리베로가 없다고? 그래도 괜찮을까?'라고 생각했지만, "이미 그런 것을 신경 쓸 상황이 아니었습니다"라고 말했다. 선수들은 프랑크의 제안을 따랐다. 감독은 대인방어 대신 선수들이 다 같이 연동해서 수비하도록 훈련시켰다. 어느 시대든 잃을 것은 하나도 없고 얻을 것은 많은 사람이 혁명을 일으키기 마련이다. 이것은 축구에도 해당하는 이야기다.

프랑크는 독일에서 신천지에 발을 들여놓았다. 뷔르템베르크의 지방 연맹에는 헬무트 그로스Helmut Groß라는 감독이 있어서 젊은 감독들에게 지역방어를 가르쳤지만, 프로 리그의 세계에서 지역방어를 시도할 용기가 있는 사람은 그때까지 거의 없었다. 당시 독일은 리베로의 나라였기 때문이다. 여기에 리베로로부터 벗어나기 어려웠던 또 한 가지 이유가 있었다. 당시의 독일에는 다른 나라의 경우 멸종위기에 몰린 이 포지션에 로타어 마테우스Lothar Matthäus와 마티아스 자머Matthias Sammer라는 걸출한 선수가 있었던 것이다. 게다가 리베로는 프란츠 베켄바워Franz Beckenbauer 이래 '독일의 발명품'처럼 여겨졌다. 독일에서 포백의 선구자로는 마인츠의 볼프강 프랑크 이외에 베른트 크라우스Bernd Krauss와 랄프 랑닉Ralf Rangnick이 있으며, 1990년대에 각각 보루시아 묀헨글라트바흐와 SSV 울름 1846에서 도입에 성공했다.

현대 축구의 특징은 볼 빼앗기에 있다

프랑크는 하나부터 새롭게 시작했다. 선수들은 압박을 가해 상대의 공격 전개를 방해하고 상대 수비수를 압박해 공을 빼앗는다. 그러면 상대의 골대와 그리 멀지 않은 곳에서 공격을 시작할 수 있다. 프랑크는 이 전술로 먼저 팀의 마음을 사로잡는 데 성공했다.

독일에서는 축구 뉴스를 보도할 때 실수를 전면에 부각시키는 경우가 많다. 가령 2011년 2월의 바이에른 뮌헨 대 보루시아 도르트문트의 경기에서 케빈 그로스크로이츠가 바스티안 슈바인슈타이거Bastian Schweinsteiger에게서 공을 빼앗고 루카스 바리오스Lucas Barrios에게 패스해 골을 넣었을 때도 그랬다. 상대를 둘러싸 압박을 가하고 공간을 차단하는 플레이(기존의 대인방어가 상대 선수를 기준으로 수비했던 것과는 대조적으로 팀 전체가 지역을 기준으로 수비하는 플레이를 의미한다. 상대가 공을 가지고 있을 때 조직적인 수비로 공간을 없애 공격 전개를 곤란하게 만드는 것이 목적이다. 이것은 각 선수가 서로 연동해 이동함으로써 실천한다. 수적 우위를 만들어 공을 가진 선수 근처에서 공을 빼앗는 것이 목적이다)를 함으로써 슈바인슈타이거의 실수를 유도한 팀 전술의 성과에는 주목하지 않는다. 그러나 현대 축구의 특징은 그런 볼 빼앗기에 있다. 프랑크는 이 점을 잘 알고 있었고, 클롭은 이것을 프랑크에게 배웠다.

전원이 압박에 가담하다

이 시스템은 모두가 참가할 때 비로소 제 기능을 한다. 포워드도 예외가 아니다. 데니스 바일란트Dennis Weiland는 "한 명쯤은 제외시켜 줘도 괜찮지 않습니까"라고 덧붙였지만…. 카페 라프에서 이야기를 나눈 바일란트는 1974년에 태어난 마인츠의 전 미드필더다. 평화로운 마인츠의 곤젠하임 지구에 자리한 이 카페는 클롭이 좋아하는 가게로, 그리 멀지 않은 곳에 클롭의 집이 있다. 또한 길 끝에는 마인츠의 선수들이 체력 훈련을 하는 숲이 있었다.

볼프강 프랑크가 지휘하는 마인츠에서는 전원이 앞서 소개한 공간을 차단하는 플레이를 했는데, 이것은 울름도 마찬가지였다. 3부 리그의 울름에도 비슷한 생각을 가진 감독이 있었던 것이다. 바로 랄프 랑닉이다. 1997-98시즌의 DFB-포칼에서 디트마르 콘스탄티니가 이끄는 마인츠는 3부 리그의 SSV 울름 1846과 맞붙어 1 대 4로 참패했다. 한편 이 경기에 클롭은 출장하지 않았다. 콘스탄티니와 의견이 맞지 않았기 때문이다. 하이델은 "울름은 우리가 하고 싶었던 축구를 했습니다"라고 말했다. 그리고 울름의 포워드를 언급했는데, 이름이 기억나지 않는지 '체구가 작은 헝가리인 선수'라고만 말했다. 그러나 사실 그 선수는 헝가리인이 아니었다. 울름에 헝가리인은 우람한 덩치의 센터백 타마시 보독Tamás Bódog밖에 없었다. 그 경기에서 선제골을 넣은 보독은 나중에 마인츠에서도 뛰었다. 한편 포워드로 뛰었던 몸집이 작은 선수는 드라간 트르쿨야Dragan Trkulja였는데, 안짱다리의 세르비아인인 그는 그 경기에서 압박축구를 실천하며 1골 2어시스트를 기록했다.

마인츠의 스타일

볼프강 프랑크는 1996년 초에 마인츠에서 지역방어, 연동하는 움직임, 압박축구를 실천했다. 그러자 시즌 후반의 마인츠는 놀라운 성적을 기록했다. 이것은 선수들의 실력이 갑자기 향상되었기 때문이 아니었다. 물론 실력이 향상되었을지도 모르지만, 그것만이 약진의 이유는 아니었다. 감독에게 확고한 아이디어가 있었고 그 아이디어에 대처할 수 있는 팀이 리그에 없었기 때문이었다. 오늘날에야 포백이 일반적이지만 당시는 아직 선구적인 시스템이었다. 그때까지 포백은 불안정하고 일반적인 독일 축구의 틀에서 벗어나 있었다. 그런 까닭에 분데스리가에서 곧바로 지위를 확립하지 못했고, 침투하기까지 시간이 필요했다. 그랬는데 프랑크가 모든 것을 뒤엎은 것이다. 참으로 대단한 야심가였다.

그러나 다음 시즌의 겨울 휴식기에서 프랑크는 선수들이 무엇을 원하는지 파악하지 못한 채 과도한 훈련을 강요했고, 그 결과 마인츠는 후반기의 첫 두 경기에서 패배했다. 그러자 프랑크는 갑자기 사임을 발표했고, 끝내 자신의 뜻을 굽히지 않았다. 그는 한 번 결정을 내리면 철저히 지키는 사람이었는데, 이러한 철저함이 슬픈 결과를 부른 것이다. 클롭은 프랑크에게서 무엇을 해야 하고 무엇을 하지 말아야 할지를 배웠다.

프랑크의 갑작스러운 사임

하이델은 고민에 빠졌다. 이후 수년 동안 감독을 해임할 때마다 느끼게 되는 고민이었다. 프랑크가 추구했던 플레이를 계승할 감독이 어디에 있을까? 포백, 4-4-2, 공격적인 축구, 압박…. 하이델도 선수들도 이것을 두 번 다시 포기하고 싶지 않았다. 그런 감독이 어디에 있을까? "당시의 독일에서 젊은 선수의 발굴은 어려운 일이 아니었습니다. 젊은 선수의 수급이 문제라고 생각하는 사람은 없었습니다. 문제는 감독이었습니다." 하이델은 이렇게 말했다. 물론 하이델도 감독 문제로 고민했다.

프랑크의 사임을 안타까워하고 그의 시스템을 계승하고자 하는 팀을 위해 하이델은 그에 걸맞은 감독을 원했다. 상위권에 있는 상황을 감안하면 이름값이 높은 감독이 좋았다. 이는 야심가인 프랑크가 내뱉은 "마인츠에는 승격하고자 하는 의지가 전혀 없다"라는 악담을 부정하기 위한 것이기도 했다. 하이델은 라인하르트 자프티히를 초빙했다. 당시 45세였던 그는 과거에 바이에른 뮌헨을 수개월 동안 지휘했을 뿐만 아니라 보루시아 도르트문트와 바이어 레버쿠젠, 그리고 터키의 클럽인 갈라타사라이 SK의 감독을 맡은 바 있었다.

그 후 하이델은 곤혹스러운 상황에 처하게 된다. 지금의 마인츠라면 줄을 설지도 모르지만, 당시는 그리 많지 않았던 감독 후보들에게 하이델은 자신이 무엇을 바라는지 분명히 설명했다. 그러자 후보자들은 동의한다고 대답했다. 요컨대 공간을 차단하는 플레이, 연동하는 움직임, 지역방어, 4-4-2, 공격적인 축구, 압박축구를 실천하겠다는 말이다. 그러나 실제 행동은 달랐다. 그런 축구를 하기 싫어한다기보다는 하지 못했다. 그러면서도 마인츠의 감독 자리를 내놓기 싫은 나머지 그것을 인정하지 않았다. "지금의 마인츠에는 축구에 대한 클럽 차원의 철학이 있습니다. 저희가 감독에게 팀의 철학을 제시하고, 감독은 그것을 충족시켜야 합니다"라고 하이델은 말했다. 팀 철학의 범위 안에서라면 감독이 무엇을 하든 자유다. 그러나 리베로를 두고 싶은 사람은 하늘이 두 쪽이 나더라도 마인츠의 감독이 될 수 없다.

'그림자 내각' 이 탄생하다

로트바이스 에센과의 경기 직전에 라인하르트 자프티히 감독은 팀 미팅에서 전술과 포메이션을 설명했다. 쓰리백이었다. 프랑크의 시스템은 흔적도 찾아볼 수 없는 옛날 축구였다. 미팅이 끝난 뒤, 일개 선수인 클롭이 하이델의 사무실을 찾아갔다. 다소 격앙된 모습이었다. 그리고 그곳에서 공모共謀가 시작되었다. "지금까지의 축구를 해야 합니까, 아니면 자프티히의 지시를 따라야 합니까?" 클롭이 하이델에게 물었다. 하이델은 잠시 생각한 뒤, 이후에 일어날 상황을 예상하고 대답했다. "지금까지의 축구를 하게." 지금까지의 축구란 물론 프랑크의 전술을 의미한다. 하이델이 말하는 '그림자 내각'이 탄생하는 순간이었다. 계약을 체결하기 전에 하이델은 자프티히에게 포백을 고수하도록 의무화했다. 그러나 하이델은 그 승리가 장기적으로 이어지지는 않을 것임을 알고 있었다.

"이 테이블입니다." 하이델은 이렇게 말하며 사무실의 테이블을 세게 두드렸다. 커피잔이 흔들렸다. 하이델은 감독을 제쳐놓고 일개 선수였던 클롭과 이 테이블에 마주 앉아 마인츠에 필요한 전술에 관한 이야기를 나눴다고 한다. 클롭은 "우리는 이렇게 할 겁니다"라고 하이델에게 설명했다. 자프티히는 뒷전이었다.

자프티히는 그 후로 클럽이 중심이 된 선수들의 저항을 나름대로 잘 이겨냈지만, 선수들이 손쓸 수 없는 실수를 몇 가지 저질렀다. 마인츠는 결국 4위로 시즌을 마감했고, 당시만 해도 아직 폴크스바겐의 강력한 지원을 받지 못했던(그러나 때때로 압박을 받는) VfL 볼프스부르크가 승격했다. 마인츠가 그 후로 악연과도 같은 등수인 '4위'를 차지한 것은 이때가 처음이었다.

자프티히는 시즌이 끝난 뒤 해임되었고, 오스트리아 출신의 디트마르 콘스탄티니가 새 감독으로 취임했다. 콘스탄티니는 에른스트 하펠Ernst Happel 밑에서 오스트리아 국가대표팀의 수석 코치를 맡은 적이 있는 인물이었다. 그러나 콘스탄티니 시절의 마인츠는 무승부가 많았고, 리베로를 둘 때도 종종 있었다. 그리고 홈에서 SG 바텐샤이트 09에 1 대 3으로 패해 15위인 슈투트가르트 키커스와 불과 승점 1점 차이가 되자 콘스탄티니도 결국 사임했다. 클럽을 떠나면서 콘스탄티니는 "이 난국에서 너희를 구할 수 있는 사람은 단 한 명, 볼프강 프랑크뿐이야"라고 말했는데, 이것만 봐도 마인츠에 프랑크의 그림자가 얼마나 진하게 남아 있었는지 알 수 있다.

"팀이 감독보다 더 전술에 능했다"

볼프강 프랑크는 FK 오스트리아 빈과의 계약이 남아 있었지만 마인츠로 돌아왔다. 마인츠에 대한 애정 앞에서는 계약도 장해물이 될 수 없었다. 프랑크의 복귀전인 슈투트가르트 키커스와의 원정경기에는 1200명이나 되는 마인츠 서포터가 모여들어 "메시아, 메시아"를 연호했다. 선수들도 축구 경기장보다는 마인츠 대성당에 더 어울릴 법한 그 말에 공감을 느꼈다. 그날 마인츠는 키커스에 2 대 1로 승리했다. 리베로는 없었다. 위르겐 크람니는 중원으로 돌아갔고, 슈테펜 헤르츠버거Steffen Herzberger와 스벤 데만트가 골을 넣었다. 마인츠는 1997-98시즌을 10위로 마쳤다. 1998-99시즌에는 7위였다.

2000년 4월, 1. FC 쾰른에 0 대 1로 패한 뒤 프랑크는 2001년까지 계약이 남아 있었음에도 마인츠를 떠났다. 계약 만료 전에 공개적으로 MSV 뒤스부르크와 이적 교섭을 한 것이다. 이 일로 프랑크와 하이델은 2년 동안 대화를 나누지 않았다. 한편 마인츠는 강등의 우려 속에서 수석 코치인 디르크 카르쿠트Dirk Karkuth의 지휘 아래 잔류에 성공했지만, 카르쿠트는 장기적인 해결책이 될 수 없었기에 레네 반더레이켄René Vandereycken을 후임 감독으로 영입했다. 그러나 반더레이켄은 리베로를 두는 감독이었다.

"프랑크의 지도를 받은 우리 팀은 전술적인 능력이 뛰어났습니다. 하지만 그 뒤에 온 감독들은 그렇지 못했지요"라고 하이델은 말했다. "팀이 감독보다 더 전술에 능했습니다." 게다가 새로 영입된 선수들에게도 문제가 있었다. 전부터 있었던 선수들은 프랑크의 시스템이 몸에 배어 있었지만 새로 영입된 선수들은 배운 적이 없는 데다 감독도 프랑크의 시스템을 가르치지 못했기 때문이다.

반더레이켄은 베테랑 선수들과 마찰을 빚었고, 클롭은 벤치 멤버가 되었다. 그리고 11월 11일의 제12라운드. 하노버 96을 홈으로 불러들인 마인츠는 0 대 2로 패했을 뿐만 아니라 골키퍼인 디모 바헤 Dimo Wache가 레드카드를 받기까지 했다. 제12라운드까지 마친 시점에 마인츠의 승점은 불과 12점, 순위는 15위였다. 훗날 2006년부터 2009년까지 벨기에 국가대표팀 감독을 역임하게 되는 벨기에인 감독은 결국 이날의 경기를 마지막으로 해임되었다. 그러나 마인츠의 역대 감독들이 무능했던 것은 아니다. 단지 마인츠의 요구 수준이 너무 높았을 뿐이다. 이 팀은 개개인의 부족한 기량을 보완할 수 있는 특정 시스템 없이는 승리할 수 없었던 것이다.

"자신들이 자신들을 코치하게 하자"

반더레이켄의 후임 감독은 에크하르트 크라우춘이었다. 크라우춘은 교묘한 방법으로 감독이 됐다. 사전에 클롭에게 전화를 걸어 정보를 수집한 것이다. 물론 클롭에게는 그냥 전화해본 것처럼 말했고, 마인츠의 감독이 되고 싶다는 말은 전혀 하지 않았다. 이 통화에서 클롭은 크라우춘의 질문에 대답하는 형태로 현재 팀의 무엇이 기능하지 않고 어째서 기능하지 않으며 문제를 해결하려면 무엇이 필요한지 설명했다. 그 후 크라우춘은 마인츠 프런트와의 감독 면접에서 이 내부 정보를 적극 활용했다. 클롭에게 전화로 들은 지식밖에 없었지만 어쨌든 포백의 방법론을 설명할 수 있었고, 덕분에 감독의 자리를 얻는 데 성공했다. "크라우춘과 클로포가 나눈 대화에 대해서는 전혀 알지 못했습니다"라고 하이델은 말했다.

전 세계를 돌아다니며 감독 생활을 한 크라우춘의 마인츠 생활은 출발부터 조짐이 좋지 않았다. 기자회견에서 "이곳 팔츠 지방, 부르흐 호수에서 일할 수 있어서 기쁘게 생각합니다"라고 말한 것이다(마인츠의 연고지는 라인-헤센 지방이며 당시 홈구장이 있었던 장소는 옛 명칭이 '브루흐 거리'였지만, 팔츠는 이웃 지방이며 브루흐 호수도 이웃 지방에 있다).

마인츠는 강등의 위기에 몰려 있었다. 크라우춘의 지휘 아래 FC 장크트파울리와의 경기에서 승점 1점을 획득하고 뉘른베르크에 승리했지만, 그 후 7경기에서 승점을 겨우 2점밖에 추가하지 못했다. 이에 대해 크라우춘은 "무운武運이 없었다"라고 탁한 목소리로 말했다. 제2차 세계대전이 한창이던 1941년에 태어난 세대 특유의 인생 경험이 드러난 표현이었다.

2001년 1월 말, 마인츠는 슈투트가르트 키커스와의 경기에서 0 대 0 무승부를 기록하고 겨울 휴식기를 맞이했다. 그 시점의 순위는 마인츠가 16위, 키커스가 15위였다. "뭔가 조치를 취해야 했습니다"라는 말처럼 하이델은 새 감독을 물색하기 시작했다. 2월 말의 '카니발의 월요일(거리에서 퍼레이드가 열리고 카니발이 클라이맥스를 맞이하는 날)'에도 하이델은 집에서 〈키커〉지의 연감을 보며 적당한 감독 후보를 찾고 있었다. 그러나 이리저리 페이지를 넘겨봐도 마음에 드는 경력은 발견하지 못했다. 새로운 감독, 새로운 감독…. '강등 후보 1순위'로 꼽히는 마인츠의 새 감독으로는 누가 좋을까?

팀은 크라우춘과 함께 바트 크로이츠나흐에서 캠프 중이었다. 모든 것을 삼켜버릴 만큼 소란스러운 마인츠의 카니발로부터 벗어나기 위해서였다. 클럽의 수뇌부는 시내 중심부에서 열리는 '카니발의 월요일'의 대형 퍼레이드에 참가하고 있었다. 하이델은 소파에 앉아 생각에 잠겼다. '어떻게 해야 이 위기를 타개할 수 있을까?' 그리고 어느 순간 자신에게 대답했다. "맞아, 그 친구들에게 해결하게 하면 되잖아? 팀에도 책임을 지게 하자. 선수들이 직접 하게 하는 거야. 리더적인 선수가 네댓 명은 되니 자신들이 자신들을 코치하면 돼." 요컨대 자기 관리로 운영되는 청소년 시설에서 아이들이 서로를 성장시키는 방식이다. 이것은 선수들에게 책임을 덮어씌우는 것이 아니었다. 다른 방법이 없어서도 아니었다. 선수들은 축구에 대해 당시 독일에서는 소수의 감독밖에 모르는 것을 알고 있었다. 한편 크라우춘은 그 소수의 감독 중 한 명이 아니었다.

"하지요"

하이델은 하랄트 슈트루츠에게 전화를 걸었다. 삼단뛰기 선수 출신이며 변호사이기도 한 슈트루츠는 1988년부터 마인츠의 회장을 맡고 있었다. 수화기 너머로 퍼레이드의 팡파르 소리를 들으면서 하이델은 말했다. "감독 자르죠." 그러자 슈트루츠는 태연하게 "응!"이라고 대답했다. 다시 수화기 너머로 팡파르 소리가 울려 퍼졌다. 하이델은 "클롭에게 감독을 맡기려 합니다"라고 말을 이었다. 슈트루츠는 여전히 동요하는 기색 없이 "그렇군"이라고 대답했다. 수화기 너머로 "헬라우!"라고 세 번 힘차게 외치는 소리가 들렸다.

다음 경기는 카니발 직후의 목요일에 있었다. 상대는 승격을 노리는 MSV 뒤스부르크였다. 그다음에는 토요일에 최하위인 켐니츠와 맞붙는다. "일단 이 두 경기를 잘 치르고 싶었습니다"라고 하이델은 말했다. 하이델은 먼저 캠프에 있는 주장 디모 바헤에게 전화를 걸어 설명했다. 그리고 캠프에 참여는 했지만 부상 중이어서 뛸 수 없었던 클롭에게 전화를 걸었다. 하이델은 클롭이 언젠가 감독이 되고 싶어 한다는 사실을 알고 있었다고 한다. 그래서 클롭에게 플레잉 코치를 맡기려고 생각했지만, 한편으로는 '미쳤어요?'라는 반응이 돌아오지 않을까 두렵기도 했다. 그러나 하이델의 제안에 클롭은 바로 대답했다. "하지요."

다만 클롭은 감독만 하고 싶다고 말했다. 클롭은 그 자리에서 즉시 이제 얼마 남지 않은 2부 리그 선수로서의 커리어와 잘해나갈 자신이 있는 새로운 커리어 중 어느 쪽을 선택할 것인지를 저울 위에 올려놓고 잰 다음 결론을 내린 것이다. 놀라움과 기쁨이 교차한 하이델은 그 반응에 경의를 표하며 승낙했다. 이 통화를 마지막으로 위르겐 클롭이라는 선수는 두 번 다시 볼 수 없게 되었다.

"마인츠는 2부 리그 잔류를 포기한 모양이군"

통화 후 하이델은 바트 크로이츠나흐로 향했다. 중요 당사자들은 이미 알고 있었지만 크라우춘은 아직 상황을 알지 못했기 때문이었다. 하이델이 해임 사실을 알리자 크라우춘은 "고별 경기는 치르게 해주시오"라고 부탁했다. 그러나 하이델은 안 된다고 말했다. 이에 크라우춘은 물었다. "그러면 앞으로 어떻게 할 거요?" 하이델은 "클롭에게 맡길 겁니다"라고 대답했다. 대답을 들은 크라우춘은 "말도 안

돼. 클럽을 생각해야지. 당신은 클럽을 책임져야 하는 위치가 아니오? 한 경기만 더 치르게 해주시오"라고 말했다. 하이델은 역시 "안됩니다"라고 대답했다.

하이델이 새 감독을 소개하는 기자회견이 열렸다. 현지의 기자들은 그간의 경험을 통해 무슨 발표가 있을지 대충 감을 잡고 있었지만, 기자회견장에 온 클롭을 보고 '대체 클로포는 여기 왜 온 거지?'라며 신기하게 생각했다. 그리고 클롭을 새 감독으로 선임한다는 발표를 듣자 조롱하기 시작했다. 신문에서도 "마인츠가 완전히 분별력을 잃은 듯하다", "2부 리그 잔류를 포기한 모양이다", "클롭은 과대망상에 빠진 것 같다"라며 비웃었다. 당시를 회상하며 하이델은 "우리는 바보 취급을 당했습니다"라고 말했다.

클롭의 첫 연설

첫 경기를 맞이한 클롭은 라커룸에서 팀을 고무시켰다. 클롭의 첫 연설이었다. 하이델은 클롭의 연설을 조용히 들었다. "만약 누군가가 제게 스파이크를 건넸다면 당장 피치로 달려가서 멋진 플레이를 했을 겁니다"라고 하이델은 말했다. 그만큼 클롭의 말 한 마디 한 마디에는 뒤스부르크를 이길 수 있다는 확신이 담겨 있었다. 하이델은 "선수들은 당장에라도 뛰쳐나가 뒤스부르크를 박살 내자는 분위기였습니다"라고 당시를 회상했다. 클롭이 축구를 잘 아는 친구라는 것은 '그림자 내각' 시절부터 알고 있었다. 그런데 알고 보니 말재주도 있는 친구였다. 그리고 이 또한 분명한 재능이었다.

뒤스부르크전의 관중은 3500명이었다. 클롭에 대한 신뢰를 보여주는 증표라고는 말하기 어려운 숫자였다. 오히려 회의감의 발로에 가까웠다. 그러나 이 경기에서 마인츠는 1 대 0으로 승리했다. 골을 넣은 선수는 크리스토프 바바츠Christof Babatz였다. 하이델은 '좋았어. 일단 켐니츠와의 경기도 클롭한테 맡겨보자'라고 결정했다. 그리고 마인츠는 켐니츠와의 경기에서도 바바츠의 선제골을 앞세워 3 대 1로 승리했다.

한편 클롭은 기자회견과 경기 후의 인터뷰에도 훌륭히 대응했다. 하이델은 '클롭에게 이런 능력도 있었나?'라고 감탄하면서 '좋았어. 그러면 이번 시즌은 클롭에게 맡기자'라고 결정하고 악수로 계약을 대신했다. 클롭은 예전처럼 잔디에 막대를 꽂았고, 팀은 연동하는 움직임을 연습하고, 압박을 가하고, 공격적인 플레이를 하고, 4-4-2 포메이션으로 지역방어를 실천했다. 그 결과 마인츠는 2부 리그에 잔류했으며 클롭도 감독의 자리를 유지했다. 이때부터는 정식 계약이었다.

이렇게 해서 비로소 과거와 현재를 연결하는 선이 만들어졌다. 분단되었던 흐름이 비로소 하나가 되었다. 프랑크의 후계자가 생긴 것이다. 다만 프랑크의 시절과는 달라진 점도 있었다. 프랑크는 계획된 플레이만을 허용했으며 약간의 일탈도 용납하지 않았다. 특히 드리블은 절대 용납하지 않았다. 그러나 클롭은 선수들이 개개인의 능력을 발휘하도록 장려했다. 이것은 프랑크의 시절보다 개인 능력이 뛰어난 선수들이 있었기 때문이기도 했다.

클롭의 가장 큰 재능

클롭은 선수에서 감독으로 변신하는 데 성공했다. 그 이유 중 하나는 감독이 되었어도 변함없이 '클롭 자신'이었기 때문이다. 하이델은 이것이 '클롭의 가장 큰 재능'이라고 말했다. 신뢰라는 것은 잘못 다루면 쉽게 깨지는 재산인데, 클롭은 사람들에게 신뢰받는 재능을 지닌 사람이다. "클롭은 자신이 하는 말을 사실처럼 믿게 만드는 능력이 있습니다"라고 하이델은 말했다. 클롭이 하는 말은 겉치레가 아니라 클롭의 모습을 있는 그대로 반영한다는 믿음을 주는 것이다. 이 세상에는 엄격한 척만 할 뿐 실제로는 그렇지 않은 감독도 있다. 그러나 클롭은 절대 그런 사람이 아니다.

클롭은 심판에게 항의하러 달려가다 광고판에 걸려 넘어지기도 하고, 퇴장을 당하자 험악한 표정으로 울부짖기도 하고, 고래고래 소리도 지르고, 이빨을 드러내고 터치라인을 질주하기도 하는 감독이다. 그리고 언제나 100퍼센트 클롭 그 자체다. "이미지를 신경 쓰는 일은 없습니다. 그건 투헬Thomas Tuchel도 마찬가지입니다"라고 하이델은 말했다.

바일란트도 "클롭은 항상 클롭 그 자체입니다"라고 말했다. 바일란트는 마인츠대학에서 스포츠 과학을 4학기째 전공하고 있었다. 무릎에 부상이 있었지만 입학 실기 시험에는 지장이 없었다고 한다. 그는 클롭의 팀에서 탄생한 감독의 명단에 자신의 이름을 새기려 하고 있다. 그 명단은 오토 아도Otto Addo, 산드로 슈바르츠, 크리스티안 호크, 위르겐 크람니, 스벤 데만트, 페트르 루만Petr Ruman, 타마시 보독, 마르코 로제Marco Rose, 스벤 크리스트Sven Christ, 페테르 노이슈타터, 에르민 멜루노비치Ermin Melunović, 마르코 워커Marco Walker다. 이 수를 보면 위르겐 클롭은 자신이 지도하는 선수의 기를 꺾는 감독이 아니라 자신도 감독이 되고 싶다고 생각하게 만드는 감독이었음을 알 수 있다.

"이 세상에서 나만 행운을 누릴 필요는 없다"

클롭은 자신이 마인츠의 감독이 될 수 있었던 건 커다란 행운이었음을 자각하고 있다. 분데스리가의 감독이 된다는 것의 의미를 잘 이해하고 있다. 그리고 "그 의미를 매일 실감할 수 있습니다"라고 말한다. 한편 클럽이 적임 감독을 찾는 일의 어려움도 이해하고 있기에 상담 요청을 받으면 젠체하지 않는다. 때로는 자발적으로 조언해주기까지 한다.

"제게는 알고 지내는 감독이 여럿 있습니다. 함께 라이선스를 취득한 감독도 있고, 지금까지 살면서 알게 된 감독도 있지요. 그래서 어딘가의 회장에게 전화가 오면 '그쪽 팀과 잘 맞을지도 모르는 감독을 알고 있습니다'라고 말할 때도 있습니다. 때로는 프런트가 감독을 고를 때 많은 지원이 필요합니다. 가지고 있는 정보가 너무 적거나 적확한 판단을 내릴 여유가 없을 경우가 있기 때문이지요. 혹은 용기가 부족할 수도 있습니다. 마인츠에는 용기가 있었습니다. 도르트문트에도 용기가 있었습니다. 덕분에 저는 득을 봤지요. 그러니 이 세상에서 저만 행운을 누릴 필요는 없습니다."

"클롭과 함께라면 선수가 도망치는 일은 없었다"

바일란트는 2001년 여름에 VfL 오스나브뤼크에서 이적해 왔다. 바일란트가 이적하기 전인 2000년 10월 22일, 마인츠는 오스나브뤼크와 경기를 했다. 양 팀 모두 잔류를 걸고 경쟁하는 중이었다. 이날 마인츠에서는 미드필더인 위르겐 크람니가 경기 시작 15분 만에 염좌로 교체되는 바람에 대신 들어간 클롭이 바일란트를 마크했는데, 바일란트는 다니엘 춘Daniel Thioune의 2골을 어시스트해 오스나브뤼크의 2 대 1 승리를 이끌었다. 그러나 최종적으로 강등된 팀은 오스나브뤼크였고, 마인츠는 잔류에 성공했다.

나중에 클롭은 '깡통 따개'처럼 중원을 열어젖힌 바일란트에게 "그날 경기 때문에 널 영입 명단에 올렸어"라고 말했다. 원래 하이델은 선수를 영입할 때 감독을 동행시키는 일은 없었다. 그 선수의 기를 죽일 우려가 있었기 때문이다. 그러나 클롭은 이야기가 달랐다. 클롭을 데리고 가면 오히려 최고의 무기가 됐다. "클롭과 함께라면 선수가 도망치는 일은 거의 없었지요."

바일란트는 마인츠에서 영입 제안을 받았을 때 게르마니아 그라스도르프 시절의 동료이며 항상 같은 방을 사용했던 친구 바바츠에게 마인츠의 상황을 물어봤다. 그러자 바바츠는 좋은 팀이라고 대답했다. "마인츠가 포백으로 플레이하고, 미하엘 투르크Michael Thurk와 블레즈 은쿠포Blaise Nkufo라는 우수한 포워드를 보유했으며, 왼발잡이를 찾고 있다는 것은 알고 있었습니다"라고 바일란트는 말했다. 요컨대 바일란트 같은 선수를 찾고 있었던 것이다.

오스나브뤼크에서는 "거기서 뭘 하려고? 관중은 3000명밖에 안 되고, 다음 시즌에는 강등당할 텐데"라며 이적을 말렸다. 그러나 현명한 바일란트는 마인츠의 멤버들을 살펴본 결과 충분히 2부 리그에서 경쟁력이 있는 팀이라고 생각했다. 바일란트가 가세하면 '4-3-3도 구사할 수 있는 잠재력이 있었다'고 한다. 바일란트에게 유리한 상황이었다.

시스템을 최우선하는 스타일

클롭은 새로 가세한 선수를 천천히 팀에 녹아들게 했다. 새로 가세한 선수는 시스템에 적응해야 한다. "어디까지나 시스템이 우선이었습니다"라고 바일란트는 말했다. 새로 가입한 선수가 '그 시스템으로 플레이하지 못하고 시스템을 익히지도 못해 마인츠에서 문제를 일으키는' 사태는 수없이 일어났다. 핵심은 상대의 플레이를 예측하는 것, 끊임없이 두뇌를 가동하는 것이다. 우직하게 대인방어만 하는 것과는 차원이 다르다. 압박도 의식해야 한다.

바일란트는 포워드인 형 니클라스Niclas Weiland에게 패스했을 때의 상황을 떠올렸다. 수비수의 머리 위를 넘겨서 빈 공간으로 공을 보냈지만 형은 제자리에 서 있었다. 서로의 호흡이 맞지 않은 전형적인 예다. 바일란트는 화가 나서 소리쳤다. "아! 내가 뭘 하려고 했는지 알고 있었을 거 아냐!" 그러자 이 모습을 본 클롭이 화를 냈다. 바일란트가 화를 내느라 플레이를 중단했기 때문이다. "클롭이 화를 내면 상황은 그대로 종결됩니다"라고 바일란트는 말했다. 그리고 한동안

화를 내는 상태가 계속된다. "그렇게 되면 다시 기회를 얻도록 열심히 어필해야 했지요."

바일란트는 이후 마인츠가 1부 리그 승격의 기회를 두 번이나 놓쳤을 때 팀이 분열되지 않을 수 있었던 데는 클럽의 역할이 매우 컸다고 생각한다. 감독은 선수를 절대 책망하지 않았고, 선수끼리도 서로를 책망하지 않았다. "이런 일이 일어나면 다른 클럽에서는 공격의 표적이 되지만, 마인츠에서는 격려를 받았습니다"라고 바일란트는 말했다. "그런 경험은 아무나 할 수 있는 것이 아니었지요."

승격 기회를 두 번 놓친 뒤에도 자신들이 저주를 받았다든가, 심리적인 벽이 생겼다든가, 끝마무리가 약하다고 생각하는 일은 없었다. "그런 이야기는 믿지 않았습니다"라고 바일란트는 말했다. "클롭은 감정이 풍부한 사람입니다. 감정을 숨기지 않습니다. 승격 기회를 놓쳤을 때도 그랬지요. 하지만 클롭은 다시 일어서서 궁리하기 시작했습니다. 그리고 우리에게 이것이 한계가 아니다, 기회는 또 온다고 확신에 찬 어조로 말했습니다." 선수들은 감독을 믿었다. 이것은 그때만이 아니다.

"독일 최고의 거물 감독이지"

"클롭은 좋은 감독이었습니다. 그래서 저는 경기에 나가지 못하더라도 감독이 올바른 결정을 했다고 믿었지요"라고 바일란트는 말했다. 마인츠 재임 기간의 종반에 해당하는 2006년에는 특히 바일란트가 이해하기 어려운 결단이 있었다. 부상으로 이탈했다가 복귀해 출장 기회를 얻을 수 있을 것으로 기대했지만 기회를 얻지 못했을 때였다. "그럴 때도 뭔가 복안이 있어서 그러는 것이라고 생각했습니다"라고 바일란트는 말했다. 그런 클럽이었기에 9경기 연속으로 승리가 없었음에도 해임 여론이 들끓지 않았고, 바이어 레버쿠젠과 함부르크 SV, 바이에른 뮌헨, 보루시아 도르트문트 등의 관심을 받은 것이다.

하이델은 클롭이 BVB로 이적하기 2년 전에 보루시아 도르트문트의 한스-요아힘 바츠케Hans-Joachim Watzke CEO와 클럽에 관해 이야기를 나눴다. 상식적으로 생각하면 그다지 자랑을 하지 않는 편이 마인츠에 이롭지만, 하이델은 바츠케에게 "독일 최고의 거물 감독이지"라고 말했다고 한다. 세간에는 클럽이 스타 선수들을 제어할 수 있을지 의문시하는 목소리도 있었다. 마인츠에는 스타가 없었기 때문이다. 클럽은 팀을 열정적으로 만들 수 있는 단순한 동기부여자에 불과하다는 인식이었다. 사람들은 클롭을 야성적인 사내라고만 생각했다. 바이에른 뮌헨은 클롭처럼 터치라인을 뛰어다니고, 수염을 깎지 않으며, 구멍 난 청바지를 입는 사내가 팀을 챔피언스리그로 이끌 수 있겠느냐는 의문을 품었는데, 이것이 클롭을 화나게 했다.

바이에른은 클롭에게 "우리는 자네와 국제적으로 이름 높은 모 감독 중 한 명을 선택할 생각이네"라고 말했고, 결국 클롭이 아닌 위르겐 클린스만Jürgen Klinsmann을 감독으로 임명했다.

HSV의 스카우트

HSV, 즉 함부르크 SV는 스카우트를 한 명 파견했다. 그런데 그 스카우트는 클롭이 훈련장에 늦게 온 데다 담배까지 피우는 것이 마음에 걸렸다고 한다. 그는 마인츠에서는 클롭이 마지막으로 훈련장에 나오는 것이 상례임을 알지 못했다. 또한 클롭은 흡연에 관해 "글쎄요…"라고 얼버무렸다. 그래도 HSV는 클롭을 후보에서 제외시키지 않았지만, 최종적으로는 클롭이 스스로 고사했다. 이제 남은 곳은 바이어 레버쿠젠과 BVB였다. 레버쿠젠은 미르코 슬롬카Mirko Slomka가 1순위이고 클롭은 2순위라고 말했지만 결국 브루노 라바디아Bruno Labbadia를 감독으로 선임했다. 그리고 클롭은 마인츠가 승격에 실패한 뒤 BVB의 감독이 되었다(그 배경에 관해서는 뒤에서 다루겠다).

유능한 스카우트였다면 클롭이 당시 열정적으로 훈련에 참가했으며 바일란트의 표현처럼 '포워드 출신답게 골대 안으로 날카롭게 볼을 차 넣을 때도 종종 있었음'을 목격했을 것이다. 클롭은 의욕적이었다. 본인도 의욕이 넘쳤고, 주위에 대해서도 의욕을 중시했다. "의욕이 없는 선수가 있으면 클롭은 피가 끓었습니다"라고 바일란트는 말했다. 유능한 스카우트였다면 마인츠가 활기차게 훈련하는 모습과 열의, 감독이 자신의 일을 즐기는 모습, 선수들이 즐거워하는 모습, 정확함과 세심함을 발견했을 것이다.

"내 인생에서 결정적인 전기였다"

위르겐 클롭은 2011년 7월에 열린 국제 코치 회의(독일 축구 코치 연맹 주최)에서 사회자인 막스 융_{Max Jung}과 인터뷰했을 때 감독 데뷔 당시를 다음과 같이 이야기했다. 이해의 회의 주제는 '빠른 공수 전환: 기술과 전술의 관점에서'였다.

— 2001년에 감독이 된 첫날에 관해

"제가 감독이 된 월요일과 그 전날, 그리고 그다음 날의 일은 지금도 또렷하게 기억하고 있습니다. 하나부터 열까지 전부 재현할 수 있을 정도죠. 당연한 말이지만 제 인생에서 결정적인 전기_{轉機}였습니다. 제가 당시 2부 리그의 마인츠에서 늙어가는 선수였음을 잊어서는 안 됩니다. (…) 늙어가는 선수에서 신출내기 감독이 된 것은 기분 좋은 '변신'이었습니다. 다시 한번 멋진 인생이 찾아올 것이라는 기분이 들었지요. 그렇게 해서 팀을 맡기 시작했습니다. 제게 그리 많은 재능은 없습니다. 하지만 팀을 맡기 위한 재능은 다소나마 있다고 생각합니다. 당시 팀과 힘을 합쳐서 절망적인 상황을 극복하고 리그에 잔류하기에는 충분한 재능이었습니다."

— 강등 후보팀을 맡는 리스크에 관해

"당시는 어렴풋이 의식하는 정도였지만 지금은 확실히 말할 수 있습니다. 시즌이 끝나기 2~3라운드 전에 이미 마인츠의 강등이 확정되었더라면 당시 서른셋이었던 제가 그 후에도 감독직을 계속하기는 상당히 어려워졌을 것입니다. '첫 도전에 팀을 강등시킨 감독'이라는 꼬리표가 붙었겠지요. 그 후에는 아무도 제게 감독의 자리를 제안하지 않았을 것이고, (…) 그런 감독에게 두 번째 기회를 주려고 생각하는 사람은 없었을 겁니다. 그러니까 제게는 엄청난 행운의 힘이 필요했고, 팀이 해낼 수 있다고 믿을 필요도 있었습니다."

— 꿈의 실현에 관해

"남은 인생도 감독으로 계속 일하고 싶다는 마음은 확고합니다. 하지만 이것은 말 몇 마디로 이룰 수 있는 것이 아닙니다. '잠깐 내 말 좀 들어보시오. 축구 실력은 그저 그렇지만 경기를 어떻게 운영해야 할지는 이제 그럭저럭 알 것 같소. 그러니 당신의 팀을 맡겨주지 않겠소?'라고는 말할 수 없는 겁니다. 이건 말도 안 되는 소리죠. 제 선수 경력을 보면 원래는 4부 리그나 5부 리그에서 시작했어야 합니다. (…) 평균적인 선수였는데도 처음부터 2부 리그에서 시작할 수 있었던 건 행운이었습니다."

— 7경기 6승이라는 감독 커리어에서 최고의 시즌 출발에 관해

"그런 결과가 반드시 필요한 상황이기도 했습니다. 승점 1점도 놓칠 수 없는 상황이었습니다. 정말 심각한 상황이었지요. 그런데 당시는 그렇게 느끼지 않았습니다. 우리는 어느 정도 편하게 생각하고 있었습니다. 이미 어려운 상황임을 알고 있었기 때문이지요. 기적에 도전하는 수밖에 없었습니다. 그리고 굉장히 좋은 성적을 거뒀습니다. 굉장히 성격이 좋은 팀이어서 제가 하려고 하는 것을 전부 받아들여 줬지요. 참으로 즐거웠습니다."

그 즐거웠던 경험의 대표적인 예로 클롭은 울름 원정경기에서 승리하고 돌아올 때의 일을 이야기했다. "버스 기사에게 잠시 세워달라고 말해서 주유소에 정차했습니다. 그리고 전원이 선글라스를 끼고 버스에서 내려 맥주를 사러 갔지요. 당시는 사람들이 마인츠의 팀 버스를 봐도 '저기서 내리는 바보같이 생긴 쟤네는 뭐 하는 애들이지?'라고 생각하는 정도였으니까 가능한 일이었습니다. 지금은 무리지만, 그때는 거의 전원이 저와 동년배의 팀이었기 때문에 그런 행동도 할 수 있었습니다. 그러고 보니 벌써 10년도 더 지난 일이군요. 이제는 시대가 바뀌었습니다."

클롭이 마인츠에 남긴 것

바일란트는 마인츠가 페어플레이 상을 받아서 UEFA컵에 진출했을 때의 일을 웃으면서 이야기했다. 상대는 아르메니아의 미카 아슈타라크와 아이슬란드의 케플라비크 ÍF, 스페인의 FC 세비야였다. 클롭은 경기에 대비해 케플라비크의 경기 영상을 틀어줬는데, 부디 진지하게 보라고 신신당부했다. 자신도 웃음이 터져 나오는 내용이었기 때문이다. 그 비디오 속의 선수들은 하나같이 코너킥과 프리킥을 골대 앞으로 높이 차올렸다. 골대 방향으로 부는 아이슬란드의 강풍을 이용해 공을 골대 안으로 넣으려는 속셈이었던 것이다. 게다가 진짜로 바람에 공이 움직였다고 한다.

2006년, 바일란트의 계약은 만료되었다. 그러나 연장 계약은 없었다. 본격적인 협상도 없었다. 바일란트는 그런 협상을 원치 않았기에 기분이 상하지는 않았다. 다만 "조금 마음이 아팠다"고 한다. 앞으로는 손에 넣을 수 없는 것을 잃어버렸음을 깨달았기 때문이다. 그것은 바로 인간관계나 플레이에 빠져드는 감각이다. 안토니오 다 실바 Antônio da Silva라는 좋은 선수가 마인츠에 왔다. 인대가 손상된 바일란트는 경쟁이 되지 않았다. 형도 팀을 떠났고, 얼마 후 바바츠도 떠났다. 데니스 바일란트는 아인트라흐트 브라운슈바이크로 이적했는데, 마인츠와는 차이가 컸다.

클롭은 선수들과 친구처럼 지내고, 유머가 있었으며, 세세한 부분까지 진지하고 치밀하게 임했다. 이러한 조합은 클롭에게서만 볼 수 있었다. 정착될 때까지 연습하고, 세세한 부분까지 주의를 기울였으며, 바일란트의 샴푸를 뺏어 썼다. "네 샴푸 어디 있어?"라고 클롭이 물으면 바일란트는 "늘 있는 곳에 있지"라고 대답했다. 이것이 마인츠에서의 클롭이었다. 바일란트는 도르트문트의 축구를 보면 마인츠 시절의 축구를 떠올리게 하면서도 한 단계 발전했음을 알 수 있었다. 언제나 클롭다움이 보이지만 항상 무엇인가가 추가되었다.

바일란트는 A급 라이선스 혹은 프로 코치 라이선스의 취득과 대학 생활을 어떻게 병행할지 검토 중이다. 바일란트의 내부에는 감독이 되고 싶다는 생각이 숨어 있다. 부디 언젠가 그 생각을 수면 위로 드러내기를 바란다.

바일란트는 이제 그 시절이 얼마나 좋았는지 확실히 알고 있다. 그것이 지극히 당연했던 상태가 지나가면 비로소 깨닫게 되기 마련이다. 구체적으로 클롭의 어떤 점이 좋았는지 바일란트가 이해할 수 있

게 된다면 언젠가 지도할 선수들에게 그것을 물려줄 수 있을 것이며,
그 뒤로도 선순환이 이어질 것이다.

제4장

세 번의 1부 리그 승격 경쟁,
강등, 그리고 마인츠와의 이별

JÜRGEN KLOPP

JÜRGEN KLOPP

2004년에 마인츠는 고생 끝에 마침내 1부 리그 승격이라는 쾌거를 이뤘다. 참으로 기나긴 도전이었다. 마인츠는 그때까지 2시즌 연속으로 승격의 기회를 놓쳤다. 첫 번째는 한 발 차이, 두 번째는 종이 한 장 차이였다. 그러나 마인츠 시와 클럽은 그때마다 다시 일어섰다. 시와 서포터가 공동으로 다시 시작하지 않았다면 승격은 실현되지 않았을 것이다. 마인츠는 '오뚝이'다. 클럽은 좌절을 의욕으로 바꾸는 데 성공했다. 선수들은 언젠가 승격을 이룰 수 있다고 믿었다. 그리고 가장 불리했던 시즌에 승격을 결정지었다. 그러나 그로부터 3시즌 후 마인츠는 다시 2부 리그로 강등당했고, 클롭이 떠난 뒤에 또다시 승격에 성공했다.

"베를린에서는 지금까지의 인생에서 가장 많이 울었다"

    2002년 5월 5일, 마인츠는 베를린에 있는 알텐 푀르스테라이 경기장에서 FC 우니온 베를린과 맞붙었다. 시즌 최종전이었다. 이 시점에서 마인츠의 1부 리그 승격에 필요한 승점은 단 1점이었다. 위르겐 클롭이 이끄는 마인츠는 그 1점을 얻을 기회를 이미 두 번 놓쳤다. 뒤스부르크와의 원정경기와 그로이터 퓌르트와의 홈경기다. "퓌르트!"

클롭은 외쳤다. 그로이터 퓌르트와의 경기는 잘 풀린 적이 없었다. 두 경기 모두 중간까지는 마인츠의 승격이 확정될 것 같은 전개였다. 그러나 결과적으로는 그러지 못했다. 그리고 베를린에서도 결국 승격의 기회를 놓치고 말았다. 경기 전에는 〈베를리너 쿠리어〉지의 기자가 인용문을 날조해 클롭과 마인츠에 대한 반감을 부추기는 촌극도 있었다.

베를린에 1 대 3으로 패한 마인츠 대신 알레마니아 아헨에 승리한 VfL 보훔이 승격되었다. 클롭은 텔레비전 방송국 ZDF의 인터뷰 요청을 받기 전에 울음을 터뜨리며 쓰러졌다. 공식 기자회견에서는 "이 이상 슬퍼하고 싶지는 않습니다. 자력으로 결정지을 수 있었음에도 결정짓지 못했습니다. 서포터들의 비원을 이루지 못했습니다. 하지만 다시 도전하겠습니다"라고 말했다. 그리고 이후에 "베를린에서는 지금까지의 인생에서 가장 많이 울었습니다. 하지만 저는 이 고통만큼 격렬하게 기뻐할 줄도 아는 사람입니다. 내일부터 다시 출발하겠습니다. 우리는 이미 시작된 성장을 더욱 가속화할 것입니다"라고도 말했다.

"나는 축구의 신을 믿지 않는다. 진짜 신만을 믿을 뿐이다"

이번에는 2003년 5월 25일 일요일의 시즌 최종전. 무대는 브라운슈바이크였다. 전 시즌에는 승점 1점 차이로 울었는데, 이번에는 한 골 차이로 울었다. 말 그대로 종이 한 장 차이였다. 이날 경기에서 마인츠는 아인트라흐트 브라운슈바이크에 4 대 1로 승리했다. 한 골을 실점했고 추가 득점 기회를 여러 차례 놓치기는 했지만 불길함을 느낀 사람은 없었다. 그런데 마인츠와 승격 경쟁을 하던 아인트라흐트 프랑크푸르트가 추가시간에 두 팀의 명암을 가르는 여섯 번째 골을 넣으며 FC 로이틀링겐에 6 대 3으로 승리했다. 이렇게 해서 승점은 똑같이 62점이지만 골득실 차에서 1점 앞선 프랑크푸르트의 승격이 결정됐다. 그날 결정적인 골을 넣은 프랑크푸르트의 선수는 알렉산더 슈어_{Alexander Schur}였는데, 그는 드라고슬라브 스테파노비치 감독 휘하의 로트바이스 프랑크푸르트에서 함께 뛴 클럽의 친구였다.

마인츠는 먼저 경기를 마치고 피치 위에서 선수와 감독이 어깨동무를 한 채 프랑크푸르트의 경기 결과를 기다리고 있었는데, 슈어가 골을 넣었다는 소식이 전해졌다. 안드리 보로닌_{Andriy Voronin}이 감독을 위로했다. 감독도 보로닌을 위로했다. 클롭은 라커룸으로 뛰어 들어갔다. 크리스토프 바바츠가 오열했다. 당시 36세였던 클롭은 복도에서 아들에게 질문을 받자 끝내 울음을 터뜨리고 말았다. 아들이 내일은 학교에 가야 하느냐고 물어본 것이었다. "그 말을 듣자 갑자기 눈물이 쏟아졌습니다"라고 클롭은 말했다.

기자회견장에서 클롭은 이렇게 말했다. "저는 축구의 신을 믿지 않습니다. 오직 진짜 신만을 믿을 뿐입니다. 그리고 인생에서 일어나는 일은 전부 언젠가 도움이 된다고 믿습니다. 언젠가는 오늘 이 자리가 어떤 도움이 되었는지 알게 될 것입니다." 돌아오는 길에 선수들은 맥주를 한 손에 들고 줄을 지어 춤추며 의기양양하게 노래를 불렀다. "잘 있어라, 1부 리그여."

그리고 다음 날, 주립 극장 앞에서 팬 수천 명이 팀에 박수를 보내는 가운데 클롭은 이렇게 말했다. "어제 저는 곰곰이 생각해봤습니다. 이번 일은 우리에게 어떤 도움이 될까? 그러자 이런 생각이 떠올랐습니다. 사람은 한 번, 두 번, 세 번 혹은 네 번도 넘어질 수 있지만 그때마다 다시 일어날 수 있습니다. 이것이 언젠가 증명되어야 한다고 누군가가 정해놓았습니다. 그리고 그 누군가는 이것을 증명하기에 이 도시보다 좋은 장소는 없다고 생각한 겁니다."

"마인츠인이라면 일어서라"

다시 5월 25일. 이번에는 2004년이다. 일부 기자들에게 '승격이 불가능한 클럽'이라는 평가를 받았던 마인츠는 그럭저럭 괜찮은 시즌을 보냈다. 최종 라운드를 앞둔 시점의 상황은 승격을 아깝게 놓친 직전의 두 시즌에 비해 불리했다. 알레마니아 아헨이 승점 53점으로 3위를 차지하고 있었지만 골득실 차에서 마인츠에 뒤진 상태로 잔류 경쟁 중인 카를스루에 SC와의 원정경기를 앞두고 있었다. 마인츠는 승점 51점으로 4위였으며 아인트라흐트 트리어와 경기할 예정이었다. 한편 역시 승점 51점이지만 골득실 차에서 마인츠에 밀린 FC 에네르기 코트부스는 몇 주 전까지만 해도 승격이 확실시되고 있었다. 그래서 마인츠의 포워드 미하엘 투르크는 다음 시즌부터 코트부스에서 뛰기로 계약까지 마친 상태였다. 또한 승점 50점의 로트바이스 오버하우젠도 아직 승격의 가능성이 조금은 남아 있었다.

이날 크리스티안 하이델은 딸의 첫 영성체(아이가 처음으로 성체를 상징하는 빵을 받아서 먹는 가톨릭의 의식)에 참석했다. 당시 하이델은 아직 자동차 판매점을 운영하는 무급 겸직 매니저였기 때문에 가톨릭 도시인 마인츠에서 딸의 첫 영성체를 거르고 축구장에 갈 수는 없었다. 미사가 끝날 무렵, 알반 성당의 사제와 오르간 연주자가 음악을 연주하며 노래를 부르기 시작했다. 〈마인츠인이라면 일어서라〉였다. 그러자 모두가 일어서서 함께 불렀고, 이 모습을 바라보며 사제가 조용히 웃었다.

하이델은 마인츠의 승격을 믿고 있었다. '하느님께서 돌봐주시는데 승격을 못 할 리가 없어.' 투르크가 23분에 선제골을 넣어 마인츠가 1 대 0으로 앞서나갔다. 오버하우젠과 코트부스도 역시 리드하고 있었다. 그리고 43분, 경기장 뒤쪽의 스크린 앞에 앉아 있는 사람들이 환호성을 질렀다. 훗날 마인츠에서 뛰게 되는 카를스루에의 포워드 코너 케이시Conor Casey가 선제골을 넣은 것이다. 66분에는 프리킥 기회에서 바바츠가 안쪽으로 정확하게 차 넣은 공을 마누엘 프리드리히Manuel Friedrich가 먼저 머리에 맞혀 떨군 뒤 골대 안으로 차 넣어 2 대 0을 만들었다. 그리고 바바츠의 패스를 받은 투르크가 찬 슛이 트리어의 골키퍼 악셀 켈러Axel Keller의 머리 위를 넘긴 순간, 서포터들은 추가점에 환호했다. 마인츠의 경기는 이대로 종료되었다.

한편 카를스루에는 마르코 엥엘하트Marco Engelhardt가 퇴장을 당해 10명으로 싸웠지만 선제골을 지켜내며 잔류에 성공했고, 그 결과 마인츠가 3위에 오르며 승격이 결정되었다. "이렇게 승격될 줄은 몰랐는걸." 아직 1부 리그에서도 유효한 라이선스를 취득하지 않았던 클롭이 말했다.

승격

2005-06시즌의 마인츠는 페어플레이 랭킹을 통해 클럽 역사상 최초로 UEFA컵에 출장했는데, 이것은 재앙의 씨앗이기도 했다. 선수의 수준이 높아져 다른 클럽의 흥미를 끌게 된 것이다. 센터백인 마티아스 아벨Mathias Abel은 FC 샬케 04로 이적했고, 미드필더인 안토니오 다 실바는 슈투트가르트로 이적했다. 포워드 세 명도 다른 클럽으로 이적해 벤자민 아우어Benjamin Auer는 VfL 보훔, 미하엘 투르크는 아인트라흐트 프랑크푸르트, 무함마드 지단Mohamed Zidan은 SV 베르더 브레멘의 선수가 되었다. 물론 새로 선수를 영입하기는 했지만 이들의 공백을 메울 수는 없었다. 그 영향으로 1부 리그의 첫 시즌에는 7연패를 맛봤고, 9경기 연속으로 승리를 얻지 못했다. 클럽은 상황을 이해하고 있었다. "감독은 혼자입니다. 5연패, 6연패, 7연패를 했을 때 어떡해야 하느냐고 다른 감독에게 물어볼 수는 없습니다. 물어본다고 해서 가르쳐줄 감독도 없지요. 다른 감독이라면 벌써 해임되었을 테니까요."

2006-07시즌의 마인츠는 전반기에 승점을 11점밖에 얻지 못했다. 클럽은 고민에 빠져 밤에도 잠을 이루지 못했다. "어떻게 해야 하지?"라고 자문했다. 팀에 더욱 압박을 가하고, 경기장에서는 어깨동무를 하고 몸을 흔드는 행동을 금지하고, 선수들이 1 대 1에서 이기면 갈채를 보내도록 서포터들에게 요청했다. 클럽은 온갖 포메이션

을 시도해봤는데, 4-4-2로 돌아가자 비로소 팀이 다시 살아나기 시작했다. 스포츠 심리학자 한스디터 헤르만Hans-Dieter Hermann의 도움과 겨울 이적시장에서의 선수 보강도 팀의 부활에 한몫했다. 그러나 전망이 밝은 시기도 있었지만 최종적으로는 힘이 부쳤다. 마인츠는 바이에른 뮌헨에 패하며 다시 2부 리그로 강등되었다. 1부 리그에 머물렀던 세 시즌의 성적은 11위, 11위, 16위였다.

마인츠와의 이별

2007-08시즌의 2부 리그는 심상치 않았다. 보루시아 묀헨글라트바흐와 FC 쾰른, SC 프라이부르크, FC 카이저슬라우테른이 모인 극단적으로 수준 높은 리그에 마인츠까지 뛰어든 것이다. 이번 시즌의 최종 라운드는 5월 18일이었다. 마인츠가 FC 장크트파울리에 승리하더라도 3위인 TSG 1899 호펜하임이 홈에서 SpVgg 그로이터 퓌르트를 이기면 승격은 없었다. "퓌르트!"라고 클롭은 다시 외쳤다. 퓌르트가 엮이면 항상 일이 꼬인다. 결국 마인츠는 장크트파울리에 5 대 1로 승리했지만, 호펜하임도 퓌르트를 5 대 0으로 이기는 바람에 승격에 실패했다. 클롭은 다시 눈물을 흘렸다. 이번에는 크리스티안 하이델과의 합의가 있었기 때문이다. 클롭은 마인츠가 1부 리그로 승격했을 경우에만 팀에 잔류하기로 했다. 이 경우 2006년부터 본격적으로 매니저직을 맡은 하이델은 클롭에게 상당한 금액을 제시할 예정이었다.

승격이 좌절되었다는 것은 클롭과 이별해야 함을 의미했다. 포워드인 페트르 루만은 감독을 끌어안았다. 클롭은 남쪽 스탠드 앞에서 고개를 숙였다. 그리고 경기장을 3분의 2밖에 돌지 못한 채 밀려드는 감정과 서포터에 대한 추억을 뒤로하고 라커룸으로 사라졌다.

2만 명의 고별식

2008년 5월 23일, 마인츠 시내 중심부의 구텐베르크 광장에는 2만 명이 모여들어 클롭에게 걸맞은 송별식을 열었다. "지금 저의 모든 것, 지금 제가 할 수 있는 모든 것은 여러분의 덕택입니다." 클롭은 북받치는 감정을 억누르지 못해 수없이 말끝을 흐리면서도 어떻게든 끝까지 말을 이었다. 마인츠의 서포터들은 "위르겐! 위르겐!"을 성대하게 외쳤다.

"저는 이곳에서 크리스티안 하이델과 하랄트 슈트루츠에게 꿈의 직업을 가질 기회를 얻었습니다. 그리고 (…) 도움을 받았습니다. 이것은 보통 상상할 수 없는 일입니다. 제게는 하랄트 슈트루츠라는 회장이 있었습니다. 슈트루츠 회장은 제 친구이기도 했습니다. 제가 친구라고 생각하기 전부터 친구였습니다. (…) 저는 여러분을 절대 잊지 않을 것입니다. 부디 여러분도 그렇게 생각해주십시오."

제5장

두 번째 사랑

도르트문트에서의 새로운 도전

JÜRGEN KLOPP

JÜRGEN KLOPP

감독 생활 7년을 포함해 18년을 마인츠에서 보낸 클롭에게 새로운 도전의 시기가 찾아왔다. 1부 리그에 계속 남고 싶었지만 마인츠는 2007년에 2부 리그로 다시 떨어졌다. 그러나 클롭은 다른 길도 열어두고 있었다. 수개월간 클롭의 거취에 관한 억측이 쏟아진 뒤, 클롭과 마인츠는 2008년 4월에 의외의 발표를 했다. 클롭이 1시즌 만에 다시 1부 리그 승격을 이룰 경우 시즌 말에 만료되는 계약을 자동으로 1년 연장한다는 것이었다. 그러나 이 조항은 실현되지 않았다. 불과 승점 2점 차이로 다시 4위에 머무른 마인츠는 아쉽게도 재승격의 기회를 놓치고 말았다. 깊은 유대감으로 연결되어 있던 클롭과 마인츠가 이별해야 할 시기가 찾아온 것이다.

"BVB가 최악의 제시를 한 팀은 아니었다"

2008년 여름, 도르트문트는 토마스 돌Thomas Doll 감독과 결별했다. 그는 경험이 풍부한 베테랑 선수를 중용하는 감독이었는데, BVB는 재정난의 영향도 있고 해서 새로운 이념을 추구하며 젊은 선수의 기용을 추진하고 싶어 했다. 또한 홈구장인 '지그날 이두나 파르크'를 찾아온 팬들에게 다시 매력적인 축구를 보여주고 싶어 했다. 그래서 자신들의 바람을 이루어줄 적임자로 마인츠의 클롭을 주시하고 있었다. 스타플레이어가 없는 팀을 이끌고 뛰어난 전술을 바탕으로 보는 맛이 있는 축구를 했기 때문이다.

도르트문트가 클롭과 교섭하기에는 위의 근거만으로도 충분한 설득력이 있었다. 교섭 분위기도 처음부터 양호해서 BVB의 프런트인 미하엘 조르크 단장과 한스 요아힘 바츠케 CEO는 클롭 외의 다른 감독에게는 흥미가 없음을 밝혔다. "솔직히 우리(클롭과 그의 코치)는 금방 마음이 움직였지만, 조금 줄다리기를 해보기로 했습니다." 몇 년 뒤 클롭은 이렇게 털어놓았다. 그리고 BVB에 자기소개를 했을 때, 클롭은 평소처럼 히죽 웃는 표정으로 "보루시아 도르트문트가 최악의 제시를 한 팀은 아니었습니다"라는 표현으로 자신다운 화술을 구사했다. 언론에 대응하는 솜씨가 뛰어난 클롭의 이와 같은 화술은 취임 초기부터 주위를 즐겁게 했다. 몇 년 동안 BVB가 그토록 원했지만 얻을 수 없었던 즐거움이었다.

경기장도 클롭이 도르트문트를 선택한 중요한 근거였다. "처음 경기장에 와서 8만 명의 관중 앞에 선 순간 '우와!' 하고 생각했습니다. 이건 익숙해지기 어려운 감각이지요. 지금도 경기장에 들어설 때마다 그때와 똑같은 흥분을 느낍니다. 매번 소름이 돋습니다."

BVB의 서포터들은 열정적인 축구에 굶주려 있었다

당시 41세였던 클롭에게 BVB는 일할 보람이 있는 신천지였다. 과거에 세계적으로 이름을 떨쳤던 BVB는 당시 중위권으로 추락한 상태였고, 전 시즌인 2007-08시즌에는 13위라는 치욕적인 순위를 기록했다. 연장전까지 가는 혈투 끝에 바이에른 뮌헨에 1 대 2로 석패해 우승을 놓치기는 했지만, 그래도 DFB-포칼 결승에 오른 덕분에 UEFA컵 진출 자격을 얻은 것이 그나마 소득이라고 할 수 있었다. 한편 그로부터 약 일주일 전에 열린 바이에른 뮌헨과의 분데스리가 경기에서는 절망적인 전력 차이를 드러내며 0 대 5로 참패했는데, 이때 뮌헨까지 찾아간 BVB의 서포터들이 보인 반응은 낙담이라기보다는 빈정거림이었다. 전반전을 마쳤을 때 스코어는 이미 0 대 4였다. 그러자 서포터들은 들어가지도 않은 골을 상상하며 환호성을 지르는 퍼포먼스를 시작했다. 그리고 이것을 도르트문트가 5 대 4로 리드(상상 속에서)할 때까지 반복했다. 그러나 피치 위에서는 전혀 다른 현실이 펼쳐지고 있었다.

2008년 4월에 필립 쾨스터Philipp Köster(축구지 〈11 프로인테〉의 편집장)가 쓴 기사는 2007-08시즌 도르트문트의 암울한 상황을 잘 보여준다. "수비로 빼앗은 공이 도르트문트의 전방으로 향하기 시작하면 남쪽 스탠드의 관중들은 대부분 두 번 맥주를 사러 간다. (…) 도르트문트는 이런 현재의 상황에 안주해도 상관없을 것이다. (…) 혹은 클럽에 맞는 스타일이 무엇인지 실제로 고민하는 사람이 나타날 것인가? 그렇게 된다면 완전히 새로운 전개가 될 것이다."

클롭은 이런 상황 속에서 도르트문트에 왔다. 팀을 재건하기 위해, 클럽에 맞는 축구 철학을 도입하기 위해. 기대는 높았지만 그렇다고 터무니없는 기대를 받지는 않았다. 도르트문트의 서포터들은 보는 맛이 있는 축구를 갈망했지만, 그보다 먼저 열정적인 축구에 굶주려 있었다. 타이틀 획득까지는 바라지도 않았다. '그래, 이게 바로 우리가 응원하는 BVB지!'라는 생각이 저절로 들게 하는 팀을 다시 한번 보고 싶어 했다. 클롭은 그 바람에 부응해 제일 먼저 전력을 다하는 열정적인 축구를 약속했다. 과연 도르트문트는 새 감독이 선언한 플레이를 할 수 있었을까?

2008년 여름의 팀 상황

2008년 7월, 지속적인 경비 절감의 압박 속에서 팀의 멤버가 하나둘 교체된 결과 도르트문트는 2000년 전후처럼 대스타 중심의 팀이 아니게 되었다. 슈테판 로이터Stefan Reuter, 위르겐 콜러Jürgen Kohler, 얀 콜레르 같은 스타 선수로 구성되었던 호화 군단은 이제 먼 과거의 이야기가 되었다.

새로운 스타는 감독이었다. 도시의 중심을 관통하는 연방 도로에는 실물 크기보다 커다란 새 감독이 "당신의 정해진 자리를 떠나지 마시오!"라고 호소하는 광고판이 세워져 있었다. 시즌 티켓을 갖고 있는 고객의 이탈을 막기 위한 광고였다. 당시 이들은 멋진 콤비네이션 플레이나 질풍 같은 드리블 등의 매력을 잊어가고 있었다. 매주 주말 경기장을 찾지만 늘 그랬다. 그래도 경기장을 계속 찾아오기는 했지만, 그저 습관이 되었기 때문이었다. 지금 있는 선수들을 위해서라기보다는 클럽에 대한 무조건적인 애정에서였다.

"클로포, 우리에게 축구의 즐거움을 되찾아줘!"

도르트문트 동부 외곽에 자리한 브라켈에는 BVB의 훈련장이 있다. 열정적으로 일하는 클롭은 그곳에서 자신의 진가를 발휘하기 시작했다. 득점 기회를 놓치는 일이 잦은 넬손 발데스Nelson Valdez에게 결정력을 불어넣고, 얌전한 조반니 페데리코Giovanni Federico에게 투지를 불러일으키려 노력했다. 매일 브라켈을 찾아오는 사람들은 클롭의 본업이 언론 대응 전문가가 아닌 감독임을 느꼈다. 아이디어를 실천하기 위해 끈기 있게 노력하는 감독이었다. 클롭은 팀 전체가 참여하는 수비와 압박을 중심으로 훈련시켰다. 이 작업에는 모두가 참여해야 한다. 공격형 미드필더나 포워드라고 해서 예외가 될 수 없다. 도르트문트는 전 시즌에 62실점을 했다. 너무 많은 실점이었다. 분데스리가에서 가장 실점을 많이 한 팀이었다.

BVB가 2008년의 비공식 대회 T-Home 슈퍼컵(현재 다시 공식 대회가 된 슈퍼컵의 전신. 분데스리가 챔피언과 DFB-포칼 우승팀이 맞붙는다)에서 바이에른을 2 대 1로 격파하자 도르트문트 서포터들의 기대치는 다시 높아졌다. 축구 관련 웹사이트 'www.transfermarkt.de'에 올라온 '익페바Ikpeba'라는 사용자의 "클로포, 우리에게 축구의 즐거움을 되찾아줘!"라는 코멘트가 이를 상징적으로 보여준다. 이것이 최소한의 바람이었다. 그러나 클롭으로서는 '익페바'를 만족시키는 것도 상당히 어려운 일이었다. 당시 도르트문트에 있는 클롭의 집은 임대였다. 만일의 상황을 대비해서였다(다만 클롭은 그 후 도르트문트 교외의 집을 구입했다). 클롭은 선수들에게 너무 많은 요구를 하지 않도록 애썼고, DFB-포칼에서 3부 리그 클럽인 로트바이스 에센을 고전 끝에 이겼을 때는 "몇 주 동안 과제로 삼았던 팀의 새로운 얼굴이 드디어 모습을 드러내기 시작했습니다"라고 칭찬했다.

전형적인 플레이 메이커는 없다

클롭은 훈련을 수없이 중단시키며 이미지대로 될 때까지, 무의식적으로 움직일 수 있게 될 때까지 반복해서 연습시켰다. 그가 구상한 전술이 아직 안정되지 않았기 때문이었다. 일련의 움직임이 확실히 몸에 배도록 만들어야 했다. 피치 위에서 생각하면서 움직여서는 늦어진다. 클롭은 "골라인까지 돌파했을 때 페널티 에어리어에 노마크 상대의 선수가 있다면 그 선수가 보여야 해. 그러려면 동료가 나타날 장소를 파악할 수 있는 넓은 시야를 갖춰야 해"라고 요구했다.

이 무렵 BVB의 시스템에는 전형적인 플레이 메이커가 없었다. 두 볼란치인 팅가Tinga와 제바스티안 켈Sebastian Kehl이 윙어인 야쿠프 '쿠바' 브와슈치코프스키Jakub 'Kuba' Błaszczykowski(2007년에 영입할 당시는 '폴란드의 루이스 피구Luis Figo'라는 찬사를 받고 있었다), 타마시 하이날Tamás Hajnal과 함께 상대의 공간을 지운다. 클롭은 아직 할 일이 많음을 자각하고 있었다.

남쪽 스탠드의 '노란 벽'을 다시 아군으로 만들다

과거 20년 사이 최악의 성적인 13위로 시즌을 마쳤음에도 도르트문트의 2007-08시즌 관객 동원수는 리그 최다인 평균 7만 2,510명을 기록했다. 그러나 예전처럼 지그날 이두나 파르크에 성대한 분위기가 감돌 것을 기대한다면 오산이었다. 경기장이 아직 베스트팔렌 슈타디온이라고 불리던 시절의 스펙터클한 축구 또한 옛이야기가 되었다. 게르트 니바움Gerd Niebaum이 회장, 미하엘 마이어Michael Meier가 단장이었던 시절에 거금을 투자해 타이틀을 획득했기 때문에 팬들의 기대치는 그전보다 높아진 상태였다. 한편 경기장의 규모는 거의 두 배로 확장되었지만, 그저 경기장의 분위기에 취해보고 싶을 뿐인 팬이나 유행에 편승해 경기장을 찾아오는 팬을 제외한 '진짜 서포터'의 수도 그만큼 증가했는가 하면 그렇지는 않았다. 홈 어드밴티지는 역으로 작용해 패스 미스를 저지른 도르트문트의 선수는 거대한 남쪽 스탠드의 험악한 분위기에 겁을 먹은 듯이 보이기도 했다. 2만 5,000명의 서포터가 일제히 침묵에 잠기면 그 어떤 소음보다도 견디기 어려울 것이다.

그와는 반대로 당시의 원정경기는 오히려 분위기가 좋았다. 그 원동력은 매주 주말마다 국내를 횡단해 응원을 오는 서포터들이었다. 아직 팀이 잘나가리라고 예상하지 못했던 1980년대 중반부터 클럽을 응원해온 서포터들은 뮌헨에서 0 대 5로 점수 차이가 벌어져도 환호를 멈추지 않았다. 물론 빈정거림이 담겨 있기는 했지만, 적어도 팀에 야유를 보내지는 않았다.

소리의 벽
클럽은 과거에 남쪽 스탠드에 있었던 '서포터 정신'을 일깨워 팀을 무조건적으로 응원해주는 서포터로 되돌리는 데 성공했다. 물론 우승 시즌처럼 이기고 또 이긴다면 어려운 일은 아닐 것이다. 그러나 한 잉글랜드 신문의 기사를 봐도 그런 차원의 서포터 정신이 아님을 잘 알 수 있다. 2011년 9월에 챔피언스리그에서 아스널 FC와 맞붙어 1 대 1로 무승부를 기록한 뒤에 나온 기사다.

"(아스널의 감독인) 아르센 벵거Arsène Wenger는 베스트팔렌 슈타디온을 독일 축구의 신전이라고 말했는데, 그 말에 이의를 제기할 수 없었다. (…) 그 거대한 노란색 벽은 빌라 파크의 홀트 엔드(애스턴 빌라의 경기장 '빌라 파크'의 스탠드)와 비슷했지만 크기는 그 이상이었다. (…) 킥오프 후, 그 벽은 소리의 벽도 되었다." 경기장의 분위기에 압도당한 〈인디펜던트〉지는 이렇게 적었다.

이 경기에서 BVB는 이반 페리시치Ivan Perišić의 멋진 골로 89분에 간신히 동점을 만들었다. 시간대는 늦었지만 경기 내용을 보면 진작에 나왔어야 할 득점이었다. 리그에서 승격팀인 헤르타 BSC 베를린을 홈으로 불러들였음에도 1 대 2라는 뼈아픈 패배를 당한 상태로 아스널과의 경기를 맞이한 BVB는 이날도 전반전에 불운하게 선제골을 허용했다. 그러나 남쪽 스탠드의 '노란 벽'은 포기하지 않고 끈질기게 팀을 고무시켰고, 이에 힘을 얻은 BVB는 결국 동점을 만들어냈다. 평소에는 얌전한 다른 스탠드도 열렬히 팀을 응원했다.

지루한 축구는 이제 필요 없다

이전의 도르트문트에도 새로 온 열혈 감독과 같은 목표를 세운 감독이 없었던 것은 아니지만 현실은 달랐다. 전전 감독이었던 위르겐 뢰버Jürgen Röber는 취임 회견에서 열의와 의욕에 관해 열변을 토했지만 3개월도 버티지 못하고 감독의 자리에서 물러났다. 2007년에는 프리시즌에 AS 로마와의 시범경기에서 4 대 0으로 승리했기 때문에 팬들의 기대가 컸다. 그러나 로마의 스타 선수들이 휴가에서 돌아온 직후여서 아직 휴가 기분을 완전히 떨쳐내지 못했다는 점을 간과하고 있었다. 그 후 첫 경기에서 MSV 뒤스부르크에 1 대 3으로 패하며 안타까운 시즌이 시작되었다. 뢰버의 후임을 맡았던 토마스 돌도 이 시즌을 끝으로 BVB에서의 커리어를 마감했다.

5월의 취임 회견에서 클롭은 "지금까지 저는 잔디 위에서 체스(여기에서는 지루한 축구라는 의미)를 하도록 팀을 지도한 적이 없습니다"라는 말로 방향성을 제시했다. 팀에 새로운 철학을 전하고 싶다, 이것이 바로 BVB라고 느낄 수 있는 축구를 해야 한다는 말도 했다. 그리고 이를 위해 클롭은 '대인방어'에 능한 30대 중반의 크리스티안 뵈언스Christian Wörns와 로베르트 코바치Robert Kovač를 과감히 떠나보내고 그 대신 마츠 훔멜스와 네벤 수보티치Neven Subotić라는 젊은 선수를 투입했다. 두 선수 모두 당시 19세로, 분데스리가 역사상 최연소 센터백 콤비였다. 그래서 언론에서는 '킨더리겔(막대 모양의 초콜릿. 킨더는 독일어로 아이들이라는 의미다)'이라고 부르기도 했다. 수보티치는 전년도에 마인츠에서 주전으로 활약하다 클롭과 함께 이적한 선수다.

2008년 여름에 브라켈의 훈련장을 방문한 사람들은 도르트문트의 부활을 확신케 하는 작은 조짐들을 하나둘 목격하고 만족감을 느꼈다. 어느 BVB 서포터는 자신이 느낀 밝은 미래를 다음과 같이 표현했다. "사실 다음 시즌에는 손자 녀석한테 시즌 좌석을 넘길 생각이었지. 그 녀석이라면 BVB의 요즘 같은 지루한 플레이도 참고 볼 수 있을 것 같았거든. 그런데 결국은 내가 계속 가기로 했어. 클로포가 있으니 말이야."

레비어더비에서 보여준 경이적인 추격

광고에서 클럽이 호소한 것처럼 많은 BVB 서포터가 '시즌 좌석'을 유지했다. 2008년의 시즌 티켓 판매량은 최다 기록을 경신한 전년도의 5만 549장에서 4만 9,500장으로 감소했지만, 그래도 놀라운 수치임에는 변함이 없었다. 그리고 팀이 만족스러운 플레이를 보이기 시작하자 시즌 티켓 판매량은 다시 5만 장을 돌파했고, 우승 시즌이 끝난 뒤에는 5만 3,000장으로 분데스리가 기록을 갈아치웠다. 새 감독의 호소에 선수만이 아니라 서포터들도 응답한 것이다.

클럽은 경기에서도 즉시 성과를 보여줬다. 2008-09시즌의 첫 경기에서 바이어 레버쿠젠에 3 대 2로 승리한 것이다. 다만 데데Dede의 부상 때문에 마냥 기뻐할 수만은 없었다. 데데는 1998년부터 BVB에서 뛰기 시작해 좌측 풀백의 주전 자리를 확보하고 있던 브라질 선수인데, 이 경기에서 십자인대가 손상되는 부상을 당해 몇 달 동안 이탈이 불가피해졌다. 또한 클럽은 홈 데뷔전이었던 제2라운드에서 리그 챔피언인 바이에른 뮌헨을 상대로 1 대 1로 비김으로써 어느 정도 성과를 남겼고, 이어서 에네르기 코트부스에 1 대 0으로 승리함으로써 영원한 숙적 FC 샬케 04와의 레비어더비를 앞두고 기세를 타는 데 성공했다. 그리고 클롭이 처음으로 맞이한 이 레비어더비는 도르트문트 취임 시즌의 중요한 분수령이 되었다.

분데스리가에서는 각 팀이 34경기를 치르지만, 샬케와의 두 경기는 도르트문트에 승점 3점 이상의 의미가 있다. 물론 샬케 역시 마찬가지다. 이것은 도르트문트와 샬케에 새로 가세한 선수들의 머릿속에도 즉시 각인된다. 양 숙적이 맞붙는 두 차례의 더비는 레비어 지구에서 일하는 검은색-노란색(도르트문트의 상징색) 축구팬과 파란색-흰색(샬케의 상징색) 축구팬의 패권이 걸린 전쟁이다.

공교롭게도 전통적으로 치열한 이 레비어더비가 도르트문트 감독 1년차의 클롭에게 특히 중요한 의미를 지니는 경기가 되었다. 2008년 9월 13일, BVB는 홈 관중 앞에서 거의 1시간 동안 끌려다니며 0 대 3이라는 큰 점수 차이로 뒤져 있었다. 여기에 샬케의 공격수 케빈 쿠라니Kevin Kurányi가 승부를 결정지을 수 있는 결정적인 기회를 맞이했는데, 도르트문트로서는 다행스럽게도 골을 넣는 데 실패했다.

그러자 반대로 BVB 수비수의 발에서 골이 터졌다. 67분에 네벤 수보티치가 만회골을 넣은 것이다. 팀뿐만 아니라 남쪽 스탠드에 있는 2만 5,000명의 서포터에게도 생기를 불어넣은 일격이었다. 이에 남쪽 스탠드는 한층 더 열정적으로 팀에 사기를 북돋기 시작했고, 불과 3분 뒤에 후반전 시작과 함께 투입되었던 알렉산더 프라이Alexander Frei가 골문 구석으로 멋진 슛을 성공시켜 2 대 3까지 쫓아갔다. 다만 이 골은 사실 오프사이드였다.

레비어더비의 영웅 알렉산더 프라이

샬케는 냉정함을 잃었고, 그 결과 크리스티안 판더Christian Pander와 파비안 에언스트Fabian Ernst가 퇴장을 당해 마지막 15분 정도를 9명으로 싸우게 되었다. 이에 BVB는 맹공을 퍼부었지만 좀처럼 동점골은 터지지 않았다. 그런데 페널티 에어리어 안에서 샬케의 수비수 믈라덴 크르스타이치Mladen Krstajić의 팔에 공이 맞았다. 판정은 의문이 남는 페널티킥이었다. 그러나 이것이 정당한 판정인지 오심인지는 알렉산더 프라이에게 중요한 문제가 아니었다. 프라이는 경기 종료 2분 전에 골대 안으로 공을 차 넣어 포기 분위기였던 경기를 3 대 3 동점으로 이끌었고, 지그날 이두나 파르크는 축제 분위기에 휩싸였다. 동점골을 넣은 프라이는 몇 달 동안 부상으로 이탈했다가 이날 복귀전을 치른 것이었는데, 이보다 강렬한 복귀전은 아마 없을 것이다. 심판은 의외로 추가시간을 거의 주지 않았는데, 안 그랬다면 샬케는 굴욕적인 역전패를 당했을지도 모른다.

경기 후 클롭은 역시 이 시즌에 갓 취임한 샬케의 감독 프레드 루텐Fred Rutten에게 시선을 보내며 놀라움의 감정을 표현했다. "이 경기는 우리 양쪽에게 더비에서 무슨 일이 일어날 수 있는지 가르쳐준 속성 강좌였습니다."

이 경기가 시작되기 전에 클롭과 코치진은 선수들의 의욕을 높일 방법을 궁리했다. 과거의 레비어더비에서 승리한 경기의 비디오를 편집해 보여주고, 오늘은 너희가 승리의 역사를 추가할 차례라는 메시지를 덧붙였다. 아마도 경기의 전개는 클롭의 생각과 달랐을 터이지만, 선수들은 틀림없이 클럽의 메시지를 가슴속에 새겨두고 있었을 것이다.

포지션 사이의 역할의 경계선이 사라지다

도르트문트에서 3년을 보낸 레비어더비의 영웅 알렉산더 프라이는 2009년에 BVB를 떠나 고향 스위스의 FC 바젤로 복귀했다. 도르트문트가 이 골게터를 포기한 것은 위르겐 클롭의 지휘 아래 축구 철학이 바뀌었기 때문이기도 했다. 전형적인 역할 분담이 사라진 것이다. 〈키커〉지 서부 편집부장인 토마스 헤네케Thomas Hennecke는 다음과 같이 설명했다.

"클롭의 축구에서는 포지션 사이의 역할의 경계선이 사라진다. 수비수가 공격의 기점이 되어 공격을 추진한다. 상대의 공격을 방해하기 위한 수비는 포워드로부터 시작된다. 클롭의 팀에서는 이 시스템에 대응할 수 있어야 한다. 믈라덴 페트리치Mladen Petrić나 알렉산더 프라이 같은 공격수는 클롭이 요구하는 운동량을 만족시키지 못했기 때문에 방출되었다. 2008년(페트리치)과 2009년(프라이)에는 나도 비판적인 의견을 냈지만, 클롭의 결정이 옳았다. 후임자 문제는 루카스 바리오스를 영입함으로써 완벽하게 해결되었다. 바리오스는 클롭의 요구를 만족시키는 공격수다. 공을 유지하며 동료에게 패스할 수 있고 감독의 전술 지시를 정확히 수행할 수 있는 스트라이커."

첫 시즌을 6위로 마치다

샬케와 무승부를 기록함에 따라 BVB는 제4라운드가 종료한 시점까지 아직 패배를 기록하지 않은 채 샬케와 같은 순위에 올랐다. 취임 직후 몇 주 동안 클롭이 가져온 작은 상승 분위기의 발현이었다. 일주일 뒤에 호펜하임에 1 대 4로 크게 패했음에도 그 분위기는 꺾이지 않았고, BVB는 결국 이 시즌을 6위로 당당하게 마쳤다. 다만 유로파 리그 진출권은 불과 승점 2점 차이로 아쉽게 놓쳤는데, 여기에는 불운한 배경이 있었다. 본래 인정되어서는 안 되는 골을 추가시간에 넣은 함부르크 SV가 마지막 순간에 BVB를 제치고 5위에 오른 것이다. 함부르크가 아인트라흐트 프랑크푸르트에 3 대 2로 승리한 이 경기의 결승골은 사실 오프사이드였다. 그러나 전 시즌의 13위에 비하면 6위라는 성적은 커다란 전진이었다. 성장의 첫발을 내디딘 것이다.

여담이지만, 그로부터 2년 뒤에 클롭은 레비어더비의 승리가 얼마나 큰 의미를 지니는지 뼈저리게 느끼게 된다. 2010년에 도르트문트는 역시 제4라운드에서 이번에는 '호랑이 굴'인 샬케의 홈구장 펠틴스 아레나로 찾아가 압도적인 경기 끝에 3 대 1로 승리를 거뒀는데, 선수단이 버스를 타고 돌아오자 승리의 영웅들을 축하하려고 수백 명에 이르는 BVB 서포터가 몰려들었다. 이들은 두 골을 넣은 카가와 신지를 목마 태우기도 했다. "도취되는 광경이었습니다. 소름이 돋았습니다. 그때까지 그런 경험은 해본 적이 없었습니다. 모든 선수가 레비어더비 승리의 의미를 이해했을 겁니다." 클롭은 당시의 놀라움을 이렇게 표현했다.

과감한 개혁(겨울 휴식기의 인원 정리)

2008년 9월의 레비어더비에서 거둔 성공에 비하면 클롭이 BVB로 와서 처음 치른 유럽 대회는 기대에 못 미치는 결과로 끝났다. UEFA컵 (현 UEFA 유로파리그) 제1라운드에서 도르트문트는 이탈리아의 우디네 세 칼치오와 맞붙었는데, 홈에서 열린 1차전에서는 역습을 허용하며 0 대 2로 패했다. 한편 우디네세의 홈에서 열린 2차전에서는 훌륭한 경기를 펼쳐 2 대 0으로 승부를 원점으로 되돌리는 데 성공했지만 추가골을 넣는 데는 실패했고, 결국 승부차기 끝에 패해 조별 리그 진출에 실패했다. 한편 우디네세는 8강까지 진출했고, 8강에서 SV 베르더 브레멘에 패했다.

클롭은 1년차부터 팀의 멤버를 크게 변화시켰다. 2008-09시즌 겨울의 이적시장에서는 안토니오 루카비나Antonio Rukavina와 디에고 클리모비츠Diego Klimowicz, 조반니 페데리코, 델론 버클리Delron Buckley, 마크-안드레 크루스카Marc-Andre Kruska, 로베르트 코바치가 클럽을 떠났다. BVB에서는 중심적인 역할을 수행할 수 없게 된 선수들이다. 9년 동안 BVB에서 활약하며 수년간 주장을 맡기도 했던 용맹한 수비수 크리스티안 뵈언스는 새로운 계약 오퍼를 받지 못해 시즌 개막 전에 커리어를 마쳤다.

한편 선수 보강은 성공적이어서 거의 전원이 귀중한 전력이 되었다. 여름에는 클럽과 함께 마인츠에서 네벤 수보티치가 입단했고, 여기에 무함마드 지단이 가세함으로써(믈라덴 페트리치와 트레이드) 마인츠 시절에 클럽의 밑에서 최고의 실력을 보였던 선수가 한 명 더 늘었다. 16세에 이미 BVB에서 데뷔전을 치렀던 누리 사힌Nuri Şahin은 페예노르트 임대에서 돌아와 우수한 중원의 사령탑으로 성장한다.

그 밖에도 팀에 꼭 필요한 새 전력을 속속 영입했다. 브라질의 센터백 펠리페 산타나Felipe Santana, 헝가리의 미드필더 타마시 하이날, 독일 국가대표 파트리크 오보모엘라Patrick Owomoyela 외에 부상당한 데데의 대체자로 한국의 풀백 이영표가 BVB에 가세해 클럽 취임 초기에 크게 개조된 팀을 뒷받침했다. 겨울에 토트넘 핫스퍼 FC로부터 반년 동안 임대한 케빈-프린스 보아텡Kevin-Prince Boateng도 당시부터 재능이 엿보였는데, 훗날 AC 밀란에서 그 재능을 본격적으로 꽃피운다. 이러한 일련의 과감한 개혁 덕분에 클럽의 새로운 팀은 점점 그 틀을 갖춰나갔다.

7경기 연속 무승에도 계약을 연장하다

2009년에 BVB의 출발은 저조했다. 후반기의 첫 7경기에서 단 1승도 거두지 못한 것이다. 그러나 프런트는 위르겐 클롭에 대한 신뢰의 증표로 계약 기간을 2012년까지 연장했다. 그러자 이에 대한 보답인지 계약 연장 직후 SV 베르더 브레멘에 1 대 0으로 승리했고, 시즌의 마지막 10경기에서 8승을 거두며 결국 6위까지 순위를 올렸다.

클롭의 일관성

〈키커〉지의 편집자인 도르트문트 전문가 토마스 헤네케는 2009년에 승리를 기록하지 못하던 시기에도 전혀 동요하지 않고 자신의 방식을 밀고 나간 위르겐 클롭에게서 강한 의지를 느꼈다.

"당시 '클롭의 마법은 풀린 것인가?'라는 제목의 기사도 나왔지만, 클롭은 그런 반응에 전혀 동요하지 않았습니다. 이를 통해 저는 클롭이 매주의 결과에 따라 이 방식은 좋았고 저 방식은 나빴다고 이분법적으로 판단하는 것이 아니라 중간적인 판단 영역도 가지고 있음을 알았지요. 그렇게 근시안적으로 결론을 내리지 않기 때문에 클롭은 놀랄 만큼 일관되게 감독직을 수행할 수 있습니다. 신문에서 뭐라고 쓰든, 사람들이 뭐라고 말하든, 주위에서 전술을 바꾸라고 요구하든 전혀 신경 쓰지 않습니다."

헤네케는 이런 성격이 클롭의 성공의 본질적인 열쇠라고 생각한다. "성적이 저조해도 클롭은 자신의 방침으로부터 단 1밀리미터도 벗어나지 않습니다. 자신이 하는 일이 옳다고 100퍼센트 자신하기 때문입니다. 그 후 수개월 동안의 성적 상승은 클롭이 옳았음을 완벽하게 증명합니다. 어디에서 바람이 불어오든 클롭은 꺾이지 않습니다. 그리고 이런 부동의 자세가 결과로 이어지지요."

계속 성장하다(두 번째 시즌은 5위)

2009-10시즌은 보루시아 도르트문트가 한층 안정감을 보인 1년이었다. 이것은 5위라는 최종 순위에서도 명백히 드러난다. 다만 시

즌 초반에는 그런 안정감이 전무했다. 출발부터 불안했고, 몇 차례 뼈아픈 패배도 당했다. 제2라운드에서 함부르크 SV에 1 대 4로 대패했는데, 이때 이미 클롭이 좋아하는 압박과 협력수비를 팀이 제대로 실천하지 못하는 모습이 엿보였다. 0 대 5로 끝난 레알 마드리드와의 친선경기까지 합치면 5일 동안 9실점을 한 셈이었다. 수비진이 갑자기 난조에 빠진 것이다. 그리고 바이에른 뮌헨을 홈으로 불러들인 제5라운드에서는 1 대 5로 대패를 당했다.

엎친 데 덮친 격으로 다음 라운드의 홈경기에서도 0 대 1로 패배했다. 그것도 하필이면 샬케에 진 것이었다. BVB는 초반 7경기에서 단 1승만을 거두며 15위로 떨어졌다. 강등권과의 승점 차이는 불과 1점이었다. 시즌은 아직 5분의 1밖에 경과하지 않았지만 일찌감치 실패한 시즌으로 확정되는 듯했다. 사실 이 시즌은 1909년에 설립된 BVB가 '클럽 창립 100주년'을 맞는 뜻깊은 시즌이었다. 레알 마드리드도 이를 기념해 방문한 것이었는데, BVB는 전혀 상대가 되지 못하고 0 대 5로 참패해 축하 분위기를 완전히 망쳐버렸다.

그러나 전 시즌에 그랬듯이 BVB는 그 뒤 맹렬한 기세로 순위를 높여나갔다. 이번에는 위르겐 클롭의 계약 연장 같은 계기도 없었지만 이후 겨울 휴식기까지 단 한 경기도 패하지 않으며 5위로 급상승했고, 이 순위를 끝까지 유지함으로써 유로파리그 진출권을 획득하는 데 성공했다. 다만 후반기에도 샬케에 패배(1 대 2)한 것은 옥에 티였다.

옛 친구와의 재회도 클럽이 상상했던 것과는 달랐다. 2009년에 승격한 마인츠는 제30라운드에서 BVB에 0 대 1로 승리함으로써 오랜만에 슈타디온 암 브루히베크로 돌아온 클롭에게 복잡한 감정을 안겼다.

그럼에도 BVB 서포터들은 5위라는 최종 순위와 유럽 대회 진출권 획득이라는 성과에 크게 기뻐했다. 물론 불과 1년 뒤에 더욱 성대한 파티가 기다리고 있음은 알 길이 없었다.

제6장

분데스리가 사상 최연소 우승팀

(2010-11시즌)

JÜRGEN KLOPP

JÜRGEN KLOPP

2010-11시즌은 클럽이 감독 10년차를 맞이하는 시즌인 동시에 그때까지의 커리어에서 최대의 성공을 거둔 1년이다. 세상을 놀라게 한 것은 리그 우승이라는 성과만이 아니었다. 그 영광을 차지하기까지의 모습도 인상적이었다. 클롭 자신의 말을 빌리면 "이 유치원은 마치 내일은 없다는 듯이 모든 힘을 짜냈습니다. 정말 대단합니다." 이것은 시즌이 끝나기 2주 전에 뉘른베르크를 2 대 0으로 물리침으로써 일찌감치 우승을 확정 지었을 때 한 말이다.

　최종 라운드가 끝나자 팀은 먼저 이탈리아 음식점에서 축배를 들었다. 그리고 클럽에 가서 동이 틀 때까지 신 나게 몸을 흔들었다. "선수들은 경기장에서 뛸 때처럼 모든 힘을 짜내 우승을 자축했습니다." 클롭은 훗날 이렇게 밝혔다. 이것은 당연한 일이었다. 감독의 신조에 따르면, 노력한 사람은 자축할 자격이 있기 때문이다.

　그러나 이 시즌도 출발은 순조롭지 않았다. 바이어 레버쿠젠을 홈으로 불러들인 시즌 첫 경기에서 0 대 2로 패했다. 그러나 그 후에는 아무도 예상하지 못했던 전개가 기다리고 있었다. 이 패전 이후 전반기 마지막 라운드에서 아인트라흐트 프랑크푸르트에 0 대 1로 질 때까지 단 1패도 기록하지 않은 것이다. 그사이 14승 1무라는 놀라운 성적을 거뒀다. 그때까지 1부 리그에서 전반기에 이보다 좋은 성적을 거둔 팀은 단 한 팀뿐이었다.

겨울 휴식기에 들어가자 이 젊은 팀이 우승을 하기에 손색이 없을 만큼 성숙했는가를 놓고 갑론을박이 벌어졌다. 리그가 중단된 이 시기에 쓸데없는 생각을 하기 시작해 거칠 것이 없었던 기세를 잃지는 않을까, 승점 10점의 리드를 헛되이 날리지는 않을까 같은 다양한 억측이 난무했다. 그러나 도르트문트는 후반기 첫 경기에서 1위를 추격하는 바이어 레버쿠젠을 3 대 1로 누름으로써 회의론자들을 입 다물게 했다.

20년 만에 원정에서 바이에른 뮌헨을 이기다

리그 우승에 하나의 분수령이 된 경기는 2011년 2월에 열린 바이에른 뮌헨과의 원정경기(제24라운드)였다. 당시 바이에른 뮌헨은 챔피언스리그에서 전년도 우승팀 인터 밀란을, 그것도 원정에서 1 대 0으로 쓰러뜨린 기세와 자신감을 앞세워 이 경기를 우승 경쟁에 뛰어들 마지막 기회로 삼으려 했다. 또한 울리 회네스Uli Hoeneß 바이에른 뮌헨 회장은 경기 전에 〈빌트〉지와의 인터뷰에서 '깔끔한 2점 차 승리'라는 낙관적인 전망을 하기도 했다. 실제로 이 경기의 최종 스코어는 회네스 회장의 예상처럼 3 대 1이었는데, 한 가지 차이점이 있었다. 2점 차로 승리를 거둔 쪽이 홈팀이 아닌 원정팀이었던 것이다.

클롭은 팀 차원에서 대책을 마련해 프랑크 리베리Franck Ribéry와 아르엔 로벤Arjen Robben이라는 위협적인 두 스타 선수가 포진한 바이에른 뮌헨의 양쪽 윙을 봉쇄했다. 도르트문트의 좌측 측면에서는 마르셀 슈멜처Marcel Schmelzer와 케빈 그로스크로이츠가 로벤을 마크했고, 반대쪽 측면에서는 루카스 피슈첵Lukasz Piszczek의 수비와 마리오 괴체의 보조로 리베리를 아무것도 못하게 만들었다. 또한 중원에서는 중앙에 공간이 비면 볼란치인 누리 사힌과 스벤 벤더가 공간을 메웠다. 그 결과 바이에른 뮌헨은 자신들의 생각대로 경기를 전개할 수가 없었다. 이것은 전방에서부터 시작되는 도르트문트의 강력한 압박에 뮌헨의 플레이 메이커인 바스티안 슈바인슈타이거의 플레이 영역이 좁아졌기 때문이기도 했다. 여기에 주목할 점이 한 가지 더 있는데, 이 경기 당시 주전 멤버의 평균연령은 도르트문트가 분데스리가에 참가한 이래 최연소인 22.3세였다.

도르트문트의 선수와 프런트는 1991년 이후 바이에른 뮌헨 원정 경기에서 거둔 첫 승리이기도 했던 이 승리를 기점으로 비로소 '마이스터(리그 챔피언)'가 목표라고 당당하게 밝히기 시작했다. 그전까지 팀 관계자들은 그랬다가는 징계라도 받는 듯이 마이스터의 '마' 자도 입 밖에 내지 않고 있었다. 그러나 2위 바이어 레버쿠젠에 승점 12점, 전년도 우승팀인 바이에른 뮌헨에 16점 차이로 선두를 질주하는 상황에서 마이스터가 아닌 다른 목표를 말한들 그 말을 믿는 사람은 아무도 없었을 것이다.

그리고 BVB는 시즌이 끝날 때까지 1위의 자리를 놓치지 않았다. 평균연령 24.2세의 '유치원'이 분데스리가 사상 최연소 우승팀이 된 것이다.

우리는 도르트문트 보이즈다: 베테랑보다 젊은 선수

BVB가 경영 위기에 빠진 뒤로 서포터들은 우승에 대한 희망조차 품지 않게 되었다. 2004년에 6위, 2005년에는 7위, 2007년에는 9위, 그리고 2008년에는 13위로 시즌을 마치는 등 수년 동안 중위권에서 하위권으로 추락하는 상황이었음을 생각하면 희망을 잃는 것도 무리는 아니었다. 그러나 위르겐 클롭은 그런 상황에서 팀을 맡아 멋진 반전을 이끌어냈다.

클롭 이전에 이런 성과를 거둔 도르트문트의 감독으로는 2002년의 마티아스 자머가 있었다. 다만 당시의 우승팀과 2011년의 팀은 비교할 수 없을 만큼 차이가 있다. 당시의 멤버는 옌스 레만Jens Lehmann, 위르겐 콜러, 슈테판 로이터, 크리스티안 뵈언스, 데데, 미로슬라프 스테비치Miroslav Stević, 얀 콜레르, 마르시우 아모로소, 에베르톤Ewerthon, 토마시 로시츠키 등 베테랑 선수와 거금을 들여 영입한 선수가 중심이었다. 라르스 리켄Lars Ricken이나 크리스토프 메첼더Christoph Metzelder 같은 유스 출신 또는 젊은 선수는 2011년과 달리 예외적 존재였다.

한편 이번의 BVB는 젊은 선수들을 기용해 위기를 극복하려 했으며, 활기가 넘치고 야망이 넘치는 선수들에게 희망을 걸었다. 황혼기에 접어든 스타 군단이 아니라 '야심만만한 젊은이'들이 피치 위를 누빈 것이다. 그중 한 명인 도르트문트 출신 케빈 그로스크로이츠는 '우리는 도르트문트 보이즈다'라는 연대감을 가장 잘 상징하는 존재다. 그리고 여기에 마르셀 슈멜처와 마츠 훔멜스, 마리오 괴체, 누리 사힌, 스벤 벤더 같은 야심이 가득한 젊은 선수들이 가세했다. 두려움 없이 돌진하는 활기찬 선수들의 모습을 본 서포터들은 팀과의 연대감을 쉽게 느낄 수 있었다.

'도르트문트의 선수들은 지금 이 피치에서 진지한 축구를 하고 있다', BVB의 서포터들은 이런 좋은 인상을 받게 되었다. '지역, 팬, 클럽과 선수의 밀접한 연대'라는 표현을 종종 볼 수 있는데, BVB에서는 이것이 결코 공허한 수사修辭가 아니라 진짜로 실현되고 있었다. 그렇기에 2011년의 팀이 그렇게 큰 호감을 살 수 있었던 것이다. 골키퍼인 로만 바이덴펠러Roman Weidenfeller는 이 팀에 대해 "I think we have a grandios Saison gespielt!"라고 말했는데, 교과서적인 영어와는 거리가 멀지만 "우리는 놀라운 시즌을 보내고 있다고 생각한다"는 지극히 타당한 의견이었다. 이것은 아랍에미리트 연방의 텔레비전 방송국으로부터 갑자기 인터뷰 요청을 받았을 때 한 말인데, 경사스러운 우승을 기념하는 명언으로서 어록에 추가되었다.

"이렇게 멋진 경험은 두 번 다시 못 할 거야!"

우승 축하 행사는 뉘른베르크에 승리해 우승을 확정 지은 뒤로 2주 동안 계속되었다. 이 행사가 시작되었을 때의 모습은 클럽에게 좋은 추억으로 남아 있다.

"최종 라운드 전에 우승을 확정 지어서 다행이었습니다. 화창한 날씨 속에서 미친 듯이 우승을 축하하기 시작했지요. 누가 시킨 것이 아니라 자신들이 좋아서 말입니다. 참으로 즐거웠습니다." 도르트문트라는 도시가 열광적으로 영웅들을 축하하는 모습은 클럽을 크게 감동시켰다. 2011년 5월의 〈남부독일신문〉에 실린 인터뷰에서 클롭은 다음과 같이 설명했다.

"주말 동안 경기장에서, 한밤중의 파티에서, 일요일의 시내 퍼레이드에서 수도 없이 생각했습니다. '이런 멋진 경험은 두 번 다시 못 할 거야! 최고의 순간이야!'라고 말이지요. 하지만 다음 모퉁이를 돌 때마다 또다시 압도당했습니다. (…) 이 클럽의 크기를 비로소 제대로 이해했습니다. 보루시아 도르트문트는 놀랄 만큼 거대한 에너지입니다. (…) 거의 우리 전원이 눈시울을 붉힌 순간이 있었습니다. 진심으로 기쁨의 눈물을 흘리는 녀석도 있었습니다. 그런 순간은 다시 경험하고 싶어지기 마련입니다. 이런 날을 경험하면 도르트문트에서는 축구가 인생의 한구석을 차지하는 기쁨이 아니라 세상의 중심임을 깨닫게 됩니다. (…) 그 일요일에 저는 확신했습니다. 이 도시의 사람들은 기뻐할 수 없었던 시기에도 BVB에 지금과 똑같은 마음을 품고 있었음을 말이지요. 그런 단결력이 있었기에 힘든 시기가 단축된 것입니다."

분데스리가가 창설된 이래 23번째 우승 감독이 된 클롭은 자신의 성과에 대한 자부심보다 지역 사람들의 꿈을 이뤄줄 수 있었다는 데 무한한 기쁨을 느끼고 있었다. 그것은 2002년의 우승 이후 마음속 한구석에서 품는 것조차 포기했던 꿈이었다. 그 꿈보다는 클럽의 존속이 훨씬 중대한 문제였다. 은행으로부터 클럽의 운영권에 대한 압박을 받을 때에도 도르트문트가 살아남을 수 있었던 것은 누구보다도 충실한 서포터들이 BVB에 지속적으로 보인 신뢰 덕분이었다.

라이벌 팀에서 관심을 보이다

2011년과 2012년의 리그 우승에 대해 BVB가 부끄러워해야 할 부분은 없었다. 클럽의 존속을 위협하는 부채를 대가로 사들인 우승이 아니기 때문이다. 진지하고 매력적인 축구로 얻은 영광이었다. 그러나 이 황홀한 기분이 과연 언제까지 유지될 수 있을까? 이 팀은 언제까지 함께 성장하고 다른 클럽의 유혹을 뿌리칠 수 있을까?

2011년 여름, 누리 사힌이 레알 마드리드로 이적했다. 유럽의 톱 클럽에 빼앗긴 첫 번째 핵심 선수였다. 그리고 이듬해, 맨체스터 유나이티드의 오퍼를 받은 카가와 신지가 그 매력을 뿌리치지 못하고 프리미어리그 이적이라는 꿈을 이루었다. 그 밖에도 주요 선수가 떠날 것 같은 위협은 계속됐다. 맨체스터 유나이티드는 로베르트 레반도프스키Robert Lewandowski에게도 관심을 보였으며, 보도에 따르면 3,000만 유로를 제시했다고도 한다. 바이에른 뮌헨도 관심을 숨기지 않았다. BVB는 레반도프스키의 경우 2014년까지 계약이 남아 있기에 이적을 허용하지 않았지만, 카가와 신지의 경우 2013년이면 이적료를 받을 수 없게 되기 때문에 계속 붙잡아둘 수가 없었다. 그러나 카가와 신지를 대신해 2012년 독일 최우수 축구 선수로 뽑힌 마르코 로이스Marco Reus를 보루시아 뮌헨글라트바흐로부터 영입함으로써 전력을 충분히 보강할 수 있었다.

관심이 집중된 선수로는 젊은 독일 대표 선수 마리오 괴체도 있다. 선수에 대한 평가를 잘 하지 않는 독일축구연맹의 전 기술이사 마티아스 자머(현재는 바이에른 뮌헨의 단장)조차도 '비범한 선수'라고 표현했을 정도의 선수다. 2011년에는 아스널에서 괴체를 영입하기 위해 4,000만 유로를 제안했지만 BVB가 거절했다는 소문도 있었다. 바이에른 뮌헨의 울리 회네스 회장은 장래에 괴체가 바이에른 뮌헨의 유니폼을 입은 모습도 보고 싶다는 말을 공개적으로 했다. 그러나 보루시아 도르트문트는 우수한 선수를 지켜 전력상의 경쟁력을 유지할 수 있는 경영 상태를 되찾았다. 귀중한 재산을 헐값에 팔 필요는 없다. 챔피언스리그에 연속 진출함에 따라 수익도 늘어났다.

그러나 계약 만료를 앞둔 선수나 그의 에이전트가 더 좋은 조건을 요구한다면 어떻게 될까? 다시 경제적인 부담이 가중되고, 그 결과 성적이 동반되지 않으면 자멸할 위험성이 다시 생겨나지 않을까? 바츠케 CEO는 이를 부정한다. 그렇게 되면 선수 쪽에서 클럽을 떠나게 된다. 따라서 클럽이 경제적으로 감내할 수 있는 한계를 넘어설 일은 없다. 조르크, 클롭, 그리고 스카우트들이 앞으로도 카가와 신지나 스벤 벤더 같은 재능 있는 선수들을 찾아낼 수 있다면 성공 스토리는 계속될 것이다. 그럴 수 있다면 말이다. 클롭에게 우승 멤버는 '정말 특별한 팀'이었다. 클롭은 그 우수한 팀 정신과 신선한 캐릭터를 유지하고 싶어 했다.

클롭이 회상하는 '완벽한 장면'

2010-11시즌에 BVB가 만들어낸 수많은 명장면 가운데서도 특히 위르겐 클롭이 마음에 들어 하는 장면이 있다. 그것은 각 선수의 영역을 치밀하게 조정하는 감독이기에 기억하는 장면이었다. FC 장크

트파울리와 맞붙은 제6라운드에서 카가와 신지가 2 대 1로 앞서나가는 골을 넣은 장면인데(경기 결과는 3 대 1), 그 골을 넣기까지의 흐름이 그야말로 이상적인 형태였기 때문이었다. 클롭은 그 장면을 회상하며 열심히 설명했다.

"페널티 에어리어에서의 위치 선정이 그보다 좋을 수가 없었습니다. 공격의 형태를 만들어나가는 상황에서는 항상 최소 세 명, 가급적이면 네 명의 선수가 상대의 페널티 에어리어에 들어가도록 해야 합니다. 그리고 페널티 에어리어 주위에 두 명은 더 대기하고 있어야 합니다. 그때 괴체는 드리블을 하며 오른쪽 사이드의 골라인까지 올라가서 페널티 마크 방향으로 공을 보냈습니다. 그곳에는 케빈 그로스크로이츠가 서 있었지요. 케빈은 직접 슛을 할 수도 있었지만 슛을 하지 않고 페인트 모션만 취했습니다. 직접 보지 않고서도 자신의 뒤에 카가와가 노마크 상태로 기다리고 있을 것임을 알고 있었기 때문입니다. 플레이의 흐름상 그곳에 카가와가 있도록 정해져 있었으니까요. 그래서 케빈은 공을 흘려보냈고, 있어야 할 위치에 있었던 카가와가 골문 구석으로 땅볼 슛을 성공시켰습니다. 설령 공이 골대에 맞고 굴절되었더라도 사전에 정해놓은 위치에서 기다리고 있던 벤더가 다시 차서 골대 안으로 집어넣었을 겁니다. 완벽한 장면이었지요. 영상을 다시 돌려 보며 흡족함을 느꼈습니다."

클롭은 경기 내용을 광범위하게 분석한다. 일주일에 30장이 넘는 DVD를 볼 때도 있으며, 그런 다음 선수들에게 좋았던 장면과 나빴던 장면을 보여준다. 그때는 팀을 포지션별로 분해해서 초점을 좁혀 이야기한다. 선수들이 휴가를 갈 때는 훈련 메뉴를 주고, 성과가 있으면 메시지로 보고하게 한다. 클롭은 완벽주의자다.

최우수 감독이 되다

2011년 7월, 클롭은 자신의 성과를 인정받으며(또한 팀의 성과를 대표하는 의미에서) 독일의 스포츠 언론인이 뽑은 '연간 최우수 감독'에 선정되었다. 참고로 전해의 수상자는 바이에른 뮌헨의 감독이었던 루이 판 할이었다. 투표에서 클롭은 972표 중 743표를 받아 76퍼센트라는 득표율을 기록함으로써 각각 52표와 38표를 받은 미르코 슬롬카(하노버 96)와 뤼시앵 파브르Lucien Favre(보루시아 묀헨글라트바흐)를 압도적인 차이로 제쳤다. 그리고 이듬해인 2012년에도 BVB의 리그 연패에 힘입어 이 상을 연속으로 수상했다. 이때는 496표를 받아 138표를 받은 파브르와 103표를 받은 크리스티안 슈트라이히Christian Streich(SC 프라이부르크)를 큰 차이로 제쳤다.

상을 받은 클롭은 자신의 첫 리그 연패를 객관적이고 냉철하게 파악하고 있었다. "휴가를 나온 시점에서 우승은 이미 과거의 이야기가 됐습니다. 말로 설명하기가 어렵군요. 이렇게 말하면 사무적으로 들릴지도 모르겠는데, 그건 절대 아닙니다. 정말 끝내주는 기분이었습니다. 하지만 주위에 떠들고 다닐 만한 일은 아닙니다." 우승이 확정된 직후에도 클롭은 행복감보다 안도감을 느꼈다고 한다. 그러나 그런 만큼 우승 파티에서는 행복감을 강하게 분출시켰다.

마티아스 자머는 이 감각을 잘 이해할 수 있었다. 그는 보훔에서 열린 2011년 국제 코치 회의에서 자신의 경험을 바탕으로 클롭에게 이런 이야기를 했다. "위르겐, 독일 챔피언이 되었을 때 '좀 더 다른 기분이 들 줄 알았다'고 말했지? 내가 가르쳐줄게. 앞으로도 계속 같은 기분일 거야. '그 순간에는 안도감밖에 없었다.' 그렇게 느끼는 사람이 진짜 거물이야."

그것은 눈앞의 목표를 잃어버리지 않고 결국 달성해냈다는 안도감이다. 1년 전을 되돌아보면 분명히 2위도 대성공으로 간주되었을 것이다. 그러나 시즌 동안 보여준 BVB의 완벽한 플레이를 생각하면 2위로는 만족하지 못했을 터이다.

도르트문트 중앙의 연방 도로에 있는 터널의 입구에는 커다란 글자로 "우리의 축구는 훌륭하다"라고 적혀 있다. 클롭의 BVB는 그 요구에 확실히 부응했다.

2010-11시즌의 전술

우승 시즌에 보여준 보루시아 도르트문트의 플레이는 많은 사람을 놀라게 했다. 매력적인 플레이는 BVB에 대한 호감을 도르트문트 시의 경계를 훌쩍 뛰어넘어 독일 전역으로 확산시켰다. 그런 도르트문트의 플레이는 구체적으로 어떤 흐름이었을까? 클롭은 어떤 전술을 기초로 선수 11명의 멋진 플레이를 이끌어냈을까? 이것을 분석해 보도록 하자(뒤에 나오는 그림을 함께 참조하기 바란다).

4-2-3-1

2010-11시즌의 도르트문트는 4-2-3-1 포메이션을 채용했으며, 누리 사힌과 스벤 벤더가 수비형 미드필더로서 더블 볼란치를 형성했다. 벤더는 수비수 앞에서 1 대 1을 하는 '스위퍼'적 역할에 집중한 데 비해 사힌은 경기를 풀어나가는 중원의 사령탑으로서 수시로 공격에 참여했다. 그래서 벤더는 다음 페이지 그림에 나와 있듯이 약간 뒤쪽에 자리를 잡았다. 사힌도 자신보다 전방에서 경기가 전개되도록 때때로 후방으로 내려갔고, 수비수에게서 직접 공을 받아 새로운 공격의 기점이 되었다. 이 때문에 사힌은 팀 내에서 최다 볼 터치를 기록할 때가 잦았다.

공격진에서 창조적인 역할을 주로 담당한 선수는 '마법의 발'을 사용하는 마리오 괴체와 카가와 신지였다. 이들은 자신들이 직접 골문을 위협할 뿐만 아니라 원톱인 루카스 바리오스에게 기회를 만들어줬다. 케빈 그로스크로이츠는 세 공격형 미드필더의 한 축으로서 열정적으로 플레이하며 골라인까지 달렸다. 공격형 미드필더들은 한 선수가 공을 오래 갖고 있지 않고 빠른 숏패스로 경기를 지배하며 구멍이 생길 때까지 상대의 수비진을 교란했고, 측면 전환도 유연하게 구사해 상대를 더욱 정신없게 만들었다.

상대 팀이 공을 가지고 있을 때는 그로스크로이츠와 괴체가 크게 앞으로 나가 측면에서 압박을 가함으로써 앞뒤에 충분한 인원이 있는 중원으로 패스하도록 유도하고 스벤 벤더 등이 공을 빼앗았다. 이 상황에서는 팀 전체가 함께 행동해 상대 진영을 향해 올라감으로써

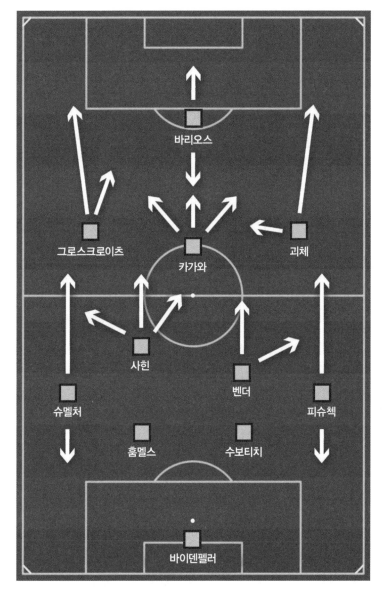

2010-11시즌 도르트문트의 포메이션
이 그림을 그린 사람은 오스트리아의 광고대행사 '디자이너스 인 모션'의 토마스 바우어 Thomas Bauer CEO다. 이 회사는 2006년에 창립된 이래 디자인 제작, 미디어, 웹, 모바일 등의 분야에서 활약하며 수많은 상을 받았다.

빠르게 공격할 수 있도록 했다. 효과적이기는 하지만 체력 소모가 많은 플레이 스타일이다. 이같이 이른 타이밍에 공을 향해 움직이는 작업을 철저히 하는 것이 분데스리가에서 도르트문트가 승리해나갈 수 있었던 핵심 요소 중 하나였다.

바리오스는 어시스트를 기다리는 수동적인 포워드가 아니라 올라오는 중원의 선수에게 빈번히 공을 패스함으로써 중원을 공격의 흐름에 편입시켰다. 그리고 페널티 에어리어로 침투한 뒤 공을 다시 받아 스트라이커로서 뛰어난 창조성을 발휘하며 골을 넣었다. 아르헨티나에서 태어나 파라과이 국가대표팀의 일원으로 활약하고 있는 바리오스는 머리와 발을 이용해 다양한 형태로 공을 받을 수 있으며 어떤 형태로도 골문을 위협할 수 있는 선수다. 다만 바리오스가 원톱으로 고립되지 않도록 공격형 미드필더들이 자주 올라올 필요가 있는데, 이 또한 충실히 실천되었다.

도르트문트의 풀백인 마르셀 슈멜처와 루카스 피슈첵은 기회를 엿보며 수시로 올라가 중원에서 수적 우위를 만들어내는 동시에 크로스를 올려 골문을 위협했다. 이런 상황에서는 그로스크로이츠와 괴체가 중앙으로 들어가 풀백의 공간을 만들어줬다. 상대가 공을 갖고 있을 경우 슈멜처와 피슈첵은 센터백인 마츠 홈멜스, 네빈 수보티치와 함께 라인을 형성하면서 적절히 이동했다. 기술이 뛰어난 두 센터백은 공을 빼앗으면 공격의 기점 역할을 했다. 특히 홈멜스는 전방으로 롱볼을 차서 단번에 중원을 건너뜀으로써 아직 수비 진형을 갖추지 못한 상대의 허점을 찌르기도 했다(그림에서는 센터백에 화살표가 그려져 있지 않은데, 이것은 포지션에 충실한 위치를 잡기 때문이다).

코너킥이나 프리킥을 찰 때는 훔멜스와 수보티치가 앞으로 와서 강력한 헤딩 능력을 발휘했다. 이때는 양 풀백과 볼란치가 후방을 커버했다. 수비진의 뒤쪽에 자리하고 있는 로만 바이덴펠러는 골키퍼로서 골라인에 항상 붙어 있는 것이 아니라 플레이에 가담했다.

BVB가 기본적으로 밀집해서 플레이할 수 있었던 이유는 전원이 수비수와 공격수의 역할을 동시에 담당했기 때문이다. 역할을 완전히 분할하지는 않았다. 공을 가진 선수의 방향으로 각 라인이 평행하게 이동하면서 포지션 사이의 거리가 짧게 유지되고 각 지역에 균형 있게 선수가 배치되었다. 이 플레이에 대한 이해를 모든 선수가 공유한 결과 도르트문트는 34경기에서 불과 22실점밖에 하지 않았으며, 14경기는 무실점으로 마쳤다. 또한 골키퍼 바이덴펠러의 공에 대한 놀라운 반응 속도도 실점을 줄이는 데 크게 기여했다.

클롭은 선수들에게 휴식을 주기 위해 때때로 스타팅 멤버를 바꾸기도 했다. 그러나 카가와 신지와 누리 사힌 등이 부상으로 이탈한 탓에 대폭적인 로테이션은 불가능했다. 드리블에 능한 카가와는 아시안컵에서 중족골 골절을 당해 후반기의 거의 모든 경기에 결장했고, 사힌은 오른쪽 무릎 인대의 부분 파열로 시즌 종반에 휴식을 취해야 했다. 이에 따라 전반기에 멋진 플레이를 보였던 카가와 대신 괴체가 중앙으로 들어가고, 빈 우측 측면의 포지션을 야쿠프 '쿠바' 브와슈치코프스키가 메웠다. 혹은 로베르트 레반도프스키가 공격형 미드필더의 중앙에서 10번의 위치에 들어가고 괴체는 우측 측면에서 플레이했다. 이것은 바이에른 뮌헨에 3 대 1로 승리했을 때의 포메이션이다. 바리오스가 결장했을 때는 항상 슈퍼 서브인 레반도 프스키가 첫 번째 선택지였다. 레반도프스키는 교체 출장으로 리그 4골을 기록했다.

수비형 미드필더의 포지션에서는 안토니오 다 실바가 벤더와 사힌을 대신할 첫 번째 선택지였다. 주장인 제바스티안 켈도의 주 포지션은 볼란치이지만 부상의 영향으로 시즌의 대부분을 허공에 날렸다. 센터백의 포지션에서는 펠리페 산타나가 훔멜스와 수보티치의 대역으로서 이들에게 밀리지 않는 실력을 발휘했다. 후보 골키퍼인 미첼 랭거랙Mitchell Langerak은 한 경기에 출장하는 데 그쳤지만, 바이에른 뮌헨과의 경기에서 실수 없이 플레이하며 승리에 공헌했다.

제7장

리그 연패와 첫 더블

(2011-12시즌)

JÜRGEN KLOPP

JÜRGEN KLOPP

BVB의 본질적인 시스템은 2011-12시즌에도 변화가 없었다. 다만 주전 멤버에는 두 가지 변화가 있었다. 레알 마드리드로 이적한 누리 사힌 대신 부상에서 복귀한 켈 또는 새로 영입한 일카이 귄도간Ilkay Gündoğan이 벤더의 파트너가 되었다. 또한 센터포워드의 포지션에서는 그때까지 확고한 주전이었던 바리오스를 레반도프스키가 위협하는 양상이 됐다.

저조한 출발

　새로 맞이한 2011-12시즌은 회의론자들의 주장에 힘을 싣는 형태로 시작되었다. 회의론자들은 BVB의 리그 우승이 잠시 동안의 영광에 불과하며, 타이틀 방어는 꿈같은 이야기라고 말했다. 전부터 신중한 자세를 보인 프런트도 타이틀 방어가 아닌 '유럽 대회 진출권 획득'이 목표라고 발표하는 등 조심스러운 발언으로 일관했다.

　2011년 여름의 비시즌 기간 동안 클럽은 이미 새 시즌이 쉽지 않을 것임을 예상했다. '다음 시즌에는 수많은 문제에 직면하겠지. 하지만 그건 지극히 당연한 일이야. 일단 경기에서 져보면 무슨 일이 일어날지 알 수 있겠지.' 클럽에게 특히 중요했던 일은 기대 이상이었던 우승 시즌을 기준으로 삼지 않는 것이었다. 그것은 무엇보다 팀에 압박감을 주지 않기 위해서였다. '비교해서는 안 돼. 올해 함부르크와 경기할 때 작년에는 이겼으니 올해도 당연히 이길 것으로 생각해서는 안 돼. 앞으로도 한 경기 한 경기에 집중하며 과제를 달성하기 위해 온 힘을 다해야 해. 그러면 이번 시즌도 강호의 자리를 지킬 가능성은 그럭저럭 있어.'

실제로 BVB는 클롭의 생각보다 일찍 어려움에 직면하게 되었다. 개막전에서 함부르크 SV를 3 대 1로 멋지게 눌렀을 때는 언론의 찬사를 받았지만, 일주일 뒤에 호펜하임에서 0 대 1로 패배했다. 여기에 홈에서 승격팀인 헤르타 BSC 베를린에 패하고 하노버 96과의 원정경기에서도 패배하자(둘 다 1 대 2) 도르트문트는 제6라운드를 마친 시점에 벌써 3패를 당하며 11위로 가라앉았다. 전년도에 전반기를 통틀어 2패밖에 하지 않은 것과는 뚜렷이 비교되는 성적이었다. BVB가 6경기에서 올린 승점 7점은 우승팀이 다음 시즌 초반에 얻은 승점으로는 과거 27년 사이 최저였다.

헤르타 BSC 베를린과의 경기 후 열린 기자회견에서 클롭은 아직 여유를 잃지 않고 있었다. "부정적인 결과이지만 언젠가는 경험했어야 할 일이며, 이런 일이 있기에 승리의 쾌감을 새삼 깨닫게 됩니다." 그러나 하노버 96에 패한 것은 뼈아팠다. 1 대 0으로 앞서고 있다가 마지막 5분 사이에 두 골을 허용한 것이다. 클롭은 경기 후에 "우리의 손으로 경기를 놓치고 말았습니다. 소극적인 상태를 향해 적극적으로 달려가 버렸습니다"라고 조금은 역설적인 표현을 사용했다. 승리가 확실하다고 생각한 BVB는 종반에 주도권을 절반쯤 포기했는데, 그 탓에 하노버의 기세를 살려주고 만 것이다.

리그 챔피언이 짊어진 '배낭'

클럽이 특히 분노한 것은 시즌 초반에 기록한 6실점 중 4점을 세트플레이에서 허용했다는 사실이었다. 클럽은 선수들이 하노버 96에 진 것을 우연으로 생각하지 않도록 "이건 명백한 실책이야"라고 단호하게 말했다. 어쩌다 보니 진 것이 아니라 야망이 부족한 것이었다. 디펜딩 챔피언이라는 짐이 젊은 선수들의 어깨를 무겁게 짓누르고 있는 듯했다. 어떤 상대든 도르트문트를 상대할 때는 의욕이 조금이나마 더 상승한다. 리그 챔피언에게 도전하는 것이기 때문이다. 훗날 클럽은 이 상황에 대해 팀이 먼저 익숙해져야 하는 '배낭'이라는 표현을 사용했다. BVB에 대한 "인식이 바뀌었다"라고 말했다. 도르트문트는 이제 도전자가 아니다. 클럽이 그렇게 주장하고 싶어도 실제로는 타이틀을 방어하는 처지다. 한스-요아힘 바츠케 CEO는 "평범한 디펜딩 챔피언이 아닙니다"라고 몇 번이고 강조했다. 바츠케도 팀의 부담을 줄이고자 노력하고 있었다.

대성공을 막 손에 넣은 사람이 때때로 집중력을 잃거나 방황하는 것은 지극히 인간스러운 모습이다. 그러나 그런 상태에서 매주 적이 찾아온다면 문제는 심각해진다. BVB는 먼저 이것을 극복할 방법을 찾아내야 했다.

수비적인 상대에 대한 많은 노력, 그리고 적은 수확

세르비아 국가대표 선수인 네벤 수보티치의 견해에 따르면 2011-12시즌 초반부터 라이벌들이 플레이 스타일을 좀 더 수비적으로 바꿨다고 한다. "우리를 상대할 때면 대부분의 팀이 자신의 진영 깊숙이 내려가 버립니다. 가드 없이 난타전을 거는 팀은 거의 없습니다. 대부분의 플레이가 중원에 편중되기 때문에 볼 다툼이 많아지지요. 그래도 우리는 많은 기회를 만들었지만, 골은 너무 적었습니다."

제6라운드를 마쳤을 때의 인식이다. 그러나 이 상황이 클롭의 태도에 영향을 끼치지는 않았다고 한다.

"알고 지낸 지도 벌써 5년이 지났는데 늘 한결같네요."

클롭은 자신의 진영에 틀어박힌 상대로부터 기회를 만들어내기 위해 끈기 있게 측면 전환을 반복하도록 요구했다. 틈이 생겨서 그 틈을 노리고 공격할 수 있게 될 때까지다. 그런 인내력을 갖는 것이 2011-12시즌 BVB의 중심적인 과제 중 하나였다.

BVB가 시즌 초반에 안고 있었던 또 다른 고민은 전 시즌과 마찬가지로 골 기회를 만들기 위해 극단적인 노력을 쏟아부었지만 결정력이 너무나 떨어졌다는 것이다. 팀은 공격과 수비를 위해 분주히 올라갔다 내려가기를 반복했다. 전 시즌에도 기회를 날려버리는 일은 많았지만 그래도 대부분의 경기에서 승리할 수 있었다. 그러나 이번 시즌에는 그 노력이 결실을 보지 못했다.

스트라이커의 부재, 그리고 레반도프스키의 폭발

시즌 초반에는 골게터인 루카스 바리오스가 빠진 영향이 현저히 드러났다. 2010-11시즌에 리그에서 16골을 넣었던 바리오스는 팀 내에서 발군의 스트라이커다. 그런데 2011년 여름에 파라과이 국가대표로 코파아메리카에 출장한 바리오스가 햄스트링 부상을 당하는 바람에 몇 주 동안 결장이 불가피해졌다. 바리오스가 빠진 BVB의 공격진은 파괴력이 부족했다. 위르겐 클롭은 비교를 좋아하지 않지만, 통계를 보면 리그 초반은 문제점이 명확했다. 제6라운드까지 도르트문트는 34회의 득점 기회 가운데 불과 20.6퍼센트만을 득점으로 연결시키는 데 그쳤다. 이것은 당시의 시점에서 리그 최저 수치였다. 2010-11시즌에는 제8라운드까지 마친 시점에 20득점을 했지만 2011-12시즌에는 13골에 머물렀다. 공격해 들어오는 미드필더에게 공을 연결하는 포스트 플레이어로서도 바리오스의 부재는 팀에 구멍이 되었다.

그러나 클롭은 시즌 전 여름에 이 포지션을 보강하지 않기로 결정하고 바리오스 수준의 스트라이커를 영입하지 않았다. 이것은 잘못된 결정이었을까? 그러나 만약 바리오스가 부상을 당하지 않았다면 새로 들어와서 벤치만 달구게 된 선수의 불만을 피할 수 없었을 것이다. 결과적으로 이적시장에 손을 대지 않은 결단은 정답이었다. 그때까지 바리오스의 그늘에 가려 있었던 또 한 명의 선수가 제8라운드에 껍질을 깨고 각성했기 때문이다. 바로 로베르트 레반도프스키다. 승격팀인 FC 아우크스부르크를 4 대 0으로 격파한 이 경기에서 레반도프스키는 해트트릭을 기록했다. 과거에 클럽의 지시를 따랐던 바리오스가 그러했듯이, 레반도프스키도 점점 강력한 포워드로서 존재감을 발휘하게 된다.

폴란드 국가대표 선수인 레반도프스키는 바리오스의 부상으로 시즌 개막전부터 계속 기용되었는데, 처음에는 실력을 제대로 발휘하지 못했다. 그러나 아우크스부르크전의 해트트릭을 계기로 놀랄 만큼 안정된 실력을 보이기 시작하며 주전 자리를 확고히 굳혔고, 22골 10어시스트라는 기록을 남기며 놀라운 시즌을 보냈다. 기존의 골게터인 바리오스에게는 괴로운 전개였다. 부상에서 복귀했지만 레반도프스키를 제칠 수가 없었다. 결국 바리오스는 2012년 봄에 중국 클럽인 광저우 헝다로 이적했다.

그러나 레반도프스키의 각성과는 상관없이 클럽은 초반의 부진이 선수 부재 탓이라고는 전혀 생각하지 않았다. 그보다 근본적인 실책이 존재했다. 요컨대 무슨 일이 있어도 이기겠다는 의식이 부족했던 것이 부진의 진상이라고 봤다.

"우리 또한 스탠드의 지붕으로 공을 차올릴 때가 있어도 됩니다. 수비가 불안정할 때는 공을 일단 밖으로 차 보내서 플레이를 끊어야 합니다. 공격이 불안정할 때는 일단 골문을 향해 슛을 해봐야 합니다. 그런데 지금의 팀은 이런 플레이를 하기가 어려워졌습니다."(올랭피크 드 마르세유와의 챔피언스리그 원정경기에서 1 대 3으로 패배한 뒤에 위르겐 클롭이 한 말) 또한 그 밖에도 전술을 미세 조정해야 하는 상황임이 초반 몇 주 동안의 경기를 통해 명확하게 드러났다. 중원의 플레이 메이커가 사라졌기 때문이다.

중원의 지휘자 사힌의 부재가 초래한 변화

누리 사힌을 레알 마드리드로 이적시킨 BVB는 전술을 약간 조정해야 하는 상황에 처했다. 정확한 패스를 공급하는 플레이 메이커 사힌은 직접 공을 받으러 수비 라인까지 수시로 내려왔다. 그리고 상대의 압박을 받지 않는 상태에서 피치를 둘러보며 경기의 상황을 파악했다. 열정적으로 플레이하는 스벤 벤더의 파트너가 뉘른베르크에서 영입한 일카이 귄도간이든, 제바스티안 켈이든, 안토니오 다 실바이든 도르트문트에는 사힌과 같은 우수한 플레이 메이커가 없었다.

그 결과 중원에서 창의성이 부족해져 볼을 전방이 아니라 후방으로 다시 보내는 신중한 플레이가 늘어난 탓에 도르트문트의 공격이 시작되는 장소가 점점 뒤로 물러났다. 요컨대 수비수로부터 공격이 시작되게 된 것이다. 통계를 보기만 해도 이것이 단순한 느낌이 아닌 사실임을 알 수 있다. 언론의 정보에 따르면 2010-11시즌에는 센터백인 마츠 홈멜스와 네빈 수보티치의 한 경기당 볼 터치 수가 각각 60회 정도였다. 그런데 새 시즌에는 제7라운드까지 두 선수의 볼 터치 수가 각각 90회 가까이로 늘어났다. 게다가 전 시즌의 사힌은 6골 9어시스트로 도르트문트의 우승에 공헌했을 뿐만 아니라 세트플레이를 할 때 키커로서도 강력한 선수였다. 따라서 시즌 초반에 BVB가 이 터키 국가대표 선수의 공백을 메우지 못해 고생한 것은 전혀 이상한 일이 아니었다.

한편 사힌은 새로 이적한 레알 마드리드에서 주전 경쟁에 어려움을 겪었다. 부상의 영향으로 시즌 개막 후 몇 주 동안 뛸 수가 없었고, 복귀 후에도 조세 무리뉴José Mourinho 감독 밑에서 거의 스타팅 멤버로 뛰지 못했다. 결국 사힌은 자신의 포지션을 확보한 사미 케디라Sami Khedira와 사비 알론소Xabi Alonso를 제치지 못하고 2012-13시즌에 잉글랜드의 리버풀로 임대되었다.

'BVB 급행열차'가 다시 달리기 시작하다

2010-11시즌의 팀은 중요한 부분에 철저히 의식을 집중하고 경기 시간 내내 그 집중력을 유지할 수 있었다. 이후 시즌을 마치고 비시즌을 보내면서 일시적으로 그 집중력을 잃어버리는 바람에 초반 부진에 빠지기도 했지만, 사람들이 예상했던 것보다는 일찍 집중력을 되찾는 데 성공했다. 그리고 자신감도 회복하면서 드디어 디펜딩 챔피언다운 모습을 보이기 시작했다. 기량이 절정에 오른 레반도프스키는 바리오스를 밀어냈고, 귄도간과 켈은 사힌의 역할을 부족함 없이 계승했다. 그러나 아무리 그렇다 해도 하노버에서의 패전 이후 시즌이 끝날 때까지 다섯 번의 무승부를 제외하고 모든 경기를 승리로 장식하리라고는 그 누구도 예상하지 못했을 것이다.

이러한 약진을 이끌어낸 기폭제는 제7라운드에서 루카스 피슈첵이 경기 종료 직전에 터뜨린 행운의 골이었다. 얄궂게도 상대는 클롭이 사랑한 마인츠였다. 경기의 전개는 일주일 전의 하노버전과 거의 똑같았지만 승패는 정반대였다. 0 대 1로 지고 있던 BVB는 60분을 넘겼을 때 이반 페리시치의 골로 동점을 만들었다. 그리고 이후에도 결정적인 찬스를 여러 차례 맞이했지만 골로 연결시키지 못했다. 마인츠의 골키퍼 하인츠 뮐러Heinz Muller는 슈퍼 세이브를 연발해 BVB를 절망시켰다. 경기 종반에는 양측 진영을 정신없이 오가며 공방전이 펼쳐졌는데, 두 팀 모두 결승점을 넣을 기회가 충분히 있었지만 승리의 여신은 도르트문트의 손을 들어줬다. 90분에 뮐러가 펀칭으로 멀리 쳐낸 공을 비슈첵이 달려들며 발리슛을 했는데, 빗맞은 공이 몇 차례 바운드되며 골문을 향해 굴러가더니 결국 골네트를 뒤흔들었다. 기묘한 역전골이었다. 클롭도 경기 후의 기자회견에서 "볼이 15명의 사이를 뚫고 파 사이드로 굴러갔으니, 운이 좋았다고밖에 할 말이 없습니다"라고 인정했다. 그러나 "90분 동안의 플레이를 생각하면 부당한 승리는 아니었습니다"라고도 강조했다.

이 승리를 계기로 'BVB 급행열차'가 다시 달리기 시작했다. 홈에서 승격팀인 FC 아우크스부르크에 4 대 0으로 압승한 다음 경기는 앞에서도 이야기했듯이 레반도프스키의 독무대였다. BVB가 다시 2011-12시즌의 우승 경쟁에 끼어들 가능성은 얼마나 됐을까? 바이에른 뮌헨은 제13라운드에 그 답을 알게 된다. 이때 1위였던 바이에른 뮌헨은 이미 2위까지 치고 올라온 도르트문트에 승점 5점 차로 앞서 있었는데, 가장 위험한 라이벌과의 차이를 벌려놓을 기회를 놓치고 만다. 화려하기보다 전술 싸움의 색채가 짙었던 이 경기에서 BVB가 승리한 것이다. BVB는 알리안츠 아레나에서 마리오 괴체의 결승골에 힘입어 1 대 0으로 승리했고, 그 결과 타이틀의 향방은 예측 불허의 상황이 되었다.

두 라이벌은 그 후 몇 달 동안 리그 우승을 둘러싸고 각기 다른 곳에서 경쟁을 벌였다. 그사이 예상 밖의 약진을 보인 보루시아 묀헨글라트바흐가 우승 경쟁에 끼어든 시기도 있었지만, 결국 제30라운드에서 도르트문트와 바이에른 뮌헨이 다시 한번 우승의 향방이 걸린 중요한 일전을 치르게 되었다. 이때 이미 1위를 달리고 있던 BVB는 팽팽하게 진행된 이 경기에서 1 대 0으로 승리함으로써 우위를 유지하는 동시에 2위 바이에른 뮌헨과의 승점 차이를 6점으로 벌렸다. 골을 넣은 선수는 레반도프스키로, 골대를 등진 상태에서 그로스크로이츠의 슛을 살짝 건드려 골문 안으로 집어넣었다. 또한 골키퍼인 바이덴펠러는 종료 직전에 아르옌 로벤의 페널티킥을 막았다. 이 두 명이 승리를 결정지은 것이다. 추가시간에 수보티치가 클리어하려다 크로스바에 맞고 튕겨 나온 볼을 로벤이 가까운 거리에서 슈팅으로 이어갔지만, 골대 위로 넘어가 버린 것은 운이 도왔다고밖에 할 말이 없다.

28경기 무패로 우승을 달성하다

그로부터 나흘 뒤에 영원한 숙적 샬케 04에 홈에서 2 대 1 승리를 거둠으로써 BVB 서포터들은 완벽한 일주일을 보냈다. 한 시즌에 바이에른과 샬케 04를 두 번씩 꺾은 것이다. BVB에 이보다 기쁜 일은 없다. 한편 3경기를 남기고 승점 8점을 앞서 있는 상황에서도 클롭은 주위의 성급한 우승 분위기에 휩쓸리지 않았다. 오히려 샬케

04와의 경기에서는 팀이 '어려운 일'을 해냈고 "도르트문트는 행운의 승리자였다"라고 말하며 마음을 다잡았다. 그 모습에는 마인츠 시절에 간발의 차이로 승격을 두 번이나 놓친 경험이 담겨 있었다. '절대 속단하지 마라. 결과가 확정된 뒤에 기뻐해도 늦지 않다.'

한편 종반에 천국과 지옥을 오간 바이에른 뮌헨과의 경기 후 클롭은 스카이스포츠의 텔레비전 인터뷰에서 좀 더 만족스러운 표정을 보였다. "오늘은 최고로 스릴 넘치는 하루였습니다. 종반부는 믿을 수 없는 상황이었습니다. 팀에 훌륭하다고 말하고 싶습니다. 그보다 더 플레이를 잘하기는 거의 불가능합니다." 그리고 벅차오르는 감정을 그대로 텔레비전 시청자들에게 전했다. "거창하게 말할 생각은 없고, 감정적이 될 생각도 없습니다. 하지만 우리가 지금 여기서 하고 있는 일은 쉽게 할 수 있는 것이 아닙니다. 온 힘을 다해서 하고 있습니다. 우리 모두는 이 클럽에 푹 빠져 있습니다. 그 감정을 때때로 해방시켜 줘야 합니다." 이것은 클롭이 경기 종료 후에 보인 몸짓에 관한 이야기다. 이때 클롭은 남쪽 스탠드 방향을 보면서 가슴의 BVB 엠블럼을 손으로 치고 손가락으로 하트 모양을 만들었다. 본인의 말과 달리 지극히 감정적이었지만, 그것은 순도 100퍼센트의 순수한 감정이었다. 계산적인 말이나 몸짓이 아니었다. 마음속에서 솟구쳐 올라온 것이었다.

제32라운드에서 BVB는 보루시아 묀헨글라트바흐에 승리하며 우승을 결정지었다. 그리고 전 시즌과 달리 우승 확정 후에도 패배를 기록하지 않은 결과(전 시즌에는 SV 베르더 브레멘에 1패를 당했다), 34경기 승점 81점으로 분데스리가 역대 최다 승점 기록을 경신했다(다음 시즌 바이에른 뮌헨이 91점으로 경신). 28경기 연속 무패도 달성했지만 이것은 기록에 미치지 못했다. 연속 무패 기록은 약 30년 전에 함부르크 SV가 두 시즌 동안 세운 36경기였다(그 후 바이에른 뮌헨이 53경기 연속 무패로 기록을 경신했다).

팀의 단장인 미하엘 조르크는 이 시즌을 두고 '역사적인 시즌'이라고 말했다. 이것은 지극히 타당한 표현이다. 그리고 역사적인 승리가 하나 더 있었는데, 이에 관해서는 조금 뒤에 이야기하겠다.

질주하는 BVB의 그늘에서 초조함이 폭발한 바이에른 뮌헨

1996년 이후 처음으로 2년 연속 우승을 놓친(당시도 BVB가 리그 연패를 달성했다) 바이에른 뮌헨은 초조함이 폭발했다. 울리 회네스 회장은 도르트문트가 유럽 대회에서 이렇다 할 결과를 내지 못한 점을 걸고넘어졌다. 도르트문트는 매주 리그 경기에 대비해 휴식을 취했지만, 바이에른 뮌헨은 챔피언스리그 결승까지 오르며 쉴 새 없이 경기를 치렀다는 것이다. 참고로 이해의 챔피언스리그는 결승전 개최지가 홈구장이라는 이점까지 안고 있었던 바이에른 뮌헨이 우세한 경기를 펼치고도 첼시에 패하는 전설적인 결과로 막을 내렸다.

회네스 회장은 BVB가 지속적으로 건전한 재정 상태를 유지하면서 리그와 유럽 대회에서 모두 성공을 거둘 때 BVB를 동등한 라이벌로 인정할 것이라고 2012년 4월 15일 토크쇼 〈Sky90〉에서 말했다. "도르트문트는 훌륭한 시즌을 보냈습니다. 하지만 저는 도르트문트가 분데스리가에서 훌륭한 시즌을 보내면서 유럽 대회에서도 멋진 시즌을 보냈을 때 비로소 도르트문트를 인정할 겁니다. 2년 전에는 유럽 리그에서 소리 없이 사라졌습니다. 올해는 정말 쉬운 그룹에 속했으면서 3위도 아닌 4위에 그쳤지요. 도르트문트가 양쪽을 균형 있게 소화해내며 유럽 대회에서도 활약할 수 있음을 보여준다면 그때 '훌륭하오!'라고 말하겠습니다."

"우리는 도르트문트에 200만 유로를 건넸다"

울리 회네스가 하필이면 BVB가 바이에른 뮌헨과 동격의 경쟁 상대로 성장한 시기에 비로소 8년 전의 비밀을 공표한 것은 우연이 아닐 것이다. 2012년 2월, 회네스는 함부르크에서 열린 팬 이벤트에서 그 비밀을 누설했다. "도르트문트의 재정이 어려워져 급여도 줄 수 없게 되었을 때 우리가 200만 유로를 건넸습니다."(2012년 2월 6일자 〈베스트도이체 알게마이네 차이퉁WAZ〉 온라인 기사에서)

도르트문트의 바츠케 CEO는 당시 재정적으로 큰 위기에 빠졌던 도르트문트를 바이에른 뮌헨이 도와줬다고 인정했다. "맞습니다. 2004년의 이야기입니다. 우리는 3회에 걸쳐 그 돈을 갚았고, 2005년 중반에 채무를 청산했습니다." 바츠케는 2005년, 즉 바이에른으로부터 융자를 받은 뒤에 CEO로 임명되었는데, 수뇌부인 게르트 니바움과 미하엘 마이어의 행동에 그다지 공감할 수 없었다고 말했다. "저라면 그런 짓은 하지 않았을 겁니다. 경쟁 클럽으로부터 돈을 빌리다니 말도 안 됩니다. 하지만 달리 방법이 없었던 모양입니다."

"도르트문트의 선수들은 오아시스에 있다"

또한 회네스는 앞서 언급한 토크쇼에서 BVB가 보호받는 '오아시스'에 있으며 이것이 도르트문트의 성공에 크게 기여했다는 생각도 밝혔다. "귄도간은 뉘른베르크에서 도르트문트로 와서 9개월 동안 전혀 경기에 나서지 못했습니다. 뮌헨이었다면 진즉에 실패한 영입이라는 말이 나왔을 것이고 언론의 공격에 만신창이가 되었겠지요. 도르트문트였기에 그렇게 여유를 갖고 성장할 수 있었습니다. 도르트문트의 선수들은 아직 그런 오아시스에 있는 겁니다." 그러나 바이에른 뮌헨에 대한 언론의 높은 기대치는 "영원한 넘버원"을 외치는 바이에른 뮌헨 자신이 자초한 것이 아닐까?

일카이 귄도간의 사례를 보면 감독으로서 클롭이 지닌 중요한 능력을 알 수 있다. 클롭은 신중하게 능력을 키우며 단계적으로 성장시키기 위해서는 언제 선수를 보호해야 할지 이해하고 있다. 귄도간이 사힌의 후계자라는 중압감에 짓눌리고 도르트문트의 플레이 스타일에 적응하는 데 애를 먹어 성장이 멈춘 것처럼 보였을 때, 클롭은 전반기의 벤치 멤버에서 귄도간을 제외시킴으로써 그를 언론의 관심으로부터 멀찍이 떨어뜨렸다. 재능 있는 미드필더인 귄도간은 그 강제적인 휴식 기간을 효과적으로 이용해 후반기에는 팀에 크게 공헌하는 선수로 새롭게 태어났으며, 포칼 준결승에서는 그로이터 퓌르트를 상대로 종료 1분 전에 결승골을 넣음으로써 팀을 결승전이 열리는 베를린으로 인도했다. 그리고 결승전에서도 바이에른 뮌헨을 상대로 훌륭한 플레이를 보였다. 덕분에 출장 기회는 얻지 못했지만,

폴란드와 우크라이나가 공동 개최한 유로 2012에 독일 국가대표 선수로 선발될 수 있었다.

다만 적어도 한 가지는 회네스의 지적이 옳았다. 그것은 리그와 유럽 대회에서 보여주는 도르트문트의 플레이에 편차가 컸다는 점이다. 그때까지 수년 동안의 결과를 보면 그 사실은 부정할 수 없다.

챔피언스리그에서 치른 '수업료'

도르트문트는 2010년부터 분데스리가를 석권했지만, 유럽 무대에서는 그 기세를 이어나가지 못하고 다소 약한 모습을 보이기도 했다. 평소에는 볼 수 없었던 수비진의 개인적인 실책으로 안 줘도 될 점수를 주기도 했다. 그 전형적인 예가 원정에서 올랭피크 드 마르세유와 맞붙은 2011년 9월 말의 챔피언스리그 경기다. BVB는 경기를 지배했고 몇 차례 결정적인 기회도 만들어냈지만, 오히려 선취점을 허용하고 말았다. 센터백인 수보티치가 미끄러지며 생긴 빈틈을 찔린 것이었다. 도르트문트는 동점골을 넣기 위해 공세를 펼쳤지만, 후반전에 오히려 추가골을 허용했다. 이번에는 훔멜스가 피치의 중앙을 향해 불필요한 헤딩을 해서 상대에게 골을 어시스트하고 말았다. 세 번째로 허용한 골은 판정에 의문이 남는 페널티킥이었지만 이미 승부와는 별다른 상관이 없는 골이었다. 이렇게 해서 경기는 0 대 3으로 끝났다. BVB로서는 어처구니가 없는 결과였다. 결정적인 기회가 수없이 많았지만 마무리를 하지 못해 그 기회를 전부 날려버렸고, 너무 복잡하게 플레이했다.

방지할 수 있었던 실수에 팀이 초조함을 드러낸 것도 이상한 일은 아니었다. 본래는 훌륭한 팀임에도 성과를 자신의 발로 걸어차고 말았다. 클롭 역시 프랑스에서의 뼈아픈 패전 직후에는 생각에 잠긴 모습이었다. 팀이 이런 형태로 질 수 있다는 사실은 클롭을 당혹감에 빠뜨렸고 짜증 나게 했다. 흔히 유럽 대회에서는 국내에서보다 실책의 대가를 톡톡히 치르게 된다고 하는데, 그 말대로 된 것이다. 이번에 그것을 강렬히 각인시켜 준 팀은 유럽 대회 경험이 풍부한 프랑스의 클럽이었다. 그 클럽의 일부 선수가 챔피언스리그라는 큰 무대에서 수백만 시청자에게 자신을 알릴 기회를 제 것으로 만든 것이다.

BVB의 단장인 미하엘 조르크도 짜증이 나기는 마찬가지였다. 마르세유와의 경기에서 하프타임에 텔레비전 인터뷰를 요청받은 그는 이렇게 분석했다. "우리가 더 오래 공을 차지하고 더 많이 뛰었음에도 스코어는 뒤지고 있습니다. 몸이 너무 굳어서 초보적인 실수로 공을 빼앗기고 있습니다. 일단 플레이를 바꿔야 합니다." 이 시점에는 아직 0 대 1에 불과했다. 그러나 BVB는 '어떻게 플레이를 바꿔야 할까?'라는 질문의 답을 조별 리그가 끝날 때까지 찾아내지 못했다. 마지막 경기에서는 마르세유를 홈으로 불러들였음에도 다시 2 대 3으로 패하며 1승 1무 4패로 4위, 즉 그룹 최하위라는 실망스러운 성적을 거뒀다. 유로파리그 참가권이라도 얻을 수 있는 3위에조차 오르지 못했다.

BVB가 국제무대에서 경쟁력을 발휘하지 못하는 원인은 무엇일까? 이와 관련해 2012년 여름에 도르트문트의 한 의사결정자가 그

해답을 암시하는 견해를 밝혔다(이 도르트문트의 의사결정자는 자신의 이름을 공개하기를 거부했다). 그의 견해에 따르면 챔피언스리그에 처음 출장한 선수들이 상대를 지나치게 존중했다고 한다. 일례로 일부 선수는 아스널의 에미레이트 스타디움에 충격을 받고 두려움을 느끼기도 했다. 압도적인 분위기라면 자신들의 홈구장인 지그날 이두나 파르크에서 지겹도록 겪어봤을 선수들이 말이다.

챔피언스리그에 첫 출장한 선수들은 '너무나도 미숙했던' 것일까? 정말로 유럽 대회에서는 분데스리가에서보다 집중력의 결여에 대한 대가를 더 크게 치르는 것일까? 바이에른 뮌헨이나 샬케 04를 상대로는 과감한 플레이를 하면서 런던이나 피레아스, 마르세유(2011-12 챔피언스리그에서 도르트문트는 아스널 FC, 올림피아코스, 올랭피크 드 마르세유와 한 조가 되었는데, 런던은 아스널 FC의 연고지, 피레아스는 올림피아코스의 연고지, 마르세유는 올랭피크 드 마르세유의 연고지다-옮긴이)에서는 자신들의 플레이를 하지 못하는 것은 참으로 이해하기 어려운 일이다. 그러나 한편으로는 패배가 계속되던 흐름을 이미 끊어버린 대회도 있다.

바이에른 뮌헨과의 결승에 이르기까지(DFB-포칼)

클롭이 취임한 이래 2011-12시즌까지는 DFB-포칼의 성적도 만족스럽지 못했다. 처음 맞이한 2008-09시즌에는 그 시즌의 우승팀인 SV 베르더 브레멘에 패해 16강에서 탈락했다. 다음 두 시즌에서는 하위 리그 팀인 VfL 오스나브뤼크(16강)와 키커스 오펜바흐(2회전)

에 패했다. 그러나 BVB는 1989년에 SV 베르더 브레멘을 4 대 1로 누르고 우승했던 경험이 있기에 베를린의 올림피아 슈타디온에서 열리는 결승전이 얼마나 가치 있는 무대인지 잘 알고 있었다. 당시의 결승은 이후 몇 년에 걸쳐 BVB의 영광의 시대가 시작됨을 알리는 신호탄이었다. 그리고 23년이 지난 2012년, 도르트문트는 다시 한번 그 큰 무대에 올라 당시 못지않은 장대한 경기 끝에 103년의 클럽 역사상 최초로 리그 우승과 컵 대회 우승이라는 더블을 달성한다.

첫 상대는 3부 리그의 SV 잔트하우젠이었다. 애초에 체급이 다른 BVB는 원정경기에서 로베르트 레반도프스키가 2골, 카가와 신지가 1골을 넣어 3 대 0으로 승리함으로써 첫 번째 장해물을 어려움 없이 통과한다. 다음 상대는 역시 검은색과 노란색 유니폼을 입는 2부 리그의 뒤나모 드레스덴이었다. 이 경기에서는 레반도프스키가 선취골을 넣고 마리오 괴체가 추가골을 넣어 2 대 0으로 승리했다. 그리고 16강에서 만난 2부 리그 팀 포르투나 뒤셀도르프와의 경기는 극적으로 전개되었다. 뒤셀도르프는 이 시즌 후 헤르타 BSC 베를린과의 승강전에서 승리해 1부 리그로 승격하게 되는 팀이다.

BVB는 처음부터 수비진의 인원이 부족했을 뿐만 아니라 30분경에 파트리크 오보모엘라를 잃게 된다. 풀백이 주 포지션인 오보모엘라가 팀 사정상 익숙하지 않은 센터백으로 출장했다가 옐로카드를 두 장 받고 퇴장당한 것이다. 그러나 뒤셀도르프는 수적 우위도, 홈의 이점도 살리지 못했다. 양 팀 모두 득점하지 못한 채 120분이 흘러갔고, 결국 승부차기로 승자를 결정하게 되었다. 이때 클럽은 승부차기 직전에 항의 행동을 하다 퇴장을 당한 상태였다. 참고로 뒤셀도르프의 수석 코치인 우베 클라인Uwe Klein도 연장에 돌입하기 조금 전에 퇴장을 당했다. 승부차기에서 도르트문트의 키커들은 모두 냉정하게 골을 성공시켰고, 이 경기의 영웅인 골키퍼 바이덴펠러가 토마스 브뢰커Thomas Bröker의 슛을 막아내 승리를 결정지었다.

8강은 16강보다 훨씬 수월하게 진행되었다. 상대는 레기오날리가(4부 리그)의 홀스타인 킬이었는데, 18분 만에 레반도프스키와 카가와가 골을 넣어 팀을 승리의 궤도에 올려놓았고 종반에 루카스 바리오스와 이반 페리시치도 골을 넣어 4 대 0으로 마무리했다. 그리고 이윽고 결승을 향한 최후의 난관이 찾아왔다. 2부 리그의 강적 그로이터 퓌르트를 또다시 만난 것이다. 이 경기에서는 귄도간이 연장 후반의 마지막 1분에 행운의 골을 넣어 1 대 0으로 승리했다.

치열한 여운을 남긴 준결승

연장 종료 직전에 터진 귄도간의 골에 그 누구보다 낙담한 사람은 그로이터 퓌르트의 감독 마이크 뷔스켄스Mike Büskens였다. 승부차기를 예상하고 118분에 '페널티킥 킬러'인 제2골키퍼 야스민 페이지치Jasmin Fejzić를 교체 투입했기 때문이다. 그리고 얄궂게도 이 골키퍼가 비극의 주인공이 되었다. 귄도간의 날카로운 슛은 처음에 골포스트를 맞고 튕겨 나왔는데, 이것이 하필이면 슛을 막기 위해 몸을 날린 페이지치의 등에 맞는 바람에 방향이 바뀌어 골문 안으로 빨려 들어간 것이다. 결승골이 들어가자 클럽은 그 골키퍼 교체에 관해 상대 코치진이 앉아 있는 벤치를 향해 악의적으로 받아들여질 수도 있는 몸짓을 보였다. 클롭은 나중에 이 행위에 관해 "좀 더 현명하게 행동할 수도 있었다"라고 인정했지만, 그는 일단 볼이 움직이기 시작하면 평소와 달리 감정에 좌우될 때도 있다.

경기 종료 후에는 케빈 그로스크로이츠가 그로이터 퓌르트의 뷔스켄스 감독과 게랄트 아자모아_{Gerald Asamoah}(둘 다 장기간 샬케 04에서 활약한 경력이 있다)를 상대로 볼썽사나운 신경전과 말싸움을 벌임으로써 긴장감이 팽팽했던 경기의 마지막에 불필요한 장면이 추가되었고, 경기 후에도 논란이 계속되었다.

결승전에서 레반도프스키가 해트트릭을 기록하다

이윽고 이 소동이 가라앉자 결승전을 기대하는 분위기가 확산되었다. 2008년에 이어 바이에른 뮌헨과 BVB가 다시 한번 결승에서 만난 것이다. BVB에서 클롭의 시대가 시작되기 직전이었던 당시는 바이에른 뮌헨의 전력이 훨씬 우위였음에도 연장전 끝에 2 대 1이라는 간발의 차이로 뮌헨이 우승컵을 들어 올렸다. 한편 이번에는 분데스리가 1위 팀과 2위 팀이라는 '대등한 강호 간의 대결'이 되었기 때문에 언론에서도 흥분을 감추지 못했다. 그전에 있었던 두 차례의 리그 경기(두 번 모두 1 대 0으로 BVB가 승리했다)와 마찬가지로 박빙의 승부가 예상되었다. 그러나 보루시아 도르트문트는 세간의 예상을 비웃듯이 5 대 2로 바이에른 뮌헨에 압승을 거둠으로써 적어도 일시적으로는 독일 축구의 세력 판도를 바꿔놓았다. 1965년과 1989년에 이은 세 번째 포칼 우승이었다. 그러면 결승전의 상황을 시간의 흐름에 따라 살펴보자.

첫 30분 동안은 아직 경기의 균형이 어느 한쪽으로 기울어지지 않고 팽팽하게 유지되었다. 오히려 바이에른 뮌헨이 약간 우세한 전개였다. 경기 시작 3분 만에 카가와가 골을 넣었지만, 로벤이 경기를 원점으로 돌리는 동점골을 넣었다. 리그 경기에서 실축했던 페널티킥에 다시 도전해 성공시킨 것이다. 그러나 전반이 끝나기 조금 전에 BVB도 페널티킥을 얻어냈고, 이것을 바이에른 뮌헨에서 뛰기도 했던 훔멜스가 조금은 운 좋게 성공시켜 2 대 1로 앞서나갔다.

그리고 이후부터 로베르트 레반도프스키의 원맨쇼가 시작된다. 레반도프스키는 전반 추가시간에 골을 넣어 3 대 1로 점수 차를 벌렸다. 전반전 종료 휘슬이 울리자 바이에른 뮌헨의 선수들은 어깨를 축 늘어뜨린 채 라커룸으로 향했다. 후반전에도 레반도프스키의 활약은 계속되어 60분경에 4 대 1을 만드는 추가골을 넣어 바이에른 뮌헨의 사기를 크게 떨어뜨렸다. 이후 찰떡 호흡을 자랑하는 동료 로벤과 마찬가지로 이번에도 BVB에 힘을 쓰지 못하던 프랑크 리베리가 만회골을 넣어 일시적으로 점수 차를 좁히는 데 성공하지만, 레반도프스키가 세 번째 골을 기록하며 5 대 2라는 충격적인 스코어를 완성시켰다. 그 누구도 예상치 못한 전개와 스코어였다.

이 결승전은 알렉스 퍼거슨 Alex Ferguson 경에게도 감명을 준 모양이었다. 맨체스터 유나이티드를 상징하는 퍼거슨 감독은 이 경기를 스탠드에서 직접 지켜봤는데, 그로부터 몇 주 후 결승전에서도 빛나는 플레이를 보인 카가와가 '레드 데빌스(맨체스터 유나이티드의 별명-옮긴 이)'로 이적했다. 레반도프스키에게도 큰 관심을 보였다는 이야기가 있지만, 설령 그 말이 사실이라 해도 이미 도르트문트가 레반도프스키를 팔 생각이 없다고 선언한 이상 이적은 실현되지 않았을 것이다. 다른 클럽으로부터 쏟아지는 관심. 이것은 도르트문트의 우승이라는 빛의 이면에 자리한 그림자였다.

바이에른 뮌헨에 5연승을 기록하다

클롭은 팀이 강한 정신력을 유지하며 플레이한 것에 감동한 모양이었다. 결승전 종료 직후 스카이스포츠의 텔레비전 인터뷰에서 이렇게 말했다. "도르트문트다운 모습이 나온 결승전이었습니다. 어려운 상황이 매우 많았지만, 골을 넣을 수 있을 때는 인정사정없이 성공시켰습니다. 정말 훌륭합니다! 우리의 골은 완벽했습니다. 바이에른이 우리를 어렵게 만든 순간들도 여러 번 있었지만, 우리는 그런 상황들에 준비되어 있었습니다. 그리고 결정적인 순간에 골을 넣었습니다. 지금의 기분은 도저히 말로 표현할 수가 없습니다."

바이에른 뮌헨은 전반전 동안 겉으로 보기에는 대등한 경기를 펼쳤지만, 기회를 거의 살리지 못했다. 한편 도르트문트는 기회를 잡으면 놓치지 않고 골을 넣음으로써 눈에 보이는 우열이나 누가 경기를 지배했는지에 관한 논란의 여지를 사전에 봉쇄했다.

리그에서 4승을 거둔 데 이어 포칼 결승에서도 승리함으로써 BVB는 과거에 자신들보다 우위에 있었던 바이에른 뮌헨에 5전 전승을 기록했다. 이 흐름은 2012년 8월에 뮌헨의 알리안츠 아레나에서 열린 슈퍼컵에서 1 대 2로 패하면서 끊기지만, 클롭은 누가 독일 축구의 패권을 차지하든 애초에 관심이 없었다. 그런 질문을 받을 때마다 "패권을 차지하려고 경기하는 게 아닙니다"라고 강조했다.

클롭 역사상 최고의 실적을 달성하다

"이 클럽이 다시 정상 궤도에 오르도록 돕고 싶습니다." 클롭은 도르트문트의 감독으로 취임할 때 이런 목표를 표명했는데, 성적의 측면에서나 재정의 측면에서나 이 목표를 훌륭히 달성했다. 클롭을 감독으로 영입한 것은 양 측면에서 최고의 선택이었던 것이다. 클롭은 회의적인 스폰서에게 직접 전화를 걸어서 BVB를 계속 지원해달라고 설득하기도 했다. 팀과 팬들에게 그랬듯이 스폰서를 상대로도 설득 활동을 펼친 것이다. 한스-요아힘 바츠케 CEO에게 이것은 황금과도 같은 귀중한 도움이었다. 그리고 클럽 경영진들은 계속해서 보루시아 도르트문트의 재정 기반을 강화하는 데 집중했다.

이 노력은 마침내 결실을 거두었다. 2012년 8월, 클럽은 직전 사업연도에 그룹 매출액 2억 1,520만 유로와 세비용 차감 후 당기순이익 3,430만 유로를 달성했다고 발표했다. 그전인 2010-2011 사업연도의 매출액 1억 5,150만 유로, 순이익 950만 유로와 비교하면 큰 폭의 증가였으며, 클럽 역사상 최고의 실적이었다. 훌륭한 성적과 함께 카가와 신지(1,600만 유로)와 루카스 바리오스(850만 유로 추정)의 이적료 수익도 결산에 긍정적인 영향을 끼쳤다. 부채 감소도 경이적인 추이를 보였다. 2005년에는 경기장 소유권을 되사들인 영향으로 부채가 약 1억 8,000만 유로에 이르렀지만, 긴축 노선을 지속한 결과 2012년에는 부채가 4,060만 유로로 감소했다.

돈은 태만의 근원이 된다

이를 바탕으로 도르트문트 출신인 마르코 로이스의 이적도 실현했다. 2012년에 보루시아 묀헨글라트바흐로부터 로이스를 영입할 때 이적료로 지급한 금액은 1,750만 유로라고 한다. 이 독일 국가대표 선수의 이적은 카가와 신지와 루카스 바리오스를 이적시킴으로써 결과적으로 상당한 수익을 올렸기에 가능했던 일이기는 했지만, 그래도 역시 BVB에 재정적인 여력이 생겼음을 증명한 것이라고 할 수 있다. 수입의 대부분을 부채 상환에 충당할 필요성이 없어짐에 따라 팀의 경쟁력 향상에 적절히 투자할 수 있게 된 것이다.

인건비로 7,450만 유로를 사용할 수 있는 상황으로 복귀했고, 그중 6,000만 유로 가까이를 선수들의 급여에 할당할 수 있게 되었다 (2011-2012 사업연도). 매출액에서 차지하는 인건비의 비율은 35퍼센트에 조금 못 미치는데, 바츠케의 설명에 따르면 이는 '매우 건전한 상태'라고 한다. 국제적으로 보면 프로축구의 세계에서 인건비가 매출액의 50퍼센트를 넘는 경우는 드물지 않다. "우리는 저금통이 아닙니다. 하지만 앞으로도 지출보다 수입이 많아지는 지극히 보수적이고 비현대적인 경영 방침을 유지할 생각입니다."

바츠케는 도르트문트가 갖고 있는 불변의 원칙을 이렇게 천명했다. 그리고 이 방침을 통해 젊고 야심적인 선수의 발굴을 소홀히 할 위험성도 방지하려 하고 있다. 레반도프스키나 카가와 같은 선수를 발굴하는 데 힘을 쏟지 않고 능력의 성장이 거의 완료된 '완성형' 스타들에게만 눈독을 들이는 행동은 하지 않는다. '돈은 태만의 근원도 된다.' 바츠케는 이렇게 확신했다.

"사실 2002년의 리그 우승 때는 진심으로 기뻐할 수가 없었습니다." 2011년 초에 바츠케는 당시 이미 매우 긴박했던 재정 상황을 되돌아보며 이렇게 털어놓았다. 그 무렵 바츠케는 클럽의 재무 담당이었는데, 지켜야 할 돈이 계속 줄어들기만 하고 있었다. 당시도 요즘처럼 경제 위기·유로 위기의 상황이었다면 BVB의 구제는 무모한 시도였을 것이다. 채권자들이 당시처럼 관용을 베풀지는 않았을 것이다. 클럽이 존속의 위기에 처했던 시기에는 적어도 세상의 경제 상황이 지금보다 좋았기에 구제가 가능했다. 불행 중 다행이었다고 할 수 있다. 이런 배경이 있기에 2011년과 2012년의 리그 우승은 축구로부터 낭만을 추구하는 바츠케에게 더더욱 큰 기쁨으로 다가왔다. 누가 뭐래도 탄탄한 재정적 기반 위에서 차지한 우승이었기 때문이다.

클럽에 대한 독특한 인터뷰

위르겐 클롭이 유머 감각이 있고 잘 웃는 사람이라는 것은 주지의 사실인데, 여기에 심각한 표정을 지으면서 익살을 부리는 센스도 지니고 있다. 이것을 잘 증명하는 예가 저널리스트인 아른트 지글러Arnd Zeigler와 한 독특한 인터뷰다.

2010년 11월 7일에 열린 분데스리가 제11라운드의 원정경기에서 보루시아 도르트문트는 하노버 96을 4 대 0으로 제압하며 1위의 실력을 과시했는데, 클롭은 이날 기자회견을 마친 뒤 믹스트존(공동 인터뷰 구역)에서 지글러의 질문에 대답했다. 지글러의 텔레비전 방송 〈지글러의 멋진 축구 세상Zeiglers wunderbare Welt des Fußballs〉을 위한 인터뷰였다. 지글러는 이 인터뷰에서 클롭과 조금 독특한 대화를 나누려고 기획하고 있었다. 그리고 이 기획을 실현하기 위해서는 부담 없이 그런 인터뷰를 할 수 있는 경기 결과가 필요했는데, 다행히 기대한 결과가 나왔다. 지금부터 소개할 것은 평범한 질문·답변과는 거리가 먼 기묘한 인터뷰로, 인터넷상에서도 아주 높은 접속수를 기록했다. 다음은 인터뷰를 글로 옮긴 것이다.

지글러 "클롭 감독. 제11라운드를 마친 현재 마인츠, 프랑크푸르트와 어깨를 나란히 하고 있네요(당시 2위와 4위였다). 보루시아 도르트문트라는 클럽이 요구받는 수준하고는 좀 거리가 있지 않나요?"

클롭 "네, 맞아요. 선수들이 지시를 따르지 않아서 고민입니다. 이 이상 말을 잘 듣게 하기가 어렵네요. 솔직히 말하면 제가 도르트문트에 걸맞은 감독인지도 아직 잘 모르겠어요. 일주일 동안 곰곰이 생각해 봐야겠습니다. 다만 마인츠와 프랑크푸르트는 최고조라고는 할 수 없어도 분명히 좋은 시즌을 보내고 있으니 두 팀이 우리를 바짝 쫓아오고 있는 것도 이상한 일은 아니에요."

지글러 "오늘은 기록만 보면 4 대 0의 완승이지만 원정경기에서 흔히 볼 수 있는 전개도 있었는데, 감독으로서 만족하시나요?"

클롭 "만족 못 하죠. 그래서 하프타임 때 한소리 했습니다. 그런 모습은 물론 우리의 수준이 아닙니다. 정말 한심했어요. 어쨌든 이겼으니 다행이지만, 아직 고쳐야 할 부분이 산더미처럼 쌓여 있어요. 그것도 아주 급하게 고쳐야 할 부분이 말이지요. 그러면 앞으로 나아갈 수 있을 겁니다. 우리에게는 지금 있는 선수뿐입니다. 그건 어쩔 수 없는 일이에요. 이적시장에 다시 한번 적극적으로 뛰어들 수 있는 돈은 없어요. 앞으로 어떻게 해야 할지 조금은 막막한 심정이지만, 일단 도르트문트로 돌아가면 뭔가 좋은 생각이 떠오를 것이라고 믿습니다."

지글러 "오늘 경기를 보면 골키퍼의 나이가 29세를 훌쩍 넘어갔는데 (인터뷰 시점에 30세), 평균연령도 명백한 문제점이 아닐까요? 톱클래스 팀에 이런 일이 있어도 되는 건가요?"

클롭 "오늘 로만(바이덴펠러)은 자신의 몫을 충분히 했어요. 잠에서 깬 로만의 모습을 보면 끔찍할 정도이지만, 이것도 어쩔 도리가 없네요. 어쨌든 로만으로 꾸려나가는 수밖에요. 앞으로 얼마나 더 버틸 수 있을지 지켜보려 합니다. 골키퍼도 다른 선택지가 없어요. 필드 플레이어를 골키퍼로 세울 수는 없으니까요. 우리가 쓸 수 있는 유일한 골키퍼예요. 그러니 조금 안 좋은 모습을 보이더라도 좋은 골키퍼라고 믿어야죠."

지글러 "바이덴펠러가 4 대 0이 되었을 때 기뻐서 골문을 떠난 거 보셨지요? 한마디로 골문을 비운 건데, 감독으로서는 그런 것도 불만스럽지 않았나요? 혹시 선수들이 감독에게 반항하고 있는 거 아닌가요?"

클롭 "그럴 수도 있겠네요. 돌아가서 영상을 다시 한번 봐야겠어요. 지금은 뭐라고 할 말이 없습니다. 솔직히 할 말이 없어요. 그리고 오늘 그 모습에는 저도 실망했네요."

지글러 "그리고 감독의 역할에 대해 한 가지만 지적하겠습니다. 지금까지 중요한 골을 수없이 넣어온 로타 지펠Lothar Sippel(1992년부터 1994년까지 BVB의 공격수로 활약했던 선수. 당시는 이미 은퇴한 뒤였다)은 경기에 내보낼 가치가 있는 선수라고 생각하는데 오늘 경기에는 나오지 않았더군요. 이건 순수한 기량 문제라고는 생각하기 어려운데, 그렇다면 혹시 감독님과의 관계에 문제가 있어서 경기에 내보내지 않는 건가요?"

클롭 "로타와 저는 오랜 친구입니다. 옛날에 헤센 주 선발전에서 함께 뛰었지요. 뭐, 정확히 말하면 로타는 포워드로 디터 헤킹Dieter Hecking과 플레이했고 저는 벤치 멤버였지만요. 그때부터 전 언젠가 로타를 제 팀에 영입하면 반드시 앙갚음을 하겠다고 생각해왔습니다. 그래서 지금 매주 되갚아 주고 있는 것이죠."

아른트 지글러는 위르겐 클롭을 상대로 '독특한 인터뷰'를 한다는 발상을 하게 된 배경과 클롭의 반응에 관해 다음과 같이 설명했다.

후일담:
"감정을 효과적으로 이용하는 능력이 있어 경기 속으로 깊숙이 파고든다"

– 지글러 씨, 위르겐 클롭에게 '독특한 인터뷰'를 하려는 발상은 어디에서 나온 건가요?
"작년 시즌에 제 방송(WDR TV의 〈지글러의 멋진 축구 세상〉)은 줄곧

골치 아픈 문제를 안고 있었습니다. 샬케 04의 서포터들이 방송 편집부에 우리가 도르트문트를 지나치게 긍정적으로 묘사한다는 항의 이메일을 계속 보냈던 것이지요. 샬케 04의 서포터들에게 괴로운 상황이었음은 잘 알고 있었습니다. 2010-11시즌의 샬케 04는 줄곧 하위권에 머무른 데 비해 1위인 BVB는 항상 찬사를 받았으니까요. 그래서 우리는 생각했습니다. '좋아, 그렇다면 오늘은 극단적으로 부정적인 내용의 비판적인 인터뷰를 해서 도르트문트가 1위의 자리에서 떨어진 것 같은 아이러니를 보여주자'라고 말이죠. 하지만 물론 도르트문트가 하노버에 승리하지 못한다면 아이러니가 되지 못합니다. 클롭과 그런 대화를 할 수 있다는 예상은 하고 있었습니다. 예전에 인터뷰를 했을 때도 굉장히 거칠었으니까요."

– 클롭을 설득할 필요는 없었다는 말이군요?

"맞습니다. 그럴 필요가 전혀 없었습니다. 과거에 전화 인터뷰의 게스트로 클롭이 방송에 출연한 적이 한 번 있는데, 그때 예전부터 저의 라디오 방송을 좋아했다는 말을 들었습니다. 제 방송은 마인츠에서도 채널 SWR1으로 송출되었으니까 아마도 그걸 들었겠지요. 인터뷰 당일에 저는 클롭이 기자회견을 마치고 나오기를 기다렸다가 인터뷰를 시작했습니다. 클롭은 제가 인터뷰를 하러 올 줄은 알고 있었지만 인터뷰 주제는 몰랐습니다. 그래서 일단 그 자리에서 내용을 사전 협의하려고 했지요. 그런데 클롭이 '아뇨, 괜찮습니다. 그냥 시작하죠'라고 하더군요. 인터뷰는 그렇게 시작되었습니다."

– BVB가 승리하지 못하면 실현할 수 없는 기획이었으니 경기를 보면서 굉장히
  긴장했겠네요?

"맞습니다. 경기 중에 엄청나게 긴장했습니다. BVB가 압승하지 않으
면 할 수 없는 인터뷰임이 분명했으니까요. 안 그러면 구상 자체가 실
패로 끝날 상황이었습니다. 미리 몇 가지 질문을 준비해뒀는데, 압도
적인 승리가 아니면 써먹을 수 없는 내용이었지요. 그날 경기는 BVB
가 1점 차이로 앞서는 상황이 오랫동안 계속되었고 하노버에 몇 차
례 득점 기회가 찾아오기도 했습니다. 그래서 우리는 벌벌 떨었지요.
만약 1 대 1로 끝났다면 기획은 쓰레기통으로 직행했을지 모릅니다.
하지만 다행스럽게도 BVB가 마지막 20분 동안 3골을 넣어서 4 대
0으로 완승했습니다. 그래서 예정대로 진행하게 되었지요."

– 인터뷰 중에는 두 사람 모두 매우 진지한 모습이었는데, 평정심을 유지하기 어
  려웠던 순간은 없었나요?

"저는 전혀 없었습니다. 인터뷰 중에 줄곧 '좋아, 잘되고 있어. 클롭
이 장단을 잘 맞춰 주고 있군'이라는 생각만 했습니다. 굉장히 느낌
이 좋았지요. 녹화된 영상을 잘 들여다보면 클롭이 여러 차례 입과
코를 문지르는 것을 알 수 있습니다. 클롭이 어떻게든 평정심을 유지
하기 위해 그랬다고 해석하는 사람도 있지요. 하지만 클롭은 전반적
으로 냉정했고 인터뷰의 취지도 잘 이해하고 있어서 어려워하는 느
낌은 없었습니다."

‒ 1990년대에 2년 동안 도르트문트의 공격수로 활약했던 로타 지펠에 관해 질
문한다는 발상은 대체 어떻게 한 건가요? 경기장에서 만나서 즉흥적으로 물
어본 것인가요?

"엉뚱하고 공격적인 질문을 꼭 한 가지는 하고 싶었습니다. '왜 ○○
선수를 쓰지 않았지요?'라는 형태로 말이지요. 그래서 바보 같은 질
문임을 금방 알아차릴 수 있을 만큼 오래전에 은퇴한 선수로 누가 있
을까 궁리했습니다. 처음에는 마르틴 크레Martin Kree를 언급하려고 했
는데, 기묘하게도 경기장에서 그걸 메모하고 있을 때 갑자기 로타 지
펠이 제 옆을 지나가더군요. 아마도 운명이었나 봅니다."

"지금까지 이렇게 커다란 반향을 불러일으킨 적은 없었다"

‒ 인터뷰 후에 이 건에 관해 클롭과 이야기를 나눈 적이 있나요?

"아니요. 그 후에는 이야기한 적이 없습니다. 하지만 전체적으로 봤
을 때 그 대화는 매우 편안하고 기분 좋은 분위기 속에서 진행됐습
니다. 아마도 클롭은 방송이 나가고 얼마 되지 않아 인터뷰가 대성
공이었음을 깨닫지 않았을까요? 인터뷰를 본 많은 사람이 클롭에게
호감을 갖게 되었습니다. 굳이 그럴 필요는 없었겠지만, 클롭의 이미
지가 더욱 좋아졌지요."

‒ 지글러 씨는 어떤 반응을 받았나요?

"지금까지 제가 한 일 중에 이렇게 커다란 반향을 불러일으킨 것은

없었습니다. 이런저런 노력을 해왔지만 말이지요. 유튜브에서는 순식간에 100만 뷰를 돌파했고, 도르트문트의 거리를 걸을 때면 이 인터뷰를 봤다며 말을 거는 사람을 수없이 만날 수 있었습니다. 그러니까 이 인터뷰는 제게도 대성공이었지요. 의도적으로 노려서 거둔 대성공이 아닙니다. 자연스럽게 대성공으로 발전한 겁니다."

—비판적인 의견도 있었나요?

"샬케 04의 서포터들에게서는 또 말이 나왔습니다. 이번의 주장은 이랬죠. '지글러한테 한 방 먹었군. 분명히 재미는 있었어. 하지만 말이야, 그놈들의 순위가 뚝 떨어지면 어떻게 될까? 그러면 지글러는 멋진 자책골을 넣은 셈이 되겠지.' 하지만 그런 목소리는 사실 소수에 불과했습니다. 그 밖에는 압도적으로 긍정적인 의견이 많았지요. 그전까지 클롭을 좋아하지도 싫어하지도 않았던 사람들도 '그건 정말 최고였어'라는 반응이었습니다."

—인터뷰를 통해 클롭에 대한 생각이 바뀌었나요?

"그전부터 저는 클롭에게 매우 좋은 인상을 갖고 있었습니다. 하지만 그 인터뷰를 한 뒤로는 진심으로 존경하게 되었지요. 클롭이 우리의 의도를 이해하고 완벽하게 맞춰줬을 뿐만 아니라 재치 있는 유머를 선보이며 자신의 역할을 완벽히 수행했기 때문입니다. 이 기획을 이런 식으로 성공시킬 수 있는 사람은 많지 않습니다. 이런 인터뷰의 모범답안이 있다면 바로 위르겐 클롭입니다."

독일은 유머의 불모지가 아니다

—이 익살맞은 인터뷰에 대한 발상은 어디에서 얻으셨나요?

"저는 영국의 〈판타지 풋볼 리그〉라는 축구 방송을 굉장히 좋아합니다. 데이비드 바디엘David Baddiel과 프랭크 스키너Frank Skinner라는 코미디언이 진행하는 방송인데, 이 두 사람은 영국에서 개최된 유로 1996년의 잉글랜드 국가대표팀 응원가인 〈삼사자 군단Three Lions〉을 부르기도 했지요. 뭐, 그건 그렇고, 저는 그 방송을 볼 때마다 '음, 이건 최고의 방송이야. 하지만 독일 사람은 이렇게 못 하겠지'라고 생각했습니다. 전형적인 영국식 농담이 자주 등장할 뿐만 아니라 애초에 영국인들은 축구라는 주제를 우리보다 훨씬 유쾌하게 다루기 때문이지요. 하지만 클롭을 본 순간 저는 독일에도 이런 유머를 실현할 수 있는 인물이 있겠구나 하고 깨달았습니다."

—하지만 클롭처럼 개그를 이해하고 대화에 장단을 맞춰줄 감독은 그 밖에도 많지 않을까요?

"맞습니다. 세상에는 전혀 그렇게 보이지 않는 사람이 사실은 그런 경우가 종종 있지요. 신기하게도 제가 지금 개인적으로 매우 친하게 지내는 감독들은 전부 친분이 생기기 전부터 방송에 출연시키고 싶다고 생각했던 사람들입니다.

며칠 전에 제 방송에서 SV 베르더 브레멘의 토마스 샤프Thomas Schaaf 감독과 촬영한 영상을 방영했습니다. 샤프 감독 하면 쌀쌀맞은 사람이라는 인상이 있는데, 참으로 유머 넘치게 촬영에 협력해주셨지요. 또 한스 마이어Hans Meyer하고도 친분이 있어서 몇 차례 촬영을 했습니다. 제게 이 세 명은 공통점이 있는 같은 부류의 감독입니다. 그 공통점은 유머 감각, 지성 그리고 서포터들에게도 사랑받는 축구관이지요. 클롭과 샤프, 마이어는 틀림없이 유머에 필요한 거리감을 갖고 있는 감독입니다. 그런 감각이 있는 사람들은 제 방송에도 고마운 존재이지요."

—한편으로 피하는 감독도 있다고는 생각하지 않나요? 이런 기획에 참여했다가 성적 부진에 빠지기라도 하면 이미지가 나빠져서 심하게 비판을 받지 않을까 하는 걱정이 들 수도 있을 텐데요.
"물론 클럽 내에서 명성이 확고하고 강력한 힘이 있는 사람이어야 합니다. 에이전트가 제동을 거는 경우도 많습니다. 카메라 앞에서 공식적으로 발언하기 전에 내용을 수없이 다듬지요. 하지만 그래서는 재미가 없습니다. 그런데 클롭의 경우는 전혀 달랐습니다. 클롭은 처음부터 끝까지 틀에 박힌 대답을 할 생각이 없었습니다. 클롭은 독특한 유형입니다."

—구체적으로 어떤 유형이라고 생각하시나요?
"전부터 저는 클롭이 어떻게 그런 좋은 성적을 올릴 수 있는지 곰곰이 생각해왔습니다. 제 지론을 말씀드리면, 클롭은 경기를 감정적으로 대하는 솜씨가 매우 훌륭합니다. 터치라인 앞에서 화를 내거나 흥분하는 것을 말하는 게 아닙니다. 그런 게 아니라 피치 위에서는 감정을 효과적으로 이용하는 능력도 필요함을 잘 알고 있습니다. 그래서 선수들과의 거리가 가깝고 경기 속으로도 깊숙이 침투합니다. 클롭이 축구를 보는 눈은 특별합니다. 저는 축구 전문가라는 의미에서는 클롭의 5퍼센트에도 미치지 못하지만, 경기를 감정적이고 친밀하게 대하는 것은 클롭과 같습니다."

선수들은 클롭을 위해서라면 그 무엇도 두려워하지 않는다

―클롭은 선수들이 비판을 받으면 적극 감싸는데, 선수들이 받는 압박감을 없애려고 일부러 자신에게 주목이 쏠리게 하는 건 아닐까요?

"억측만은 아니라고 생각합니다. 이 경우도 감정을 적절히 이용하는 능력과 큰 관련이 있습니다. 제가 생각하기에 클롭은 자신이 선수를 향해 격렬하게 접근할 뿐만 아니라 선수들로부터도 많은 보답을 받고 있습니다. 선수들은 클롭을 위해서라면 그 무엇도 두려워하지 않습니다. 클롭이 100퍼센트 신뢰할 수 있는 사람임을 알고 있기 때문이지요. 게다가 감정적이라는 것은 도르트문트라는 클럽의 캐릭터이기도 하니까 클롭은 도르트문트에 딱 어울리는 감독입니다."

―이야기를 듣고 있으니 브레멘의 열혈 팬인 지글러 씨에게 보루시아 도르트문트에 대한 공감대가 싹튼 것처럼 들리네요.

"기본적으로 저와 보루시아 도르트문트의 관계는 역사가 깁니다.

BVB에서 저와 같은 경기장 아나운서 일을 하고 있는 노르베르트 디켈이나 홍보 담당인 요제프 슈넥Josef Schneck과도 친분이 있습니다. 슈넥도 제 방송을 좋아하지요. 하지만 전 절대로 BVB의 서포터가 아닙니다. 브레멘과의 유대가 너무 강하거든요. 그래도 제가 지금까지 만난 BVB의 관계자들은 모두 좋은 사람들입니다. 그래서 비교적 빠르게 이런 특수한 관계가 되었지요.

—그 관계는 BVB가 지글러 씨에게 위르겐 클롭에 대한 축사를 부탁한 것으로도 드러났지요.

맞습니다. 그 일로부터도 BVB와 사이가 좋음을 알 수 있지요. 클롭이 2011년에 축구지 〈11 프로인테〉의 '연간 최우수 감독'에 선정되었을 때 도르트문트가 그 의뢰를 했습니다. 물론 굉장히 기뻤지요. 확고한 관계가 형성되었다는 방증이니까요."

아른트 지글러에 관해

아른트 지글러는 다방면으로 활약하는 방송인이다. 2007년 8월부터 〈지글러의 멋진 축구 세상〉이라는 방송을 진행하고 있다. 이 방송은 분데스리가의 각 라운드가 종료된 일요일 밤에 WDR 텔레비전에서 방송되고 있으며, 2010년에는 우수한 텔레비전 방송에 수여되는 '그리메상'의 후보에 오르기도 했다.

쌍방향 커뮤니케이션을 추구하기 때문에 축구팬이 전화나 이메일을 통해 방송에 참여할 수 있다. 브레멘에서 태어난 지글러는 크리스티안 스톨Christian Stoll과 함께 2001년부터 SV 베르더 브레멘의 경기장 아나운서도 맡고 있다. 또한 사랑하는 클럽을 위해 연대기를 썼는데, 2006년에 출간된 제1판은 순식간에 매진되었다.

지글러의 장기는 풍자와 유머가 담긴 표현으로, 축구 관련 분야뿐만 아니라 라디오 방송 진행자로서도 이 능력을 유감없이 발휘한다. 과거에는 쾰른의 WDR에서, 현재는 '라디어 브레멘'에서 자신의 방송을 진행하고 있다. 그 밖에 축구지 〈11 프로인테〉 등에서 활동하는 칼럼니스트이며 가수이기도 하다. 46세(인터뷰 당시)의 지글러는 베르트홀트 브룬센Berthold Brunsen과 'Original Deutschmacher'라는 밴드를 결성해 활동하고 있는데, 2004년에 SV 베르더 브레멘의 리그 우승과 포칼 우승을 계기로 〈평생 그린-화이트Lebenslang Grün-Weiß〉라는 노래를 발표해 독일 싱글 차트 44위에 오르기도 했다.

제8장

클롭의 축구 철학

전술, 훈련, 팀의 성장

JÜRGEN KLOPP

JÜRGEN KLOPP

현재의 감독 인생에 가장 큰 영향을 끼친 선수 시절의 코치가 누구냐는 질문을 받으면 클롭은 조금도 망설임 없이 이렇게 대답한다. "물론 볼프강 프랑크지요! 프랑크는 그전까지와는 전혀 다른 축구관을 가르쳐줬습니다." 클롭은 지금도 신이 나서 이야기한다. "프랑크가 우리의 축구 인생에 나타난 순간은 특별했습니다. 선수 개인이 얼마나 강해지느냐가 아니라 팀 전체가 얼마나 강해질 수 있느냐가 중요해졌지요. 그러니까 당시는 제 선수 인생에 가장 큰 영향을 끼친 시대였습니다."

"위르겐은 기분 전환이 빠르다"

볼프강 프랑크도 2011년에 과거의 '모범생'을 칭찬하는 말을 남겼다(2011년 5월 1일자 〈프랑크푸르터 알게마이네 존탁스차이퉁〉지의 인터뷰). 프랑크는 마인츠의 선수들에게 승리에 필요한 것은 가장 우수한 플레이어가 아니라 더 우수한 계획이라고 가르쳤는데, 이와 관련해 다음과 같이 말했다.

"위르겐은 그 가르침을 그야말로 완벽하게 실천했습니다. 분데스리가의 선수는 대부분 비슷한 수준입니다. 그러니까 마지막에 성공을 좌우하는 것은 자신감, 신념, 의욕이지요."

대체로 조용한 성품의 프랑크는 클롭과 비교하면서 자아비판적인 의견도 말했다.

"오랫동안 제가 안고 있었던 가장 큰 문제는 패배를 제 내부에서 소화시키는 것이었습니다. 제가 지휘하는 팀이 지면 정말 죽고 싶었고 전부 제 책임이라고 느꼈지요. 패배에 대한 공포가 오랫동안 제 진보를 가로막았습니다. 하지만 위르겐은 기분 전환이 훨씬 빨랐습니다. 그건 아마도 터치라인에서 감정적으로 행동함으로써 실망감을 빠르게 해소하기 때문일 겁니다."

선수 시절의 클롭이 프랑크 감독에게 감명을 받은 이유는 당시 선구적이었던 포백을 도입했기 때문만이 아니다. 클롭은 "프랑크는 팀을 만드는 솜씨도 탁월했습니다"라고 말했다.

"더 강한 팀이 반드시 승리하는 것은 아니다"

볼프강 프랑크의 가르침을 따르는 클롭에게 훈련의 출발점은 수비다. 클롭의 표현을 빌리면 이렇다. "상대가 볼을 가지고 있을 때 우리는 무엇을 해야 할까? 과거의 독일에서는 이걸 생각하지 않았습니다." 그보다는 포워드가 교차하는 움직임이나 오버래핑 같은 공격 수단을 중점적으로 훈련했다. 그러나 클롭은 안정된 수비를 중시한다. 먼저 수비에 집중하는 것에는 근본적인 이점이 있기 때문이다. 수비는 공격보다 선수의 기술에 훨씬 덜 좌우된다. "우리가 팀 스피릿을 피치에서 발휘하고 전원이 정해진 바를 지키면 상대를 상당히 괴롭힐 수 있습니다." 클롭은 눈을 반짝이며 이야기했다. "그리고 바로 여기에 이 방침의 의의와 목적이 있습니다. 요컨대 우리가 전술적으로 더 우월함을 보이는 것이 아니라 먼저 상대를 약하게 만드는 것이지요."

개인 능력이 높은 선수가 많으면 승리할 가능성이 높아지는 것은 분명하다. "다만 실제로는 강한 팀이 반드시 승리하는 것은 아닙니다. 볼을 잘 차지 못해도 상대를 효과적으로 수비할 수는 있습니다." 이것을 좀 더 포괄적으로 표현하면 컨디션과 시스템으로 전력의 차이를 뒤집을 수 있다는 것이다. 클롭은 철저한 수비를 통해 어떤 상대라도 '최대한으로 괴롭힐 수 있다'고 말했다. "그것이 축구의 부분 목표입니다." 요컨대 이 부분 목표를 달성한 다음에는 공격을 발전시킨다는 말이다. 이렇듯 클롭은 결코 선수의 의욕만을 중시하는 감독이 아니며, 신인 감독 시절부터 전술도 중요하게 생각해왔다.

팀을 단계적으로 성장시키다

클롭은 2001년에 마인츠의 감독으로 취임하자 이상의 원칙에 입각해 먼저 수비 강화에 온 힘을 기울였다. 당시의 마인츠는 제21라운드를 마칠 때까지 겨우 승점 19점밖에 올리지 못하며 강등의 위기에 몰려 있었다. "저는 먼저 오프더볼(볼이 없는 상태에서의 움직임)을 훈련시켰습니다. 자신감에 관해 말씀드리면, 선수들은 경기장에 오는 것이 고작이었습니다. 패스의 정확성 같은 이야기를 꺼냈다면 불평이 터져 나왔을 겁니다."

클롭은 자신 또한 며칠 전까지 팀의 일원이었기 때문에 선수들의 참담한 기분을 싫을 만큼 이해하고 있었다. "현역 선수로서의 마지막 경기에서는 그로이터 퓌르트에 0 대 1로 졌습니다. 저는 후반에 교체되었는데, 그건 제가 지쳐서가 아니라 단순히 내용이 나빴기 때문이었습니다. 팀의 분위기도 마찬가지로 나빴습니다." 팀에는 자신감이 없었다. 잔류를 바라는 마음이 조금이라도 있다면 빨리 자신감을 되찾을 필요가 있었다.

새 감독이 된 클롭이 지휘하기 시작하자 자신감과 성공이 금방 나타나게 되었다. 굉장한 속도였다. "오프더볼 움직임을 일주일 만에 70퍼센트 개선했습니다"라고 클롭은 자랑스럽게 회상했다. 이것은 그 후의 경기 결과가 증명한다. 클롭이 취임한 뒤 맞이한 첫 7경기에서 마인츠는 6승을 거둔 것이다. 이제 리그 잔류도 꿈이 아니게 되었다. 경기 내용은 결코 아름답지 않았지만, 누가 그런 것을 신경이나 쓰겠는가? 적어도 클롭은 신경 쓰지 않았다.

"첫 세 골은 지금도 기억이 납니다. 지금은 그렇게 보고 싶은 골이 아니지만, 앞으로 길게 찬 공을 크리스토프 바바츠가 머리로 방향을 바꿔놓았고, 그걸 둘째 열에서 골대 안으로 집어넣었습니다. 종방향으로의 플레이로 상황을 타개하려고 생각하지 않기를 정말 잘했다고 생각합니다. 그랬다면 효과도 없고 팀이 따라가지 못했을 겁니다. 우리는 오프더볼 상황에서 강했습니다. 볼을 가졌을 때의 플레이는 조금 운에 맡겼지만 말이지요." 중요한 것은 승점뿐이었다. 그런 점에서 클롭은 겉모습보다 현실을 중시한다. "어쨌든 상황에 맞춰서 올바른 대책을 강구하는 것이 중요합니다. 그때는 그게 올바른 수단이었습니다."

그러나 수비만 집중하다 아주 가끔밖에 공격하지 못한다면 장기적으로는 만족스러운 모습일 수가 없는데, 이때 클롭의 진가가 발휘된다. 클롭은 팀을 단계적으로 성장시켜서 안정된 진형을 토대로 한 단계씩 계속 끌어올릴 줄 알았다. 공격도 클롭의 구상대로 될 때까지 서서히 끌어올리는 것이다. 클롭은 도르트문트의 감독으로 취임해서 2011년에 리그 우승을 차지하기에 이르는 3년 동안 이것을 실천했다.

먼저 물이 새는 곳을 막아라: 3년 만에 실점을 3분의 1로 줄이다

"어딘가의 새 감독이 되었다는 것은 그 팀에 잘 풀리지 않는 무엇인가가 있다는 뜻입니다. 안 그러면 감독을 교체했을 리가 없지요. 그 상태는 팀 단위의 수비가 가능해지면 개선할 수 있습니다. 그렇게 되면 어떤 팀이든 순식간에 몇 배는 강해지지요." 클롭은 위기에 빠져 자신감을 잃은 팀에 적합한 '응급처치'를 다시 한번 강조했다. 그리고 먼저 상대가 공을 갖고 있을 때의 플레이에 집중하는 것이 합리적인 이유를 한 가지 더 들었다. "그건 훈련으로 완벽하게 몸에 익힐 수 있기 때문입니다. 선수의 재능과는 거의 상관이 없고, 성격이나 학습 의욕, 뛰려는 의욕과 매우 큰 관계가 있습니다."

2008년의 도르트문트의 수비가 얼마나 안정성이 필요했는지는 수치를 보면 확연히 알 수 있다. 클롭의 전임자인 토마스 돌이 지휘한

2007-08시즌의 BVB는 62실점을 했다. 그러나 클롭이 취임한 시즌에는 37실점으로 줄어들었고, 2009-10시즌에는 42실점, 그리고 우승 시즌에는 22실점만을 했다. 요컨대 3년 만에 실점을 거의 3분의 1로 줄인 것이다. 그때까지 분데스리가의 역사에서 한 시즌에 이보다 적게 실점한 팀은 2007-08시즌의 바이에른 뮌헨뿐으로, 딱 1점이 적은 21실점을 했다.

다이아몬드형이 아닌 플랫형 중원

BVB의 수비 구멍을 메우기 위해 클롭은 4-4-2 포메이션에 '플랫형' 중원을 채용했다. 즉 다이아몬드(중앙에 수비형 미드필더와 공격형 미드필더를 한 명씩 배치하고 좌우로 미드필더를 두는 형태다. 네 명의 포지션을 연결하면 다이아몬드 모양이 된다)가 아니라 더블 볼란치를 두는 형태다. 클롭이 코칭스태프와 함께 이 진형을 선택한 데는 타당한 이유가 있었다. "우리가 플랫형 4-4-2를 도입한 이유는 오프더볼 플레이를 연습하기에 완벽한 시스템이라고 확신했기 때문입니다. 프로세스가 가장 명쾌해지므로 제일 간단히 실행할 수 있지요." 클롭은 중요한 전술상의 판단을 설명할 때 거의 예외 없이 '우리'라는 주어를 사용한다. 팀 플레이어라는 의식을 갖고 자신을 세 코칭스태프의 일부로 생각하기 때문이다. 다른 두 명은 젤리코 부바치와 피터 크라비츠Peter Krawitz인데, 이들에 관해서는 뒤에서 자세히 소개하겠다.

클롭은 수비를 강화하기 위해 조직적이고 철저한 플레이를 주입시키고자 노력했지만 거친 플레이 스타일은 도입하지 않았다. 〈키커〉지의 2011-12시즌 분데스리가 특별호에서 과거에 BVB에서 뛰었던 두 수비수에 관한 평가를 요청받은 클롭은 다음과 같이 주장했다.

"위르겐 콜러와 크리스티안 뵈언스는 훌륭한 수비수였습니다. 다만 팀의 시스템에 약점이 있었기 때문에 1 대 1의 상황에 노출될 때가 많았고, 두 선수는 최후의 보루로서 자신을 희생해야 했습니다. 반면 지금의 우리는 예전처럼 최후의 보루가 되어 1 대 1을 할 일이 없습니다. 다른 선수가 커버하고 있기 때문입니다."

클롭이 이 시스템을 사용한 배경에는 4-4-2의 중원이 플랫형이면 다이아몬드형일 때보다 선수 사이의 거리를 결정하기가 쉽다는 이유가 있다. 또한 수비수와 미드필더가 모두 일직선으로 서면 네 명이 형성하는 라인 두 개가 똑같이 움직일 수 있게 되기 때문에 연계 플레이를 훈련하기가 쉽다. 반대로 다이아몬드형은 공을 잃은 순간 중원이 포백과 다른 형태를 취하고 있기 때문에 움직임이 달라진다. 전체적인 진형이 어떻든 선수는 팀의 차원에서 밀집된 상태를 만들어낼 수 있도록 공이 있는 방향을 향해 포지션 단위로 동시에 이동하는 움직임을 숙달시켜야 한다.

서서히 다이아몬드형으로 발전시키다

그 후 클롭의 도르트문트는 전술적인 발전을 동반하며 플랫형 중원에서 조금씩 탈피했다.

"시간이 지남에 따라 시스템을 다이아몬드형으로 발전시켜 나갔습니다. 선수들에게 다이아몬드형이 더 적합하게 되었기 때문입니다." 이것은 코치진의 시각도 예전과는 달라졌음을 의미한다. "처음에는 선수에게 맞는 방식이 아니라 시스템을 익히기에 가장 쉬운 방식이 무엇이냐는 것에만 주목했습니다"라고 한다. 현재 있는 선수들에게 맞춰서 시스템을 결정해야지, 시스템에 선수를 끼워 맞춰서는 안 된다는 생각이 널리 보급되고 있음을 생각하면 이 견해는 매우 흥미롭다. 클롭에게는 오프더볼 상황에서의 플레이가 성공의 열쇠로서 너무나도 중요했기 때문에 일단 시스템을 우선했던 것이다. 그리고 시스템이 충분히 침투하자 비로소 선수 개인의 강점에 맞춰 조정을 가했다.

공격은 수비수로부터 시작된다

또 다른 성장 단계에서는 BVB의 공격이 강화되었다. 공격은 수비수로부터 시작된다. 볼을 빼앗은 수비수는 공격의 기점 역할을 담당해 가급적 전방으로 빠르게 패스함으로써 즉시 반격을 개시한다. 좌우 측면으로 돌파한 뒤 중앙으로 볼을 투입하는 것은 낡은 방식이다. 이를 위한 중요한 토대는 그때까지 바이에른 뮌헨에서 임대했던 수비수 마츠 홈멜스를 2009년 2월에 완전 이적시킨 것이었다. 홈멜스는 현대 센터백의 전형과도 같은 선수다. 1 대 1 수행 능력이 뛰어나고 헤딩에 강하며 포지셔닝이 우수할 뿐만 아니라 기술도 훌륭해서 정확한 패스를 통해 재빠른 공수 전환을 실현한다. 또한 파트너로서 홈멜스와 찰떡궁합을 자랑하는 네벤 수보티치 역시 같은 장점을 지닌 센터백이다.

볼을 갖고 있을 때의 '종 방향으로의 플레이'

2010-11시즌이 되자 볼을 갖고 있을 때의 플레이에 대한 훈련의 비중이 상당히 높아졌다. 단번에 전방으로 패스를 보내는 '종 방향으로의 플레이'도 그중 하나다. "종 방향으로의 플레이는 우리에게 굉장히 중요해졌습니다. 절대적인 신조까지는 아닙니다만"이라고 클롭은 말했다.

당시를 회상한 클롭은 이 단계적인 훈련의 계속과 유기적인 성장이 도르트문트의 성공에 중요한 토대가 되었다고 확신했다. 이 모델에는 정확한 타이밍이 중요하다. 요컨대 어떤 성장 단계에 어떤 시점에서 착수할지, 팀과 함께 언제 어떤 단계를 거칠지 결정하는 타이밍이다.

그러나 우승을 차지하는 것, 하물며 매력적인 축구로 우승 타이틀을 획득하는 것은 생각처럼 단순한 일이 아니다. 아무리 훌륭한 감독이라 해도 그 성과는 선수의 잠재력에 좌우되기 때문이다. 가령 빠르고 확실하게 다이렉트 패스를 하기 위해 필요한 기술도 그 선수의 잠재력에 크게 좌우된다.

이 점에서 2010-11시즌의 BVB는 훌륭한 인재를 많이 보유하고 있었다. 누리 사힌, 카가와 신지, 마리오 괴체, 마츠 홈멜스, 루카스 바리오스 등 이 시즌의 도르트문트는 의욕뿐만 아니라 능력도 매우 우수한 선수로 구성된 팀이었다. 괴체와 사힌(2007-08시즌에 페예노르트 임대를 거쳐 복귀)처럼 클럽 유스에서 올라온 선수든, 카가와나 바리오스처럼 외부에서 영입한 선수든 그것은 공통적이었다.

"우리 팀은 기술이 뛰어납니다. 이 팀이라면 분데스리가의 극단적인 스피드를 상대로도 공을 가지고 있을 때의 플레이에 확실히 집중할 수 있습니다." 클롭은 이와 같이 팀을 매우 높게 평가했다. 반대의 상황은 클롭에게 공포다. 요컨대 선수들에게 내린 지시가 선수의 능력을 초월해버린 상태다. "최악의 상황은 이런저런 지시를 내린 것을 선수들이 주말에 깔끔하게 포기해버리는 겁니다. 그 순간 그때까지 내린 모든 지시가 헛수고가 되어버리죠."

"결정적인 것은 훈련 형식이 아니라 코칭이다"

클롭은 바이에른 뮌헨과의 원정경기를 예로 들었다. BVB가 2011년 2월에 3 대 1로 승리해 우승을 향한 귀중한 승점을 벌어들인 경기다. 이 경기에서 BVB가 인상적이었던 것은 높은 볼 점유율이 아니라 공격할 때의 플레이가 집요하고 철저했다는 점이다.

"중요한 점은 언제 어떤 수단을 사용해야 하느냐는 것입니다. 가령 제가 바이에른 뮌헨과의 경기 전에 '볼을 잡으면 착실히 돌려라'라고 말했다고 가정해보지요." 그러나 볼 점유율의 측면에서 경기를 지배한 쪽이 바이에른 뮌헨이었다면 지시는 효과가 없었던 셈이 된다. 클롭은 이렇게 말했다. "그렇게 되면 선수들은 '감독은 뭐라고 말했지?'라고 생각합니다. 그러므로 중요한 점은 언제, 무엇을, 어떤 경기를 준비할 때 어떻게 지시하느냐는 것입니다. 결정적인 것은 훈련 형식이 아닙니다. 코칭이지요."

클롭은 예전에도 이 바이에른 뮌헨과의 중요한 일전에 관한 견해를 다른 표현으로 강조한 바 있었다. "만약 우리가 뮌헨에서 승리했을 때 로벤과 리베리에게 두 명 혹은 세 명을 투입해서 대응하지 않았으면 어떻게 되었을지 알 수 없습니다. 바이에른 뮌헨은 그날 우리를 효과적으로 공략하지 못했습니다. 하지만 우리가 경기를 지배한 것은 아닙니다. 역습을 통한 골로 승리했지요. 그런 경기를 보면 알게 됩니다. 모든 힘을 쥐어짜 내는 것은 우리에게 결코 꼴사나운 일이 아님을 말이지요."

그런데 분데스리가의 다른 팀들은 왜 도르트문트의 시스템을 모방하지 않는 것일까? 특히 도르트문트의 스타일에 필요한 유형의 선수를 갖출 경제력이 있는 팀들은 왜 도르트문트의 시스템을 모방하지 않는 것일까? 그 이유에 관해서는 마츠 홈멜스가 2010-11시즌의 전반기에 이야기한 바 있다.

"확실한 사실은 우리가 전술적으로 규율이 잘 잡혀 있으며 조직적으로 빠르게 앞을 향해 플레이할 수 있다는 것입니다. 물론 다른 대부분의 팀도 이렇게 하려고 합니다. 하지만 지금의 우리에게는 엄청난 열의도 있습니다. 의욕이 넘쳐나고 있습니다."

2011년과 2012년에는 도르트문트의 의지가 라이벌들보다 강했다는 말일까? 그렇다면 이 팀에 끝없는 의욕과 승리에 대한 갈망을 심어준 것은 감독의 힘이라고 할 수 있을지 모른다.

우승 시즌에 보여준 도르트문트의 플레이는 클럽의 특징을 훌륭히 반영했다고도 할 수 있다. "현재의 팀의 모습은 제 기질과 마찬가지로 굉장히 열정적입니다. 만약 우리 팀이 (일부러 천천히 말한다) '자,

내 말 잘 들어. 이제 왼쪽에서 오른쪽으로 측면 전환을 하는 거야. 그런 다음에는 다시 오른쪽에서 왼쪽으로 측면 전환을 하도록 해. 그래서 언젠가 틈이 생기면 공을 그곳으로 찔러 넣는 거야'라고 일일이 말해줘야 하는 팀이라면 함께 일하기는 정말 힘들 겁니다."

클롭의 축구 철학의 핵심(2011년 전후의 스타일)

① 자신들이 볼을 가졌을 때와 상대가 공을 가졌을 때의 구분: 먼저 오프더볼 플레이를 확실히 습득시키고, 그다음 공격을 강화.

② 투쟁심 있는 열정적인 플레이: 어떤 경기든 전력을 다한다.

③ 풍부한 운동량을 통해 계속해서 빈 공간을 찾아 달려서 공격 시 볼을 받을 수 있게 한다.

④ 개인 전술이 아니라 그룹 전술: 팀으로서 규율에 따라 공동으로 수비하며, 상대에게 빠르게 압박을 가한다.

⑤ 역습 전술이 아니라 점유율을 높여서 경기를 지배한다.

⑥ 공수의 빠른 전환: 공수의 균형을 잡는다.

⑦ 전방으로 종적 플레이: 무의미한 횡패스를 반복하며 기회를 엿보는 것이 아니라 상대의 골대 방향을 노린 공격적인 플레이를 한다.

⑧ 빠르고 될 수 있는 대로 직접적인 콤비네이션(원터치)으로 플레이하며, 공을 너무 오래 갖고 있지 않는다. 이렇게 해서 상대의 수비 라인을 흔들어 실수를 유발한다.

⑨ 볼의 방향을 향해서 공간을 점유함으로써 상대가 원하는 플레

이를 하지 못하게 만든다.

⑩ 압박과 게겐프레싱(소유권을 빼앗긴 직후에 볼을 되찾기 위해 빠르게 압박을 가하는 것)을 통한 신속한 볼 탈환.

⑪ 클롭 시절 BVB가 주로 사용하는 시스템은 4-5-1이며, 더블 볼란치와 강력한 스트라이커를 둔다.

⑫ 출장 정지나 부상으로 선수가 결장하면 포지션에 충실하게 교체하도록 노력하며, 시스템을 바꾸거나 선수를 익숙하지 않은 포지션에서 뛰게 하지 않는다.

이상의 전제를 바탕으로 선수에게 요구되는 구체적인 내용

⑬ 신속한 사고와 행동: 이것이 느린 선수는 1 대 1 상황을 피하고 후퇴하는 경향이 있다.

⑭ 심신 모두 높은 지구력: 90분 내내 집중해서 자신의 임무를 실천한다.

⑮ 뛰어난 기술: 빠른 템포 속에서도 볼을 처리하고 확실히 패스해야 한다.

⑯ 전술상의 규율을 지키면서 유연하게 공격을 전개: 옆 선수가 공간을 커버하는 한 자신의 포지션에만 붙어 있을 필요는 없다(선수끼리의 신뢰가 필수).

⑰ 일반적으로 현대 축구에서 풀백은 공수 양면에 모두 공헌할 것이 요구되므로 임무가 막중하다. 측면 전체에 걸쳐 플레이하고 전력 질주를 반복하기 때문에 매우 풍부한 운동량이 요구된다.

센터백과는 달리 숨을 돌릴 시간이 적다.

독학과 현대적인 훈련법: 힌트는 얻어도 모방은 하지 않는다

클롭의 감독 커리어에 가장 큰 힌트를 준 사람은 볼프강 프랑크이지만, 클롭은 다른 감독에게서도 많은 것을 흡수했다. 마인츠에서는 프랑크 이외에도 11년 동안 9명의 감독을 만났다. 로베르토 융, 요십 쿠제Josip Kuže, 헤르만 홈멜스Hermann Hummels(마츠 홈멜스의 아버지), 호르스트 프란츠, 라인하르트 자프티히, 디트마르 콘스탄티니(후에 모국 오스트리아의 국가대표팀 감독이 되었다), 디르크 카르쿠트, 레네 반더레이켄, 에크하르트 크라우춘이다.

클롭은 선수 시절부터 민감한 안테나와 본능적인 필터를 통해 '자신에게 옳은 것을 받아들였다'고 한다. "어떤 감독이라도 배울 점은 있으니까요. 제게 중요했던 것은 감독이 실천하는 연습의 내용보다 감독이 어떤 인물이냐는 점이었습니다. 그러니까 감독의 철학은 무엇인지, 그것을 어떻게 알리는지, 피치 위에서 무엇을 하는지, 도중에 개입을 하는지 등이지요. 저는 항상 이런 점에 주목했습니다." 그러나 클롭은 선수 시절의 훈련 기록을 갖고 있지 않다. 일부러 메모하지 않았다고 한다.

"항상 중요한 것은 머릿속에 기억해놓을 수 있다고 생각했거든요. 다른 것은 전부 잊어버렸습니다."

클롭은 그 철학이나 축구의 틀을 뛰어넘은 시각 때문에 현대적인 축구 감독으로 평가받고 있지만, 그렇다고 주위의 진보를 무작정 추종하려 하지는 않는다. 취사선택도 잊지 않는다. 최근 들어 프로축구는 과학의 영향을 한층 강하게 받게 되었다. 감독들은 컴퓨터를 이용한 새로운 방식을 이용하고 있다. 특히 연습경기와 실전에서 수집하는 데이터의 양은 기술의 진보를 통해 기하급수적으로 증가했다. 이것은 선수별 활동 거리, 1 대 1의 승률, 볼 터치 횟수 같은 데이터다. 또한 다양한 전문 분야에서 수많은 전문가가 관여한다. 피트니스 코치, 골키퍼 코치, 비디오 분석가, 스카우트 등등이다. 그러나 클럽은 과학적인 정보, 특히 통계조사 결과를 이용하는 데는 신중한 자세를 보인다.

유명한 통계 전문가이자 스포츠 과학 박사인 롤란트 로이Roland Loy는 축구 분야에서 이미 이름을 날리고 있는 인물이다. 특히《축구 전술과 분석Taktik und Analyse im Fußball》과《축구 오해 사전Das Lexikon der Fußballirrtümer》의 저자로서, 또 텔레비전 방송국 '자트아인스'의 축구 중계방송 〈란Ran〉의 데이터베이스 개발자로 유명하며, 고문으로서 텔레비전 방송국 ZDF의 스포츠 편집국도 보조하고 있다. 로이는 과거 20년 동안 열린 3000경기 이상의 축구 경기를 분석해 전통적인 주장에 상당한 오류가 있음을 논증했다. 가령 1 대 1에 강한 팀이 거의 승리한다는 주장은 40퍼센트의 경기에서만 들어맞았으며, 중앙에서의 플레이보다 측면에서의 플레이가 더 골로 잘 연결된다는 주장과 달리 양쪽에 유의미한 차이가 없었다.

"내 눈으로 인상을 파악한다는 주의다"

클롭은 축구 통계에 대한 지론을 갖고 있다. "롤란트와는 아는 사이입니다. 2006 독일 월드컵 때 요하네스 B. 커너ohannes B. Kerner(텔레비전 사회자)와 함께 일한 적이 있거든요. 저는 로이의 통계를 별로 높게 평가하지 않으며, 그건 로이 본인도 알고 있습니다. 이미 본인에게도 이야기했으니 당당하게 말할 수 있습니다."

다만 클롭이 통계를 무작정 부정적으로 생각하는 것은 아니다. "하지만 지난번에 치른 경기나 시즌 전체를 평가하는 통계는 아주 좋아합니다"라고 한다. 팀의 플레이가 우측에 편중되었는지 좌측에 편중되었는지, 중앙에서의 플레이가 너무 많았는지 너무 적었는지 같은 정보라면 신속하게 수정하기 위한 수단으로서 가치를 느끼는 것이다. 그러나 클롭은 아무리 도움이 되는 재료가 있다고 해도 일을 하는 주체는 결국 자기 자신임을 인식하고 있다.

"저는 제 눈으로 인상을 파악한다는 주의입니다. 공격 전개에 시간을 너무 들이고 있다면 대개는 통계자료를 받기 전에 이미 알게 됩니다. 제가 할 일은 팀을 코칭하고 경기에 몰두하는 것뿐입니다. 이를 위해 현재의 상황을 나타내는 숫자는 필요 없습니다. 저는 그것을 스스로 인식할 수 있도록 훈련받았습니다."

클롭이 반대로 과학적 방식을 적극 도입한 분야는 '지구력'의 영역이다. 과학적 접근법을 통해 각 선수의 요구 수준에 맞춰서 훈련을 개별 조정한다. 기운이 넘치는 선수라면 긴 재활을 거쳐 팀 훈련에 갓 복귀한 선수와는 다른 훈련량을 부과할 수 있을 것이다. 훈련이 너무 부담스럽다고 느끼는 선수도, 너무 쉽다고 느끼는 선수도 생겨서는 안 된다. 이것이 클롭의 원칙이다.

그래서 클롭은 유산치 검사도 도입했다. 이것은 귓불에서 채취한 피를 이용해 유산치를 측정하는 검사다. 몸에 부담이 가해져 흡입한 산소만으로는 근육에 충분한 에너지를 공급할 수 없게 되면 대사산물로서 유산염이 생성된다. 그 유산염의 농도를 통해 체력을 측정할 수 있는 것이다. 유산치 검사는 몸만들기에 열중하는 프리시즌에 주로 실시된다.

다만 2008-09시즌에 VfL 볼프스부르크의 우승을 이끌었던 펠릭스 마가트Felix Magath 감독은 "선수의 컨디션을 알기 위해 유산치 검사를 할 필요는 없습니다"라고 주장했으며, 클롭 또한 이 주장이 일리가 있다고 인정했다. 다만 클롭은 "유산치 덕분에 그 선수의 한계가 어디인지 판단해 적당한 훈련을 할 수 있게 되었습니다"라고 말했다. "세 명만 딱 적당한 수준이라고 생각하고 나머지는 너무 힘들거나 너무 쉽다고 느끼는 훈련을 강행하는 것은 바보 같은 행동입니다."

플레이의 토대가 되는 지구력 훈련

여기에 프로팀의 감독이 사용할 수 있는 도구가 늘어나면서 훈련 내용을 개별화하기가 더욱 쉬워졌다. 클롭은 작은 일례를 들었다. "옛날에는 선수 20명당 심박계가 한 개뿐이었습니다. 그런데 지금은 10명당 40개입니다. 그러니까 지금이 훨씬 할 수 있는 것이 많고, 물론 기꺼이 이용하고 있습니다." 새로운 과학적 방식과 함께 도구가 늘어남으로써 감독이 얻는 정보의 폭이 이전 세대의 감독보다 훨씬 넓어진 것이다. 최종적으로 이런 정보를 통해 능력 수준에 맞춰 성장을 촉진할 수 있게 되었기 때문에 선수들의 이익으로도 연결되었다.

"제가 현역이었던 세대에는 녹초가 될 때까지 훈련한 선수가 많았을 겁니다. 훈련의 양이 굉장했지요. 우리가 피치 위에 서 있었던 시간, 달린 거리, 달린 템포는 거의 미친 수준이었습니다. 훈련이 고된지 아닌지 판단하는 중요한 잣대는 팀원 중 최소 한 명 이상이 피치에 구토를 했는가였습니다." 클롭은 이렇게 과거의 훈련 습관을 몸서리치며 회상했다. 그에 비해 현대의 훈련법은 부하와 휴식, 긴장과 이완을 훨씬 명확히 의식한다.

클롭이 지구력 훈련에 힘을 쏟는 것은 신기한 일이 아니다. 클롭이 중시하는 플레이에는 많은 운동량이 요구되는데, 그 운동량의 토대가 바로 지구력 훈련이기 때문이다. 클롭은 BVB 감독으로 취임한 직후 달리는 것의 의의를 깨닫게 되는 중요한 경험을 했다. 2008년 7월의 T-홈T-Home 슈퍼컵에서 도르트문트가 바이에른 뮌헨에 2 대 1로 승리했을 때의 이야기다.

"지금의 우리는 훨씬 영리하게 달리고 있다"

클롭은 당시의 경기를 이렇게 회상했다. "그 경기에서 우리는 팀 전체가 121킬로미터를 달렸는데, 당시는 그 이야기를 듣고도 별다른 생각이 없었습니다. 예전에는 그 숫자의 의미를 심각하게 생각해본 적이 없었으니까요." 그런데 2008-09시즌에 BVB가 후반기 첫 7경기에서 단 1승도 거두지 못했을 때 클롭은 활동 거리를 살펴보고 어떤 사실을 발견했다. "그 경기들에서는 113킬로미터도 달리지 않았더군요. 그래서 저는 단기 훈련 캠프에서 선수들과 작은 거래를 했습니다. 10경기 중 9경기에서 118킬로미터 이상 달리면 휴가를 사흘 연장시켜 주겠다고 말이지요. 그랬더니 정말로 달성하더라고요."

이렇게 해서 동기를 부여받은 팀은 제25라운드의 SV 베르더 브레멘전에서 마침내 벽을 깼다. 알렉산더 프라이의 페널티킥으로 후반기 첫 승리를 거둔 것이다. 그리고 7경기 무승 이후 7연승을 기록했다.

처음에 클롭은 다른 팀보다 더 뛰는 것, 즉 활동 거리에서 우위에 서는 것을 중시했다. 그러나 시간이 지나면서 '어떻게'를 중시하게 되었다. "지금의 우리는 훨씬 영리하게 달리고 있습니다. 볼을 지배하는 시간이 늘어난 결과 상대가 볼을 가지고 있을 때 그렇게 많이 뛸 필요가 없어진 것이지요." 경기에 승리할 가능성은 활동 거리만으로 결정되지 않는다. BVB는 예전보다 덜 달리고도 훌륭한 경기를 하는가 하면 엄청난 거리를 달렸지만 인상 깊지 못한 경기를 하기도 했다. 그러나 특히 부진한 시기에는 활동 거리를 보면 그 원인 중 하나를 알 수 있었다.

BVB의 활동량이 많은 이유

보훔에서 2011년 국제 코치 회의가 열렸을 때, 2010년 1월부터 하노버의 감독을 맡은 미르코 슬롬카는 BVB의 활동 거리가 긴 이유를 익살스럽게 설명했다. 도르트문트의 경우는 골 세레머니를 위해

달린 거리도 계산해서 그렇다는 농담을 한 것이다. 이런 농담이 나올 만도 했던 것이, 우승을 차지한 2010-11시즌에 BVB는 골 세레머니를 할 기회가 67회나 있었다. 한편 하노버는 4위이면서도 49회밖에 기회가 없었다.

이에 대해 클롭은 늘 그렇듯이 재치 있게 받아쳤다. "맞는 말이야. 하노버와의 경기에서만 4득점 경기를 두 번 했으니까. 여기서만 벌써 400킬로미터가 추가되었군." BVB는 하노버를 4 대 0(원정)과 4 대 1로 제압했다.

흥미로운 데이터

위르겐 클롭의 지휘 아래 보루시아 도르트문트가 얼마나 많이 달리고 있는지는 데이터를 보면 명확해진다. 분데스리가의 데이터베이스 '임파이어'가 제공하는 데이터를 보면 흥미로운 점을 발견할 수 있다. 2011-12시즌의 첫 경기였던 함부르크 SV와의 홈경기에서 도르트문트의 볼 점유율은 58퍼센트, 총 활동 거리는 124.67킬로미터였다. 이것은 HSV(113.7킬로미터)를 10킬로미터나 웃도는 수치다. 스벤 벤더 혼자 12.9킬로미터를 기록해 지칠 줄 모르는 일벌임을 이 경기에서도 과시했다.

전력질주의 경우도 BVB는 193회를 기록해 HSV의 150회를 웃돌았다. 패스 미스율을 봐도 거의 일방적인 경기였음을 확인할 수 있다. 함부르크 선수의 패스는 거의 네 번 중 한 번(23.6퍼센트)의 비율로 동료에게 연결되지 않은 데 비해 BVB의 패스 미스율은 13.6퍼센트에 그쳤다.

이러한 데이터는 클럽뿐만 아니라 관심 있는 언론, 나아가서는 일반에도 공개되기 때문에 시즌 초반에는 우려의 목소리도 있었다. 이 데이터를 통해 선수가 주력만으로 평가받게 될 우려가 있다는 것이다. 또한 주력 데이터의 수치가 낮은 선수는 그것이 포지션의 차이에서 기인한 것임에도 부당한 낙인을 찍힐 우려가 있었다. 다만 논란이후 적어도 분위기상으로는 데이터를 섬세하게 다루게 되었다는 느낌을 받는다.

그로스크로이츠와 벤더의 급성장

2008년, 위르겐 클린스만은 바이에른 뮌헨의 감독으로 취임하면서 "선수 한 명 한 명을 매일 조금씩 성장시키겠습니다"라고 선언했다. 그러나 이 말을 진정으로 실현한 사람은 다면적인 접근법을 시도해온 위르겐 클롭이었다. 2011-12시즌의 팀에는 이를 증명하는 선수들이 있었다.

케빈 그로스크로이츠는 2009년에 당시 2부 리그 팀이던 로트바이스 알렌에서 도르트문트로 복귀해 팀의 선수층을 두텁게 하는 데 일익을 담당했다. 간단히 말하면 벤치 요원이었던 것이다. 그러나 도르트문트에서 태어나 소년 시절을 경기장의 남쪽 스탠드에서 보낸 그로스크로이츠는 그 누구보다도 좌측 측면에서 열정적으로 뛰었고, 끝을 모르는 의욕으로 1군 팀의 주전 포지션을 쟁취했다. 그리고 BVB가 우승한 2010-11시즌에는 리그 전 경기 출장을 달성했다. 클롭 덕분에 전술적인 측면과 기술적인 측면에서 모두 성장한 그로스크로이츠는 독일 국가대표로 선발되었고, 2010년 5월에 몰타를 상대로 데뷔전을 치렀다(3 대 0으로 승리).

또 한 명의 예는 스벤 벤더다. 벤더는 2009년에 20세의 나이로 2부 리그의 1860 뮌헨에서 이적했는데, 그전부터 이미 이름이 알려진 선수였다. 훌륭한 젊은 선수로서 특별한 재능을 인정받아 2006년에 독일축구연맹이 우수한 유망주에게 수여하는 프리츠 발터 메달 동상을 받기도 했다. 그러나 지속적인 출장 기회와 실전 경험을 부여할 용기가 없는 감독 때문에 재능을 꽃피우지 못한 선수가 그 얼마나 많았던가? 한편 클롭에게는 그 용기가 있었다. 주장 제바스티안 켈이 부상으로 장기간 이탈한 영향도 없지는 않겠지만, 벤더는 누리 사힌의 파트너로서 주전 볼란치의 자리를 차지했다. 쌍둥이 동생 라스는 바이어 레버쿠젠에서 뛰었고, 벤더는 BVB에서 우승 시즌의 주전으로 플레이했다. 그리고 1 대 1에 강한 진공청소기로서 독일 국가대표팀에 소집되었다.

젊은 훔멜스와 수보티치를 발탁하다

클롭은 마츠 훔멜스와 네벤 수보티치도 국가대표 선수로 성장시켰다. 수보티치는 세르비아 국가대표로 2010 남아프리카공화국 월드컵에 출전해 조별 리그에서 독일에 1 대 0 승리를 거뒀다. 클롭은 2008년에 도르트문트의 감독으로 취임한 직후부터 아직 20세도 안 된 두 선수를 신뢰해 새로운 센터백으로 임명했다. 두 선수 모두 처음에는 경험이 부족했지만 강력한 1 대 1과 뛰어난 기술, 전술 이해도, 그리고 공격의 기점 역할을 착실히 수행함으로써 부족한 부분을 메워나갔다. 브라질의 수비수 펠리피 산타나는 리그 내의 거의 모든 팀에서 주전이 될 수 있는 선수였지만 훔멜스와 수보티치를 능가하지는 못했다.

가장 큰 폭으로 성장한 슈멜처

풀백인 마르셀 슈멜처의 이야기를 할 때면 클롭은 눈을 반짝인다. 마그데부르크에서 태어난 슈멜처는 클롭이 도르트문트의 리저브팀에서 톱팀으로 발탁한 선수다. "슈멜처는 제가 지금까지 본 선수 가운데 가장 성장한 선수입니다"라고 클롭은 말했다. 그런 슈멜처가 독일 국가대표 선수로 선발된 것은 당연한 결과일 것이다. 슈멜처가 1군 팀의 일원이 된 경위에 관해서는 한 가지 일화가 있는데, 이것은 클롭의 코칭스태프를 언급할 때(제9장) 소개하겠다.

재능 있는 젊은 선수를 원하고 성장시키는 클롭의 자세는 도르트문트의 시스템에도 귀중한 가치를 지닌다. "젊은 선수를 기용한다는 우리의 철학을 실현하는 데 이보다 운명적인 감독은 적어도 독일에는 없습니다." 한스-요아힘 바츠케 CEO는 2011년에 이렇게 찬사를 보냈다(〈키커〉지 2011-12 챔피언스리그 특별호 인터뷰).

BVB 아카데미의 창설

그 콘셉트의 일환으로 BVB는 2009년에 BVB 아카데미를 창설하고 이를 위해 훈련장 설비를 확충했다. 클럽의 홈페이지를 보면 이 아카데미는 'BVB의 선수와 감독의 육성을 축구의 측면과 인물의 측면에서 최적화하는 것'을 목표로 삼는 종합적인 시스템이다. 스포츠 측면뿐만 아니라 인물 측면에서의 성장도 중시한다는 것이다. 따라서 멘탈 트레이닝, 영양 관리, 전술적인 경기 분석 외에 언론 대응도 교육 내용에 포함된다. 아카데미에서는 보훔 루르대학의 심리학자가 BVB 소속 코치진이 아닌 사람을 대상으로도 수업을 진행한다. 일련의 수업은 통상적인 훈련의 일환으로 실시된다.

학교와 비슷한 형식의 이 시스템에서는 연령대가 U-9, U-15, U-19, U-23과 젊은 프로 선수라는 형태로 구분되어 있다. 목적은 한 명이라도 더 많은 젊은 선수를 보루시아 도르트문트의 1군 팀으로 이끄는 것, 그리고 이미 프로인 젊은 선수에게 이 직업이 요구하는 조건을 좀 더 확실히 인식시키는 것이다. 이 유망주 육성법은 FC 바르셀로나가 운영하던 유명한 유스 아카데미 '라마시아'를 떠올리게 한다. 바르셀로나를 모델로 삼은 부분은 이것만이 아니다.

바르셀로나라는 궁극적인 형태

바르셀로나의 축구는 클럽에게 커다란 표본이다. 그것은 바르셀로나가 사람을 매료시키는 공격을 해서가 아니라 볼을 빼앗겼을 때의 전환이 빠르기 때문이다.

"이 팀이 볼을 빼앗았을 때의 위치는 매우 높은데, 이것은 모든 선수가 압박을 가하고 있기 때문이기도 합니다. 리오넬 메시Lionel Messi는 자신이 볼을 빼앗겼을 때 다시 빼앗으러 가는 횟수가 가장 많은 선수가 아닐까 싶습니다. 메시는 볼을 빼앗기면 볼을 가진 선수에게 즉시 달려가서 볼을 다시 빼앗으려 합니다. 선수들은 마치 내일이 없는 듯이, 마치 상대가 볼을 갖고 있는 것이 무엇보다 즐겁다는 듯이 볼을 향해 달려갑니다. 그런 행동은 제게 최고의 플레이입니다. 제게 최고의 축구 모델입니다."

펩 과르디올라Pep Guardiola 감독의 지휘 아래 바르셀로나는 2009년부터 2011년 사이 국내외에서 합계 12개의 타이틀을 획득했으며, 그중 두 개는 챔피언스리그 우승 타이틀이다. 두 번 모두 상대는 맨체스터 유나이티드였다. 카탈루냐의 이 명문 클럽은 2011년 결승에서 3 대 1로 승리했는데, 맨체스터 유나이티드의 알렉스 퍼거슨 감독이 이렇게 인정했을 만큼 압도적인 플레이를 선보였다. "바르셀로나의 중원과 리오넬 메시는 우리에게 최면을 걸었습니다. 우리가 지금까지 만나본 최고의 팀입니다. 지금까지 우리를 이렇게 박살 낸 팀은 없었습니다." 1986년부터 레드 데빌스를 이끈 퍼거슨 감독의 평가에는 무게가 있다.

놀라운 점은 그 정도의 성공을 거두었음에도 승리에 대한 욕구가 시들지 않은 듯이 보인다는 것이다. 바르셀로나의 선수들은 하나의 타이틀을 획득하고서도 금방 또 다른 타이틀을 획득하려 하는 거의 미증유의 시대를 만들고 있다. "한 골을 넣을 때마다 마치 지금까지 한 골도 넣지 못했던 것처럼 기뻐합니다. 만족하는 모습은 보이지 않습니다"라며 클롭도 놀라움을 표시했다. 그 말을 들으면 리그 우승을 달성하더라도 클럽의 성격이 바뀌는 일은 없을 것임을 알 수 있다. 클럽의 성공에 대한 욕구 또한 시들지 않을 것이다.

바르셀로나는 피치 위에서 항상 구체적인 계획에 따라 플레이한다. 선수들에게 계획을 지시할 뿐만 아니라 아울러 그 배경도 설명한다고 한다. 이것은 바르셀로나의 선수와 코칭스태프가 인터뷰에서 강조하는 점이다. 이렇게 해서 팀은 단순히 감독의 철학대로 움직이는 것이 아니라 그 철학을 자신의 내부에 흡수하는 것이다. 이것은 과르디올라의 공적이다.

또한 클럽은 바르셀로나의 선수들이 특출한 능력을 지녔음에도 자기중심적이 아니라고 힘주어 말했다.

"사비Xavi Hernández나 이니에스타Andrés Iniesta가 볼을 갖고 있을 때 자신에게 도취되어 플레이하는 경우는 전혀 없습니다. 그런 것에는 전혀 흥미가 없이 곧바로 볼을 패스합니다. 실제로 사비는 인터뷰에서 이렇게 말했습니다. '저는 상대 선수가 오기 직전에 볼을 패스합니다. 그것이 제게 최고의 순간이지요'라고 말입니다. 이것이 사비의 진면목입니다. 그리고 이것이야말로 현재 세계 축구계의 모범입니다."

세비야에서 얻은 경험

한편 그런 바르셀로나와 프리메라리가에서 경쟁하는 세비야 FC가 2010년 12월에 도르트문트를 상대로 보여준 축구는 클럽에게 전혀 감명을 주지 못했다. 세비야의 홈에서 열린 유로파리그 조별 리그 최종 라운드였다. 경기는 2 대 2가 되었고, 도르트문트가 올라가려면

한 골이 더 필요했다. 그러나 세비야는 온갖 수단을 동원해서 시간을 끌었고, 결국 경기는 무승부로 끝났다. 그로부터 반년이 지났음에도 클롭은 짜증을 내면서 이렇게 말했다.

"우리는 전 시즌에 유로파리그의 조별 리그에서 세비야, 파리 생제르맹과 싸웠습니다. (…) 그 대회에서는 귀중한 경험을 많이 했습니다. 예를 들면 세비야가 홈에서 우리를 상대로 어떻게 60분 동안 틀어박혀 시간을 벌었는가 같은 것이지요. 우리 선수들은 경기 후 그들의 겁쟁이 같은 모습에 할 말을 잃었습니다."

클롭은 '지저분한' 승리를 좋아하지 않는다. 목적을 위해서라면 어떤 수단이라도 정당화된다고는 생각하지 않는 것이다.

49분에 네벤 수보티치가 동점골을 넣었을 때 결승골을 넣을 시간은 아직 충분히 남아 있었다. 그러나 도르트문트는 세비야에서 자신들의 축구를 잊고 말았다. 평소의 물 흐르는 듯한 콤비네이션은 보이지 않았고, 볼을 정신없이 앞으로 차 넣기만 했다. 도르트문트의 젊은 선수들이 세비야의 전법에 냉정함을 잃은 것이다. 끈기 있게 자신들의 플레이 스타일을 유지했다면 길이 열리지 않았을까? 그런 의미에서 이 세비야의 밤은 앞으로 유럽 무대에서 싸워나가기 위한 귀중한 현지 교육이 되었는지도 모른다.

"나는 너를 두 번 다시 보고 싶지 않다"

클롭은 볼을 지키기 위한 수비 전술에 공감하지도 않고, 선수의 치명적으로 잘못된 태도를 용서하지도 않는다. 2011년 봄, 당시 맨체스터 시티에 소속되어 있던 이탈리아인 포워드 마리오 발로텔리_{Mario Balotelli}가 유스 선수에게 다트를 던졌다는 언론 보도가 있었는데, 이에 대해 어떻게 생각하느냐는 질문을 받자 클롭은 단호하게 자신의 생각을 말했다. 만약 자신의 선수가 그런 행동을 했다면 "두 번 다시 이 클럽의 유니폼을 입지 못할 겁니다"라는 것이다. "두 번의 기회는 없습니다. '네가 축구를 잘하는 건 인정해. 하지만 나는 너를 두 번 다시 보고 싶지 않다'라고 말할 겁니다. 우리에게는 함께 뛰기에 부족함이 없는 좋은 선수가 많으니까요."

"라이프 키네틱에는 깜짝 놀랐다"

클롭은 실제로 그런 선수들과 함께하고 있는데, 불과 수년 전까지 그 누구도 축구에 접목해보려 하지 않았던 접근법도 시도하고 있다.

위르겐 클롭은 좋은 의미에서 호기심이 왕성하다. 항상 자신과 팀을 성장시킬 새로운 자극 또는 아이디어를 찾아서 눈을 번뜩이는데, 체육 교사 자격증을 가진 호르스트 루츠_{Horst Lutz}의 '라이프 키네틱_{Life Kinetik}'을 텔레비전 뉴스에서 우연히 보고 주 1회 훈련에 도입하게 되었다. "라이프 키네틱은 참으로 즐겁습니다. 정말 깜짝 놀랐습니다. 감독으로서 시간을 할애할 가치가 있는 방법입니다"라고 클롭은 신이 나서 이야기했다.

라이프 키네틱이란 무엇일까? 라이프 키네틱은 복잡한 과제를 달성함으로써 뇌의 활동을 높이는 방법이다. "라이프 키네틱에서는 몸에 비일상적이면서 시각적, 그리고 코디네이션 능력과 관련된 과제를 줍니다. 이 과제를 통해 뇌에 새로운 시냅스(결합)가 형성되지요. 뇌 속의 네트워크가 많을수록 뇌의 능력이 높아집니다. (…) 이 훈련 프로그램의 목적은 새로운 연습을 실행함으로써 뇌 속의 네트워크를 최대한 늘리는 것입니다."

"정보를 모으는 것이 중요하다"

라이프 키네틱의 실제 연습은 다음과 같다. 선수에게 볼을 던지는 동시에 특정 색을 말하는데, 각각의 색에는 지시가 정해져 있기 때문에 그것을 실행해야 한다. 지시 내용은 오른손으로 잡는다, 왼손으로 잡는다, 헤딩을 한다, 가슴으로 받는다 등 다양하다. 난이도가 높은 저글링 연습이나 팔을 교차시켜 공을 잡는 연습도 포함된다. 처음에는 과제를 실행하기가 쉽지 않지만, 이것이야말로 이 연습에서 의도하는 바다. 그것을 습득하는 과정에서 새로운 시냅스가 형성되기 때문이다.

이것이 축구 선수에게(그리고 축구 선수가 아닌 사람에게도) 주는 효과는 상황을 이해하는 속도나 행동을 시작하는 속도의 향상이다. 이런 속도는 템포가 빠른 현대 축구에서 필수적인 요소다. 매주 1시간씩 연습하면 2~8주 사이에 최초의 효과가 나타난다고 한다. 또 라이프 키네틱에는 몸에 부담을 주지 않는다는 장점도 있다. 요컨대 다른 훈련에 추가하는 형태로 실시할 수 있다.

아직 새로운 이 방법을 도입한 것을 보면 클롭이 끊임없는 공부를 신조로 삼고 있음을 잘 알 수 있다. "정보를 모으는 것이 중요합니다.

그리고 그것은 감독인 제가 할 일이지요. 얻을 수 있는 정보 중에는 금방 잊어도 상관없는 정보도 많습니다. 하지만 진지하게 몰두할 수 있는 것이 20퍼센트라도 있다면 고생한 보람은 충분히 있습니다."

"유연성보다 안정성이 필요하다"

라이프 키네틱 같은 훈련을 통해 위르겐 클롭은 선수의 사고의 유연성을 높이고 있다. 다만 유연성은 클롭에게 중요한 요소이기는 하나 '고작해야 세 번째, 네 번째, 다섯 번째 단계'라고 한다. 여기에는 다음과 같은 이유가 있다. "유연성 이전에 안정성이 필요합니다. 그런 의미에서 아직 초짜 감독이었을 때 페터 노이루러Peter Neururer 감독을 상대할 기회가 있었던 것은 제게 행운이었습니다. 노이루러는 당시 로트바이스 알렌의 감독이었는데, 우리가 (평소의 4-4-2가 아니라) 4-3-3으로 플레이하자 세 번째 센터백을 교체 투입해 대인방어를 시켰습니다. 그래서 우리는 젊은 혈기에 '좋아, 우리도 시스템을 바꾸자!'라며 포워드를 두 명으로 만들어 대인방어에서 벗어나려 했지요. 바보 같은 생각이었습니다. 언제나 우리의 방식을 밀고 나가는 것이 중요한데 말입니다."

클롭은 이 경험에서 얻은 교훈의 본질을 이렇게 표현했다. "먼저 안정성을 얻는 것이 중요하고, 유연성은 그 뒤의 일입니다. 안정성이 있으면 점수를 낼 수 있고 경기에 이길 수 있습니다." 유연성은 행동의 여유를 넓히는 것이며, 일종의 '보너스'다. 축구는 팀 스포츠라는 이유에서도 클롭은 안정성의 의의를 강조했다. "선수가 팀이라는 조직의 일부가 되려고 하는 것이 중요합니다. 그래서 우리는 테니스 같은 개인 경기가 아니라 축구를 시작한 겁니다. 그룹의 일원이 되는 것을 선택했으니 그것을 절대적인 규율로 삼아서 인생의 마지막 순간까지 받아들여야 합니다. 나의 힘은 팀 동료가 내게 준 힘 이상은 되지 못한다. 이런 자세가 되면 안정감이 생기고 팀이 훌륭히 기능합니다." 참고로 클롭이 이야기한 2001년 5월의 경기에서는 시스템의 변경이 결과에 영향을 끼치지는 않았다. 변경 전후 모두 스코어는 2 대 2였다.

'풋보나우트'의 활용

BVB가 활용하는 또 다른 유익한 훈련 수법으로 도르트문트 브라켈 훈련장에 설치된 '풋보나우트Footbonaut'라는 장치가 있다. 2012년 9월 1일에 클롭이 스포츠 방송 ZDF 〈슈포르트 슈투디오〉에 출연했을 때 컴퓨터 애니메이션으로 소개되었던 장치다. 직사각형의 실내를 향해 테니스공 발사기 같은 장치에서 축구공이 하나씩 연속해서 발사된다. 그리고 공이 날아오는 동시에 벽에 설치된 72군데의 상자 중 하나가 빛난다. 방의 중앙에 서 있는 선수는 그곳에서 공을 최대한 빨리 트래핑해 빛을 내는 상자에 차 넣어야 한다. 벽마다 발사구가 두 개씩 있으므로 합계 여덟 곳에서 공이 날아오게 된다. 스핀이나 속도도 다양하게 설정할 수 있어서 실제 경기에서 일어나는 거의 모든 킥을 시뮬레이션할 수 있으며, 이를 통해 빠르고 정확한 움직임, 공의 트래핑과 컨트롤을 훈련할 수 있다.

제9장

클롭을 뒷받침하는 사람들

감독을 보좌하는 '두뇌'와 '눈'

JÜRGEN KLOPP

JÜRGEN KLOPP

코치의 주된 역할이 볼의 회수와 마커 놓기였던 시절은 한참 전에 지나갔다. 클롭은 2011년에 축구지 〈11 프로인테〉의 연간 최우수 감독으로 선정되었을 때 코치의 공로에 관해서도 분명히 언급했으며, 다른 공적인 자리에서도 젤리코 부바치와 피터 크라비츠의 중요성을 거듭 강조하고 있다. "우리는 세 명이 뭉쳤을 때 비로소 한 명의 아주 좋은 분데스리가 감독이 됩니다. 그 밖의 사실은 중요하지 않습니다. 저와 제 코치들 중에 누가 가장 지식이 풍부하느냐는 중요하지 않습니다. 공동 작업으로 완벽한 결과를 지향해야 합니다. 항상 '내가 하는 말은 반드시 옳다'라고 장담할 수 있을 정도의 자신감은 없으니까요." 물론 실제로 결단을 내리는 사람은 클롭이며 최종적인 책임 또한 감독이 지지만, 코치의 의견을 듣지 않고 결정하는 일은 없다.

클롭의 말을 들어보면 클롭과 부바치, 크라비츠의 삼총사가 지니고 있는 강한 일체감을 금방 이해할 수 있다. "젤리코 부바치와 피터 크라비츠는 자신들이 저에게 어떤 존재인지 확실히 이해하고 있습니다. 정말 중요한 존재이지요. 누군가 한 명이 단독으로 다른 곳에 가버리는 일은 없을 겁니다." 마인츠에서 선수로 뛰던 시절부터 동료였던 부바치의 이야기를 할 때면 클롭은 시간 가는 줄도 모른다. "저는 감독 인생에서 올바른 결단을 수없이 내려왔습니다. 하지만 가장 옳았던 결단은 제가 아는 한 최고의 코치인 부바치를 영입한 것입니다. 저는 최근 몇 년 동안 부바치에게서 가장 많은 것을 배웠습니다. 우리는 늙은 부부 같습니다. 정말 멋진 관계이지요."

처음부터 찰떡궁합이었던 동료: 젤리코 부바치(수석 코치)

2001년에 마인츠에서 감독으로 일하기 시작했을 때, 클롭은 프로 리그 팀을 지휘할 수 없는 A 라이선스밖에 없었기 때문에 부바치의 도움이 필요했다. 그리고 결과적으로는 그것이 행운이었다고 할 수 있다. 그런데 공적인 자리에 전혀 나서지 않는 젤리코 부바치는 과연 어떤 인물일까? 부바치는 인터뷰를 한 적이 없다. 언론을 상대하기를 좋아하지 않기 때문이다. 그래서 부바치는 위르겐 클롭과 대극對極을 이루는 인물로 인식되고 있으며, 두 사람은 이상적인 상호 보완관계에 있다.

1961년에 태어난 부바치가 독일에서 제일 처음 몸담았던 팀은 FC 로트바이스 에르푸르트다. 그 후 1992년에 마인츠로 이적해 3년 동안 미드필더로서 전술적인 능력을 바탕으로 마인츠에 공헌했으며, 이 시기에 클럽과 깊은 친분을 쌓는다. 보스니아 헤르체고비나 출신의 부바치는 처음에 언어의 장벽을 극복해야 했지만, 많은 대화 없이도 두 사람은 금방 서로를 이해하게 되었다.

그 후 1995년에 당시 레기오날리가 소속이었던 헤센 주의 SC 노이

키르헨으로 이적한 부바치는 1998년에 그곳에서 선수 커리어를 마감하고 지도자로서 첫발을 내디뎠다. 코치로 시작해 수석 코치가 되었으며, 프로 코치 라이선스는 2000년에 취득했다. 부바치는 그사이에도 클롭과 교류를 지속하고 있었는데, 2001년에 다시 한솥밥을 먹게 된다. 클롭이 선수에서 감독으로 승격했을 때 마인츠로 돌아온 것이다. 그는 초짜 감독 클롭의 밑에서 수석 코치가 되기를 마다치 않았다. 두 사람은 어느 한쪽이 프로팀의 감독이 되면 함께 일하기로 약속했던 것이다. 클롭은 약속을 지켰고, 부바치가 먼저 감독이 되었다면 그 또한 그랬을 것이다.

"걸어 다니는 축구 전문지식 같은 사내"

두 사람은 2008년까지 마인츠에 의미 깊은 시대를 구축했다. 그 정점은 2004년의 클럽 역사상 첫 1부 리그 승격이다. 그리고 2008년 보루시아 도르트문트라는 새로운 무대로 함께 나아갔다. '처키'라고 불리는 부바치는 '두뇌'라는 별명도 갖고 있다. 그 이유는 BVB의 웹사이트에 소개된 클럽의 말을 보면 명확히 알 수 있다. "젤리코는 걸어 다니는 축구의 전문지식 같은 사내입니다. 온갖 훈련법을 알고 있지요."

부바치는 전술가다. 선수 시절에도 그랬고 코치가 된 뒤에도 마찬가지다. 과거에 중원에서 경기를 조율했듯이 지금도 전술을 제어하고 있다. "우리의 축구관은 동일합니다. 우리에게는 200가지에서 300가지의 연습법과 훈련 메뉴가 있는데 200가지는 부바치가,

100가지는 제가 생각해낸 것입니다." 클롭은 2011년 4월에 이렇게 말했다(2011년 4월 24일자 〈노이에 취르허 차이퉁〉지). 또한 부바치는 상황을 이해하는 속도도 타의 추종을 불허한다. 경기에서 실책이 발생한 과정을 순식간에 파악해 클롭과 즉시 대책을 논의한다.

부바치는 수석코치로서의 역할을 매우 편안하게 여긴다. 분데스리가의 감독이 되면 좋든 싫든 언론을 상대해야 하기 때문이다. '해야 할 말이 있을 때만 말한다'는 주의인 부바치는 언론 상대를 매우 꺼리는데, 이 또한 클롭과 이상적인 상호 보완관계라는 증거다. 원고 없이 뜨거운 연설을 할 수 있는 클롭은 언론을 상대할 때도 여유가 넘친다. 참고로 클롭이 프로 코치 라이선스를 취득한 시기는 2005년인데, 그때까지 마인츠의 경기 보고서를 보면 '감독manager' 칸에 항상 부바치의 이름이 적혀 있었다.

하프타임의 비디오 분석: 피터 크라비츠(코치, 비디오 분석관)

"하지만 뭔가 말할 때는 매우 조리 있게 말합니다. 그의 발언은 핵심을 찌르며 절대적입니다." 피터 크라비츠는 부바치의 능력을 이렇게 인정한다. 크라비츠는 클롭-부바치-크라비츠라는 '삼두체제'를 완성하는 마지막 조각이다. '눈'이라는 그의 별명은 그의 핵심 임무, 즉 비디오 분석에서 유래했다. 크라비츠 덕분에 하프타임 중에 선수에게 전반전의 장면을 보여줄 수 있으며, 경기 중에 명쾌한 수단으로 신속하게 문제를 수정할 수 있다. 팀 내 코치이자 비디오 분석을 담당하는 크라비츠는 1군 팀과 아마추어, 유스팀을 연결하는 가교 역할도 하면서 팀 사이에서 일관된 방침이 유지되도록 노력하고 있다.

1971년의 마지막 날에 태어난 크라비츠도 클롭과는 마인츠 시절부터 친분을 쌓았다. 크라비츠는 1990년대 중반에 스포츠 전공 학생으로서 대학의 프로젝트를 통해 마인츠와 접촉했다. 프로젝트의 주제는 물론 비디오 분석이었다. 크라비츠의 실력에 클럽은 크게 감탄했고, 이윽고 계약을 맺어 스카우트 부문을 맡게 되었다. 마인츠에서는 2008년에 BVB로부터 영입 제안을 받을 때까지 계속 일했다. 클럽은 사적으로도 크라비츠에게 무한한 신뢰를 보낸다. 클럽의 결혼 입회인이 바로 크라비츠다.

클럽과 부바치, 크라비츠. 이 세 명의 관계는 대등하다. 이것은 단순히 그들 셋의 키가 거의 같아서가 아니다.

테디의 경사판: 볼프강 드 비어(골키퍼 코치)

골키퍼 코치인 볼프강 드 비어Wolfgang de Beer, 일명 '테디'도 코치진의 일원이다. 테디는 1989년의 포칼 우승 멤버로, 그의 참신한 훈련 방법은 로만 바이덴펠러 등의 실력 향상에 공헌하고 있다. 가령 그가 고안한 훈련 중에는 이런 것이 있다. 자작한 경사 보드에 공을 세게 찬다. 그러면 공은 예측 불가능한 궤도를 그리며 튕겨 나오는데, 이것을 골키퍼가 잡는 훈련이다. 이런 훈련으로 반사 신경을 단련했으니 바이덴펠러의 반응 속도가 훌륭한 것도 이해가 된다.

"우리에게는 슈멜처가 있다"

프로 리그에서 감독으로 첫발을 내디딘 클롭에게 코칭스태프의 보조를 받으며 일하는 것은 당연한 일이었다. 클롭이 스태프를 얼마나 신뢰했는지는 수비수인 마르셀 슈멜처를 발굴한 경위에서도 잘 알 수 있다. 클롭은 아직 마인츠의 감독이었을 무렵의 일화를 소개했다. "과거에 마인츠의 유스 감독이었던 빌리 뢰어Willi Löhr 는 지방을 돌면서 젊은 유망주를 물색했습니다. 그런데 어느 날 빌리가 제게 전화를 걸어서 도르트문트에 마르셀 슈멜처라는 선수가 있다고 하더군요." 그 후 2008년에 클롭과 그 스태프는 도르트문트로 이적하게 되는데, 그 무렵 다음과 같은 대화가 있었다고 한다.

"데데가 경기에 나오지 못할 경우를 대비한 예비 좌측 풀백은 누구입니까?"

"예비 선수는 필요 없습니다. 절대 안 다치거든요." 클럽에서는 이렇게 대답했다.

"뭐라고요? 그러면 10 대 10으로 경기 형식의 훈련을 할 때는 누가 좌측 풀백을 봅니까?"

"플로리안 크링게Florian Kringe가 볼 줄 압니다."

본래 미드필더인 멀티 플레이어의 이름이 생각난 클럽이 한마디 덧붙였다.

"우리에게는 슈멜처가 있습니다."

"우리에게는 슈멜처가 있다고요?"

"그렇습니다. 빌리에게 듣기로는 리저브팀에 있다고 하더군요."

무슨 우연의 장난인지 데데는 클럽의 리그 첫 경기인 바이어 레버쿠젠과의 경기에서 십자인대를 다쳐 몇 달 동안 이탈하게 되었다. 그 결과 슈멜처는 프로 데뷔 시즌부터 12경기나 출장할 수 있었고, 매우 훌륭한 플레이를 보였기 때문에 팀의 확고한 멤버였던 데데가 복귀한 뒤에도 팀에 남게 된다. 그리고 2009-10시즌에는 28경기, 팀이 우승한 다음 시즌에는 리그 전 경기 출장을 달성했다.

이 경험을 바탕으로 클럽은 코치진에 유능한 스태프를 두고 그들을 신뢰하는 것이 매우 중요하다고 생각하게 됐다. 클럽은 훈련에 집중하면서 다른 분야까지 전부 커버하는 것은 무리임을 잘 알고 있기 때문에 일부러 스태프에게 일을 맡긴다. 그 일례가 스카우팅이다. "'독일 전역을 돌아다니며 온갖 경기장을 찾아간 결과 강력한 스트라이커를 발견했다' 같은 일은 제게는 일어나지 않습니다. 말도 안 되는 이야기입니다. 스카우트를 경기에 파견해놓고는 무엇을 봐야 할지 알리지 못해서 나중에 네 번이나 직접 보러 간다면 그건 돈 낭비일 뿐입니다. '우리는 이런 선수와 이런 선수를 찾고 있으니 발견하면 전화해주시오'라고 확실히 말할 수 있어야 합니다."

카가와 신지 같은 이적 성공 사례: 미하엘 조르크(단장)

카가와 신지의 경우도 그랬다. 도르트문트는 2010년에 육성 보상금 35만 유로를 주고 일본의 세레소 오사카에서 카가와를 영입했는데, 이때도 클럽은 카가와를 보러 직접 가지 않고 스카우트에게 전부 맡겼다. "스카우트들은 의욕이 가득합니다. 자신들이 지켜본 선수가 주말에 분데스리가에서 플레이하고, 잘해서 좋은 평가도 받게 되기를 기대하지요."

카가와는 실제로 높은 평가를 받게 된다. 공격형 미드필더인 카가와는 뛰어난 기술과 훌륭한 드리블, 그리고 가속력과 빠른 움직임으로 리그에 충격을 안겼다. 전반기에 8골을 넣어 결정력도 발휘했다. 그 기세는 2010-11시즌의 겨울 휴식기까지 계속되었지만, 아시안컵에서 중족골 골절을 당하는 바람에 후반기에는 거의 출장하지 못했다.

카가와 같은 이적 성공 사례는 단장인 미하엘 조르크에게도 큰 이익을 가져다준다. 클럽은 경영 위기에서 벗어난 뒤에도 재정적으로 어려움을 겪고 있지만, 성적 측면에서 세상이 BVB에 요구하는 수준은 변함없이 높았다. BVB는 과도한 기대를 부추기지 않도록 성적 목표를 항상 폭넓게 설정했지만 높은 기대치는 바뀌지 않았다. 이런 상황 속에서 조르크는 2008년만 해도 이적 방침과 관련해 많은 비판을 받았지만, 지금은 리그에서도 특히 사려 깊은 판단을 할 수 있는 단장으로 찬사를 받고 있다. 이것은 또한 조르크와 스카우트진이 공급한 선수를 빛나게 만드는 클럽의 공적이기도 하다.

2011년 가을의 훈련 광경

이날 도르트문트 브라켈의 훈련장은 맑은 하늘만큼이나 밝은 분위기로 가득했다. 이 주에 열린 챔피언스리그 첫 경기는 만족스러웠다. 아스널을 홈으로 불러들인 이 경기의 결과는 1 대 1이었지만 플레이 내용은 압도적이었던 전 시즌을 방불케 했다. 수많은 결정적 기회를 놓친 것이 문제라면 문제였지만, 그래도 이반 페리시치의 골로 종반에 동점을 만든 덕분에 전체적인 분위기는 좋았다. 25번을 차면 한 번 성공시킬까 말까 한 멋진 중거리 슛이었다. 그 좋은 분위기는 선수들의 움직임을 매의 눈으로 쫓는 수많은 관찰자 사이에도 퍼져 있었다.

"어이, 쿠바. 그건 넣었어야지." 그 장면을 본 사람들 중 한 명이 자신의 눈을 의심하며 이렇게 중얼거렸다. 야쿠프 브와슈치코프스키가 지근거리에서 찬 슛이 골문 위로 날아간 것이다. 그러나 쿠바는 다음 슛을 성공시켜 비판의 목소리를 잠재웠다. 제2골키퍼인 미첼 랭거락으로서는 도저히 막을 수 없는 슛이었다. 이 슛을 본 클롭이 빙긋 웃음을 지었다. "틀림없어. 다음 주말에는 하노버를 4 대 0으로 이길 거야. 4 대 0으로 말이지!" 펜스 뒤에서 한 노인이 신이 나서 이렇게 예언했다. 분위기가 이렇게나 빠르게 달라지는 것이다. 노인의 일행도 빙긋 웃음을 지었다. "슬슬 기세가 오를 시기지." 노인들이 이런 식으로 말할 수 있는 것은 이곳에 자주 오기 때문이다.

다시 페리시치의 이야기로 돌아가자. 클뤼프 브뤼허 KV에서 새로 가세한 크로아티아 출신의 페리시치는 여름 캠프에서 상당한 노력을 해야 했다. 익숙하지 않은 격렬한 플레이에 에너지를 소모했고, 달리고 또 달리는 도르트문트의 축구에 적응하지 못해 애를 먹었다.

클롭과 코치들이 피치의 중앙에 서고, 선수들은 그 주위에서 원을 그린다. 감독은 먼저 훈련 내용을 설명하고 일단 뒤로 물러선다.

골대 뒤에 서서 경과를 관찰하고, 피치 위에서의 지시는 젤리코 부바치에게 맡긴다. 공적인 자리에서는 부끄럼을 잘 타는 부바치도 여기에서는 쩌렁쩌렁한 목소리로 외친다. "케빈, 더 빨리 움직여! 쿠바, 이쪽이야! 얼른!" 긴 흑발의 부바치는 멀리서도 금방 알아볼 수 있는 인상적인 사내다.

집중력과 약간의 장난기

부바치는 직접 훈련의 시범을 보일 때도 있다. 그의 빛나는 테크닉은 현역에서 은퇴한 지 10년 이상이 지난 지금도 녹슬지 않았다. 당연한 지시를 지키지 않는 선수가 있으면 격한 어조로 꾸짖는다. 그야말로 완벽주의자다. 한편 클롭은 직접 시범을 보이지 않는다. 그만둔 것이다. 선수 시절처럼 다시 자신에게 화를 내기라도 하면 수습할 수 없는 상황이 되어버리기 때문이다. 무엇인가가 뜻대로 되지 않고 생각한 대로 움직이지 못하는 이유를 이해하지 못하면 클롭은 자신에게 화를 냈다. 그러나 그런 모습은 선수들에게 좋은 인상을 주지 못할 것이다.

훈련은 명확한 지시에 따라 실시된다. 생각 없이 패스를 해서는 안 된다. 볼을 힘없이 차서는 안 된다. 수비수와 미드필더, 전방 공격수 사이의 거리도 중요하다. 거리를 좁혀서 상대에게 공간을 주지 말아야 한다. 재빠른 다이렉트 플레이 훈련이 시작되었다. 외곽에서 공을 몰고 가다 중앙으로 크로스를 넣고 슛을 한다. 그러나 랭거랙의 컨디션은 최고조였다. 계속해서 슛을 막아냈다. 그러던 중 마츠 훔멜스가 공을 멋지게 골문 구석으로 차 넣자 훈련을 지켜보던 사람들 사이에서 작은 환호성이 터져 나왔다. 주옥같은 멤버들로 가득한 중원에서 현재 주전의 기회를 얻지 못하고 있는 플로리안 크링게도 결정력을 과시했다. 마르셀 슈멜처와 무함마드 지단이 가까이에서 시도한 슛은 골문 옆으로 빗나갔다. 그러자 부바치가 외쳤다. "자, 다음!"

조금 시간이 지나자 한참 동안 말없이 지켜보던 클롭이 훈련을 중단시키더니 좀 더 집중하라고 주의를 시켰다. 빗나가는 슛이 나무 많았기 때문이다. 훈련은 진지한 분위기에서 진행되지만, 잠시나마 긴장을 푸는 시간도 있다. 포워드인 지단이 감독에게 10미터 거리에서 가랑이 사이로 공을 차 넣을 수 있겠느냐며 도발했다. 클롭은 두말없이 도발에 응했다. 첫 번째 시도는 지단의 왼발에 맞았지만, 두 번째 시도에서 정확히 가랑이 사이로 공을 차 넣었다. 선수 출신으로서 볼을 다루는 법은 아직 잊지 않고 있는 클롭이다.

골대 세 개를 사용하는 훈련

볼은 거의 모든 훈련에 사용되며, 훈련 강도도 높다. 이어서 시작된 훈련도 마찬가지였다. 먼저, 골대 세 개를 각 골키퍼가 다른 두 명을 볼 수 있도록 삼각형으로 배치했다. 그리고 세 팀을 구성해서 빨간색 조끼와 흰색 조끼, 노란색 훈련복으로 각각 입혔다. 각 팀은 자신들의 골문을 지키면서 다른 팀의 골문을 열어야 한다. 5~6명으로 구성된 세 팀이 동시에 좁은 공간에서 대결했다. 게임이 펼쳐지는 공간의 넓이는 피치의 절반도 되지 않기 때문에 패스가 정확하지 않으면 본의 아니게 상대에게 어시스트를 하는 상황이 펼쳐졌다.

클롭은 상황을 정확히 파악하고 "12 대 9 대 3이야"와 같이 중간 결과를 알렸다. 이것은 무슨 훈련일까? 상황이 수시로 급박하게 변화하는 것을 이용해 간결한 볼 처리, 행동과 행동의 속도, 패스의 정확도, 그리고 시야를 키우는 훈련이다. 민첩한 움직임과 재빠른 공수 전환은 도르트문트의 특징인데, 이 훈련으로는 그 양쪽을 단련할 수 있다. 골키퍼도 좁은 피치에서 공을 뺐고 빼앗기는 가운데 언제라도 공이 날아올 수 있음을 인식하고 예측 불가능한 경기 상황에 대응해야 한다.

며칠 뒤 BVB는 하노버와 경기했다. 이 경기에서 BVB는 1 대 0으로 앞서나갔지만 종반에 집중력이 떨어져 1 대 2로 패하고 말았다. 4 대 0? 그것은 전 시즌의 이야기였다. 디펜딩 챔피언은 축제가 끝난 후의 후유증에 시달려 여유 있는 플레이를 하지 못하게 되었다. 그러나 일주일 후 마인츠에 승리한 것을 시작으로 맹렬히 기세를 올렸고, 결국 또다시 우승의 영광을 거머쥐게 된다.

BVB 서포터들이 본 클롭: "꼭 필요한 말만 냉정하게 한다"

30대 중반의 토르스텐 비르거는 이따금 훈련을 보러 오는 사람 중 한 명이다. 어릴 적부터 BVB의 팬이었는데, 예전에는 보루시아 묀헨글라트바흐의 서포터였던 적도 있다. 그 이유는 "잘 기억이 안 난다"고 한다. 비르거는 BVB가 클롭을 영입한 것이 행운이었다고 생각한다.

"클롭은 감독이라는 자리에 있는 팬입니다. 몸과 마음을 바쳐서 몰두하고, 스탠드의 서포터들과 똑같은 감정을 느끼며 살지요." 이렇게 말하는 비르거는 클롭의 감독으로서의 능력도 확신했다. "클롭은 프로페셔널한 자세의 모범답안 같은 사람입니다. 훈련장에서는 매우 치밀하게 많은 것을 수정합니다. 코너킥에서 골을 성공시키지 못하는 플레이가 세 번 계속되면 선수를 호되게 꾸짖고 잘될 때까지 계속 시킵니다. 어떻게든 흐름을 정착시키려고 애쓰지요." 그때 클롭이 하는 말은 금방 식어버리는 공허한 열변이 아니다. 내용을 중시하는 클롭의 말은 시간이 지나도 가슴에 남는다.

코칭스태프 사이의 역할 분담에 관해서는 비르거도 같은 인식이다. "훈련은 코치가 주도하고, 클롭은 요소요소에 개입합니다. 훈련 자체로부터는 의식적으로 거리를 두면서 전체적으로 둘러보지요. 하지만 코치에게 무작정 맡기는 것이 아니라 이따금 입을 여는데, 그럴 때면 꼭 필요한 말만 냉정하게 합니다. 그리고 잘되지 않는 것이 있으면 그 선수를 불러냅니다." 또 비르거는 클롭이 선수에게 새로운 동기를 지속적으로 부여하는 것도 주목해야 한다고 말했다. "분데스리가에서만 1년에 34경기를 치르고 그때마다 라커룸에서 연설을 하게 되면 아무래도 진부한 내용이 될 우려도 있지요."

한편 비르거는 클롭이 좀 더 자제심을 갖추기를 바랐다. "레버쿠젠과의 경기(2011-12시즌의 4라운드. 결과는 0 대 0) 후 클롭은 심하게 화를 냈는데, 자신의 위치에 대한 자각이 조금 부족했다고 생각합니다. 보스로서 좀 더 의연한 자세가 필요하지 않을까요? 저는 그런 행동이 약점으로 작용할 수 있다고 생각합니다. 특히 이기지 못할 때 말이지요." 이때 클롭은 스카이스포츠의 텔레비전 인터뷰에서 리포터에게 "아 정말, 내 말을 좀 제대로 들으라고!"라고 화를 냈다. 마리오 괴체의 퇴장에 관해 리포터가 "다시 한번 상대를 밟았다"라고 말했는데, 이것이 클롭에게는 모욕에 가까운 견해였던 것이다.

그러나 '미스터 FC 바이에른 뮌헨'으로서 장기간 회장을 역임한 울리 회네스는 팀이 부진에 빠지면 세간의 관심을 돌리고자 자신에게 이목을 집중시킨다. 그리고 반대로 성적이 좋을 때는 팀에 비판적인 발언을 함으로써 긴장의 끈을 놓지 않게 한다. 클롭도 회네스와 마찬가지로 역행적인 태도를 취해왔고, 지금까지는 이것이 효과를 발휘했다.

"내게 클롭은 히츠펠트의 다음 위치에 있다"

20년 이상 BVB에 열정을 바쳐온 비르거는 수많은 감독이 왔다가 떠나는 모습을 지켜봤는데, 클롭은 그중에서도 최고에 속하며 개인적인 취향으로는 1997년에 도르트문트를 챔피언스리그 우승으로 이끈 명장의 바로 뒤에 놓을 수 있다고 한다. "제가 도르트문트 서포터가 된 뒤로 BVB를 지휘한 감독들을 되돌아봤을 때, 제게 위르겐 클롭은 오트마어 히츠펠트Ottmar Hitzfeld의 다음 위치에 있습니다. 그 아우라를 생각하면 히츠펠트는 아직 다른 감독들보다 조금 더 높은 위치라고 생각합니다. 하지만 확실한 목적을 갖고 행동하는 감독이라는 점에서는 클롭도 마찬가지입니다. 클롭 전에는 명확한 방침 없이 이것저것 시도만 해본다는 인상을 주는 감독이 많았습니다."

그렇다면 디펜딩 챔피언으로서 맞이한 2011-12시즌에 출발이 부진한 이유는 무엇이었을까? BVB 서포터로서의 의견은? "리그 우승 같은 정점에 오른 뒤에 긴장감이 풀리는 것은 인간적인 모습입니다. 일단 집중력을 되찾아야겠지요. BVB의 초반 몇 경기를 보면 작년보다 방향성이 명확하지 않고 기세도 부족했습니다. 플레이의 여유가 아직 돌아오지 않은 것이죠." 이것이 비르거의 견해다. "하지만 돌아올 겁니다." 이것은 그야말로 미래를 예언하는 한마디였다.

제10장

인간
위르겐 클롭

JÜRGEN KLOPP

JÜRGEN KLOPP

골이 들어가면 팔을 마구 휘두르며 머리카락이 휘날리도록 질주하고, 표정을 일그러뜨리며 에너지를 발산한다. 이런 위르겐 클롭을 보면 이 사내에게는 전류가 흐르고 있음을 알 수 있다. 등을 곧게 펴고 양 주먹을 격렬히 휘두르는 '톱질'도 자주 보인다. 골키퍼 코치인 '테디' 드 비어와 나누는 동작도 상당한 볼거리다. 두 팔을 벌리고 가슴과 가슴을 맞부딪친다. "고개를 들어라. 가슴을 펴라." 이것은 강함, 자신감 그리고 성공의 상징이다. 클롭이라는 사내는 아직 자신이 피치 위에 서 있는 듯이 축구라는 스포츠를 위해 살고 축구라는 스포츠를 사랑한다.

기쁨, 에너지, 열정

클롭은 기쁨과 에너지 그리고 열정이 넘친다. 어떤 감독도 겉으로 드러내지 않는 것들이다. 클롭은 카리스마가 있는 감독이다. 그가 입는 옷은 '외붕그슐라이터 K$_{Übungsleiter K}$'라는 오리지널 컬렉션으로 판매되고 있으며, 도르트문트에는 클롭만의 팬클럽이 결성되어 있다. 그런 클롭을 움직이게 하는 원동력은 과연 무엇일까? 클롭이 팀에 전하는 야심은 어디에서 솟아나는 것일까? 친구 같은 털털한 인상과 자연스럽게 발산되는 위엄은 어디에서 유래한 것일까? 클롭이 발을 들인 공간은 클롭으로 가득 찬다. 클롭은 그런 사람이다.

"누가 나를 어떻게 생각하든 전혀 신경 쓰지 않는다"

위르겐 클롭은 항상 클롭 그 자체다. 클롭 이외의 그 누구도 아니다. 이것은 클롭이라는 인간의 가장 큰 특징이다. 연기는 하지 않는다. 자신도 "연극에는 전혀 소질이 없습니다"라고 말한다. 의도적으로 언론을 이용할 때가 아니라면 자신의 발언을 세상 사람들이 어떻게 해석할지 신경 쓰지 않으며, 항상 품격 있는 발언만 해야 한다고도 생각하지 않는다.

"세상의 이목에 관해서 말하면, 저는 행복한 사람입니다. 누가 저를 어떻게 생각하든 전혀 신경 쓰지 않으니 말입니다. 조금도 동요하지 않습니다. 저를 '정말 좋은 놈'이라고 생각하는 사람도 있겠고, '자기가 다 알고 있다는 듯 우쭐대는 재수 없는 놈, 정말 거슬려'라고 말하는 사람도 있을 겁니다. 하지만 저는 양쪽 모두 신경 쓰지 않습니다. 그보다는 제게 중요한 일을 신경 씁니다. 가족과 일, 저와 가까운 사람들이 저로 인해 이익을 볼 수 있도록 행동하려고 노력합니다. 저는 오랫동안 말이 많은 사람으로 생각되어 왔습니다. 하지만 최후에 평가받는 것은 제가 한 일과 그 질입니다. 공적인 자리에서 무슨 말을 하느냐는 그다지 중요하지 않습니다."

"선수와 거리를 두는 감독은 기회를 얻지 못하는 시대다"

일과 관련해 클롭이 선수들에게 이익을 가져다주고 있는 예를 한 가지 들자면, 그것은 클롭이 시대의 흐름에 딱 들어맞는 감독이라는 것이다. 현대의 선수들은 감독의 결단을 무작정 받아들이는 것이 아니라 먼저 설명을 듣고 이해하고 싶어 하는데, 클롭의 화법은 그런 세대와 잘 맞는다. 클롭은 최종 결단은 자기가 단독으로 내리지만, 결단을 내리는 과정을 명확히 하고 타인의 의견을 고려한다. 그렇기에 주위도 수긍한다. 최종 결단은 감독의 책임이기도 하다.

클롭의 스승인 볼프강 프랑크도 이 견해를 뒷받침하는 발언을 했다. "선수와 거리를 두는 감독은 기회를 얻지 못하는 시대라고 생각합니다. 젊은 선수는 함께 살아가고 서로 이야기를 나누며 창조적인 감독을 원합니다. (…) 자신의 잘못을 인정해도 괜찮습니다. 그런 다음 다시 선수에게 요구하는 겁니다. 항상 '기브 앤 테이크'이지요. 위르겐은 이런 것을 아주 잘합니다. 현실적인 토론을 할 때도 어떤 감정을 담을 수 있는 사람입니다."(2011년 5월 1일자 〈프랑크푸르터 알게마이네 존탁스차이퉁〉지)

클롭은 자기 자신의 스타일, 그리고 감독으로의 스타일을 우직하게 관철해왔다. 그러나 동시에 성장도 하고 있다. 이것은 모순되는 사실이 아니다. 선수와의 거리는 마인츠 시절보다 약간 멀어졌다. 그도 그럴 것이, 당시는 일부 선수와 거의 동년배였고 얼마 전까지만 해도 함께 공을 차던 사이였다. 현재의 '감독 클롭'은 '선수 클롭'을 졸업한 지 오래다.

"선수가 나의 결단에 영향을 주는 일은 없다"

"저는 대화를 거부하지 않습니다. 하지만 선수가 제 결단에 영향을 주는 일은 없습니다. 논쟁을 벌이거나 하지는 않습니다. (…) '그러면 다수결에 따르지' 같은 일은 일어나지 않습니다. 팀에 '너희들 어떻게 플레이하고 싶어? 좀 더 공격적으로? 아니면 수비적으로? 왼쪽에서? 오른쪽에서?'라고 묻지는 않습니다. 결단을 내릴 의무는 제게 있습니다. 진정으로 심사숙고하는 사람은 저뿐이니까요."

두 번째 얼굴

BVB의 한스-요아힘 바츠케 CEO는 클롭이 '사람을 꽉 붙잡고 놓아주지 않는' 사람이라고 말한다. 그런데 클롭은 한편으로 자유롭게 행동할 여지를 중시하는 사람이다. 클롭의 두 번째 부인인 울라 클롭Ulla Klopp의 말도 이를 뒷받침한다. 교육학을 전공한 울라는 '과거의 방식'을 고집한 특별 학교에서 일하기를 그만뒀는데, 그 이유를 이렇게 말했다. "무엇을 하든 규칙을 따라야 했거든요. 참을 수가 없었어요. 그 점에서는 저와 그이가 닮았어요. 그이는 자기실현을 위해 자유가 필요해요."(《포커스》지 2010년 12월 6일자 49/2010호) 현재 울라는 아동 도서 작가로 활동하고 있다.

만약 그 자기실현이 제약을 받게 되거나 성미에 맞지 않는 일이 일어난다면 클롭의 밝고 장난스러운 얼굴은 사라져버리고 격분한 두 번째 얼굴이 모습을 드러낸다. 입을 다물고 상대를 비웃는 매몰찬 표정을 보인다. 진심으로 화가 났을 때는 온몸으로 상대를 막아선다. 평소의 자연스러운 거리를 넘어서서 상대에게 얼굴을 가까이 들이댄다. 이런 모습이 여과 없이 드러난 것이 2 대 0으로 끝난 2010년 11월의 함부르크 SV전이다. 상대 팀의 파울을 잡아주지 않자 흥분한 클롭이 제4심판의 이마를 모자챙으로 민 것이다. 그 뒤 클롭은 반성의 뜻을 밝혔지만, 독일축구연맹의 스포츠재판소는 클롭에게 벌금 1만 유로를 부과했다.

　클롭의 행위는 일종의 줄타기다. 클롭은 감정을 숨김없이 드러내고 카메라가 있든 없든 똑같이 행동하며 팀 대신 자신이 비난의 표적이 되기를 자처한다. 레버쿠젠과의 경기 후 텔레비전 인터뷰에서 마리오 괴체의 퇴장과 관련해 보인 태도는 그 좋은 예다. 클롭이 도를 넘어서면 사람들은 '충동적인 확성기'라는 이미지를 금방 떠올린다. 그런데 클롭은 이미지라는 것을 그다지 신경 쓰지 않는다. BVB 서포터인 토르스텐 비르거가 표현했듯이 '감독이라는 자리에 있는 팬'인 클롭은 시즌 티켓을 산 남쪽 스탠드의 서포터들과 마찬가지로 골이 들어가면 환호하고, 오심이 나오면 분노를 감추지 못한다. 인터뷰에서는 감독으로서 처음 받은 퇴장 처분에 대해 자랑스러워하는 모습조차 보였다. 마인츠 시절에 선심에게 원래 몇 번까지 오심이 허용되느냐고 물어봤다가 퇴장당한 것이었다. "만약 15회까지 허용된다면 이제 한 번 남은 상황이었지요"라고 클롭은 말했다.

자신의 발언이 끼칠 영향을 이해하고 있다

클롭은 팀을 지켜야 한다고 생각하면 의도적으로 세간의 이목을 자신에게 집중시킨다. 〈키커〉지의 BVB 담당 기자인 토마스 헤네케도 그렇게 생각하는 사람 중 한 명이다. "클롭의 팀은 아직 매우 젊어서 역경에 익숙하지 않습니다. 그래서 클롭은 팀이 부진에 빠졌을 때 의도적으로 선수들이 숨을 돌릴 시간을 벌어줍니다. 세상을 시끄럽게 만드는 아슬아슬한 수위의 발언이나 표현이 그 순간의 기분이나 즉흥적인 감정에서 나오는 경우는 드뭅니다. 클롭처럼 머리가 좋은 사람은 자신의 발언이 끼칠 영향을 이미 이해하고 있지요."

"하지만 네 번째에는 틀림없이 얼굴이 다시 시뻘게지겠지"

클롭은 자신이 때때로 넘지 말아야 할 선을 넘어선다는 사실을 확실히 자각하고 있다. 다만 그렇다고 해서 감정적인 태도를 바꾸려 하지는 않는다. "저는 지금까지 공적인 자리에서 수없이 사고를 쳐왔습니다. 물론 그것을 자랑스럽게 여기지는 않습니다. 다만 이건 말씀드리고 싶군요. 최근에 어떤 기자한테 화를 냈기 때문에 다음에 바보 같은 질문을 받아도 아마 세 번까지는 '참자. 사고를 친 지 일주일밖에 안 됐잖아?'라고 생각하며 흘려 넘길 겁니다. 하지만 네 번째에는 틀림없이 얼굴이 다시 시뻘게지겠지요. 비상사태가 벌어지는 겁니다. 그렇게 해서 또 내부에 쌓였던 분노를 비웁니다. 저는 원래 그런 사람이고, 이런 성격을 그리 쉽게 바꾸지는 못할 겁니다."

앞으로는 충동적인 행동에 대한 대가를 더 비싸게 치를 것이며 퇴장 처분도 늘어날 우려가 있다. 하지만 클롭은 앞으로도 계속 온몸에 전류가 흐르는 에너지 덩어리일 것이다.

분노를 발산하지만 뒤끝은 없다

〈키커〉지의 토마스 헤네케는 과거 3년 6개월 동안 위르겐 클롭과 수많은 인터뷰를 했다. 두 사람은 가끔 의견이 대립할 때도 있지만 항상 마음을 터놓고 이야기한다. 헤네케는 기자를 대하는 클롭의 태도를 '놀라울 만큼 프로페셔널하지만 직선적'이라고 평가했다. "인용이 잘못되었다고 느끼거나 기사의 내용에 심하게 화가 나면 클롭은 기자에게 직접 연락할 때도 있는데, 그럴 경우 외교적인 미사여구 따위는 사용하지 않습니다. 하지만 불쾌한 일이 있더라도 뒤끝은 없습니다. 분노를 발산해서 울분을 풀면 다음 날에는 깨끗하게 잊어버립니다. 저는 그것을 좋게 생각합니다. 클롭의 반응을 알 수 있으니까요."

그러나 그런 직선적인 반응을 불편해하는 기자도 있다고 한다. "'질문이 핵심을 찌르지 못했다', '멍청한 질문이다' 같은 불만을 완곡하게 돌리지 않고 직설적으로 표현하는 클롭의 표적이 되는 것은 기분 좋은 일이 아닙니다. 하지만 그래도 커뮤니케이션을 하려고 하는 클롭의 스타일은 언론 관계자들 사이에서 높게 평가받고 있습니다."

계속 같은 질문을 받은 클롭이 화를 내는 것은 헤네케도 이해한다. "그럴 때는 기분이 나빠질 수도 있습니다. 훈련이 시작되고 2개월이 지났을 무렵의 기자회견에서 이런 일이 있었습니다. 한 기자가 시즌 목표를 물어봤지요. 그때까지 그 질문을 어디 한두 번 들어봤겠습니까? 그러자 클롭은 아주 잠깐 생각하고는 고개를 저으면서 기자에게 되물었습니다. 요 몇 달 동안 대체 어디에 있었느냐고요. 그럴 때의 클롭은 분노를 직접적으로 발산합니다."

한편 헤네케는 클롭과 전문적인 토론을 하는 것을 즐겁게 느낀다. 대립할 때가 많지만 공정하게 진행한다고 한다. 헤네케는 2010-11시즌에 있었던 사례를 소개했다. "언론에서 계속 결정력 부족을 지적했는데, 클롭은 여기에 동의하지 않았습니다. 관점 자체가 완전히 달랐기 때문입니다. 클롭은 그렇게 많은 득점 기회를 만들어낸 것 자체가 좋은 징조라고 평가하고 있었습니다. 그중에서 몇 개를 놓쳤느냐는 것은 클롭이 보기에 너무 부정적인 관점이었던 것이지요."

헤네케와 클롭의 견해가 엇갈리는 장면은 다음 시즌 초에도 있었다. "저는 BVB의 저조한 시즌 출발에 관해 장문의 기사를 썼습니다. 왜 BVB의 플레이가 작년과 다른지, 왜 경쾌함이 사라졌는지 썼지요. 하지만 클롭은 이런 접근법을 전혀 마음에 들어 하지 않았고, 우리는 긴 논쟁을 벌였습니다. 클롭은 첫 5경기를 그전 시즌 전체와 비교할 수는 없다고 주장했고, 그 주장을 절대 양보하지 않았습니다. 제가 완전히 잘못 생각하고 있다고 말했지요."

위르겐 클롭이라는 브랜드

덥수룩한 수염, 붕 뜬 머리카락, 안경, 야구 모자 그리고 파커를 몸에 두른 위르겐 클롭은 겉모습만으로도 독특한 인물이다(클롭의 패션이 바뀌는 것은 챔피언스리그 경기를 치를 때뿐이다. UEFA에서는 모든 감독에게 복장 매너를 규정했기 때문이다). 둥근 테 안경을 끼던 것은 옛날 이야기다. '해리 포터'라는 별명도 마찬가지다. 체형이 호리호리하고 머리가 짧았던 시절에 그렇게 불렸다. 다만 클롭이 마인츠에서 강등 후보였던 팀을 1부 리그에 승격시킨 과정을 보면 마법을 부렸다고 해도 전혀 이상하지 않다. 그런 위르겐 클롭은 이제 감독으로서나 인간으로서나 하나의 브랜드다.

현재 이 '브랜드'라는 말은 단순한 유행어로 격하되어 버렸다. 그리고 종종 긍정적인 의미가 아닌 경우도 있다. 브랜드를 만들려고 서두른 나머지 언론을 이용해 캐릭터를 성급하게 과장할 경우 특히 그렇다. "최고의 브랜드는 성공을 거두고 있는 브랜드입니다. 그 외에는 신뢰할 수 없습니다." 바이에른 뮌헨의 단장 마티아스 자머는 이렇게 말했다. 자머의 이야기에 따르면 '성공'이란 최대한 레터헤드의 내용을 늘리는 것, 즉 우승 타이틀을 획득하는 것이다. 이 정의는 클롭에게 그대로 들어맞는다. 클롭은 신뢰할 수 있는 브랜드다. 성공을 거두고 있기 때문이다. 그리고 2011년에 분데스리가 챔피언이라는 타이틀을 획득했다. 그러나 이미 그전에도 절망적인 순위였던 마인츠의 강등을 막고 결국은 1부 리그까지 이끈 실적이 있다.

그런데 브랜드란 구체적으로 무엇을 말하는 것일까? 어떻게 구축되고 무엇이 그 핵심을 이루는 것일까? 첫 번째 전제는 퀄리티, 즉 품질이다. 수긍할 수 있는 퀄리티가 필요하다. 축구의 경우 이렇게 말하면 거의 틀림없을 것이다. 요컨대 최대한의 성적을 동반하면서 보는 맛이 있는 플레이를 보여주고, 오락성도 적당히 있으면서 이것이 우리의 축구라는 인상도 나름대로 주는 것이다. 클럽이 팬의 기대에 부응하지 못할 때가 너무 많다면 만족스러운 퀄리티라고는 말할 수 없다. 슈퍼마켓의 상품처럼 축구 비즈니스의 소비자도 그 '상품'에 특정한 기대를 품는다. 축구의 경우 그 기대는 특히 감정적인 성질을 지닌다.

감독은 클럽을 대표하는 존재

브랜딩의 기본이 되는 성공의 정의는 사람마다 다르다. 축구에서의 성공은 승격과 타이틀 획득뿐일까? 아니면 자머가 말하는 것보다 넓은 정의도 가능할까? FC 장크트파울리가 생각하는 성공과 바이에른 뮌헨이 생각하는 성공은 같지 않다. 장크트파울리라는 브랜드에는 기쁨, 태평함, 유머, 독자 노선이라는 성질이 있다. 서포터들에게 1부 리그 잔류는 일종의 보너스이며, 강등은 비극이 아니다. 강등되더라도 브랜드의 핵심은 영향을 받지 않으며 매일의 전적으로부터 유리되어 있는 것이다. 이런 클럽은 틀림없이 예외라고 할 수 있을 것이다. 만약 클럽이 그런 '장크트파울리다움'을 스스로 부정하려 한다면 오히려 그쪽이 더 심각한 문제가 된다. 하지만 그런 일은 일어나지 않았고, 그렇기에 서포터들은 2010-11시즌에 최종 라운드를 앞두고 바이에른 뮌헨에 1 대 8로 참패하며 강등이 결정되었을 때도 팀에 계속 성원을 보낸 것이다. 이것은 퇴임이 결정된 장크트파울리의 감독 홀거 스타니슬랍스키Holger Stanislawski에 대해서도 마찬가지로, 서포터들은 변함없이 그를 숭배한다.

한편 바이에른 뮌헨은 상황이 다르다. 바이에른 뮌헨의 경우는 리그 우승이나 챔피언스리그에서의 좋은 성적이 매 시즌의 요구 수준이다. '바이에른 뮌헨'이라는 브랜드는 끊임없는 승리를 요구받기 때문에 1패의 무게가 훨씬 크다. 1970년대부터 타이틀을 쌓아나감에 따라 이런 자의식이 형성된 것이다. 그래서 바이에른 뮌헨의 1패는 장크트파울리의 1패보다 극단적으로 큰 영향을 끼친다. 요컨대 성공과 그것이 브랜딩에 끼치는 영향은 각 클럽의 정의, 즉 그 클럽이 어떤 존재이며 무엇을 지향하느냐는 정의에 좌우된다.

브랜드로서의 적격성을 좌우하는 요소는 성공만이 아니다. 감독도 그런 요소를 담당하고 있다. 프로축구의 세계에서는 최근 10~20년 사이에 감독의 역할이 두드러지게 확대되었다. 훈련과 경기만을 담당하는 훈련 지도자였던 시대는 이미 지나간 지 오래다. 홍보 담당으로서의 역할이 나날이 중요해지고 있으며, 자신뿐만 아니라 클럽을 대표하는 존재가 되고 있다. 따라서 감독이 지닌 가치와 신념이 클럽의 이상理想과 일치한다면 그보다 좋을 수는 없는 관계가 성립한다. 같은 가치를 공유하면 같은 방향을 지향하며 일하기가 쉬워지기 때문이다. 이런 의미에서 클럽은 취임 초기부터 젊은 선수의 기용을 추진하고자 하는 도르트문트의 철학에 자신의 방향성을 일치시킬 수 있었다.

"클롭의 행동은 BVB에 5배의 가치가 있다"

프랑크 도파이데와의 대담

그렇다면 왜 클롭에게는 설득력이 있는 것일까? 성공 이외에 또 무엇이 클롭을 하나의 브랜드로 자리매김하도록 만드는 것일까? 그리고 왜 클롭은 다른 클럽도 아닌 보루시아 도르트문트와 찰떡궁합을 자랑하는 것일까? 이와 관련해 브랜딩 전문가인 프랑크 도파이데Frank Dopheide가 흥미로운 견해를 밝혔다.

—도파이데 씨, '클롭' 브랜드의 특징은 대체 무엇일까요? 그 힘은 어디에서 나오는 것일까요?

"클롭 브랜드의 힘은 그 '친근함'에서 나옵니다. 클롭은 일반 서민의 화법을 구사하고 조깅복을 입은 채 사람들 앞에 나타납니다. 하지만 이것은 그 이미지를 이용해 무엇인가를 얻으려 하는 속셈에서 나오는 행동이 아닙니다. 그냥 원래 그런 사람인 것이지요. 클롭은 항상 똑같은 사람이고, 세월이 지나도 거의 바뀌지 않습니다. 겉모습부터 시작해 말투와 몸짓에 이르기까지 전부 그렇습니다. 그리고 이것이 클롭이라는 브랜드의 가치를 더해줍니다. 그 스타일을 유지하는 것이 클롭에게 커다란 힘으로 작용하는 것이지요. 이것은 5 대 5로 가른 머리카락을 보기만 해도 알 수 있습니다. 정말 고집스럽게 그 스타일을 고수하고 있지요. 현재의 유행이 무엇이든 상관하지 않습니다. 클롭은 언제나 자신의 스타일을 고수합니다."

—그 밖에 클롭이라는 인물의 특징으로는 무엇이 있을까요?

"클롭의 화술은 매우 설득력이 강합니다. 말과 태도가 일치하기 때문에 신빙성이 형성되는 것이지요. 이것은 브랜딩에서 매우 중요한 요소입니다. 클롭은 그 커다란 입으로 금방 이미지가 떠오르도록 알기 쉽게 말하기 때문에 전문가가 아니어도 클롭이 하는 축구 이야기를 어렵지 않게 이해할 수 있습니다. 클롭은 솔직하게 이야기합니다. 이것은 BVB라는 브랜드에도 매우 긍정적으로 작용하지요. 클롭의 친근하고 정직한 태도가 루르 지방의 정신과도 일치하기 때문입니다. 게다가 클롭은 여성에게도 매우 매력적인 인상을 주며, 젊은 사람에게는 강력한 힘을 발휘합니다. 이것은 그가 얼마나 젊고 힘이 넘치는 팀을 만들어냈는지를 보더라도 알 수 있습니다."

—흥분해서 경기장 위를 뛰어다니는 클롭을 보면 차분함이 없는 사람처럼 보이기도 하는데요.

"분명히 경기장에서는 매우 충동적인 유형입니다. 경기장에서 자신이 한 행동을 항상 만족스럽게 생각하는 것은 아니구나 하는 인상을 종종 받습니다. 하지만 클롭은 어떻게든 열기를 발산해야 하기에 그러는 것일 겁니다."

'브랜드 계좌' 로 정기 입금

—또한 클롭의 행동 스타일은 매우 일관적이고 일직선이라는 인상을 받습니다만.

"맞습니다. 재미있는 점은 그 지극히 일관적인 행동이 앞으로도 클롭 브랜드에 놀랄 만큼의 힘을 부여할 것이라는 사실입니다. 이 일관성은 지수 함수적인 발전을 가져다주는 요소입니다. 처음에는 긴 시간이 걸립니다. 비유를 들자면 노령연금 같은 것이지요. 매달 브랜드 계좌로 조금씩 돈을 입금합니다. 이 경우는 클롭의 일관적인 행동이 입금되는 돈이라고 생각하시면 됩니다. 그러면 시간이 지날수록 점점 힘이 강해져서 어느 날 정신을 차렸을 때는 정말로 커다란 가치를 지니게 되지요. 클롭은 그 '입금'을 오랫동안 끈기 있게 계속하고 있기 때문에 감독 중에서도 돋보이는 인물이 된 겁니다."

—클롭의 말과 행동이 루르 지방의 정신과 일치한다고 말씀하셨는데, BVB와 궁합이 잘 맞는다는 인상도 정확히 본 것일까요?

"맞습니다. 그러면 그루페 님펜부르크 사의 'Limbic 지도'를 사용해 구체적으로 살펴보도록 하지요(그루페 님펜부르크 사는 뉴로 마케팅(뇌 과학의 견지에서 소비자의 심리와 행동을 해명하려 하는 수법)을 이용해 컨설팅과 리서치를 실시하고 있다. Limbic 지도는 '자극'과 '우위', '균형'이 인간 행동의 근본적인 동기라고 생각하고 이 세 가지를 축으로 가치의 위치를 정해 지도 위에 배치한 것이다. 기업, 개인, 브랜드 등이 지도 위의 어떤 영역에 해당하는지 특정해 마케팅에 활용한다(참고:

http://www.nymphenburg.de/)). 저는 이 지도를 '가치 공간'이라고 부릅니다. 이 지도를 이용하면 인물이나 기업이 지닌 가치가 어떤 상위 개념에 속하는지 특정할 수 있지요. 저는 이것을 클롭과 BVB에 대해 실시해봤습니다. 먼저 보루시아 도르트문트라는 브랜드에 어떤 성질이 있는지 생각해보면, 제게는 '우호', '고향', '충성' 같은 개념이 떠오릅니다. BVB 브랜드의 기초는 이렇게 지역에 깊게 뿌리내린 성질인 것이지요. 그러니까 BVB 브랜드에는 가치 공간에서 '균형' 같은 상위 개념이 매우 중요합니다(다음 페이지 그림 참조). 참고로 이것을 보면 미하엘 조르크(BVB의 단장이며 클럽의 전설적인 선수)가 왜 BVB에 중요한 인물인지도 알 수 있습니다. 그건 조르크가 도르트문트와 깊은 유대를 맺고 있으며 향토적인 감정을 전하는 인물이기 때문입니다."

"클롭은 도르트문트다운 것이 무엇인지를 완벽히 보여주는 인물"

─만약 도르트문트가 여기에 표시된 것 이외의 가치를 추구하려고 하면 어떻게 될까요?

"지금까지의 가치에서 가까운 가치를 선택했을 경우에만 성공할 겁니다. 가령 1990년대에 도르트문트는 바이에른 뮌헨의 방향, 그러니까 '우위'의 영역에 들어가려 했습니다. 가치 공간에서 정반대의 위치에 있는 영역이지요. 하지만 그 방향 전환은 성공하지 못했습니다. 브랜드가 그런 가치를 지니고 있지 않고, 뿌리내린 장소가 다르기 때

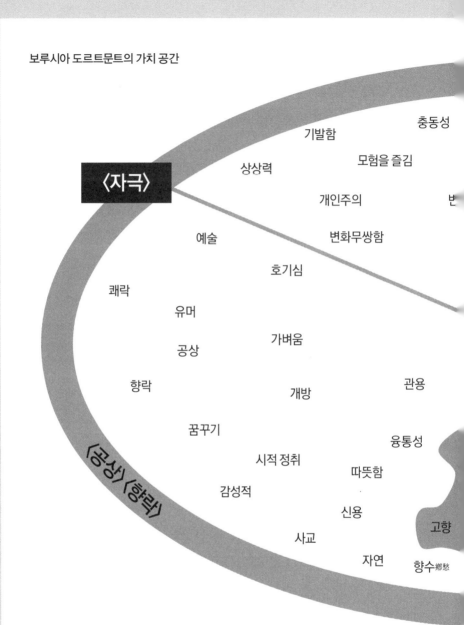

보루시아 도르트문트의 가치 공간

〈자극〉

충동성

기발함

모험을 즐김

상상력

개인주의

반

예술

변화무쌍함

호기심

쾌락

유머

가벼움

공상

향락

개방

관용

꿈꾸기

융통성

시적 정취

따뜻함

감성적

신용

고향

사교

자연

향수 鄕愁

〈공상〉 〈향락〉

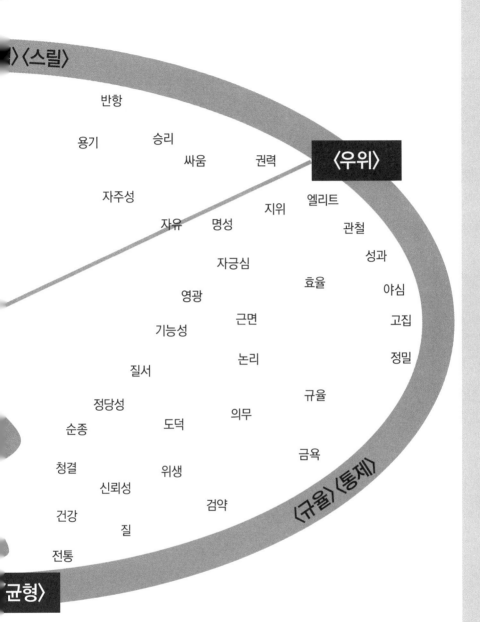

〈스릴〉

반항

용기　　승리

싸움　　　권력　　　〈우위〉

자주성

지위　　엘리트

자유　　명성　　　　관철

자긍심　　　　성과

영광　　　　효율　　야심

기능성　　　　　　고집

근면

질서　　　　논리　　　정밀

정당성

순종　　도덕　　의무　　규율

청결

위생　　　　금욕

신뢰성

건강　　　　검약　　〈규율〉〈통제〉

질

전통

〈균형〉

두 가지로 작성된 Limbic 지도: 보루시아 도르트문트의 가치 공간과 위르겐 클롭의 가치 공간. Limbic 지도를 개발한 곳은 뮌헨의 그루페 님펜부르크 컨설트 AG다. 또한 각 지도에서 해당되는 가치를 특정한 곳은 뒤셀도르프의 도이체 마르켄아르바이트 GmbH다.

위르겐 클롭의 가치 공간

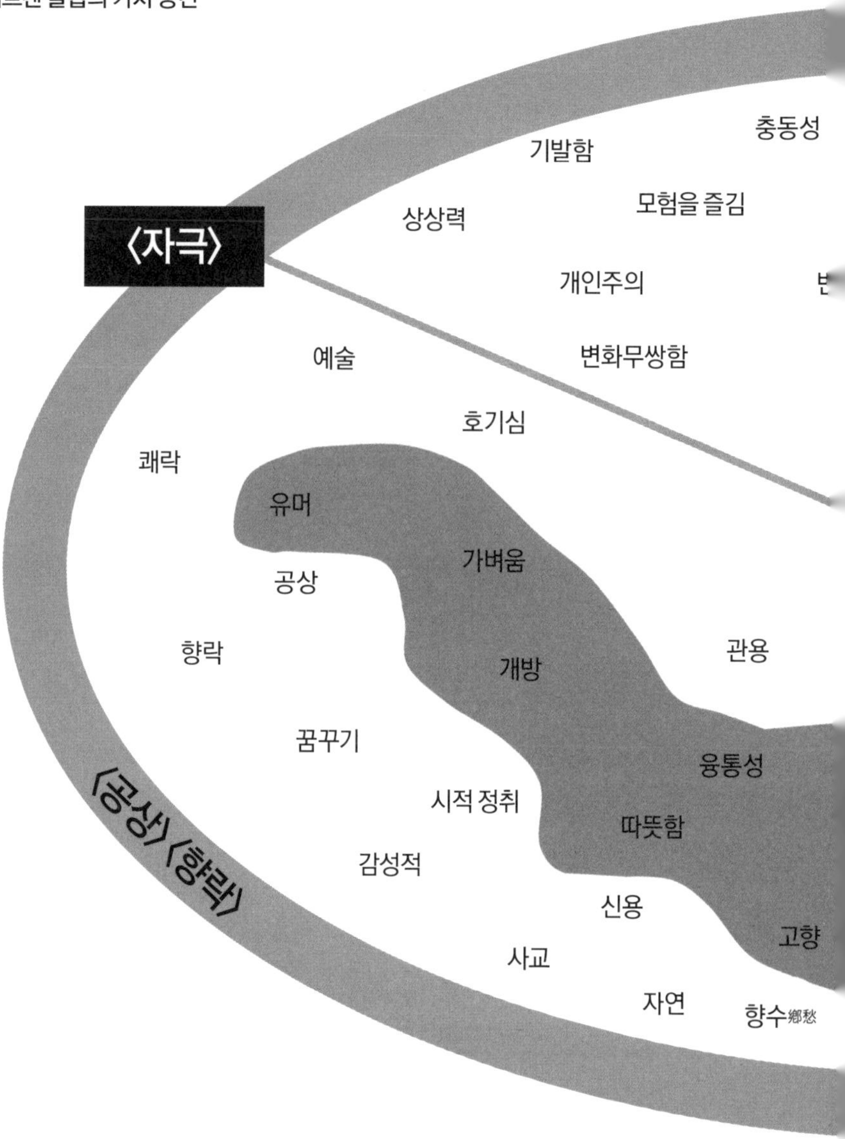

〈자극〉

충동성

기발함

모험을 즐김

상상력

개인주의

변화무쌍함

예술

호기심

쾌락

유머

가벼움

공상

관용

향락

개방

꿈꾸기

융통성

시적 정취

따뜻함

감성적

신용

고향

사교

자연

향수鄕愁

〈공상〉 〈향락〉

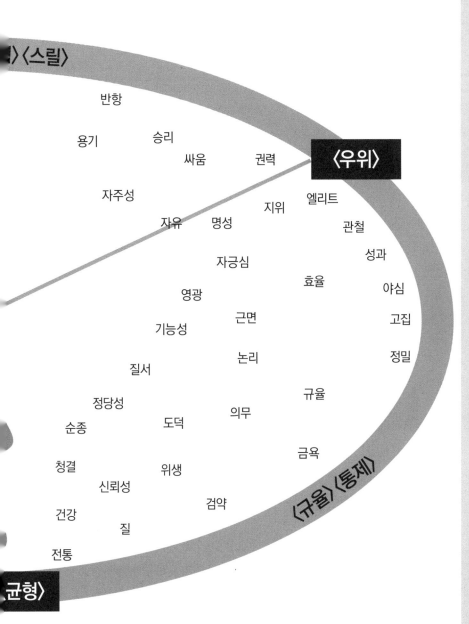

〉〈스릴〉

반항

용기　　승리

　　싸움　　권력　　　　〈우위〉

자주성

　　　　지위　엘리트

자유　명성

　　　　　　　　관철

자긍심

　　　　효율　　성과

영광

　　　　　　　　　야심

근면

기능성

　　　　　　　　고집

논리

질서

　　　　　　　정밀

　　　　　　규율

정당성

순종　　도덕　　의무

청결

　　　　　　　금욕

위생

신뢰성

　　　　　검약　　〈규율〉〈통제〉

건강

질

전통

〈균형〉

두 가지로 작성된 Limbic 지도: 보루시아 도르트문트의 가치 공간과 위르겐 클롭의 가치 공간. Limbic 지도를 개발한 곳은 뮌헨의 그루페 님펜부르크 컨설트 AG다. 또한 각 지도에서 해당되는 가치를 특정한 곳은 뒤셀도르프의 도이체 마르켄아르바이트 GmbH다.

문입니다. 하나의 영역에서 다른 영역으로 쉽게 이동할 수는 없습니다. 브랜드는 그렇게 기능하지는 않습니다."

—그리고 위르겐 클롭이 지니는 가치는…
"BVB와 매우 유사한 영역에 있습니다. 클럽은 BVB를 형성하는 요소를 전부 커버합니다. 그런 의미에서 클럽은 도르트문트다운 것이 무엇인지를 완벽히 보여주는 인물이지요. 이것은 마인츠에서도 마찬가지였습니다. 마인츠에서도 같은 가치를 드러내며 긴 시간에 걸쳐 선수와 감독으로 활약했지요. 클롭에게 가족은 중요한 존재입니다. 클롭은 '우호'라는 가치를 갖고 있습니다. 동료 같고 친근한 존재이기 때문입니다. '고향'이라는 가치를 갖고 있음은 마인츠에서 긴 시간을 보내며 증명한 바 있습니다. 또 '확실함'은 이 중에서도 가장 중요한 요소인데, 클럽의 전문가로서 능력이 여기에 해당합니다. 이미 긴 커리어를 통해 이 분야에서 일할 수 있음을 증명했지요. 이런 것들을 바탕으로 판단하면, BVB와 클롭은 서로 잘 맞는다고 할 수 있습니다. 반대로 루이 판 할 같은 유형의 감독은 BVB와 전혀 맞지 않습니다. 완전히 다른 가치, 즉 '우위'에 속하는 가치를 나타내기 때문이지요. 이것은 어떤 영역이 더 좋다거나 나쁘다는 이야기가 아닙니다. 그저 두 사람이 다른 인물이라는 말입니다. 하지만 정합성을 얻으려면 사람과 기업의 가치, 즉 이 경우에는 감독과 클럽의 가치가 가급적 일치해야 합니다."

―위르겐 클롭에 대해 표시된 가치의 영역은 BVB의 영역을 크게 넘어서는데요. 브랜드의 관점에서는 이 점을 어떻게 평가하시나요?

"BVB가 기존에 갖지 못했던 가치를 클롭이 더해준 것이므로 클럽으로서는 매우 이익입니다. 즉 가벼움, 유머, 개방, 융통성 같은 가치이지요. 위르겐 클롭에게서 무엇이 연상되느냐고 물으면 대부분이 '웃을 때의 커다란 입과 거침없는 발언'이라고 말합니다. 또한 클롭이 경기장에서 방방 뛰는 모습도 자주 언급됩니다. 이 세 가지가 아까 이야기한 가치에 해당하는 포인트입니다. 이것은 참으로 흥미롭습니다. 이들 가치에 해당하는 부채꼴 영역에는 분데스리가의 새로운 타깃 그룹, 그러니까 여성이 속해 있기 때문이지요. 그런 의미에서도 BVB는 클롭이 더해주는 가치를 통해 이익을 얻고 있습니다."

―구체적으로 어떤 이익을 얻고 있을까요?

"기업은 시간이 지날수록 확실함, 안심감, 가족 같은 측면이 중요해집니다. 한편 여성은 가벼움, 유머, 개방 같은 가치를 갖고 있으며 여기에 감성이나 공상 같은 가치가 동반될 때도 종종 있습니다. 위르겐 클롭은 이 타깃 그룹을 BVB로 끌어들일 수 있는 것이지요. 결과적으로 클롭은 5배의 가치를 지니게 됩니다. 클롭은 기본적으로 직업능력이라는 측면에서 우수한 감독인데, 여기에 서포터들에게 도르트문트다움을 상징하는 존재이자 젊은 선수들을 끌어들이는 자석이며 기자들을 바쁘게 만드는 근원이고 스폰서에게는 신뢰를 주는 존재이기도 합니다. 그러니까 클롭은 BVB 브랜드에 5배의 가치가 있는 것이지요."

개성적이기는 하지만 기발하지는 않다

– 클롭의 충동성, 감정적인 모습, 그리고 주위에 물들지 않는다는 의미에서의 긍정적인 기발함을 생각하면 '모험·스릴'의 '용기' 같은 가치도 해당되지 않을까요? 클롭이 팀에서 경험보다 젊음을 우선하는 모습을 보면 클롭의 성질에 '용기'도 포함되어야 하지 않을까 싶습니다만.

"그 점을 주의해야 하는데, 클롭이 드러내는 가치란 무엇인지를 구별해서 생각해야 합니다. 그러니까 여기에서 말하는 가치는 클롭 자신이 이 세상을 살아가기 위해 중요한 것이지 클롭이 주는 인상이 아닙니다. 전자는 '무엇이?'이고, 후자는 '어떻게 보이는가?'이지요. 클롭이 매우 감정적이라는 견해는 틀리지 않습니다. 하지만 '기발하다'는 견해는 아니라고 생각합니다. 기발함에는 겉모습으로 사람을 매혹시키는 요소가 들어 있습니다. 하지만 클롭에게는 그런 요소가 없습니다. 타인에게 좌우되지 않는 클롭은 개성적인 캐릭터이기 때문에 기발하다는 인상을 줄지도 모릅니다. 하지만 클롭 자신이 그런 인상을 실질적으로 중시하지는 않을 겁니다. 클롭이 젊은 선수에게 희망을 거는 것은 용기 있는 판단이지만, 이것은 '어떻게 보이는가?'라는 문제입니다."

– 하지만 용기가 있다고 인정은 하시지요? 어쨌든 BVB의 감독으로 취임한 직후부터 네벤 수보티치와 마츠 훔멜스를 기용해 분데스리가 최연소 센터백 콤비를 결성시켰으니까요.

"클롭은 오랫동안 마인츠에 몸담았고, BVB에서도 오랫동안 감독 생활을 계속하고 있습니다. 용기 있는 결단을 내리는 사람은 커리어 속에서 수없이 변화를 보이기 때문에 '이 사람은 항상 남들과 다른 선택을 해'라는 말을 듣는 사람입니다. 하지만 제가 외부에서 봤을 때도 클롭은 용기 있는 시도를 하고 싶어 하는 사람으로는 느껴지지 않습니다. 우리가 가치 공간에서 '용기'를 적용시킬 수 있는 유형의 사람은 일상에 따분함을 느끼고 의도적으로 리스크를 감수하는 사람입니다. 하지만 저는 클롭에게서 그런 인상을 받지 못했습니다. 클롭은 확실한 목표를 갖고 있으며, 그 모습에서 느낄 수 있듯이 확신을 품고 행동한다고 생각합니다. 가치 공간에서 클롭의 영역은 '확실함'부터 '가벼움'까지 광범위하게 걸쳐 있습니다. 여기에는 물론 다소간의 용기도 관여하고 있겠지만, 그것이 클롭을 움직이는 중심적인 요소는 아닐 터입니다. 이것은 '충동성'도 마찬가지입니다. 이 또한 '어떻게 보이는가?'입니다. 클롭은 단순히 그렇게 보이는 캐릭터일 뿐이며, 그것을 클롭 자신이 중시하지는 않습니다."

"클롭은 사람을 연결시키는 요소를 지니고 있다"

– 2008년에는 BVB 이외의 클럽도 클롭에게 관심을 보였는데, BVB 이외에 어

떤 클럽이 클롭과 잘 맞았을까요?

"제일 먼저 떠오르는 곳은 SV 베르더 브레멘입니다. 브랜드의 관점에서 보면 BVB와 비슷한 위치에 있으니까요. 브레멘은 우호, 가족, 충성, 단결, 안심감이라는 성질을 지닙니다. 참고로 토마스 샤프 감독이 2010-11시즌에 부진을 겪고서도 자리를 유지할 수 있었던 것 또한 이 때문입니다(이 시즌에 브레멘은 13위에 머물렀으며, 도중에는 강등의 우려도 있었다). 이상과 같은 가치가 중요하다면 그런 상황에도 견딜 수 있는 것이지요. 반대로 클롭은 바이에른 뮌헨에는 맞지 않았을 겁니다. 가치의 영역이 전혀 다른 곳에 있으니까요. '우리는 우리다Mia san mia'라는 슬로건처럼 우위, 권력, 자긍심이 바이에른 뮌헨의 가치 영역입니다."

– 다른 팀은 어떨까요?

"바이어 레버쿠젠도 맞지 않았을 겁니다. 이 클럽은 기능성, 논리, 규율, 의무, 금욕이라는 영역에 정착했기 때문입니다. 도르트문트의 숙적인 FC 샬케 04는 물론 지금의 클롭으로서는 있을 수 없는 이야기이지만 BVB과 계약하기 전이었다면 잘 맞았을지도 모릅니다. 다만 우리가 볼 때 샬케는 브랜드로서 거의 정의가 불가능한 클럽입니다. 샬케에는 향수, 고향, 우호 같은 요소가 다분히 보이지만 기발함, 개성 그리고 스타성, 그러니까 매혹 같은 요소도 있습니다. 분류가 어렵기에 BVB의 경우만큼 명확히 좋은 결과가 되었으리라고는 생각하기 어렵습니다."

– 클롭은 "스폰서에게는 신뢰를 주는 존재"라고 말씀하셨는데, 어떤 기업의 광고에 적합할 것 같나요?

"클롭을 썼을 때 가장 큰 효과를 볼 수 있는 기업은 가벼움이 필요한 기업, 그리고 확실함을 중시하고 가족적인 분야에서 활동하는 기업입니다. 의외로 생각될지도 모르겠습니다만, 은행도 해당됩니다. 전반적으로는 기존에 그다지 감정적이지 않고 딱딱하며 메마른 인상이었던 업계가 떠오르는군요. 보험회사도 클롭을 광고에 기용하면 효과를 볼지 모릅니다. 부동산, 주택금융회사, 전력회사도 그렇고요. 아마 언론도 마찬가지가 아닐까 싶습니다. '저거 봐! 클롭이 저런 걸 읽고 있어(보고 있어)'라고 화제가 될 겁니다. 물론 어느 시대든 입이 큰 사람은 치약 광고도…. 클롭은 사람을 연결시키는 요소를 갖고 있습니다. 우호, 가족, 충성이라는 성질이 있으니까요. 그러니까 근본적인 포인트는 클롭과 기업의 공통항이 무엇이냐는 것입니다."

– '사람을 연결하는 요소'라고 하면 접착제 광고하고도 잘 어울리겠군요…. 농담은 이쯤 하고, 마지막으로 클롭이라는 브랜드, 그리고 클롭과 보루시아 도르트문트의 상성을 종합적으로 평가해주십시오.

"100퍼센트 정합성이 있습니다. 이것은 클롭이라는 브랜드에 대해서도, 보루시아 도르트문트와의 관계에 대해서도 마찬가지입니다. 정합성이 있기 때문에, 그러니까 외면과 내면이 일치하기 때문에 설득력 있는 브랜드가 되는 것입니다."

프랑크 도파이데에 관해

프랑크 도파이데는 광고와 브랜딩 전문가다. 그는 전혀 다른 분야에서 자신의 커리어를 시작했다. 인명구조원으로서 직업교육을 받았고, 쾰른체육대학에서 저널리즘을 전공했다. 1990년에 카피라이터로서 광고업계에 첫발을 내디딘 도파이데는 서서히 커리어를 높여나갔고, 2004년에는 유명 광고대행사 '그레이GREY'의 이사가 되었다. 그리고 2011년 초부터 업무 집행 사원으로서 도이체 마르켄아르바이트 GmbH를 이끌며 뉴미디어 전문가 안드레 페첼André Paetzel의 도움을 받고 있다. 도파이데와 그의 스태프는 작품의 창조성을 인정받아 다수의 상을 받았다.

감독들이 신뢰하는 에이전트: 마르크 코시케

위르겐 클롭과 마르크 코시케Marc Kosicke의 우정은 클롭이 당시 나이키 독일 지사의 마케팅 부장이었던 코시케에게 스폰서 계약을 맺을 수 없겠느냐는 문의를 하면서 시작되었다. "제게 딱 어울린다고 생각합니다." 당시 아직 마인츠의 감독이었던 클롭의 말을 코시케는 지금도 기억하고 있다. 그날 밤 두 사람은 함께 맥주를 마시러 나갔는데, 술자리에서 클롭은 코시케에게 돈은 필요 없고 옷만 원한다고 말했다.

비어호프와 코시케가 세운 에이전시

북부 독일 출신에 머리를 짧게 깎은 운동선수 같은 풍모의 마르크 코시케는 현재 독자적인 에이전시를 이끌고 있다. 축구 감독의 에이전트 업무가 코시케의 직업이다. 고객으로는 미하엘 외닝Michael Oenning, 브루노 라바디아, 홀거 스타니슬랍스키, 안드레 슈베르트André Schubert 그리고 위르겐 클롭이 있다. 2007년에 마르크 코시케는 친구이자 독일 국가대표팀 단장인 올리버 비어호프Oliver Bierhoff와 함께 '프로예크트 BProjekt B'라는 회사를 설립했다. 현재는 코시케가 단독으로 운영하고 있으며, 뮌헨 남쪽의 슈타른베르크 호수에서 헤센 주의 엘트빌레로 거점을 옮겼다.

위르겐 클롭에 관해 이야기하는 코시케의 표정에서는 따스함이 느껴진다. 서로를 신뢰하는 두 사람의 협력관계는 2007년에 악수 한 번으로 맺어졌다. 매우 굳은 악수였음에 틀림없다. 이야기 상대를 맞이할 때 코시케는 상대의 손을 있는 힘껏 잡는다. 신뢰감을 주며, 분위기가 어수선하기로 악명 높은 축구업계에 몸담고 있으면서도 차분하다. 이 업계에서는 커리어가 긴 분데스리가 선수도 에이전트나 그 스태프에게 지극히 일상적인 업무까지 전부 맡긴다. 그런 선수들은 에이전트가 많은 부담을 떠맡아주기를 원한다. 그러나 위르겐 클롭은 다르다. 클롭은 자신의 의지가 확고하다. 이것은 결단을 내리는 데 익숙한 대부분의 감독에게서 볼 수 있는 모습이다. "그래서 같이 일하기가 참 수월합니다"라고 코시케는 말했다.

텔레비전 광고에 출연한 클롭

프로예크트 B의 고객인 위르겐 클롭은 과거 도르트문트 시절 분데스리가에서 누구보다 인기가 많은 감독이었다. 그렇다 보니 종종 텔레비전 광고에서 그의 얼굴을 볼 수 있었다. 2011년에는 헨켈 사의 벽지 접착제 '메틸란'의 모델이었다. 또 자동차 제조회사인 세아트의 광고에서 "즐기세요Enjoy"를 네 번 외치는 모습은 아무리 호의적인 눈으로 봐도 어색한 연기였지만, 위르겐 클롭의 지명도를 이용하고 싶다면 이런 계약에 돈을 쓰는 것도 효과적인 수단일 것이다.

그러나 마르크 코시케가 해지할 수밖에 없었던 광고 계약도 있었다. 클롭은 2010년 여름부터 에르고 보험 그룹의 계열사인 함부르크-만하이머 인터내셔널의 젊은 사원과 관리직들을 상대로 동기부여 세미나를 실시했다. 그런데 2011년 봄에 충격적인 사실이 발각되었다. 2007년에 함부르크-만하이머 보험사의 영업사원들이 부다페

스트에서 조직적인 섹스 파티를 열었고 임원들이 그 비용을 승인했다는 것이다. "그 뉴스를 보면 심한 비난의 말밖에 나오지 않습니다." 코시케는 2011년 5월에 〈한델스블라트〉지에 이렇게 말했다. 그리고 위르겐 클롭의 좋은 이미지가 손상되지 않도록 계약을 해지했다.

운동화의 경우에도 같은 해 여름에 변화가 있었다. 특히 젊은 세대에게 운동화의 선택은 중요한 문제다. 인기 브랜드가 아니면 선택하지 않는다. 그러나 코시케와 클롭은 이미 그럴 나이가 지났으며, 매력적인 스폰서 계약의 기회가 찾아오면 사적인 감정을 배제하고 대응할 수 있는 사람들이다. 2011년 8월, 푸마 사는 클롭과 장기적인 파트너십을 맺었다고 발표했다. 이에 따라 분데스리가 우승 감독이 푸마의 신발을 신게 되었다. 푸마는 2011년 8월 17일의 사전 공개 행사에서 클롭의 말을 이렇게 인용했다. "제대로 만든 신발을 신는 것은 운동선수에게 매우 중요한 일입니다. 푸마와 축구, 그것은 진정한 사랑입니다. 제게 딱 어울립니다."

텔레비전 속의 독일 국가대표팀 감독

청중 앞에서 대본 없이 연설하는 것은 클롭에게 식은 죽 먹기나 다름없는 일이다. 이것은 상대가 선수든 일반인이든 마찬가지다. 클롭은 이 재능을 아버지에게서 물려받았다고 말한다. 유창한 말솜씨는 훈련으로 익힌 것이 아니라 클롭의 타고난 재능이다. 훈련으로는 이렇게까지 임기응변을 발휘하며 재치 있게 대화할 수 없다. 그리고 이것은 클롭이 단순히 말만 잘하는 것이 아니라 상대의 이야기를 귀담아듣기 때문이기도 하다. 그런 클롭이 2005년에 감독직 이외의 '커리어'를 시작한 것, 즉 텔레비전 방송국의 축구 해설가가 된 것은 당연한 흐름이라고 할 수 있다. 클롭은 텔레비전 방송국 ZDF에서 독일 국가대표팀 경기의 스튜디오 해설가로 데뷔했다. 함께 방송을 진행한 사람은 사회자인 요하네스 B. 커너, 프란츠 베켄바워 그리고 심판 출신인 우르스 마이어Urs Meier라는 스위스인이었다.

클롭은 디지털 전술 보드를 사용하면서 결정적인 경기 장면을 시각적으로 알기 쉽게 해설했다. 간결하고도 쉬운 설명 덕분에 초보 축구팬도 복잡한 사실관계를 잘 이해할 수 있었다. 또한 이때 클롭이 사용한 전술 보드는 독일에서는 처음으로 선보이는 제품으로서 선수가 있었어야 할 포지션이나 달려야 했던 코스를 화면 위에 그려서 표시할 수 있었는데, 이 도구가 클롭의 설득력 있는 해설을 효과적으로 보조했다. 덕분에 클롭은 해설 없이는 알 수 없는 전술적인 부분을 언급할 수 있었고, '텔레비전 속의 독일 국가대표팀 감독'으로서 인기가 몇 곱절이나 상승했다. 그의 능력이 마인츠라는 지역을 넘어 전국에 알려지게 된 것이다.

최우수 스포츠 방송상을 두 번이나 받았지만

2006 독일 월드컵을 해설한 클롭과 마이어, 커너는 재미있고 유익한 정보가 가득한 경기 해설을 높게 평가받아 독일 텔레비전 방송상의 '최우수 스포츠 방송' 부문을 수상했다. 그리고 4년 뒤에 텔레비전 방송국 RTL에서 사회자 귄터 야우흐Günter Jauch와 함께 2010 남아

공 월드컵을 해설했을 때도 같은 상을 받았는데, 클롭은 두 번째 수상을 고사하며 그 이유를 이렇게 밝혔다. "텔레비전 상을 두 번이나 받았으면서 제 팀에서는 별다른 성과를 남기지 못했습니다. 저는 그런 축구 감독으로 이름을 남기고 싶지 않습니다." 물론 이듬해에 리그 우승을 차지하지만, 신이 아닌 이상 미래를 어떻게 알 수 있겠는가?

또한 당시의 상황을 감안하면 클롭이 조심스러운 태도를 보인 것도 이해가 된다. 마인츠가 강등된 2006-07시즌에는 여론의 비판도 어느 정도 받고 있었기 때문이다. "텔레비전 시청자에게 축구를 해설하면서 정작 자기 팀은 제대로 이해하지 못하는 감독"이라는 비난을 들었던 것이다. 클롭은 2008년에 BVB의 감독으로 취임하면서 스튜디오 해설가를 그만뒀다(2010 남아공 월드컵 때 한시적으로 복귀했다). 클롭의 말에 따르면 설령 마인츠에 잔류했더라도 그만뒀을 것이라고 한다. 감독임에도 유명 방송인이라는 인식이 지나치게 강했기 때문이다.

'최우수 축구 명언상' 후보에 오르다

그래도 위르겐 클롭이 언론의 인기 스타임에는 변함이 없었다. 자연스러운 아우라를 발산하고 주위를 즐겁게 만드는 클롭의 화술을 좋아하는 사람은 많았다. 2011년에는 독일 축구 문화 아카데미의 심사위원이 선정하는 '최우수 축구 명언상' 후보에 올랐다. 후보작은 모두 10개였는데, 클롭의 명언은 BVB가 20년 만에 원정에서 바이에른 뮌헨에 승리했을 때 했던 "그전에 뮌헨에서 승리했을 때, 우리 선수들은 대부분 아직 젖먹이였습니다"였다. 결국 이 말은 8위에 올랐고, 1위는 BVB의 골키퍼 로만 바이덴펠러의 명언인 "우리는 놀라운 시즌을 보내고 있다고 생각합니다 I think we have a grandios Saison gespielt"가 차지했다.

그러나 이렇게 유창한 화술로 명언을 끊임없이 만들어내고 높은 호감도를 자랑하는 위르겐 클롭의 첫 번째 가치는 그가 훌륭한 감독이라는 것이다. 매일 클럽과 함께 일하는 두 사람, 즉 BVB의 단장인 미하엘 조르크와 CEO인 한스-요아힘 바츠케는 입을 모아 이렇게 말한다.

클롭의 인격과 인상에 관해

크리스티안 갈베즈와의 대담

위르겐 클롭이 세상 사람들에게 끼치는 영향력은 어디에서 생겨나는 것일까? 그 답을 아는 사람이 있다. 퍼스널리티 트레이너인 크리스티안 갈베즈Cristián Gálvez다. 다음의 대담에서는 위르겐 클롭에게서 볼 수 있는 리더적인 특징, 신조, 성장 단계의 기업, 완성 단계의 기업, 그리고 인격 심리학의 견지에서 본 성공 관련 요소 같은 주제를 다룬다. 언뜻 난해해 보이는 개념이 나오지만 갈베즈가 알기 쉽게 해설해준다.

"클롭은 세상을 조금이나마 더 나은 곳으로 만들고 싶어 한다"

—갈베스 씨, 지금 위르겐 클롭은 수많은 사람의 화제에 오르는 인물입니다. 오늘은 클롭의 감독으로서 전문 능력이 아니라 그가 발산하는 거대한 아우라에 관해 이야기해보려 합니다. 클롭이라는 인물은 어떤 점이 두드러질까요?

"클롭은 성과주의가 팽배한 비즈니스의 세계에서 매우 높은 평가를 받고 있습니다. 그리고 클롭에게는 그런 평가를 받을 만한 측면이 충분히 있습니다. 저는 강연과 코칭을 업으로 삼고 있어서 매일 독일

안팎의 기업 경영자들을 만나는데, 다른 나라와 비교할 때 독일에는 진정으로 우수한 리더, 모범적인 리더가 부족하다는 것을 항상 실감합니다. 독일 기업은 대부분 매니지먼트는 훌륭합니다. 하지만 리더십이 부족한 곳이 많습니다. 그래서 위르겐 클롭 같은 인물이 감명을 주는 것이라고 생각합니다. 독일의 톱 매니저조차도 클롭에게서 감명을 받지요. 클롭은 현대의 우수한 리더가 지녀야 할 성질을 이상적인 형태로 구현하고 있습니다."

— '매니지먼트'와 '리더십'을 어떻게 구별하시나요?

"이 구별법은 1980년대부터 존재했습니다. 당시에 하버드비즈니스스쿨의 존 P. 코터John P. Kotter 교수가 매니지먼트와 리더십을 구별했지요. 먼저, 매니저는 관리하고 유지하고 모방하는 사람입니다. 특히 조직, 통제, 안정성을 중시합니다. 매니저로 구분되는 사람은 '진척 상황은 어떻지? 언제쯤 다음 단계로 넘어갈 수 있어?'라는 식으로 물어보지요. 재미있는 사실은 '매지니먼트'라는 개념이 'maneggiare'라는 이탈리아어에서 유래했다는 것인데, '말을 경마장으로 이끈다'는 의미입니다. 이것은 높은 보수를 받는 두 발 달린 경주마가 경기장을 질주하는 축구의 세계와 매우 비슷한 측면이 있습니다. 매니저는 항상 결과를 의식합니다. 사물을 바라보는 시각이 좀 더 단기적이 되지요. 한편 코터가 이것과 구별한 개념이 '리더십'입니다. 리더십의 경우는 미래, 동기부여, 비전, 방향성 그리고 무엇보다 지속적인 변화에 주안점을 둡니다. 리더십을 가진 인물은 복사본이 아닌 원형이며 장기적인 안목으로 생각합니다. 신용을 구축하고 타인에게 감명을 받기도 하고 주기도 합니다. 그리고 명확한 비전을 갖는 동시에 거듭해서 현재의 상황을 되묻습니다."

―클롭이 바로 그런 사람이라는 이야기시군요.

"맞습니다. 금방 이해하시는군요. 그것은 위르겐 클롭이 리더 그 자체이기 때문입니다. '리더 그 자체'라는 말은 생각과 감각과 행동이 모순되지 않고 전부 리더적이라는 뜻입니다. 클롭의 생각은 행동과 합치합니다. 또한 그 밖에도 클롭은 리더와 매니저의 양 측면을 훌륭히 연결시키고 있습니다. 이것은 클롭에게서 두 측면이 모두 강하게 나타나는 것을 봐도 알 수 있지요. 가령 클롭은 테크닉은 축구에 필요한 도구라고 거듭 강조하는데, 그렇게 말하는 클롭이 훈련에서 선수에게 공을 기술적으로 실수 없이 850번 처리하도록 요구한다면 그것은 순수하게 매니지먼트를 하고 있는 것입니다."

"클롭은 일찍부터 리더십을 흡수해왔다"

―리더는 배워서 될 수 있는 것일까요? 아니면 바꿀 수 없는 것, 그러니까 순수하게 타고나는 것일까요?

"리더십 트레이너라면 물론 배워서 될 수 있다고 대답하지요. 어쨌든 클롭은 리더의 역할을 하면서 성장해 어른이 된 사람입니다. 학교에서는 학급위원이었고, 클럽의 유스에서는 주장이었습니다. 요컨대 항상 무엇인가를 추진하는 역할을 담당한 것이지요. 클롭은 리더로서 중요한 능력을 일찍부터 흡수해왔습니다. 주위와의 관계 속에서 행동할 수 있고 커뮤니케이션을 할 수 있으며 융화할 수 있는 능력입니다. 어렸을 때 이런 능력을 익히지 못한 사람은 나중에 힘들게 배워야 합니다. 톱 매니저 중에도 분석적인 작업은 잘했는데 리더의 자리에 오르자 실패하는 사람이 있습니다. 기업에는 항상 리더십과 매니지먼트가 모두 필요합니다. 그리고 클롭의 경우는 리더십의 비중이 매우 크다고 생각합니다. 게다가 실천 방법, 그러니까 '성공을 거두기 위해서는 리더십을 어떻게 행사해야 하는가?'도 터득하고 있지요."

—앞에서 리더는 현재의 상황을 되묻는다고 말씀하셨는데, 클롭의 경우 그것이 어떻게 드러나고 있을까요?

"클롭은 단순히 업계의 흐름을 따라가지 않습니다. 의식적으로 그 바깥쪽에도 시선을 향하지요. 비즈니스의 세계에서 전형적인 리더라고 하면 컴퓨터 업계의 거대 기업인 애플에서 2011년 8월까지 CEO였던 고故 스티브 잡스Steve Jobs(1955~2011)를 들 수 있습니다. 잡스는 경쟁사의 흐름에 맞추지 않고 어떻게 하면 인생에 아름다움을 가져다줄 수 있을지를 생각했습니다. 그것이 컴퓨터의 세계였어도 말이지요. 잡스는 대학을 일찍 중퇴하고 캘리그래피(문자를 아름답게 표현하는 수법)에 빠져들었습니다. 그리고 클롭 또한 외부의 세계를 바라보며 현재 상황을 되묻고 있음을 그의 발언에서 종종 인식할 수 있습니다."

—구체적인 예를 들자면 무엇이 있을까요?

"우리 인간은 매우 적응성이 뛰어난 생물입니다. 주위 사람이 어떻게 성공했는지 알고 싶어 하고, 그것을 흉내 내려 합니다. 하지만 클롭은 여기에서 한 걸음 더 나아가고 항상 더 멀리까지 바라봅니다. 〈자이트〉지의 인터뷰(2009년 8월 6일)에서 클롭은 이런 말을 했습니다. '얼마 전에 어떤 드러머의 영상을 봤습니다. 한 소절 한 소절이 몸에 밸 때까지 최대 1600번을 반복해서 연습한다더군요. 일단 몸에 배면 생각 따위는 하지 않습니다. 그저 몸이 시키는 대로 두드릴 뿐이지요.' 이것을 보면 클롭이 의식적으로 다른 세계도 바라보고 있음을 알 수 있다. 리더는 다른 사람과는 다른 형태로 인생의 기회를 잡고 있는 것이다."

—스포츠 분야의 예는 없을까요?

"몸과 마음을 모두 훈련하는 '라이프 키네틱'은 매우 좋은 예입니다. 클롭은 크게 감명을 받은 모양입니다. 이것은 리더에게 아주 중요한 재능입니다. 업계 내에서 실증實證을 마친 것만을 보지 않고 업계 밖으로도 눈을 돌리지요. 이런 점에서 클롭은 개방적인 자세를 취하기 때문에 인격 속에 폭넓은 요소가 들어 있습니다. 이것이 리더로서의 재능이지요."

'팀을 더 좋게 만들고 싶다'는 의식

—리더적 인물은 명확한 비전을 갖고 있다고 말씀하셨는데, 헬무트 슈미트(Helmut Schmidt, 1918~2015) 전 수상은 "비전을 가진 자는 의사에게 가야 한다"라는 발언을 한 바 있습니다(비전이라는 독일어에는 환상이라는 의미도 있는 것을 이용해 헛것이 보이면 의사에게 가라는 의미 속에 먼 이상보다 눈앞의 현실을 보라는 숨겨진 의미를 담았다). 구체적으로 어떤 것이 '비전'일까요? 그리고 클롭의 비전은 어떻게 알 수 있을까요?

"비전이란 그것을 바탕으로 손이 닿는 목표를 세울 수 있는 것을 말합니다. 비전을 바탕으로 목표가 설정됩니다. 물론 그때까지의 여정에는 불확실성이 따르지만, 비전을 가진 사람은 이해받고 신뢰받습니다. 우리는 어떤 인물의 생각을 이해할 수 있을 때 그 인물에 대해 명확한 호의를 품기 때문입니다. 가령 미국의 버락 오바마Barack Obama 대통령은 선거전에서 '변화Change'라는 캐치프레이즈를 사용했는데, 여기에서는 의료보험 정책이나 조세 정책 등의 구체적인 목표를 이끌어낼 수 있지요. 텔레비전을 볼 때나 극장에 갈 때도 우리는 항상 등장인물이 무엇을 하고 싶어 하는지 알고 싶어 합니다. 제임스 본드는 세계를 구하고 싶어 하고, ET는 집으로 돌아가고 싶어 합니다. 토마스 고트샤크Thomas Gottschalk(독일의 방송인)는 사람들에게 즐거움을 주고 싶어 하고, 피터 글뢰펠Peter Kloeppel(독일의 뉴스 캐스터, 언론인)은 세계에서 일어난 사건을 설명하고 싶어 합니다. 이들은 모두 자신의 비전을 갖고 있고, 끊임없이 그 목표, 비전과 일치하는 행동을 합니다. 이것이 이해와 신뢰를 낳는 것이지요!"

—그렇다면 클롭은 무엇을 하고 싶은 것일까요?

"클롭의 비전은 자기 주위의 세상을 좀 더 좋게 만드는 것입니다. 이것은 클롭의 말뿐만 아니라 특히 행동에서 드러납니다. 그런 비전이 있음을 알 수 있는 이유는 단호한 의지가 보이기 때문입니다. 감독으로서 일할 때는 팀을 좋게 만들고 싶어 합니다. 텔레비전에 출연할 때는 전문가로서 피치에서 일어나고 있는 일들을 사람들에게 설명하고 싶어 합니다. 다시 한번 말씀드립니다만, 클롭은 어떻게든 이 세상을 좋게 만들고 싶어 합니다. 그 강한 의지는 마음속에서 우러나온 것이지 계산적이고 의도적인 것이 아닙니다. 사람에 따라서는 일을 해서 돈을 많이 벌고 싶다, 유명해지고 싶다, 최고가 되고 싶다, 이것이 갖고 싶다, 저것이 갖고 싶다고 생각하는 사람도 있을 것입니다. 하지만 클롭은 이렇게 말합니다. '이런 말을 하면 허세로 들릴지 모르겠지만, 제 비전은 제가 있는 곳을 조금 더 좋게 만드는 것입니다.' 이것은 〈자이트〉지의 인터뷰에서 한 말입니다. 이것은 스포츠에만 국한된 이야기가 아닙니다. 좀 더 근본적인 이야기입니다. 축구장뿐만 아니라 자신이 있는 모든 장소에서 세상을 좀 더 좋게 만들고 싶어 하는 것입니다. 이것이 클롭의 기본자세입니다."

—이런 의식이 싹트게 된 계기가 있다고 생각하시나요?

"클롭은 지극히 안정적인 가정에서 태어나 원하는 것은 무엇이든 할 수 있는 행복한 환경 속에서 자라지 않았을까 싶습니다. 그래서 그 행복을 다른 사람들에게도 나눠 주고 싶어 하는 것입니다. 하지만 이 것이 정확한 계기라고 단언하기는 어렵습니다."

계몽된 가부장제

—다시 클롭의 리더십 이야기로 돌아가지요. 클롭의 지도 스타일은 어떻게 표현할 수 있나요?

"지도 스타일에는 근본적으로 두 종류가 있습니다. 첫째는 독재적인 스타일입니다. 바이에른 뮌헨의 전 감독인 루이 판 할이 전형적인 예이지요. 그리고 둘째는 협조적인 스타일, 즉 함께 행동하는 스타일입니다. 독일 국가대표팀 감독 시절의 위르겐 클린스만에게서 이 스타일이 매우 강하게 엿보이지요. 당시 위르겐 클린스만과 요아힘 뢰프Joachim Löw 콤비가 성공한 비결은 클린스만이 리더십을 보이는 한편 뢰프가 매니저로서 분석과 실천을 담당하고 열정적으로 활동한 덕분이었습니다. 이상적인 상호 보완관계였지요. 한편 클롭은 복수의 요소를 겸비하고 있습니다. 말하자면 '계몽된 가부장제'라고나 할까요?"

—계몽된 가부장제라고요?

"그러니까 이 경우에도 클롭은 두 종류의 측면이 섞여 있다는 말입니다. 근본적인 가치관에 관해서는 매우 독재적이 됩니다. 명확한 방향성을 제시하지요. 하지만 과정이나 세부적인 내용에 관해서는 매우 협조적이 됩니다. 즉 한편으로는 리더라는 존재이지만 다른 한편으로는 각 선수들에게 자유의 여지를 줍니다. 그 결과 클롭은 신용이 있고 신뢰감을 주며 책임감이 있다는 명확한 특징을 갖추고 있습니다. 이것은 클롭의 발언에서도 현저히 드러납니다."

—많은 사람이 신용을 얻으려고 노력하지만 모두가 성공하는 것은 아닌데, 클롭은 어떻게 신용을 쌓고 있는 걸까요?

"관습적으로 하는 행위가 중요한 역할을 합니다. 이것이 클롭이라는 인물에 대한 신용을 만들어내고 있지요. 클롭은 그룹을 결속시키는 의식儀式을 중시합니다. 가령 훈련 캠프에서 방을 배정할 때 추첨으로 결정하는데, 이렇게 해서 해프닝을 연출하고 나아가서는 공동의식을 만들어냅니다. 클롭은 이런 아이디어를 잘 생각해내지요. 리그 우승을 차지했을 때 볼 수 있었던 축하 세레머니도 그중 하나라고 할 수 있습니다. 우리는 클롭이 선수와 같은 위치에 서서 축하하는 모습을 지켜봤습니다. 거리를 두지 않고 선수들 속에 있었지요. 일체감을 가지려면 그처럼 성공을 함께 축하하는 것이 중요합니다."

성과를 올려라!

—축구에서 '공동의식'을 만들어낸다는 것은 어떤 의미인가요? 전형적인 '동료의식'을 형성하는 것인가요? 축구에서 그런 감각은 "너희 11명은 한 가족이나

마찬가지야"라던 구시대의 유물이라는 소리를 듣기 쉬운데요.

"공동의식을 만들어내는 것은 시대착오적인 이야기가 아닙니다. 클럽은 동료의식을 만들어내는 능력이 뛰어납니다. 무슨 말인가 하면, 클럽은 가는 곳마다 그 장소에 완전히 녹아듭니다. 자신을 위해서가 아니라 전체의 동료의식을 위해 말입니다. 클럽은 정해진 목표를 모두가 함께 철저히 추구하는 팀을 만들고 싶어 합니다. 클럽은 오랫동안 마인츠에 있었지만 2008년에 도르트문트에 오자마자 바로 녹아들어서 '지금부터 나는 이곳을 조금씩 좋게 만들겠어'라고 말했지요."

—목표를 추구할 때 '신조'는 어떤 역할을 하나요? 신조는 행동에 어느 정도 영향을 끼칠까요?

"우리가 가진 신조는 행동을 크게 좌우합니다. 신조는 경험을 바탕으로 만들어집니다. 자신의 경험이 바탕이 될 때도 있고, 주어진 모범이 바탕이 될 때도 있습니다. 신조에 영향을 끼치는 것은 부모, 권위자, 친구, 사회적 환경입니다. 우리의 행동은 우리가 자신과 세계를 어떻게 생각하느냐에 따라 좌우되지요. 우리의 인격은 본질적으로 우리의 사상에 따라 형성됩니다. 만약 제가 성과가 중요하다고 믿는다면 성과를 요구하는 행동을 할 것이고, 즐기는 것이 중요하다고 믿는다면 즐거움을 추구하는 행동을 하겠지요."

―클롭의 경우는 어떤 신조가 커다란 비중을 차지한다고 생각하시나요?

"저는 클롭의 내부에서 성과를 올리는 것과 관련된 신조가 형성되어 왔다고 생각합니다. 영향을 준 대상은 틀림없이 아버지일 겁니다. 클롭 본인의 발언에 따르면, 아버지는 스포츠에 열중하는 인물이어서 스포츠와 관련해 클롭에게 매우 높은 성과를 기대했습니다. 그런 기대 속에서 성장한 클롭은 안주 속에서 빠져나오지 않으면 자신의 성장과 성공, 만족을 얻을 수 없음을 일찌감치 배웠습니다. 클롭은 자신을 지켜주고 신뢰할 수 있는 환경에 있었던 덕분에 정신적으로도 일찍부터 성장했습니다. 어렸을 때 자신과 인생에 관한 교훈을 얻었고 그것을 지금 감독이 되어 전하고 있는 것이지요. 성과에 관한 이런 신조 자체는 타고난 환경을 통해 클롭에게 주어진 것입니다."

―그렇다면 어떻게 해야 그 신조가 전해질까요? 선수가 그것을 받아들이지 않는다면 어느 수준 이상은 감독을 따르지 않을 텐데요.

"클롭의 발언을 들으면 자신과 세계에 관해 긍정적인 신조를 갖고 있음을 알 수 있습니다. 그런 신조가 전해지고 있는 것이지요. 사람은 자신을 바라봐 주고 자신의 이야기에 귀를 기울여주는 상대에게 공감하니까요. 정상급 운동선수가 성공을 기뻐할 때 우리가 감동하는 이유는 무엇일까요? 왜 그 환희의 눈물을 보고 같이 눈물을 흘리는 걸까요? 그것은 진심에서 나오는 눈물이기 때문입니다. 일반인의 일상을 그린 드라마를 보고 울지 않는 이유는 뭘까요? 그것은 연출된 것이기 때문입니다. 혼신을 다해 표현하지 않았기 때문입니다. 사람은 섬세한 안테나를 갖고 있어서 그 차이를 인식합니다. 학문적으로 말하면 미러 뉴런이라는 흥미 깊은 이야기가 되는데, 여기에서는 다음과 같은 표현으로 정리하도록 하겠습니다. 그러니까 클롭의 말에는 신조가 담겨 있기 때문에 그것이 우리에게 전해지고, 그 신조를 통해 우리도 똑같이 느끼게 됩니다. 이것이 감정을 만들어내지요."

클롭은 '성장 단계의 기업'에 안성맞춤

—지금까지 말씀하신 요소는 소속 클럽의 영향을 어느 정도 받나요? 마인츠나 도르트문트는 감정적인 성질이나 친근한 성질상 클럽과 잘 맞는데, 다른 클럽이었어도 클롭의 인격이 똑같이 효과적으로 활용되었을까요?

"클롭은 도르트문트로 와서 자신에게 이상적인 클럽을 발견했다고 생각합니다. 다시 한번 비즈니스의 예로 설명해도 되겠습니까? '성장 단계의 기업'과 '완성 단계의 기업'은 기본적으로 차이가 있습니다. 저명한 경제학 교수이자 기업 컨설턴트인 헤르만 시몬Hermann Simon은 기업 모델을 이렇게 두 가지로 구별하고 최고경영자의 유형이 서로 다르다는 결론을 내렸습니다. 요구되는 지도 시스템이나 스타일도 다르고요."

—구체적으로는 어떻게 다른가요?

"일반적으로 기업을 성장시킨 리더는 이미 시스템이 확립된 상태에서 나중에 가세한 리더와는 질적으로 다릅니다. 특히 독일의 중소기업에서는 그런 경향이 강하게 확인됩니다. 중소기업은 일단 성장 단계의 기업이지요. 그곳에서는 몰두, 활력, 지구력, 발상 같은 성질이 특히 중요합니다. 2008년에 클롭이 취임할 당시의 보루시아 도르트문트도 이런 성장 단계의 기업에 속했다고 생각합니다. 당시 수년 동안 경제적으로 큰 문제를 안고 있었으니까요."

―그렇다면 완성 단계의 기업에서는?

"독일 축구에서 완성 단계의 기업에 해당하는 클럽이라고 하면 누가 뭐래도 바이에른 뮌헨입니다. 이런 기업에서는 높은 목표를 당당하게 내걸지요. 시장을 선도할 것을 주장하고, 세계적인 존재감을 가지려 합니다. 그러므로 바이에른 뮌헨은 항상 챔피언스리그에 진출해야 합니다. 한편 도르트문트의 경우는 먼저 가급적 적은 돈으로 좋은 팀을 만드는 것이 중요했습니다. 이런 성장 단계의 기업의 경우, 클럽의 열정적이고 비전 있는 스타일을 통해 신용을 쌓고 성공을 만들어낼 수가 있지요. 물론 클롭이 바이에른 뮌헨에 갔다면 실패했을 것이라는 말은 아닙니다. 다만 두 유형의 기업은 성공이 가시화될 때까지 걸리는 시간과 그것을 기다려줄 수 있는 인내력에 차이가 있습니다. 완성 단계의 기업이었다면 성장 단계의 기업처럼 기다려주지 않았을 겁니다."

―그리고 클롭은 '기업의 성장'에 어떻게 공헌했을까요?

"단련시키고 의욕을 북돋아줬습니다. 저는 종종 그 사람의 화법에서

부각되는 패턴에 주목하는데, 클롭은 독특한 화법을 가지고 있어서 인터뷰를 하는 기자에게도 어떤 형태로 부담을 줍니다. 전혀 예상치 못한 답변을 하기도 하고, 선한 인상이면서 비웃는 듯한 태도를 보이기도 하지요. 다만 그것이 상대와 파워 게임을 하는 것처럼 들리는 일은 결코 없습니다. 오히려 긍정적인 의도로 상대의 힘을 시험하는 것처럼 들리지요. 그것은 '나는 감독이야. 단련시키는 것이 내 임무야. 항상 현재에 안주하지 못하게 함으로써 무엇인가 특별한 것이 만들어지도록 유도해야 해'라는 태도입니다. 클롭은 한 사람 한 사람에게서 최대한의 것을 이끌어냅니다. 이것은 물론 듣는 이의 태도를 적극적으로 만들게도 됩니다. '한마디도 놓치지 말고 듣자. 무슨 일이 일어나려나?'라고 생각하도록 만들지요. 사람을 이끄는 것은 항상 변화와 관계가 있습니다. 클롭의 경우, 당사자는 항상 무엇인가가 변화하고 있다는 느낌을 받습니다. 토크쇼에 자주 나오는 정치가와는 다릅니다. 이 사람들은 대개 진정한 변화를 일으키지 못하니까요."

안주는 없다

―클롭의 손길이 닿으면 정말로 안주(安住) 속에서 벗어나게 되나요?

"그렇습니다. 신경정신학에는 인간의 기본 욕구에 관해 새로운 견해가 있습니다. 여기에 따르면 인간에게는 '안전', '자존심', '유대'라는 세 가지 기본 욕구가 있다고 합니다. 클롭은 이 세 가지 측면에서 사람들에게 힘을 주는 데 특출한 능력이 있습니다. 그래서 클롭에게는 의욕을 높이는 힘이 있는 것입니다. 참고로 타인의 내부에 안전, 자존심, 유대를 만들어낼 수 있는 사람은 그것을 직접 실현한 사람뿐입니다. 타인을 선도할 수 있는 사람도 먼저 자기 자신을 선도할 수 있는 사람이지요."

―클롭을 칭찬하는 사람은 선수만이 아닙니다. 일반인 중에도 많은 사람이 클롭에게 좋은 인상을 품고 있습니다. 이것은 어째서일까요?

"그것은 우리가 모순 없는 사람을 좋아하기 때문입니다. 또한 끊임없이 웃는 얼굴이나 부스스한 금발 등도 긍정적으로 작용합니다. 그런 클롭에게 우리는 호감을 느끼는 것이지요. 클롭은 즐거워 보이고, 자신과 대등한 사람이라는 인상을 그 자리에서 줍니다. 이야기 상대에게 자신을 존경의 눈으로 바라보라는 느낌을 주는 일은 없습니다. 손이 닿지 않는 높은 곳에 있는 사람이 아닌 것이지요. 클롭은 동료에게 아낌없이 주의를 기울입니다. 이것은 그 사람에게 커다란 자산입니다. 클롭은 상대의 가치를 매우 존중합니다. 이 또한 동료의식을 만들어내는 요소입니다. 그리고 당연하면서도 특히 중요한 점입니다만, 전문 능력이 매우 뛰어납니다. 지식을 보여줄 수 있지요."

―클롭은 축구에 개인적인 열정을 쏟을 뿐만 아니라 사회적인 사명도 느끼고 있다고 말할 수 있나요?

"물론입니다. 클롭 자신도 축구에는 사회적인 사명이 따른다고 거듭 강조합니다. 신조라는 것은 축구에도 있습니다. 요컨대 감독으로서,

선수로서 축구에 관해 무엇을 믿느냐는 것이지요. 축구가 돈을 버는 수단일 뿐인 사람의 행동은 축구에 중요한 사회적 사명이 있으며 축구를 통해 사람들에게 행복한 순간을 만들어주고 싶다고 생각하는 사람의 행동과 다를 것입니다. 그리고 우승 파티에서 한 발언을 봐도 알 수 있듯이 클롭은 명백히 후자입니다. 클롭은 그때 많은 사람이 우승을 진심으로 기뻐하고 즐거워하는 것을 보고 감동을 받았습니다. 그것이 클롭을 행복하게 하면서 서로 상호작용을 하는 것이지요."

크리스티안 갈베즈에 관해

'인격이 영향력을 낳는다'를 신조로 삼는 크리스티안 갈베즈는 퍼스널리티 트레이너와 자기계발서 저자로 활동하는 가운데 6000회가 넘는 풍부한 강연 경험을 지닌 강연자로서 다채로운 분야에서 영향력을 발휘하고 있다. 처음 단상에 선 때는 11세로, 소년 시절에는 마술사로서 관객을 매료시켰다. 현재 수많은 유명 기업이 그의 고객 명단에 이름을 올려놓고 있다.

갈베즈는 독일과 미국에서 경영학과 경영, 사회심리학을 전공했다. 특히 관심 있는 것은 감정이 인간에게 끼치는 영향력이다. 전문 분야에는 기업 커뮤니케이션도 포함된다. 강연자 등에게 수여되는 콩가 어워드에서 2007년, 2008년, 2010년에 '비즈니스 스피커' 톱10에 선정되었다.

제11장

도르트문트에서의
마지막 세 시즌

JÜRGEN KLOPP

JÜRGEN KLOPP

절정에 오르고 나면 내리막길이

도르트문트는 2011-12시즌 리그 내 더블을 달성하고 2013년에는 챔피언스리그 결승전까지 진출하면서 절정에 도달했다. 그러나 그 결승전에서 도르트문트는 리그 내 최대 경쟁자인 바이에른 뮌헨에 석패하며 준우승에 그쳤다. 절정에 오르고 나면 내려가는 길만이 남는다. 도르트문트는 2013-14시즌에도 서서히 그런 모습을 보였지만 2014-15시즌에는 특히 심각했다.

이 기간 중 바이에른 뮌헨에 당한 챔피언스리그 결승에서의 패배보다 더 가슴 아팠던 것은 마리오 괴체가 바로 그 바이에른 뮌헨으로 떠난 것이다. 괴체의 이적은 곧 도르트문트의 플레이 스타일에 핵심적인 요소를 잃는 것을 뜻했다. 젊은 선수들로 구성된, 분데스리가를 대표해서 유럽 무대를 휘젓던 도르트문트는 서서히 해체되기 시작했다.

그들은 2011년에도 이미 누리 사힌을 레알 마드리드로 떠나보낸 적이 있지만, 사힌의 이적은 이해할 수 있는 것이었다(그는 레알 마드리드, 리버풀에서 실망스러운 시즌을 보낸 후에 도르트문트로 돌아왔다). 그러나 도르트문트를 떠나 바이에른 뮌헨으로 가는 것은 전혀 다른 차원의 일이었다. 오직 샬케 04로 이적하는 것만이 그보다 더 심한 일이었을 것이다. 실제로 2014 브라질 월드컵 결승전에서 괴체가 독일의 우승을 확정 짓는 결승골을 넣었을 때, 도르트문트의 팬 중에는 기뻐해야 할지 아닌지 고민하는 팬들이 있을 정도였다.

괴체가 떠난 자리에는 당시 많이 알려지지 않은 선수였던 헨리크 미키타리안이 영입됐다(그는 2016-17시즌을 앞두고 맨유로 이적했다-옮긴이). 그리고 도르트문트는 프랑스 생테티엔에서 뛰던 민첩한 공격수 피에르 오바메양Pierre-Emerick Aubameyang과 베르더 브레멘 출신의 수비수 소크라티스 파파스타토포울로스Sokratis Papastathopoulos를 영입했다.

2013-14시즌, 순위만 따지자면 도르트문트는 나쁘지 않은 시즌을 보낸 것처럼 보였다. 그러나 그 시즌 도르트문트는 우승을 차지한 바이에른 뮌헨보다 승점 19점을 뒤진 2위에 머물렀다(2012-13시즌에는 25점 차이). 도르트문트에 두 시즌 연속 리그 우승을 내주면서 굴욕(바이에른 뮌헨의 입장에서는)을 당했던 바이에른 뮌헨은 대대적인 이적료 투자를 통해 다시 분데스리가 왕좌를 되찾았다. 2012-13시즌에는 분데스리가, 챔피언스리그, DFB-포칼 우승이라는 트레블을 달성하기도 했다.

시즌 초반에 도르트문트는 2라운드부터 7라운드까지 리그 선두를 달리며 다시 한번 리그 우승에 도전하는 듯했다. 그러나 그 후로 리그 1위 자리를 차지한 바이에른 뮌헨은 남은 시즌 내내 순위를 유지하며 결국 그대로 리그 우승 트로피를 들어 올렸다. 짓궂게도 11월 23일 도르트문트 홈구장에서 열린 우승 경쟁자 바이에른 뮌헨과의 경기에서 선제골을 터뜨린 것은 다름 아닌 마리오 괴체였다. 그 경기에서 0 대 3 패배를 당하면서 도르트문트는 바이에른 뮌헨에 승점 7점 차로 뒤처지기 시작했다.

2013-14시즌 도르트문트는 많은 부상에 시달렸다. 특히 수비진은 심각했다. 바이에른 뮌헨과의 경기에서는 수보티치와 훔멜스뿐 아니라 슈멜처마저 부상으로 결장했고 피슈첵은 부상에서 막 복귀해서 교체선수로 경기에 투입됐다. 다시 말하자면, 바이에른 뮌헨과의 경기에 선발 출장한 도르트문트의 수비진에는 그들이 리그 우승을 차지했을 당시의 포백 중 어느 누구도 없었던 것이다.

한때 리그 4위까지 처졌던 도르트문트는 결국 다시 치고 올라가 챔피언스리그에 플레이오프 없이 직행할 수 있는 2위로 시즌을 마쳤다. 그리고 2014년 4월에 뮌헨에서 열린 바이에른 뮌헨과의 경기에서는 미키타리안의 맹활약 속에 전반기에 자신들의 홈에서 내준 0 대 3 패배를 그대로 되갚아주며 3 대 0 승리를 거뒀다.

두 팀은 그 시즌 DFB-포칼 결승에서 다시 만났다. 이날 경기에서 훔멜스가 시도한 헤딩슛이 골라인을 넘어간 것처럼 보였으나(TV 리플레이상으로도) 주심은 골을 선언하지 않았다. 결국 도르트문트는 연장전에서 바이에른 뮌헨의 로번Arjen Robben, 뮐러Thomas Müller에게 골을 내주며 0 대 2 패배를 당했다. 경기 후 클롭은 "터치라인에서 몸을 풀고 있던 우리 선수들도 명백히 확인할 수 있었던 것을 심판들이 못 봤다. 저 자세에서 단테가 볼이 골라인을 넘어가기 전에 걷어낼 수 있었다면 그는 분명 '태양의 서커스' 단원일 것이다"라고 비판했다.

그 시즌 클롭이 주심의 판정에 대해 강한 불만을 드러낸 것은 DFB-포칼 결승에서만이 아니었다. 챔피언스리그 나폴리 원정경기에서 몇 차례 주심의 판정에 불만을 갖고 있던 클롭은 결국 화를 참지 못하고 터치라인에 서 있던 부심 바로 앞에 얼굴을 들이밀며 거센 항의를 했다. 그의 그런 모습은 분데스리가 팬들에게는 다소 익숙한 것이었지만 챔피언스리그에서는 아니었다. 그는 결국 그 경기에서 퇴장당해 남은 경기를 스탠드에서 지켜봐야 했다. 후에 그는 이 일에 대해 "나폴리에서 내 행동은 선을 넘은 지나친 행동이었다"고 스스로도 인정했다.

챔피언스리그에서 도르트문트는 그 시즌 최종 우승팀이 된 레알 마드리드에 패하며 탈락했고 결국 무관으로 시즌을 마무리했다. 그러나 이 시즌 도르트문트의 한 선수는 개인적인 영광을 차지하며 시즌을 마무리했는데, 20골을 기록하며 득점왕을 차지한 로베르트 레반도프스키였다. 그는 클럽의 지도 아래 리그 내 최고의 공격수가 됐고, 불가피하게도 바이에른 뮌헨의 관심을 받았다.

도르트문트는 레반도프스키의 계약 만료를 1년여 앞두고 바이에른 뮌헨의 영입 제의를 받았으나 그를 보내지 않았다. 그 결과 레반도프스키는 팀에 남아 많은 골을 기록했으나, 결국은 이적료 한 푼 없이 바이에른 뮌헨 선수가 됐다. 마리오 괴체에 이어서 또 하나의 핵심 선수가 리그 우승 경쟁팀인 바이에른 뮌헨을 향해 떠난 것이다.

레반도프스키의 이적은 팬들의 저주를 받으며 팀을 떠난 괴체의 경우와는 달랐다. 그는 처음부터 자신의 큰 야심을 감추지 않았고 영원히 도르트문트에 남겠다는 의지를 보인 적도 없었다. 그는 괴체에 비하면 분명 덜 비판적인 분위기 속에 팀을 떠났지만, 그가 떠난 빈자리와 그의 골 결정력의 부재는 클롭이 도르트문트에서 보낸 마지막 시즌에 아주 큰 영향을 미쳤다.

클롭과 도르트문트의 마지막 시즌

2014-15시즌, 클롭은 우승 트로피를 들어 올리며 새 시즌을 시작했다. 독일 슈퍼컵(리그 우승팀과 DFB-포칼 우승팀 간의 경기로 두 대회 우승팀이 같을 경우 2위 팀이 슈퍼컵에 참가한다)에서 미키타리안과 오바메양의 골로 바이에른 뮌헨에 2 대 0 승리를 거둔 것이다. 이 경기 승리로 도르트문트는 독일 슈퍼컵 최다 우승팀(5회, 바이에른 뮌헨이 2016년에 우승하면서 공동 5회가 됨)이 됐다.

그러나 잉글랜드 커뮤니티 실드의 경우와 마찬가지로 독일 슈퍼컵의 우승팀이 꼭 좋은 시즌을 보내는 것은 아니다. 도르트문트의 시즌 초반은 전혀 성공적이지 않았다. 그들은 첫 홈경기였던 바이에른 레버쿠젠 전에서 0 대 2 패배를 당하며 불안한 출발을 했다. 그들은 결국 5연패를 당하며 리그 최하위권까지 떨어졌다. 클롭이 도르트문트를 맡은 후에 가장 안 좋은 시즌 출발이었다.

전에 도르트문트에서 뛰었다가 팀을 떠났던 누리 사힌과 카가와 신지가 팀에 돌아왔으나 그들은 각각 소속팀에서 많은 경기에 뛰지 못했던 만큼 경기력의 난조, 부상 등이 겹치며 즉시 자신들의 예전 실력을 보여주지 못했다. 그 두 선수 외에도 전체 선수단이 전 시즌에 비해 실망스러운 모습을 보여줬다.

도르트문트 수비수 출신으로 현재는 독일에서 해설가로 활동하고 있는 토마스 헬머는 "다른 팀들이 도르트문트에 대한 대응책을 이미 다 파악한 것 같다. 그리고 레반도프스키가 떠난 것은 도르트문트에 대체하기 힘든 피해다"라고 말했다. 전 시즌 세리에 A 득점왕인 치로 임모빌레Ciro Immobile가 도르트문트에 입단하긴 했으나 그는 공격수로서 많은 장점에도 불구하고 레반도프스키에 비해 골 결정력이나 미드필더들과의 연계에 부족함을 보였다. 또 다른 영입생이었던 아드리안 라모스Adrian Ramos 역시 이 시즌 18경기에서 2골에 그쳤다.

이 시즌 클롭과 도르트문트에 어려웠던 것은 단지 선수들의 부진만이 아니었다. 사힌, 귄도간, 브와슈치코프스키를 포함해 많은 선수들이 시즌 초반부터 부상에 시달렸다. 그리고 2014년 11월에는 마르코 로이스가 그해 세 번째 부상을 당했다.

겨울 휴식기를 갖기 전에 치러지는 분데스리가 전반기에서 도르트문트는 통계적으로는 가장 많은 거리를 뛴 팀이었지만 성적은 여전히 기대에 크게 못 미쳤다. 베르더 브레멘 전까지 17경기가 진행된 가운데 리그 17위에 처져 있던 도르트문트의 클롭 감독, 바츠케 CEO, 조르크 단장은 장장 여덟 시간 동안 한자리에 앉아 도대체 그들에게 무엇이 문제인지를 연구하고 또 연구했다.

후반기 들어 도르트문트의 리그 성적은 서서히 좋아지기 시작했다. 특히 샬케와의 더비 경기에서 3 대 0 승리를 거둔 후 그들의 성적은 리그 10위까지 올랐다. 챔피언스리그 진출권을 따내는 것은 여전히 힘들어 보였지만, 도르트문트에 있어 최소한의 성과라고 할 수 있을 유로파리그 진출권을 얻어내는 것은 충분히 현실적인 목표로 다가온 것이다.

챔피언스리그에서 도르트문트는 아스널을 제치고 조 1위로 16강에 진출했으나 유벤투스에 패하며 그대로 리그에만 집중하게 됐다. 그리고 그렇게 후반기가 한창 진행 중이던 2015년 4월, 클롭과 도르트문트는 모든 사람이 놀랄 만한 사실을 발표한다.

클롭의 작별인사

2015년 4월 15일, 도르트문트가 기자회견을 개최했다. 2014년 11월 이후로 그날이 오기까지 조르크 단장과 바츠케 CEO는 클롭이 팀을 떠나지는 않을지 노심초사했다. 그리고 마침내 그날이 온 것이다. 기자회견장에서 세 사람은 나란히 단상 위에 앉았다. 이윽고 바츠케가 입을 열었다.

"클롭의 의사를 듣고 우리 세 사람은 지난 며칠 동안 장시간의 대화를 나눴습니다. 그리고 결국 지난 7년 동안 많은 성공을 거두며 우리가 함께 걸어온 길이 이번 시즌을 끝으로 마지막이라는 결론을 내렸습니다."

바츠케는 슬픈 눈으로 바닥을 응시했다가 다시 말을 이었다.

"클롭 감독과 조르크 단장, 그리고 저 세 사람은 지금까지 의기투합해서 많은 일들을 함께해왔습니다. 우리의 관계는 그만큼 특별했고 그래서 이 발표를 하는 것이 정말 어려운 일입니다. 클롭 감독이 그동안 도르트문트에서 이뤄낸 업적은 모든 도르트문트 팬들의 마음에 영원히 남을 것입니다. 그리고 저에게 한 가지 위안이 있다면, 우리들의 우정은 앞으로도 변하지 않고 이어질 것이라는 것입니다."

조르크 단장 역시 클럽의 공을 치하하는 말을 짧게 남겼다.

"지난 7년간 우리는 스포츠판 동화를 써왔고, 그 중심에는 누구도 아닌 클롭 감독이 있었습니다. 2008년에 우리는 불안한 상황에 놓인 팀이었지만 그는 우리에게 희망을 돌려줬습니다."

두 사람의 말을 들은 클롭은 심호흡을 하고는 입을 열었다. 그의 목소리는 단호했다.

"이 결정이 옳다고 확신합니다. 저는 도르트문트에 변화가 필요하다고 생각합니다. 이 팀에 더 긍정적인 변화가 올 것이라고 믿습니다."

그리고 클롭은 사임하는 이유가 무엇인지 등 이어지는 질문들에 대해 차분하게 대답했다. 그는 '다른 팀 감독이 되기 위해 떠나는 것이 아니며, 은퇴할 계획도 아니다'고 밝혔고 '자신이 더 이상 도르트문트를 위한 이상적인 감독이 아니다'고 말했다. 또 '도르트문트라는 위대한 클럽에는 자신보다 더 어울리는 감독이 필요하다'며 '그렇게 되기 위해서는 누군가가 떠나야 하는데 그것이 바로 자기 자신'이라고 말했다.

이번 시즌을 끝으로 클롭이 도르트문트를 떠난다는 사실이 밝혀진 후, 도르트문트는 DFB-포칼 준결승전에서 승부차기 끝에 바이에른 뮌헨을 꺾고 결승전에 진출했다. 클롭 재임 기간 중 세 번째 결승전이었다. 결승전 상대는 볼프스부르크. 모두가 클롭의 마지막 경기에서 도르트문트가 볼프스부르크를 이기고 또 한 번의 우승을 차지하고 우승 기념 퍼레이드를 벌일 것을 기대하고 있었다.

그러나 클롭이 이끈 도르트문트의 마지막 경기는 뜻대로 흘러가지 않았다. 전반 5분 만에 오바메양이 선제골을 터뜨렸으나 도르트문트는 전반에만 3골을 내주며 1 대 3으로 끌려갔고 경기는 그대로 종료됐다.

경기가 종료된 후 클롭은 그의 트레이드마크인 노란색 야구 모자를 쓴 채 피치 위에 나갔다. 2만 5,000여 명의 도르트문트 팬들이 계속해서 클롭의 이름을 연호했다. 클롭은 팬들을 바라보며 슬픈 표정으로 손을 흔들었다. 경기 후 인터뷰에서 그는 "선수들을 안아줄 때마다 눈물이 날 것 같았다. 참 아름다웠던 이야기가 이렇게 끝나게 된 것이다. 그러나 나는 차분하게 마지막 경기를 정리하고 싶었다"라고 말했다.

그는 도르트문트를 떠나며 마지막으로 팬들과 도르트문트 관계자들에게 다음과 같은 작별인사를 남겼다.

"우리는 이곳에 7년간 있었습니다. 그리고 오늘 이런 말을 하고 싶습니다. 누군가가 도착할 때 그에 대한 다른 사람들의 말이 중요한 것이 아니라 그가 떠날 때 사람들이 뭐라고 말하는지가 중요한 것이라고. 지금 떠나는 우리를 좋게 기억해주는 모든 분들에게 감사합니다. 그리고 우리가 다음에 어느 곳으로 떠나든지 간에 그 마음을 영원히 잊지 않겠습니다."

제12장

리버풀행,
'콥'이 된 클롭

JÜRGEN KLOPP

JÜRGEN KLOPP

휴식을 선언한 클롭

2015년 4월, 클롭이 볼프스부르크와의 독일 DFB-포칼 결승전을 끝으로 축구계에서 잠시 떠나 휴식을 취하고 싶다는 의사를 밝힌 것에 대해 그의 에이전트 마르크 코시케는 말했다.

"위르겐은 그의 커리어를 통해 두 클럽을 깊이 사랑했다. 그런 그에게 곧바로 다른 클럽과 인연을 맺는 것은 쉽지 않은 일이다. 그는 잠시 축구 클럽들로부터 떨어져서 그동안 아내와 함께하지 못했던 일들을 하고 싶어 한다."

클롭의 코치인 젤리코 부바치와 피터 크라비츠도 휴식을 갖기로 했다. 클롭이 어느 팀으로 가든 그를 충실하게 보좌했고 그와 함께 뛰어난 조화를 보여줬던 스태프들도 그와 함께 새로운 도전에 나서기로 했다.

2015년에 잠시 휴식기간을 가질 때까지 클롭은 14년 동안 한 번도 쉬지 않고 축구 감독으로 일해왔다. 그 기간 동안 그는 단 2개의 클럽(마인츠 05와 보루시아 도르트문트)을 이끌었다. 그것은 오늘날 감독직이 얼마나 자주 교체되는 것인지를 생각해보면 대단한 업적임에 틀림없다. 그의 다음 행선지는 처음부터 그가 전에 이끌었던 두 팀에서 맡았던 것과 같은 매력적인 프로젝트를 추진할 수 있는, 특별한 클럽이었다. 2015년 가을에 클럽이 리버풀을 선택한 것처럼 말이다.

클럽과 보루시아 도르트문트의 관계는 처음부터 특별한 것이었다. 그리고 그들의 관계는 그가 도르트문트를 떠난 후에도 계속되고 있다. 도르트문트는 클럽이 부임한 지 얼마 지나지 않아 리그에서 부진을 겪을 때도 클럽과 그의 코칭스태프를 전적으로 신뢰한다는 뜻을 공식적으로 밝히기도 했다.

그것이 바로 예정보다 빠른 2009년 3월에 클럽의 코칭스태프들의 계약이 2012년까지 연장됐던 이유다. 그 시기는 클럽이 도르트문트 지휘봉을 잡은 지 1년이 채 되지 않은 시기였고 도르트문트가 이제 막 7경기에서 무승을 기록한 시점이었다. 그런 시점에서 코치들과 재계약을 맺는다는 것은 도르트문트라는 클럽이 클럽과 그의 코치들을 전적으로 신뢰하고 있다는 것을 아주 잘 보여주는 사례였다. 그리고 그것은 독일 루르 지방 특유의 '옳은 방식으로 정직하게 노력했다면 다소 부족한 성과도 용납할 수 있다'는 정신과도 잘 맞는 선택이었다.

클럽은 도르트문트에 잘 어울리는 남자였다. 성공이란 열심히 노력해서 쟁취해야 하는 것이라는 그의 신념은 노동자들이 많은 도르트문트라는 도시와도 닮아 있었다. 도르트문트에서 축구의 '노동자'에 해당하는 수비형 미드필더들은 '화이트칼라'인 등번호 10번 에이스들만큼 귀한 선수로 대우받았다. 도르트문트에서는 귄터 쿠토프스키나 무르도 맥클라우드 같은 1980~1990년대의 투쟁심 넘치는 선수들이 팬들로부터 특별한 존경을 받았다.

클럽의 계약은 2010년에 다시 한번 연장됐다. 당시 독일에서는 바이에른 뮌헨이 클롭을 데려갈까 봐 도르트문트가 우려하고 있는 것 같다는 소문이 돌기도 했다. 바이에른 뮌헨 클럽 측과 당시 감독이었던 루이 판 할 사이에 결별을 암시하는 이야기가 계속해서 나오고 있었다. (바이에른 뮌헨은 2008년에 위르겐 클린스만을 새 감독으로 임명하기 전에 클럽에 관심을 보인 바 있다.) 그러나 클롭은 기꺼이 도르트문트에 머무는 길을 선택했다. "나와 내 코치들은 거의 어떤 조건에도 사인을 했을 것이다." 클롭이 특유의 미소를 지으며 말했다. "2008년에 처음 내가 이 클럽과 인연을 맺은 후로 우리는 이곳에서 뭔가 중요한 일이 벌어질 것이라는 걸 느끼고 있고 나는 앞으로도 계속 그것을 키워나가고 싶다."

바츠케 CEO, 조르크 단장, 그리고 클롭 감독 세 사람의 '삼두정치'는 도르트문트라는 클럽에서 아주 프로다우면서도 굳고 이상적인 조화를 보여줬다. 그들은 마치 '우리 사이를 갈라놓을 수 있는 것은 아무것도 없다'고 말하는 것 같았다. 다른 클럽들의 구단 임원진과 감독이 대중 앞에서 서로 다른 말을 하는 것이 빈번한 축구계에서 도르트문트의 세 사람은 늘 같은 자세를 보여줬다. 그들의 관계는 업무적인 면에서뿐만 아니라 사적으로도 아주 친밀했다. 그들은 정기적으로 클롭의 집에 모여서 바츠케, 그리고 그의 아내와 함께 카드놀이를 하곤 했다.

그들은 밤에 한데 모여 내내 이야기를 하면서 시간을 보냈고 그들의 이야기는 결국 늘 축구로 귀결됐다. 그들의 모임은 대부분 주의 초반에 이뤄졌다. 그들의 관계는 주말에 경기를 치르면서 이미 서로에게 질린 여느 구단주와 감독의 관계와는 아주 달랐다. 그들 사이에는 화제가 떨어지는 법이 없었고 서로에 대한 공감으로 가득했다.

2014년 중순에 클롭은 의심의 여지없는 도르트문트 역사상 최고의 감독으로 인정받는 오트마르 히츠펠트 감독과 같은 기간 도르트문트를 이끌게 됐다. 히츠펠트 감독은 1991년부터 1997년까지 도르트문트를 이끌면서 클럽 역사상 최장기간 팀을 이끈 기록을 갖고 있었다. 이 기간 중에 도르트문트는 두 차례의 분데스리가 우승과 챔피언스리그 우승을 차지했고 UEFA컵 결승전에 진출하기도 했다.

볼프강 프랑크는 언젠가 클롭에 대해 "위르겐은 아마도 도르트문트의 선수들과 함께 늙어갈 것 같다"고 말하기도 했다. 클롭은 도르트문트를 떠날 때 아직 48세의 나이로 별로 늙어 보이진 않았지만 도르트문트의 몇몇 선수들은 클럽과 함께 자신의 커리어 최고의 전성기를 보냈다. 이런 면을 생각해보면 프랑크의 말은 아주 틀린 것은 아닐 것이다.

2014-15시즌의 어려움에도 불구하고, 2015년 4월에 클롭이 이사진에 계약을 해지해달라고 요청했던 것은 청천벽력 같은 소식이었다. 그의 계약은 3년이나 남아 있었다. 그 시즌 초에 미디어를 통해 클롭이 도르트문트 감독직에 지쳤다거나 그가 자신의 한계점에 도달했다는 이야기들이 흘러나왔다. 그러나 그가 도르트문트를 떠난다는 발표는 그가 팀의 성적을 점점 안정화시키고 있을 때 터져 나

왔다. 그 후로 며칠 동안은 마치 도르트문트 클럽 자체가 해체되지 않도록 노력할 필요가 있을 것처럼 보였다. 클럽과 도르트문트는 그에 앞선 7년 동안 그만큼 떼려야 뗄 수 없는 관계처럼 보였다.

클럽이 떠난다는 발표가 나온 후로, 도르트문트는 동기부여를 잃기는커녕 오히려 더 집중하는 모습을 보였다. 철저한 실패처럼 보였던 시즌은 도르트문트가 DFB컵 결승까지 진출하면서, 그리고 리그 순위가 점점 올라가고 유로파리그 진출권을 확보하면서 점점 나아졌다.

리버풀행

그로부터 머지않아 리버풀이 클럽에 관심을 보이는 그의 선택지 중 하나인 클럽으로 떠올랐다. 리버풀은 열정적이고 견실한, 풍부한 역사를 자랑하는 클럽이었다. 꼭 보루시아 도르트문트처럼.

클럽과 리버풀을 둘러싼 소문들은 2015-16시즌 리버풀의 브랜든 로저스Brendan Rodgers 감독이 부진한 성적으로 시즌을 시작하자 점점 더 많아졌다. 영어가 유창한 클럽은 특히 더욱 프리미어리그에 적합한 감독처럼 보였다. 또 하나의 인센티브가 있었다면, 클럽 감독 이전에 독일 감독으로서 잉글랜드에서 감독을 맡았던 것은 2014년에 풀럼을 맡았던 펠릭스 마가트 감독이 유일하다는 점이었다.

그러나 마가트 감독의 풀럼 재임기간은 성공적이지 못했다. 그는 시즌 후반인 2월에 부임해서 클럽의 강등을 막지 못한 채 9월에 경질당했다. 그는 후에 자신이 프리미어리그에서 성공하지 못한 이유로 이적시장에서 최종 결정권한이 없었다는 점을 들었다(리버풀은 바로 그것을 클롭에게 약속했다).

클롭의 휴식기간 초기에 그의 에이전트 마르크 코시케는 그의 클라이언트인 클롭에게 프리미어리그가 이상적일 것 같냐는 질문에 말을 아꼈다.

"나는 그 직업(리버풀 감독직)에 대해 확신이 없다. 원칙적으로 나는 독일에서 감독과 단장 간의 권한을 분리하는 것을 아주 좋게 생각하고 있다. 그리고 위르겐은 선수들의 에이전트들과 이야기하고 이적시장에 관여하는 것을 좋아하는 사람이 아니다."

2015년 여름, 클롭의 거취에 대해서는 별다른 진전이 없었다. 도르트문트와 감격적인 작별인사를 나눈 후에 그는 미리 예정됐던 대로 휴식기간을 갖게 됐고 그대로 휴가를 떠나며 축구 기사들로부터 잠시 멀어졌다. 그러나 그의 다음 행보에 대한 소문들은 사라지지 않았다. 분데스리가처럼 감독과 구단의 권한 분리가 확고하지 않음에도 불구하고, 클롭에겐 프리미어리그에서 감독을 하는 것이 스페인의 거대 구단인 레알 마드리드보다도 더 현실적인 선택이었다. 레알 마드리드에서는 1년마다 새 감독을 임명하는 것이 마치 의식처럼 치러지고 있었고 그들에겐 팀을 서서히 만들어가는 것(클롭이 가장 좋아하는)을 기다려줄 인내심도 없었다. 그리고 클롭이 스페인어를 할 줄 모른다는 점도 빼놓을 수 없는 고려 사항이었다.

리버풀 이외에 거론된 다른 가능성들은 그가 국가대표팀 지휘봉을 잡는 것이었다. 요하임 뢰브Joachim Low 감독이 유로 2016을 끝으로 독일 대표팀을 떠날 경우를 대비해서 말이다. 바이에른 뮌헨 이외에 다른 몇몇 분데스리가 클럽들도 가능한 행선지로 거론됐다. 그 모든 것들 중에서 특히 한 가지 도전이 그의 마음을 사로잡았다. 뛰어난 잠재력을 가진, 현재는 제대로 돌아가지 않고 있는 클럽을 다시 정상으로 올려놓는 것. 그가 보루시아 도르트문트에서 했던 것처럼. 그것이 가장 클럽의 구미를 당기는 것이었다.

결국 바로 그 생각이 그를 리버풀로 인도했다. 그것도 최초의 예상보다 훨씬 빠른 시점에 갑자기 모든 일이 빠르게 진행되기 시작했다. 클럽은 2015년 10월 브랜든 로저스가 리버풀에서 경질당할 무렵 멕시코 국가대표팀 감독직을 거절했다. 로저스는 시즌 초반 리버풀의 실망스러운 성적을 이유로 경질당했다. 클럽은 그로부터 며칠 후에 많은 팬들과 미디어의 관심을 받으며 새 감독으로 임명됐다. 2013년 웸블리에서 열린 보루시아 도르트문트 대 바이에른 뮌헨의 결승전 이후로 클럽은 잉글랜드에서 큰 존경을 받는 존재가 됐다.

아스널 대 도르트문트의 챔피언스리그 경기 전에 열렸던 기자회견에서 클럽이 보여준 카리스마 넘치고 흥미로운 기자회견은 그의 유창한 영어 실력에 더해져서 그를 기자들에게 사랑받는 감독으로 만들었다. 그의 격식을 차리지 않는 즉흥적인, 그리고 종종 장난스럽기까지 한 방식은 진지하고 점잖은 보통의 감독들과 큰 대조를 이뤘다. 잉글랜드 기자들이 클럽에게 호감을 갖고 있다는 것은 이미 알려진 사실이었지만 그들이 클럽의 리버풀 감독 임명을 그토록 반기는 것은 기자들 사이에서 흔히 볼 수 있는 일이 아니었다.

클롭은 리버풀 감독으로 부임하기 전부터 이미 리버풀 팬들의 마음을 사로잡았다. 2014년에 도르트문트가 안필드에서 친선경기를 가졌을 때 그는 리버풀 선수 입장 터널에 있는 유명한 '이곳은 안필드This is Anfield' 사인에 거의 사랑스럽다는 듯 손을 댄 적이 있다. 그런 방식으로 그는 리버풀이라는 클럽에 대한 존중과 열망을 표현했던 것이다. 꼭 리버풀의 선수들이 같은 방식으로 경기장에 들어서는 것처럼 말이다. 로저스가 리버풀에서 경질당했을 때 열정적인 리버풀 팬들은 트위터를 통해 '#클롭을리버풀로'라는 해시태그를 만들어서 클롭을 리버풀의 새 감독으로 데려오고 싶은 의지를 드러냈다.

리버풀과 성공적인 협의를 마친 후에 클롭은 3년 계약에 서명하고 2015년 10월 9일에 리버풀의 새 감독으로 공식 발표됐다. 그의 첫 기자회견은 즉시 세계적으로 큰 관심을 모았다. 그는 그 기자회견에 대해 미소를 지으며 "내가 미리 준비한 첫 번째 기자회견이었다"고 말했다. 그는 그 기자회견에서 기운 넘치는 어투로 잠시 휴식기간을 가졌지만 사람들의 마음을 얻는 법을 잊지는 않았다고 말했다.

과거 첼시 감독에 부임하던 날 조세 무리뉴 감독은 스스로를 '스페셜 원Special One(특별한 사람)'이라고 부르며 화제를 불러 모은 바 있다. 그에 비해 클롭은 어떻게 스스로를 정의했을까? 클롭은 스스로 자신은 '블랙 포레스트'라는 작은 마을 출신이고, 선수 시절 아주 평범한 선수였으며, 마인츠에서 평범한 감독으로 커리어를 시작했다고 말했다. 그래서 그는 자신이 '특별하다'기보다는 비교적 평범하다고 말했다.

"아마 어머니가 지금 TV를 보고 계실 겁니다. 이 기자회견을 보려고요. 어머니는 내가 하는 말을 한마디도 이해할 수 없겠지만 나는 당신이 자부심을 느낄 것이라는 것을 압니다."

그리고 클롭은 그의 발언을 흥미롭게 지켜보는 영국 기자들 앞에서 영어로 된 자신의 첫 트레이드마크 같은 코멘트를 남겼다.

노멀 원

"아마도 나는 노멀 원Normal One(평범한 사람)일 것입니다."

기자회견장에 마련된 자신의 자리에 앉아 있는 클롭은 평소처럼 느긋해 보일 뿐 아니라 눈에 띌 정도로 날씬해졌고, 피부를 햇볕에 그을렸으며, 건강해 보였다. 그의 모습은 누구에게라도 그사이 충분한 휴식기간을 보낸 사람처럼 보였다.

"나는 올해 48세고 그중 대부분의 세월 동안 돈도 시간도 없었습니다. 그러나 최근 네 달 동안에는 휴식을 하면서 보냈죠."

그는 휴식기간 동안 테니스를 치고 전 세계의 축구 경기를 보면서 시간을 보냈다고 말했다. 그리고 자신이 리버풀을 선택한 것은 리버풀이 도르트문트와 비슷했기 때문이 아니라 그저 리버풀이 '멋진 클럽'이기 때문이었다고 말했다. 그는 기자회견에서 열정적인 축구를 약속했다(안필드에선 아주 중요한). 그리고 클롭은 그가 도르트문트에서 구사했던 스피드와 에너지 넘치는 축구에 대해 언급하며 축구의 낭만에 대한 자신의 애정도 드러냈다.

"안필드는 세상의 어떤 경기장보다도 그런 면들에 부합하는 클럽이며 저는 이곳에 오게 된 것이 진정으로 행복합니다."

그는 새 클럽인 리버풀에서 우승을 차지하고 싶다는 열망을 감추지 않았지만, 자신에게 처음부터 너무 큰 기대를 걸지는 않도록 한마디를 남겼다.

"모두들 제가 기적을 만들어낼 수 있을 것처럼 생각하는 것 같지만 그것은 사실이 아닙니다."

클럽의 매력은 그런 열정적인 면과 겸손함의 조화에 있다. 자신의 기자회견을 듣는 영국 기자들을 향해 그는 말했다.

"영국 기자들에 대해서는 익히 들어 알고 있습니다. 그 사람들이 거짓말쟁이였다는 걸 보여주는 것도 여러분의 몫입니다!"

그의 기자회견은 완벽했다. 전 리버풀 선수 욘 아르네 리세는 트위터에 다음과 같이 적었다.

"새 감독이 저렇게 멋진 기자회견을 하는 것을 본 적이 없다. 저 에너지, 말투, 모든 점에서 말이다. 이 감독에게 충분한 시간을 줘라! 얼마나 멋진 남자인가!"

클럽의 임명을 반긴 전 리버풀 선수는 리세만이 아니었다. 특히 인상적인 반응을 보인 선수는 공격수 출신인 카를 하인츠 리들레였다. 그는 선수 시절에 리버풀, 도르트문트 등에서 뛰었다.

리들레에게 있어 리버풀과 클롭은 '100퍼센트' 어울리는 조합이었다. "클롭은 빠른 속도의 직선적인 축구를 추구하고 헌신과 열정을 담아 팀을 이끈다. 바로 그것이 리버풀의 팬들이 보고 싶어 하는 것이다." 그는 축구에 대해 리버풀이 도르트문트와 비슷한 자세를 갖고 있다고 믿는다. "그들의 축구에 대한 열정에는 비슷한 동기부여가 들어 있다. 그들은 모두 축구를 마치 종교처럼 받아들인다."

리버풀의 팀 내부 구조나 특히 리버풀의 이적위원회(리버풀이 영입할 선수에 대해 결정하는)에 대해 리들레는 "팀이 영입할 선수에 대해 클롭 감독이 최종 결정권을 가져야만 한다. 리버풀의 성적에 자신의 운명을 걸고 있는 것은 다름 아닌 그이기 때문이다. 만약 그가 원하지도 않는, 클럽의 시스템에 맞지 않는 선수가 팀에 입단한다면 그것은 오히려 부작용을 낳을 것이다."

전 도르트문트, 바이에른 뮌헨 소속 선수인 토마스 헬머 역시 그 점에 주목했다.

"도르트문트 시절 클럽은 이적에 관해 바츠케, 조르크와 함께 친밀하면서도 복잡하지 않은 의사소통을 했다. 리버풀에서 과연 클럽과 이적위원회의 관계가 어떻게 형성될지 지켜보는 것은 흥미로운 일이다. 나는 클롭이 자신의 첫 기자회견에서 말한 것처럼 선수 영입에 관해 그가 최초의, 그리고 최종의 결정권한을 가질 것이라고 생각한다."

리버풀 이적위원회의 역할에 대해서는 클럽의 부임 직후에 심도 있는 논의가 진행됐다. 2015년 11월 더블린에서 열린 한 회의에서 리버풀 CEO 이안 에어는 카를 하인츠 리들레가 추측했던 사실에 대해 확실한 답을 들려줬다.

"지금 이 시점에서 리버풀이 영입할 선수에 대한 최종 권한은 오직 한 사람 위르겐 클롭 감독에게 있다."

그리고 에어는 이적위원회의 성격에 대해서도 밝혔다.

"'이적위원회'라는 명칭은 과거에도 사용된 적이 있지만 나는 사람들이 그 모임에 대해 잘못된 판단을 하고 있다고 생각한다. 그 모임은 멤버들이 모여 영입할 선수들에 대해 투표를 해서 결정하는 그런 원탁회의 같은 것과는 거리가 멀다. 감독이 어떤 선수가 필요하다는 의사를 밝히면 위원회에서는 그와 유사한 유형의 영입 가능한 선수들을 물색하고 그 후에 결정은 감독이 내리는 것이다."

에어는 이적위원회가 클롭의 전임자였던 브랜든 로저스 감독 시절에도 이미 그렇게 운영됐다고 말했다.

헬머는 클롭이 리버풀에서 그가 마인츠나 도르트문트에서와는 다른 역할을 맡을 가능성에 대해 언급했다.

"과거에는 클롭이 톱스타들을 잘 다룰 수 있을지에 대한 의문이 많았다. 그에 대한 대답을 리버풀에서 볼 수 있을 것이다."

도르트문트에 스타 선수가 없었던 것은 아니지만, 팀플레이를 강조하는 클롭의 철학과 그의 철학을 존중하는 선수들 덕분에 도르트문트는 팀 그 자체가 스타가 되는 플레이를 했지, 개인이 스타가 되는 것을 추구하는 팀은 아니었다.

헬머는 클롭이 리버풀을 이끄는 것이 그의 명성을 위해서만이 아니라 독일 축구계를 위해서도 좋은 일이라고 말한다.

"그 이전에는 잉글랜드의 빅클럽을 지휘해본 독일 감독이 아무도 없었다. 펠릭스 마가트 감독이 풀럼에서 보낸 짧은 시간과 비교하면 클롭의 리버풀 감독 부임은 훨씬 더 도전적이다. 리버풀이 풀럼보다 훨씬 더 강한 팀이지 않은가."

한편 리들은 클롭이 리버풀의 부임 초기 고난을 겪을 것이라고 내다봤다.

"리버풀은 더 이상 많은 톱 플레이어를 보유하고 있지 않다. 그들은 당연히 리그 우승을 차지할 만한 수준의 팀이 아니며 많은 부상자를 안고 있다. 그런 점을 고려할 때 클롭에게 일정 시간이 주어지긴 하겠지만 아주 많지는 않을 것이다. 아마도 1~2년 안에 자신에게 주어진 목표를 달성해야만 할 것이다. 그 안에 클럽은 반드시 우승 트로피를 들어 올려야만 할 것이다. 매력적인 축구로만은 충분하지 않다. 그 스스로도 리버풀을 이끄는 동안 우승을 차지하는 것이 목표라고 말했다."

리들레는 클롭에게 잉글랜드 축구에 적응해야 하는 어려움도 있을 것이라고 내다봤다.

"클롭은 도르트문트 시절보다 더 많은 팀이라는 조직을 운영해야 되는 임무들을 맡게 될 것이다. 도르트문트에서 조르크와 바츠케가 처리했던 경기장 밖의 일들 말이다. 그러나 그것은 리버풀같이 훌륭하게 운영되는 팀에서는 큰 문제가 되지는 않을 것이다."

그는 클롭의 스피드 넘치고 열정적이며 강렬한 '게겐프레싱' 축구에 대해서는 "그 부분에 대해서는 클롭이 조절을 할 필요가 있을 것이다. 잉글랜드에는 독일보다 더 많은 경기가 있고 겨울 휴식기도 없었기 때문이다. 그러므로 클롭은 자신의 선수들이 조기에 지쳐버리지 않도록 신경을 쓸 필요가 있다. 그러나 그 점은 클롭 본인도 이미 잘 알고 있을 것이다."

클롭에 대해 호평을 보낸 것은 리들레뿐만이 아니다. 심지어 전 맨유 감독이자 맨유 감독 부임 초기에 '리버풀을 왕좌에서 끌어내리겠노라'고 천명했던 알렉스 퍼거슨 감독 역시 "클롭은 좋은 선택이다. 나는 그를 아주 높이 평가한다"라고 말했다. 과거에 프리미어리그에서 뛴 적이 있고 독일 국가대표팀에서도 50경기 이상 출전했던 토마스 히츨슈페르거는 클롭에 대한 퍼거슨의 칭찬을 예사롭게 보지 않았다. 그는 "퍼거슨 감독의 말은 클롭의 능력을 더욱 잘 보여주는 것이다"라고 말했다.

그러나 많은 사람들의 호의적인 발언에도 불구하고 리버풀 팬들이 클롭에게 즉각적인 효과를 원하는 것은 명백한 사실이었다. 리버풀 팬들은 우승에 대한 갈망 이외에도 매력적인 플레이 스타일을 보기를 원했다. 클롭에게 주어진 임무는 분명 어려운 것이었지만 결국 모든 것은 우승 트로피를 차지하는 것과 관련된 것이었다. 리버풀 팬들은 분데스리가나 클롭에 대해 잘 알고 있었다. 특히 2013년 챔피언스리그 결승전 이후로는 더욱 그랬다. 팬들에게 도르트문트의 비상은 곧 클롭이라는 이름과 직결되는 것이었다.

리들레와 마찬가지로 히츨슈페르거는 클롭이 프리미어리그와 분데스리가의 차이에 대해 적응할 필요가 있을 것이라고 내다봤다. 그는 특히 클롭이 전통적인 감독의 역할을 고수하기보다 다른 사람들에게 의존할 필요가 있다고 말했다.

"그의 리버풀에서의 운명은 그 혼자에 의해 좌우되지 않을 것이다. 이적시장은 특히 중요하다. 그는 부바치나 크라비츠, 그리고 리버풀 이사진들과 함께 결정을 내려야 할 일들이 많을 것이다. 그는 리버풀에서 과거보다 많은 자유를 누리겠지만 동시에 더 많은 책임감도 느끼게 될 것이다."

프리미어리그에서 게겐프레싱이 통할 것이냐에 대해서는 "그것은 게겐프레싱이 리버풀에 얼마나 잘 적용되느냐에 달린 것이다. 최근에는 많은 팀들이 게겐프레싱을 사용하고 있다. 그러나 그것을 위해 중요한 것은 선수들이 그 전술을 아무런 의심 없이 전적으로 받아들여야 한다는 점이다. 누군가 그 전술에 회의를 품거나 그 전술을 수행하는 것을 망설이는 선수가 있다면 팀 전체의 성공을 장담할 수 없게 된다."

리버풀에서 보낸 클롭의 첫 시즌

클롭의 리버풀 감독직 부임에 관한 주변의 반응에서 볼 수 있듯 그들이 좋은 조합이 될 수 있는 가능성이 충분하다는 것은 의심의 여지가 없다. 특히 그가 영어를 잘 구사한다는 것도 도움이 된다. 그 점은 모든 감독에게 긍정적인 요소이지만 특히 선수들과의 소통을 중요시하는 클롭에겐 더욱 중요한 요소다.

마찬가지로 리버풀은 도르트문트와 마찬가지로 열정적이고 화려한 역사를 자랑하는 클럽이다. 그런 점 역시 클롭의 성격과 잘 어울린다. 그는 관중석과 피치 사이의 거리가 가까운 잉글랜드의 경기장에서 그의 열정을 충분히 잘 보여줄 수 있을 것이다. 리버풀과 도르트문트는 도르트문트의 남쪽 스탠드나 안필드의 콥에서 볼 수 있듯 둘 다 충성심이 강한 팬들을 보유하고 있다. 두 팀 모두 이미 완성된 선수를 사 오는 것만이 아니라 새로운 스타를 키워내는 것을 강조하는 철학을 갖고 있다.

도르트문트에서 클롭의 지도 아래 월드클래스 공격수로 성장한 로베르트 레반도프스키는 2014년에 클롭의 방식에 대해 다음과 같이 말했다.

"클롭은 선수들의 재능을 잘 알아보며 그런 재능을 육성시키는 데 돈을 투자한다. 그는 단지 스타 선수들을 사 오는 것이 아니라 그의 철학을 실행할 수 있는 유망주들을 키워내는 데도 일가견이 있다." 레반도프스키가 그 예로 말한 선수들 중 한 명이 바로 마리오 괴체다. 괴체는 2014 브라질 월드컵 결승전에서 독일이 아르헨티나를 꺾고 우승을 차지할 때 결승골을 터뜨리기도 했다. 그 괴체에게 도르트문트 1군 팀에서 뛸 기회를 주고 그를 국가대표팀 선수로 키워낸 것이 바로 클롭이었다. 결국 괴체는 바이에른 뮌헨의 유혹에 홀려 도르트문트를 떠났지만.

클롭이 도르트문트와 리버풀 지휘봉을 잡았던 시점도 서로 유사한 점이 있다. 클롭이 도르트문트 감독에 취임했던 2008년, 도르트문트는 리그 중위권에 머물고 있었다. 그는 3년 만에 도르트문트에 리그 우승 트로피를 안겨줬다. 만약 그가 리버풀을 이끌고 프리미어리그 우승을 차지할 수 있다면 그는 리버풀에서 도르트문트 시절과 비슷한 존경을 받을 수 있을 것이다. 리버풀 팬들은 1990년 이후로 리그 우승을 갈망하고 있다. 1970~1980년대에 그들이 누린 화려한 영광에 비하면 그 이후의 기다림은 리버풀 팬들에겐 거의 영원처럼 멀게 느껴지는 것이다. 특히 2011년에 맨유가 리버풀을 제치고 잉글랜드 1부 리그 최다 우승팀이라는 타이틀을 차지한 후에는 더더욱 그렇다. 2013-14시즌, 리버풀이 아쉽게 맨체스터 시티에 리그 우승을 내준 것은 그들의 리그 우승에 대한 열망을 더욱 증폭시켰다.

클롭에게 리버풀에서의 도전은 그가 전에 도르트문트에서 했던 것과 매우 유사한 것이다. 잠든 거인을 깨워내서 다시 그를 정상으로 올려놓는 일. 도르트문트와 리버풀은 많은 점에서 비슷하지만 도르트문트, 바이에른 뮌헨, 그리고 선덜랜드에서 뛰었던 토마스 헬머는 두 팀 사이에는 차이점도 있다고 말한다.

"리버풀 팬들의 충성심은 도르트문트 이상으로 강하다. 또한 리버풀 팬들의 기대치는 클롭이 2008년에 도르트문트 감독이 됐을 때의 그것보다도 높다. 사실 도르트문트가 재정적인 어려움으로 인해 존립 자체를 걱정했던 것과 비교하면 리버풀은 최근에 그들의 미국 투자자인 펜웨이 스포츠 그룹과 프리미어리그의 높은 중계권료로 인해 많은 투자를 받은 상황이다."

실제로 리버풀은 2015-16시즌이 시작되기 전에 피르미누를 영입하는 데 2,900만 파운드, 크리스티안 벤테케를 영입하는 데 2,450만 파운드, 그리고 나다니엘 클라인을 영입하는 데 1,250만 파운드를 사용했다. 클럽의 두 번째 시즌이자 그가 처음으로 리버풀 감독으로서 맞이하는 2016년의 여름 이적시장에서는 마네 영입에 3,400만 파운드, 베이날둠 영입에 2,500만 파운드를 투자하기도 했다.

클럽의 첫 시즌 리버풀은 클럽의 철학을 수용하고 있는 듯한 모습과 아직은 좀 더 시간이 필요할 것 같은 모습을 동시에 보여줬다. 특히 부임 초기에 첼시 원정에서 거둔 3 대 1 승리는 스스로 '노멀 원'을 천명한 그가 '스페셜 원'이라 불리는 조세 무리뉴 감독의 홈구장에서 거둔 대승으로 큰 기대를 모았다.

클럽의 첫 시즌 리버풀에게 가장 기억에 남는 순간은 묘하게도 클럽의 친정팀인 도르트문트와의 맞대결에서 나왔다. 유로파리그 8강에서 만난 양 팀은 1차전 도르트문트의 홈에서 1 대 1 무승부를 기록했다. 안필드에서 열린 2차전에서 리버풀은 1 대 3으로 끌려가다가 4 대 3, 합산 스코어 5 대 4로 기적처럼 4강전에 진출했다. 이 경기는 리버풀 팬들에게 '이스탄불의 기적' 이후 가장 감격적인 순간으로 불리기에 충분했다.

종합적으로 클럽은 리버풀 부임 후 첫 시즌에 캐피털원컵, 유로파리그 두 개 대회에서 결승까지 진출하며 리버풀 팬들에게 희망을 안겨줬으나 두 대회 모두 결승전에서 패하며 준우승에 그쳐 아쉬움을 남기기도 했다. 한마디로 말해 클럽이 부임한 후 변화하는 모습이 분명한 리버풀이지만, 아직 기복이 심한 점은 극복해야 할 과제로 남아 있다.

아직 이적시장이 마감되지 않은 2016-17시즌 초반(8월), 리버풀은 바로 그런 모습을 되풀이하며 희망과 불안을 동시에 남겼다. 개막전이었던 아스널 원정경기에서 영입생 마네의 환상적인 골을 포함해

4골을 터뜨리며 4 대 3 승리를 거뒀으나 바로 다음 라운드에서는 승격팀 번리에 한 골도 넣지 못한 채 0 대 2 패배를 당한 것이다. 이적시장 마감 전 마지막 경기였던 토트넘 전에서는 1 대 1 무승부에 그쳤다.

클롭은 리버풀 감독 부임 후 본인 스스로 시간이 필요하다는 것을 강조했다. 리버풀 역시 그런 점을 이해하고 있으며 클롭이 능력 있는 감독이라는 것 역시 알고 있다. 그러나 치열한 프리미어리그에서 언제까지나 팬들이 이해하며 기다려줄 리는 만무하다. 클롭의 입장에서는 자신이 시즌 초반부터 팀을 지휘하는 2016-17시즌에 한층 더 발전한 모습을 보여준 후 그다음 시즌에서는 우승에 도전해볼 필요가 있다.

미래의 클롭

브랜딩 전문가 프랑크 도파이데는 클롭에게 리버풀이 잘 어울리는 팀이라고 말한다.

"아마도 클롭에게 가장 어울리는 것은 잉글랜드의 노동자 계층을 팬으로 둔 클럽일 것이다. 맨유는 철도회사 직원들이 창단했지만 이미 오래전부터 미국의 억만장자들의 손에 들어갔다. 리버풀 역시 비슷하다. 그러나 리버풀은 〈당신은 결코 혼자 걷지 않으리You'll never walk alone〉라는 노래를 부르는 세계에서 가장 충성스러운 팬을 보유하고 있다. 그 문구가 그들의 로고이자 영혼이다. 그것만으로도 리버풀은 이미 클롭과 일맥상통하는 바가 있다."

기대치가 높은 곳은 어느 곳이나 그것이 실현되지 않았을 경우의 위험이 도사리고 있다. 그것이 바로 클롭이 자신의 리버풀 감독 부임 후 첫 기자회견에서 스스로 기대치를 낮추고자 했던 이유다. 2015년에 바이에른 뮌헨을 떠나 맨유로 향한 바스티안 슈바인스타이거는 가장 최근 열린 월드컵의 우승자로서 큰 환영을 받았음에도 불구하고 좋지 않은 결과에 대해 쏟아지는 비판에 직면했다. 관건은 클롭이 팬들이나 클럽, 그리고 대중들이 원하는 결과를 즉각적으로 불러오지 못했을 때 그들의 인내심이 과연 얼마나 오래 지속될 것인가 하는 점이다. 도르트문트에서는 그가 진정한 성공을 가져오는 데까지 2년이 걸렸다. 도르트문트에서 그는 충분한 시간을 보장받았다.

그가 처음부터 강조했던 바와 같이, 클롭은 기적을 만들어낼 수 있는 감독이 아니다. 더욱이 그는 시즌 중반에 완성되지 않은, 부상자가 많은 팀을 이어받았기 때문에 그 선수단에게 그의 전술을 전파하는 데도 시간이 필요했다. 감독의 교체에 적응해야 하는 것은 선수들만이 아니다. 클롭 본인 역시 새 클럽이 우선순위를 두고 있는 대회, 잉글랜드의 임대 규칙 등에 대해 적응해야 했다. 그는 스스로 "독일과는 완전히 다르다"며 그가 부임 직후부터 모든 것을 이해할 순 없었다는 것을 인정했다.

토마스 헬머는 클롭이 리버풀을 개혁하는 데는 시간이 필요할 것이라는 것을 잘 알고 있다.

"클롭은 그를 맞이할 준비가 되지 않은 선수단을, 그 선수들에 대해 제대로 알지 못하는 상태에서 리버풀 감독이 됐다. 그러나 나는 결국은 그들의 만남이 성공적인 조합이 될 것이라고 생각한다. 그가 자신의 비전을 리버풀에서 실현할 충분한 시간이 주어지기만 한다면 말이다. 클롭에 대한 과장된 이야기들이 많은 것은 사실이지만 그는 정신적인 면에서 이미 리버풀과 잘 어울리는 사람이다. 그는 좋은 사람이며 사람들과 잘 어울리고 자기 자신을 팀에 내던질 줄 아는 사람이다."

리버풀 재임 시절 초기에 나온 여러 가지 결과들 중에 클롭이 리버풀에서 보여줄 수 있는 진가가 나온 것은 2015년 10월 말에 첼시를 상대로 3 대 1 승리를 거뒀던 모습이었다. 그 경기 결과와 리버풀의 경기력은 리버풀이 클롭의 철학을 서서히 받아들이고 있다는 증거였다.

〈더 타임스〉는 그 경기 후 리버풀 팬들의 응원가와 클롭의 열정적인 제스처에 대해 다음과 같이 적었다. "리버풀 팬들은 '스탬퍼드 브리지가 무너지고 있다'고 노래했다. 위르겐 클롭, 미소를 띤 정복자가 도래했다." 클롭의 제스처는 첼시의 수석 코치인 주제 모라이스를 흥분시켰다. 모라이스는 펄쩍 뛰며 클롭의 방향으로 저주를 퍼붓는 시늉을 했다. 클롭은 침착하게 말했다. "진정해." 경기 후 〈리버풀 에코〉는 "이제 축구팬들의 새로운 애인은 클롭이다"라고 적었다.

'노멀 원'이 '스페셜 원'의 왕좌를 빼앗았다. 그가 터치라인을 뛰어다니며 선수들이 하는 행동 하나하나에 반응하고 골을 마치 그것이 세상의 마지막 골인 것처럼 기뻐하는 모습에는 그의 정직한 면과 그가 사람들로부터 사랑받는 이유가 담겨 있다. 물론 그런 행동 끝에 종종 부심과 언쟁을 벌이게 되기도 하고 앞으로도 그럴 것이지만. 그것이 클롭이다. 그것은 그가 마인츠 시절에도, 도르트문트에서도 했던 것이다. 클롭은 여전히 클롭이다. 잉글랜드에서도 여전히 그는 그런 모습일 것이다.

제13장

프레싱, 열정, 발전

JÜRGEN KLOPP

JÜRGEN KLOPP

두 번째 시즌을 준비하다

두 차례 결승전에서의 패배와 리그 8위. 과연 이 성적은 리버풀의 새 감독에게 성공이라고 말할 수 있는 결과였을까? 리버풀은 시즌이 끝난 후 이에 대한 생각을 분명하게 확인시켰다. 2016년 7월, 리버풀은 클럽뿐만 아니라 그와 함께하는 코치였던 젤리코 부바치, 페터 크라비츠 등과 2022년까지 재계약을 체결하면서 그들에 대한 신뢰를 보여줬다. 클럽과 그의 코치진은 팀워크의 가치를 아주 잘 아는 사람들이었다.

몇몇 사람들은 클럽의 첫 시즌에 대해 기대한 만큼은 잘하지 못했다고 생각했지만, 리버풀은 그들의 눈앞에 펼쳐졌던 매력적이고 공격적인 축구에 만족했다. 또한 클럽의 철학이 팀을 긍정적인 방향으로 변화시키고 있다는 점과 '노멀 원'이 팀에 가져다 줄 영광을 꿈꾸기 시작한 리버풀 팬들의 긍정적인 분위기를 높이 평가했다. 클럽에 대한 평가는 단순히 승점이나 경기장 위에서 드러난 모습만으로 이뤄지지 않은 셈이다. 그는 리버풀의 감독으로 부임하면서 그가 원했던 계획을 순차적으로 펼쳐 나갈 시간과 기회를 보장받았다. 그러나 두 번째 시즌, 특히 여름 이적시장을 온전히 보낸 후에 맞이하는 새로운 시즌에는 그런 경기 외적인 부분들만으로는 충분하지 않다. 이제는 정말 승리와 승점이 필요한 시간이었다.

리버풀에서 보낸 첫 시즌, 클롭은 리버풀 선수단을 충분히 검토하고 분석했다. 그가 가진 비전을 구현할 수 있는 선수는 누구일까? 또 팀을 떠나야 할 선수는 누구일까? 2016년 여름 이적시장은 그에게 팀을 재정비할 수 있는 기회였다. 그해 여름 이적시장은 화려하다고 할 만한 수준은 아니었지만 (도르트문트에서와 마찬가지로) 그에게는 분명한 목표가 있었다. 리버풀은 수비를 강화하기 위해 분데스리가의 샬케에서 자유이적 선수로 풀린 조엘 마팁과 아우크스부르크의 라그나르 클라반을 420만 파운드에 영입했다. 그리고 마인츠에서 골키퍼 로리스 카리우스를 470만 파운드에 데려왔고, 자유이적 선수 알렉스 마닝거도 영입했다.

프리미어리그에서 영입한 선수들은 좀 더 많은 이적료가 필요했다. 사우스햄튼의 번개처럼 빠른 공격수 사디오 마네를 3,400만 파운드에, 뉴캐슬 미드필더 조르지니오 바이날둠을 2,300만 파운드에 영입했다.

그 외에 클럽의 구상과 맞지 않는 선수들은 팀을 떠났다. 전방 공격수 크리스티안 벤테케는 3,250만 파운드에 크리스탈 팰리스로, 자유이적으로 풀린 까다로운 공격수 마리오 발로텔리는 니스로, 윙어 조던 이베는 1,500만 파운드에 본머스로, 미드필더 조 앨런은 1,300만 파운드에 스토크 시티로 떠났다. 루이스 알베르토, 텍세이라, 브래드 스미스도 떠났고 리버풀에서 오래 활약한 수비수 마르틴

스크르텔은 페네르바체로 500만 파운드에, 자유이적으로 풀린 또 다른 수비수 콜로 투레는 셀틱으로 떠났다. 그 외에도 많은 선수들이 임대를 떠났다.

시즌 초반 선두 경쟁에 나서다

새로 영입한 선수들 중 카리우스는 2016-17시즌 초반 손에 입은 부상 때문에 몇 경기에 결장했지만, 클롭은 10월부터 그를 선발로 기용했다. 카리우스는 성급한 플레이를 하다 몇 번 실수를 범했고, 그 실수들이 상대의 득점으로 이어지면서 미디어와 전문가들로부터 비판을 받았다. 그러나 클롭은 그럴 때마다 그의 새로운 골키퍼를 전적으로 지지하며 보호했다. 카리우스를 비판하는 전문가들 중에는 게리 네빌과 필립 네빌 그리고 리버풀의 레전드 제이미 캐러거도 있었다. 클롭은 꼭 필요하다고 생각할 때는 과감한 결정을 내렸다. 2개월 정도 카리우스를 주전 골키퍼로 기용하던 클롭은 그를 벤치로 보내고 다시 미뇰레를 주전 골키퍼로 기용하기 시작했다. 클롭은 이 결정이 카리우스의 부담을 덜어주기 위한 방편이었다고 설명했고, 그 후 리버풀의 골문은 리그 경기는 미뇰레, 컵 경기는 카리우스가 지키기 시작했다.

리버풀에서의 두 번째 시즌이 첫 번째 시즌과는 전혀 다른 의미라는 것을 보여주는 사례는 이외에도 더 있었다. 첫 번째 시즌이라는 '수습 기간'은 이미 끝났고, 팬들의 기대치는 더 높아졌다. 클롭은 자신이 원하는 선수를 영입했고, 유럽 대회에 출전하지 않는 대신 선수단과 충분한 시간을 보낼 여유를 갖게 됐다. 그의 전술을 팀에 완벽히 체득시킬 기회가 주어진 것이다. 그래서 그들이 2라운드에서 승격 팀 번리에게 충격적인 패배를 당하자 곧바로 클롭에 대한 비판의 목소리가 높아지기 시작했다.

에미레이트 스타디움에서 열린 시즌 개막전은 클롭 특유의 드라마틱한 요소를 잘 보여준 게임이었다. 리버풀은 아스널에 리드를 내줬지만 1시간 만에 스코어를 4 대 1로 역전시켰다. 클롭은 너무 기쁜 나머지 안경을 한 번도 아니고 두 번이나 떨어뜨렸다(그의 안과 의사는 아마도 긴장하며 그 장면들을 봤을 것이다). 그러나 거기서 끝이 아니었다. 리버풀이 다시 두 골이나 실점한 것이다. 그 후 리버풀은 아슬아슬한 리드를 지키며 4 대 3으로 간신히 승리를 거뒀다. 클롭은 경기 후 스스로 반성하는 자세를 보였다. 그는 BBC와의 인터뷰에서 "아직 경기가 30분이 남은 상황에서 네 번째 골을 그렇게 기뻐해서는 안 됐다"라고 말했다. "그 시점에 우리는 마치 기계가 스위치를 끈 것처럼 플레이했다. 게임은 아직 끝나지 않았다. 아스널은 결국 패했지만, 우리는 그들에게 끝까지 추격할 빌미를 제공했다." 이 인터뷰에서 그가 언급한 장면은 사디오 마네가 리버풀의 네 번째 골을 기록한 후 클롭이 마네를 등에 업으며 함께 기뻐했던 순간이었다. 그 장면 이후 리버풀은 집중력을 잃었고, 거의 승점을 잃을 뻔했다.

그다음 경기에서 리버풀은 세리머니는커녕 사소한 기뻐할 거리도 얻지 못했다. 터프 무어(번리 홈구장)에서 번리에게 0 대 2로 끌려가다 패한 것이다. 지난 시즌의 패턴이 그대로 반복되자 리버풀 에코 신문은 경기 후 "새로운 얼굴, 같은 우려"라는 기사로 그 경기를 평가했다. 화이트 하트 레인(토트넘 홈구장)에서 열린 다음 경기마저 1 대 1 무승부를 기록하면서 리버풀은 시즌 첫 세 경기에서 얻을 수 있는 승점 9점 중 4점만을 얻은 채 시즌을 시작했다. 특히 매우 취약해 보이는 수비진이 가장 큰 걱정거리였다.

리버풀은 홈구장에 새로 메인스탠드를 설치하는 공사 때문에 4라운드가 되어서야 첫 홈경기를 치를 수 있었다. 스탠드가 완공되자 리버풀의 홈구장 안필드는 8,000명의 관중이 추가된 54,704명의 관중을 수용할 수 있게 됐다. 클롭은 새 홈구장에서의 첫 경기를 준비하면서 선수단이 새로운 구장에서 훈련을 하도록 지시했다. 축구의 성지인 안필드에 마침내 새로운 스탠드가 준비되어 공개됐던 2016년 9월 10일, 그날은 리버풀에게 중요한 순간이자 전환점이었다. 우선 그들은 지난 시즌 챔피언이었던 레스터에 4 대 1 대승을 거뒀다. 그후 그들은 첼시 원정에서 2 대 1 승리를 거뒀고, 이어진 헐시티와의 홈경기에서 5 대 1, 스완지 원정에서는 2 대 1 승리를 거뒀다. 클롭이 머지사이드에 도착한 지 1년이 되는 시기에 맞춰 리버풀은 연승 행진을 달리기 시작했고, 마침내 상위권 순위 경쟁에 끼어들었다. 11월 6일 왓포드에 6 대 1 승리를 거둔 후에는 리그 1위에 올랐다. 그러나 그다음 경기였던 사우스햄튼전에서 무승부를 거두며 첼시에게 1위 자리를 내줬고, 첼시는 1월 4일 토트넘에 패할 때까지 13연승을 달리며 1위 자리를 지켰다.

그러나 리버풀은 번리전 패배 후 20경기에서 단 1패를 당하면서 전체적으로 경쟁력 있는 모습을 보였다(본머스와는 3 대 1 리드를 지키지 못하고 3 대 4로 패배했다). 그 결과 그들은 리그 1위를 충분히 따라잡을 수 있는 승점 5점 차의 거리를 유지했고, 머지사이드 더비 원정에서도 사디오 마네의 추가시간 골로 승리를 거두기도 했다. 그 시점에 이르자 리버풀은 이제 클럽의 첫 시즌 때 부족했던 꾸준함을 갖춘 것처럼 보였다.

챔피언스리그 진출권을 얻다

클럽의 뛰어난 유소년 선수 육성 능력은 널리 알려져 있다. 그러나 2017년에는 그가 자신의 그러한 역량을 다소 과신한 것처럼 보였던 일도 있었다. 리버풀은 1월 8일 FA컵 첫 경기에서 리그 2(4부 리그)팀인 플리머스를 상대했다. 그 경기에 출전한 리버풀의 선수는 대부분 2군 및 유소년 선수들로 구성됐고, 평균 연령은 21세 296일이었다. 이는 리버풀 구단 역사상 가장 어린 평균 연령의 선수단 구성이었다. 즉 1892년 이후 가장 어린 선수들로 구성된 팀이 출전한 것이다. 벤 우드번(17세), 트렌트 알렉산더-아놀드(18세), 조 고메즈, 셰이 오조, 오비에 에자리아(모두 19세) 등이 출전한 그 경기에서 뛴 11명의 선수 중 5명이 10대였다. 물론 그것은 이해할 만한 시도였다. 클럽은 유소년 선수들에게 기회를 주는 동시에 크리스마스와 박싱데이에 바쁜 일정을 보낸 1군 선수들에게 휴식을 주고 싶었다. 그러나 그 경기는 클럽이 기대한 대로 흘러가지 않았다. 그 경기는 결국 0 대 0으로 끝났고, 그 결과 리버풀은 원정으로 한 경기를 추가로 더 치르게 됐다.

클롭은 거의 같은 라인업으로 재경기에 나섰지만, 리버풀은 또다시 고전했다. 루카스가 선제골을 기록했고, 리버풀이 승리할 것으로 기대되는 경기였음에도 선수들은 긴장을 풀지 못한 채 경기를 치렀다. 플리머스 선수가 시도한 바이시클킥이 골문으로 향하며 동점이 될 뻔한 순간도 있었지만 그 슈팅은 포스트를 맞고 골로 이어지지 않았다. 그 후, 경기 종료 직전에 오리기가 페널티킥으로 득점할 기회를 얻었지만 골을 성공시키지 못했다. 리버풀은 불안불안하게 FA컵 4라운드에 진출했다. 클롭은 경기가 끝난 후 짧게 "목표를 달성했다. 안필드로 돌아가자"라고만 말했다. 그의 이러한 시도는 일시적인 변덕이 아니라 철저히 계획적인 것이었다. 그는 리버풀을 장기적으로 성공적인 클럽이자 거액을 쓰지 않고도 성공할 수 있는 클럽으로 만들고 싶었다.

한편 1월 15일에 펼쳐질 맨유와의 라이벌 매치를 앞두고 불길한 조짐이 보이고 있었다. 리버풀은 그 직전 세 경기에서 승리를 거두지 못했다. 선덜랜드와의 2 대 2 무승부, 플리머스와의 1차전 무승부, 그리고 리그컵 준결승 1차전에서 사우스햄튼에 당한 0 대 1 패배까지. 반면 맨유는 9연승을 달리며 자신감이 하늘을 찌를 듯한 상태였다. 클롭에게 그 경기는 그가 2013년 마리오 괴체를 대체하기 위해 도르트문트로 데려왔던 애제자 헨리크 미키타리안을 상대로 만나는 경기이기도 했다. 리버풀은 그 경기에서 맨유와 치열한 혈투를 벌인 끝에 1 대 1 무승부를 기록했고, 맨유와의 승점을 5점 차로 유지했다. 그러나 그 경기는 결과 외에도 씁쓸한 뒷맛을 남겼다. 리버풀이 84분에 내준 동점골이 전개 과정에서의 오프사이드 때문에 취소됐어야 하는 골이었기 때문이다.

리버풀이 맨유전을 기점으로 다시 연승 행진을 달리길 바랐던 팬들은 실망에 빠졌다. 사실 리버풀은 클롭이 부임한 후 최대의 위기에 빠졌던 그날 이후 홈에서 스완지에 당한 2 대 3 패배로 인해 '약체 팀'에 약하다는 비판을 다시 받기 시작했다. 피르미누가 요렌테의 두 골을 무산시키는 활약을 했지만, 시구르드손이 다시 리드를 잡는 세 번째 골을 기록한 후 리버풀은 이렇다 할 반격을 하지 못했다. 그 후 리그 1위를 달리고 있던 첼시와 1 대 1 무승부를 기록한 것이 나름의 만족할 만한 결과였다면(미뇰레가 디에구 코스타의 페널티킥을 선방하며 승점 1점을 안겼다), 그 후 컵대회에서 탈락한 것은 또 하나의 실망스러운 결과였다.

리버풀은 안필드에서 벌어진 챔피언십(2부 리그) 소속 울버햄튼 원더러스와의 경기에서 1 대 2로 패하며 FA컵에서 탈락했다. 울버햄튼은 1분 만에 선제골을 기록했고 전반 종료 전 한 골을 추가하며 2 대 0 리드를 안았다. 클롭은 여전히 2군 및 유소년 선수들에게 기회를 줬지만, 그의 팀은 많은 기회를 만들어내고도 한 골만 기록하며 승부를 뒤집지 못했다. 클롭은 경기 종료 후 "100퍼센트 나의 책임이다. 나는 우리가 충분히 준비가 됐다고 생각했지만 그렇지 못했다"라고 말했다. 그 패배는 그들이 리그컵 준결승 2차전에서 사우스햄튼에 1차전에 당했던 0 대 1 스코어를 뒤집지 못하고 탈락한 뒤 며칠 만에 나온 결과였다. 리버풀은 많은 찬스를 만들고도 그 기회를 골로 연결하지 못했고, 오히려 추가시간에 실점을 내주고 말았다. 팬들이 꿈꿨던 맨유와의 컵대회 결승전은 꿈으로만 남게 됐다.

리그에서 4경기 연속 무승을 기록 중이었고, 컵대회 우승의 희망도 모두 사라진 1월은 리버풀에게 잊고 싶은 한 달이었다. 그 시즌 리버풀의 큰 목표는 이미 모두 물거품이 되고 말았다. 잉글랜드 대표팀 공격수 출신이자, 당시 잉글랜드에서 유행한 스낵 광고의 모델이기도 했던 게리 리네커는 리그컵 준결승전에서 리버풀이 패한 직후 곧바로 트위터에 "두 컵대회에서 탈락했다. 유럽 대회에 진출한 상황도 아닌데, 왜 우승할 수도 있는 컵대회에 2군 선수들을 기용했을까? 그럴 만한 가치가 있었을까? 이는 잉글랜드 축구에 대한 이해와 존중이 부족한 결정"이라고 강도 높게 비판했다.

그 무렵 클럽의 입지는 실로 풍전등화와도 같았고, 몇몇 사람들은 클럽 감독에게 더 심각한 위기가 닥칠 것이라고 내다보는 사람도 있었다. 그러나 그런 상황 속에서 긍정적인 면을 찾지 못한다면 그건 클럽이 아니다. 그 시기는 클럽의 리버풀 커리어 최악의 시기였을 수도 있지만, 그는 그 시기에 리버풀의 흐름을 바꿀 순간을 찾아냈다. 하지만 선수단은 아직 감독의 의지를 따라오지 못했는지, 2월 4일 강등권에 놓인 헐시티에게 0 대 2 패배를 당하고 말았다. 경기 직후 BBC는 "용납할 수 없는 상황에 놓인 리버풀은 정신을 차려야 한다"라고 비판했다. 그 경기의 경기력은 많은 팬들로 하여금 희망을 잃어버리게 할 만한 수준이었고, 클럽 역시 "변명하고 싶지 않다. 이런 경기 후에는 현명한 말을 찾을 방법이 없다"라고 말하며 리버풀의 어려운 상황을 인정했다.

그에게는 고민거리가 많았다. 리버풀이 그들과 비슷한 공격 축구를 구사하는 토트넘을 만나 2 대 0 승리를 거둔 후에야 5경기 무승 상태에서 벗어난 것은 우연이 아니었다. 그 경기에서 승리한 이후 리버풀은 FA컵에서 조기 탈락한 결과 2주 동안 경기가 없는 상태였고, 클롭은 그 기간을 "나머지 시즌을 준비할 프리시즌 같은 기간"이라고 여겼다. 그러나 그 시기에 형편없는 성적을 거둔 탓에 리버풀은 리그 5위로 처지고 말았다. 그들은 반드시 다음 시즌 챔피언스리그 진출권을 확보해야 했다. 그것이 그들이 시즌 초반부터 목표로 했던 최대의 과제였기 때문이다.

처음에는 토트넘과의 경기 이후에 가진 그 짧은 '프리시즌' 중의 정비조차 별다른 효과를 발휘하지 못했다. 어쩌면 클라우디오 라니에리 감독을 경질하고 크레이그 셰익스피어 감독을 임명한 레스터의 새로운 감독 임명 효과를 이겨내지 못한 것인지도 모른다. 레스터는 마치 전 시즌 챔피언의 위용을 보여주기라도 하듯 리버풀에 3 대 1 승리를 거뒀다. 리버풀은 그다음 주에 4위 경쟁팀인 아스널을 상대로 3 대 1 승리를 거두면서 겨우 순위 경쟁을 이어갈 수 있었다. 그 후 번리(2 대 1 승), 맨시티(1 대 1 무), 에버튼(3 대 1 승)과의 3경기 결과로 3위에 올랐다. 그러나 아직 안심할 수 있는 상황은 아니었다. 그들이 3위에 오른 이유는 경쟁팀 아스널과 두 맨체스터 클럽이 아직 한 경기를 덜 치른 상태였기 때문이다. 그 후 리버풀, 맨유, 맨시티, 아스널 네 팀이 리그 3위(챔피언스리그 본선 직행권이 주어지는)와 4위(챔피언스리그 플레이오프 진출권이 주어지는) 자리를 놓고 일종의 '미니 리그'를 벌이는 것 같은 상황이 시작됐다. 첼시와 토트넘은 이미 멀찌감치 앞서 1, 2위를 달리고 있었다.

리버풀은 이런 치열한 경쟁 속에서 4월 23일 리그 12위팀 크리스탈 팰리스전에서 또 한 번 실망스러운 결과를 얻었다. 리버풀을 떠난 공격수 크리스티안 벤테케가 이전 소속팀 리버풀을 상대로 2골을 기록하며 1 대 2 패배를 안긴 것이다. 리버풀이 다음 시즌 챔피언스리그에 진출하기 위해서는 나머지 네 경기에서 절대로 지면 안 되는 상황이었다.

큰 도전 앞에 놓인 리버풀은 엠레 잔의 멋진 오버헤드킥으로 왓포드 원정에서 1 대 0 승리를 거뒀고, 사우스햄튼전에서 지루한 0 대 0 무승부를 기록했다(사우스햄튼 상대 4경기 연속 무득점). 그 후에는 아주 열정적인 경기를 펼친 끝에 웨스트햄에 4 대 0 승리를 거뒀다. 결국 리버풀의 운명은 시즌 최종전 결과에 따라 바뀌는 상황이 되었다. 그들의 마지막 상대는 이미 강등이 확정된 미들즈브러였다. 이 최종전의 승패 결과에 따라 리버풀은 3위도 5위도 될 수 있었다. 그 시즌 맨유와 아스널이 시즌 후반기에 보여준 불안한 모습은 리버풀에게 다소나마 도움이 되는 요소였다.

2017년 5월 21일 오후 3시, 모든 리그 경기가 동시에 시작됐다. 아스널과 맨시티가 경기 초반부터 선제골을 기록하며 리버풀에 압박을 가했다. 이제 리버풀이 리그 4위를 확정짓기 위해서는 반드시 승리해야 했다. 중요한 경기인 만큼 긴장감이 가득한 가운데 진행되던 전반전 추가시간에 베이날둠이 골을 기록하며 리버풀의 부담을 덜어줬다. 결국 쿠티뉴와 랄라나가 추가골을 기록하면서 리버풀은 3대 0 완승을 거뒀다. 4위를 확정지은 리버풀은 다음 시즌 챔피언스리그 진출권을 확보했다. 클럽은 모든 선수들과 따뜻하게 인사를 나누며 기쁨을 숨기지 않았다.

그 시즌 리버풀의 목표는 처음부터 다음 시즌 챔피언스리그에 진출하는 것이었고, 그 목표가 달성되었기 때문에 그 시즌을 성공적이었다고 평가할 수 있다. 리버풀은 챔피언스리그에서 통산 5차례의 우승을 차지한 팀이었지만 2009년 이후로는 오직 한 차례만 진출하는 데 만족해야 했다. 클럽은 아주 행복해 보였지만, 그것만으로 만족하지는 않았다. "리버풀은 그 대회에 늘 참가해야 하는 팀이다"라고 그는 말했다. 물론 그 대회는 챔피언스리그를 의미하는 것이었다.

2016-17시즌의 문제들

그 시즌 리버풀에게는 무슨 일이 벌어진 것일까? 리버풀이 잠시 리그 1위를 달렸던 11월 무렵, 리버풀 팬들은 잠시나마 1990년 이후 첫 리그 우승을 꿈꿨다. 클럽은 시즌 후반기에 1군 선수들이 심각한 부상을 겪지 않았다면 리버풀이 제대로 된 우승 경쟁을 펼칠 수 있었을 것이라고 주장했다. "우리 팀의 베스트 12, 13명의 선수들이 시즌 전체를 함께할 수 있었다면, 우리가 좀 더 흥미로운 리그 순위 경쟁을 할 수 있었을 것이라고 생각한다. 우리는 우승 경쟁팀들보다 승점 6, 7점이 부족했을 뿐이다."

정말 그랬을까? 물론이다. 리버풀의 핵심 선수들인 마팁, 쿠티뉴, 랄라나, 마네, 헨더슨은 장기간 출전하지 못했다. 물론 리버풀 선수들만 부상에 시달린 것은 아니다. 어쩌면 리버풀의 진짜 문제는 전술적인 문제, 특히 빅클럽을 상대로는 승리를 거두면서도 오히려 약체팀들에게 쉽게 승점을 얻어내지 못했던 문제 때문은 아니었을까? 그 시기, 리버풀은 라이벌 팀들을 상대로는 좋은 모습을 보였지만, 당연히 승점을 따내야 하는 상대로는 그렇게 하지 못하는 문제를 겪고 있었다. 또 그들은 'B팀' 선수단을 출전시킨 경기에서 유독 고전하는 모습을 보였다. 그렇다면, 그때의 리버풀은 정말로 우승 경쟁을 할 만큼 충분한 선수단을 보유하고 있었던 것일까? 그리고 클럽이 직접 영입한 선수들은 기대 이상의 성과를 보여주고 있었을까?

그 시즌 계속 지적된 또 하나의 문제는 골키퍼 포지션이었다. 리버풀은 정말 우승 경쟁을 펼칠 만큼 훌륭한 골키퍼를 보유하고 있었을까? 또 첼시의 은골로 캉테처럼 훌륭한 수비형 미드필더가 있었을까? 한 시즌 20골 이상을 기록했던 공격수 루이스 수아레스의 부재역시 아쉬웠다. 그 시즌 리버풀의 최다득점자는 14골을 기록한 (바르셀로나의 또 다른 타깃이었던) 쿠티뉴였다.

맨시티의 독주와 리버풀의 선전

2017-18시즌이 시작된 지 얼마 지나지 않아, 리버풀 팬들이 염원했던 리그 우승에 대한 희망은 일찌감치 사라졌다. 맨시티에서 두 번째 시즌을 맞이한 펩 과르디올라 감독은 두 번째 시즌 만에 수비 강

화에만 성공한 것이 아니라, 그의 축구 철학을 맨시티에 훌륭하게 이식하는 데 성공했다. 그들의 놀라운 발전은 플레이스타일뿐 아니라 리그 순위표에도 그대로 드러났다. 그들은 20경기 동안 19승(1무)을 기록하며 2위와 승점 15점 차로 리그 1위를 독주했다. 리버풀, 맨유, 아스널, 전 시즌 챔피언인 첼시 등 그 어떤 팀도 맨시티와 경쟁이 되지 못했다. 그들은 그 시즌 리그 최다 승점 기록인 100 승점을 달성했고, 38경기 중 32경기에서 승리하며 106골을 기록했다. 결국 리그 2위 맨유를 승점 19점 차로 따돌리며 리그 우승을 확정지었다. 이는 모두 리그 최고에 해당하는 기록들이었다.

그런 면을 감안한다면, 리버풀은 비교적 준수한 시즌을 보냈다. 리버풀은 안필드에서 맨시티와 격렬한 경기 끝에 4 대 3 승리를 거두며 그 시즌에 맨시티가 당한 2패 중 1패를 안겼다. 그 시즌 리버풀에 입단한 모하메드 살라는 맨시티를 상대로 약 40미터 거리에서 골을 기록하며 홈팬들을 광분하게 만들었다. 그 장면은 맨시티 골키퍼 에데르손의 판단 실수가 나온 상황에서 살라가 기회를 놓치지 않고 골을 성공시킨 장면이었다. 그러나 그 승리 바로 일주일 후 리그 최하위 스완지에게 당한 0 대 1 패배는 전 시즌에 반복됐던 리버풀의 문제가 여전히 해결되지 않았다는 것을 보여주는 장면이었다.

그 시즌 리버풀은 서서히 경기력을 찾아갔다. 9월 초 맨시티에 0 대 5 패배를 당한 그들은 (사디오 마네의 레드카드가 나왔던 경기에서) 1주 후 번리를 상대로 1 대 1 무승부를 기록하며 리그 8위에, 10경기를 치른 후에는 6위에, 리그 절반이 지난 후에는 4위에 올랐다. 리버풀은 상위권에 오르기 위해 전력을 다했다.

시즌 전반기 리버풀에게 가장 만족스럽지 못했던 경기는 10월 웸블리에서 토트넘에 당한 1 대 4 패배였다. 그 경기는 클롭이 리버풀 감독이 된 이후 기록한 최악의 경기력을 보인 경기 중 하나였다. 클롭은 이에 대해 자신의 생각을 여과 없이 그대로 드러냈다. "우리는 지금 1964년 이후 최악의 기록인 리그 9위에 처져 있다. 믿을 수 없다." 그날, 클롭은 공식석상에서 선수를 보호한다는 자신의 철칙을 깼다. 사실 그 인터뷰에서 클롭은 수비진에서 나온 심각한 실책에 대해 언급하면서 자신의 선수들을 거의 놀리는 듯한 모습을 보여주기도 했다. "첫 번째 골은 내가 뛰었다면 나오지 않았을 골이다." 데얀 로브렌은 클롭이 경기 시작 30분 만에 자신을 교체한 것에 충격을 받기도 했다.

클롭은 이 시기 리버풀 수비진에 또 다른 변화를 줬다. 주전 골키퍼로 기용하던 미뇰레를 내리고 다시 카리우스를 기용하기 시작한 것이다. 미뇰레도 카리우스도 리버풀의 완벽한 No.1이 되기는 어려워 보였다.

리버풀은 크리스마스 때 기록했던 순위를 시즌 종료까지 그대로 지켰다. 지난 시즌보다 승점 1점이 낮은 75점, 21승 12무 5패. 리버풀은 다시 한번 4위로 시즌을 마쳤다. 다만 이 시즌 역시 챔피언스리그 진출권은 시즌 마지막 경기가 되어서야 확보할 수 있었다. 시즌 최종전에서 그들은 승격팀 브라이튼에 4 대 0으로 편안한 승리를 거뒀다. 리버풀에게 긍정적이었던 한 가지 변화는 UEFA 규정의 변화 덕분에 2018-19시즌부터 유럽 4대 리그 클럽들(잉글랜드, 스페인, 이탈리아, 독일)은 조별리그로 직행하게 됐다는 점이었다. 즉 리그 4위를 차지하는 팀들은 이제 플레이오프 없이 챔피언스리그 본선 진출을 확정 짓게 된 것이다.

2017년 여름의 경우, 챔피언스리그 플레이오프가 리버풀에게 아주 어려운 난관은 아니었다. 리버풀은 유럽에서 높은 평가를 받는 젊은 감독 니겔스만이 이끄는 호펜하임을 만났고 원정 경기에서 2 대 1 승리를 거둔 후 안필드에서 펼쳐진 2차전에서 화끈한 골 폭죽을 터뜨렸다. 독일 대표팀 미드필더 엠레 잔의 골을 시작으로 20분 만에 3골을 터뜨린 것이다. 이후 피르미누의 골까지 더해지면서 리버풀은 4 대 2 승리를 거뒀다. 플레이오프는 리버풀 신입생들의 좋은 활약이 더해진 인상적인 결과였다.

살라와 반 다이크의 활약

리버풀은 3,780만 유로의 이적료를 지불하고 AS 로마에서 살라를 영입했다. 또 810만 파운드를 지불하고 헐시티에서 레프트백 앤드류 로버트슨을 데려왔다. 자유이적으로 풀린 유망한 공격수 모디니크 솔랑케가 첼시를 떠나 입단했고, 이적시장 마감 직전에 아스널에 3,420만 파운드를 지불하고 알렉스 옥슬레이드 체임벌린을 영입하기도 했다. 그 시즌 영입 타깃이었던 네덜란드 수비수 반 다이크의 영입이 완료되지 않으면서 클럽은 센터백 보강에는 실패했다. 한편 이 시즌 리버풀을 떠난 선수 명단에는 크리스탈 팰리스 임대기간이 끝난 후 2,540만 파운드의 이적료에 완전 이적한 마마두 사코, 출전시간을 얻기 위해 볼프스부르크로 임대 이적한 디보크 오리기 등이 있었다.

여름 이적시장에서 클롭이 리버풀 선수단을 강화하기 위해 노력하고 있던 시기, 바르셀로나의 입단 제의를 받고 있던 쿠티뉴는 이적 의사를 강하게 밝혔지만, 리버풀 구단의 입장은 분명했고 그는 팀에 남았다. 팬들은 과연 쿠티뉴가 그런 과정을 거친 후 리버풀 유니폼을 입고 어떤 모습을 보여줄지 궁금해했다. 과연 그가 이 모든 논란에도 불구하고 좋은 경기력을 보여줄 수 있을까? 일단 시즌이 시작된 후 리버풀 팬들은 그에게 지지를 보냈고, 그 역시 팬들의 기대에 부응하는 듯한 모습을 보였다. 겨울 이적시장이 열리는 1월을 앞두고 클롭은 그에게 주장으로 출전할 기회를 주기도 했지만, 그럼에도 바르셀로나로 이적하고 싶다는 쿠티뉴의 바람에는 변함이 없었다.

결국 클롭은 어쩔 수 없이 자신의 팀이 약해질 위험을 감수하고 그를 바르셀로나로 보낼 수밖에 없었다. 관련 보도에 따르면 쿠티뉴의 이적료는 최초 1억 500만 파운드 수준이었고, 이후 추가된 각종 비용까지 합치면 1억 4,200만 파운드까지 오를 수 있는 조건이었다. 쿠티뉴의 이적료는 2017년 PSG가 네이마르를 영입할 때 지불한 이적료 다음으로 높은 역대 두 번째 기록이었다. 리버풀 클럽 입장에서도 인터 밀란에 800만 파운드를 지불하고 데려온 선수를 엄청난 이적료를 받고 보낸 뛰어난 비즈니스였다. 그러나 그들의 '마법사'를 잃어버린 리버풀의 경기력은 타격이 불가피했고, 특히 곧바로 대체자를 찾기 어려웠던 당시 상황을 고려하면 더욱 우려스러웠다. 무엇보다 그들은 한동안 리버풀 내부에서 대안을 찾아야만 하는 상황이었다.

겨울 이적시장에서 리버풀은 이적료 수입만이 아니라 지출 면에서도 최고 기록을 경신했다. 호시탐탐 노리던 네덜란드 대표팀 수비수 반 다이크를 마침내 영입하는 데 성공한 것이다. 193cm 장신에 92kg의 뛰어난 피지컬을 지닌, 수비진의 리더 역할을 할 수 있는 반 다이크를 영입하기 위해 리버풀은 사우스햄튼에 7,500만 파운드를 지불했다. 쿠티뉴가 바르셀로나로 떠나기 위해 그랬듯, 반 다이크는 사우스햄튼과 6년 재계약 기간이 남아 있는 상황에서도 리버풀로 이적하고 싶다는 바람을 감추지 않았다. 이는 프로축구 세계에서는 계약기간에 실질적인 의미가 없고, 오직 이적료에만 영향을 주는 요소라고 해석할 수도 있는 결과였다. 리버풀은 이미 2017년에 '부적절한' 반 다이크 영입 시도에 대해 사과했던 적도 있었다. 그럼에도 리버풀은 결국 반 다이크를 영입하는 데 성공했다. 사실 그것은 클롭 스타일의 영입은 아니었다. 그는 2016년 맨유가 8,900만 파운드에 포그바를 영입할 당시 "나에게 그 돈이 있다면 나는 다르게 쓰고 싶다. 나라면 진정한 팀을 만들기 위해 이적료를 쓰고 싶다"라고 말한 적이 있었다. 그는 또 "이것이 축구라면? 나는 더 이상 이 일을 하고 있지 않을 것?"이라고 덧붙이기도 했다.

그런 클롭이 심경의 변화를 일으킨 것은, 그가 리버풀 지휘봉을 잡은 2년 내내 고질적인 수비진 문제를 제대로 개선하지 못했기 때문이다. 진부한 말일지도 모르지만, "공격은 경기에서 승리를 가져다주지만, 수비는 시즌 우승을 가져 온다"라는 말은 사실이다. 클롭은 이제 그가 도르트문트에서 훔멜스, 수보티치를 영입해서 육성했을 때와 달리, 그가 따로 육성할 필요가 없는 이미 정상급 실력을 가진 수비수를 영입했다. 반 다이크의 이적료에 대한 질문에 클롭은 그의 이적료는 리버풀에게 달린 문제가 아니라, 축구 이적시장에 달린 문제였다는 의견을 내놨다. 이는 '이중 잣대'라는 논란이 따라 올 수도 있는 발언이었다. 하루 뒤, 맨유의 무리뉴 감독이 기자들에게 "내가 당신들이라면, 클롭이 1년 전에 했던 말에 대해 물어볼 것 같다"라고 말한 것도 우연이 아니었다.

한편 리버풀의 수비진을 오랫동안 책임졌던 레전드 제이미 캐러거는 반 다이크에 대해 자신의 트위터에 "나보다 공중 볼에 더 강하고, 더 빠르고, 더 침착하며 자책골을 넣지 않는다!"라는 말로 기대감을 드러냈다.

현대 축구계의 이적시장에 대한 평가와는 별개로 순수하게 스포츠적인 관점에서 볼 때 반 다이크의 영입은 리버풀에 긍정적인 영향을 미쳤다. 리버풀은 반 다이크를 영입하기 전에는 23실점을 기록했지만, 그가 합류한 뒤로는 15실점만 내줬다. 물론 반 다이크가 리버풀 입단 후 리그 19경기 중 14경기만 뛰었기 때문에 그 기록이 객관적으로 완벽한 기록은 아닐 수 있다고 하더라도, 반 다이크가 뛰는 리버풀 수비진은 확실히 전보다 더 단단해 보였다. 그와 함께 중앙 수비에서 호흡을 맞춘 로브렌 역시 전보다 더 안정적인 모습을 보였다. 반 다이크 역시 리버풀 소속이 된 지 몇 달 만에 안필드를 '집'이라고 부르며 리버풀에서 행복하다는 사실을 드러냈다.

리버풀은 챔피언스리그에서 3승 3무를 거두며 E조 1위로 16강에 진출했다. 세비야는 2016년 유로파리그 결승에서 리버풀을 3 대 1로 꺾었던 바로 그 팀이었다. 이번에도 리버풀 대 세비야의 경기는 흥미롭게 흘러갔다. 안필드에서 나온 2 대 2 무승부도 그랬지만, 세비야에서 열린 경기에서 리버풀이 먼저 3골을 터뜨리며 앞서간 후에도 열성적인 팬들의 지지를 받은 세비야가 따라붙기 시작해 결국 3 대 3을 만들어낸 경기도 대단했다. 조별리그 마지막 경기에서 리버풀은 스파르타크 모스크바에 7 대 0 승리를 거두며 조별리그 1위를 확정 지었다. 6경기에서 17골득실(득점-실점)이라는 놀라운 기록을 세우기도 했다.

16강전에서 리버풀은 골 잔치를 벌였다. 마네의 해트트릭에 힘입어 포르투 원정에서 5 대 0 승리를 거뒀고, 안필드에서 열린 경기에서도 실점하지 않으며 0 대 0 무승부를 기록한 끝에 8강에 진출했다. 리버풀의 8강 상대는 리그에서 최강의 경기력을 보여주고 있던 맨시티였다. 그들은 그 시즌 챔피언스리그의 강력한 우승 후보 중 한 팀이었다. 살라, 피르미누와 함께 리버풀의 새로운 공격 삼각편대를 이룬 마네는 그 대진에 대해 "8강에서 어려운 상대를 만날 거라 예상했었는데 정말 어려운 상대와 만났다"라고 말했다. 그러나 마네, 살라, 피르미누 삼각편대는 맨시티를 상대로도 매서운 공격력을 보여줬다. 그들은 1차전 전반전에 안필드를 광분의 도가니로 만들었다. 전반전에 3 대 0 리드를 선점한 리버풀은 경기 종료까지 리드를 유지하며 4강 진출을 꿈꿀 수 있는 상태로 경기를 마쳤다.

그러나 리버풀에게도 불안 요소가 있었다. 그들은 이미 맨시티와의 경기에서 5골을 실점했던 적이 있었다. 만약 2차전에서 같은 결과가 반복된다면 리버풀이 아니라 맨시티가 4강에 진출할 수도 있었다. 실제로 2차전이 시작된 지 2분 만에 맨시티의 헤수스가 골을 기록하며 추격을 시작했다. 그 장면에서는 반 다이크를 포함한 수비진이 터치라인 부근에서 상대에게 기회를 내준 것이 화근이었다. 전반전 내내 강한 압박에 시달리던 리버풀은 창의적인 플레이를 선보이지 못했고, 계속해서 수비에만 집중했다. 전반전 종료 직전, 맨시티에서 결정적인 장면이 나왔다. 그들이 한 골을 추가한 것처럼 보인 장면이 나왔지만 주심이 오프사이드를 선언하며 골이 인정되지 않았다. 그러나 사실 그 장면은 볼이 리버풀의 밀너를 거쳐서 이어졌기 때문에 오프사이드가 될 수 없는 장면이었다.

전반전 종료 후 과르디올라 감독은 주심에게 달려가 이 사실에 대해 제스처를 취하며 알리고자 애를 썼다. 결국 그는 그 행동으로 인해 관중석 퇴장 명령을 받았다.

후반전, 클롭은 선수들에게 분명한 동기부여를 통해 플레이에 임하도록 지시했고, 그 결과 후반 11분 살라가 동점골을 터뜨렸다. 이제 맨시티는 4강 진출을 위해 4골이 필요했다. 하지만 감독이 퇴장당한 이후로는 이미 그렇게 할 수 있는 동력을 잃은 것처럼 보였다. 결국 후반 32분 피르미누가 한 골을 더 추가하며 4강 진출을 사실상 확정지었고, 리버풀은 2차전에서도 2 대 1 승리를 거뒀다.

클롭은 자신의 선수들이 자랑스럽다고 말했다. 그는 "우리는 맨시티를 상대로 총 5골을 기록했고 한 골의 실점만 기록했다. 이는 쉬운 일이 아니다"라면서 "우리는 계속해서 성숙해지고 있다"라고 말했다. 적어도 챔피언스리그에서만큼은 클롭이 리버풀에게 원했던 열정적인 축구가 피치 위에서 구현되고 있었다.

그런데 쿠티뉴의 공백은 어떻게 된 걸까? 모순적이게도 그 시즌 바르셀로나는 AS 로마에게 패하며 8강에서 탈락하는 일이 벌어졌다. 캄프누에서 열린 1차전에서는 4 대 1 승리를 거뒀지만, 로마 원정에서 0 대 3 패배를 당하며 합산 스코어 및 원정 다득점 결과에 따라 탈락하게 된 것이다. 쿠티뉴는 바르셀로나 입단식에서 챔피언스리그에서 우승하기 위해 이적했다고 말한 적이 있었다. 물론 그 시즌 쿠티뉴는 이미 리버풀에서 챔피언스리그 경기에 뛰었기 때문에 바르셀로나에서 뛸 수 없었지만, 그는 벤치에서 자신의 새 팀이 탈락하는 모습을 지켜봐야 했다. 쿠티뉴의 모순적인 상황은 곧 팬들의 조롱거리가 됐다. 챔피언스리그 4강 진출이 확정적인 상황이 되자, 리버풀 팬들은 관중석에서 "우리에겐 살라, 마네, 피르미누가 있지. 그리고 쿠티뉴는 팔아버렸어!"라며 노래를 불렀다.

준결승전에서 리버풀은 로마를 상대로 수차례 위협적인 장면을 만들면서 공격적인 축구를 했다. 1984년 유러피언컵 결승전에서 만났던 두 팀은 승부차기 끝에 리버풀이 우승을 차지했던 전적이 있다. 리버풀은 이번 준결승 1차전에서도 5 대 2로 승리를 거뒀다. 사실 리버풀은 5 대 0으로 앞섰다가 후반전에 2골을 실점했다. 그로 인해 로마는 아직 결승 진출에 대한 희망을 가질 수 있게 됐다. 만약 그들이 바르셀로나와의 2차전에서처럼 3 대 0 승리를 거둘 수 있다면 결승에 진출할 수 있었기 때문이다. 그러나 그런 결과가 두 번이나 나올 수 있을까? 한 가지는 확실했다. 리버풀은 다득점 차로 앞서는 상황이라도 결코 방심하지 않는 팀이라는 것 말이다.

1차전의 맨 오브 더 매치는 살라였다. 이집트 대표팀 공격수 살라는 2017년 리버풀에 입단하기 전에 뛰었던 로마를 상대로 2골 2어시스트를 기록했다. 도르트문트 감독 시절 클롭은 이미 바젤에서 뛰던 당시의 살라를 보고 그의 가능성을 높이 산 적이 있었다. 그는 빠르고 위협적인 드리블러였던 살라를 세계적인 톱클래스 공격수로 성장시켰다.

리버풀 데뷔 시즌에 32골을 기록한 살라는 1시즌에 38경기가 치러진 이후 프리미어리그 한 시즌 최다골 기록을 경신했다. 그는 이러한 활약으로 프리미어리그와 아프리카 올해의 선수에 선정됐다. 살라와 마네(10골), 피르미누(15골) 세 선수는 리버풀이 기록한 57골을 합작했다. 이 세 선수는 분명 2017-18시즌 유럽 최고의 공격진이었다.

로마에서 펼쳐진 2차전, 로마 팬들의 꿈은 일찌감치 사라졌다. 전반 9분 만에 마네가 골을 기록하며 사실상 승부를 가른 것이다. 15분에 밀너가 자책골을 기록한 후 베이날둠이 10분 만에 한 골을 추가하며 스코어를 2 대 1로 만들었다. 그 시점에서의 합산 스코어 7 대 3이라는 점수 차로 인해 리버풀 선수단도 마음을 놓은 것처럼 보였다. 후반전 막판에 로마가 두 골을 추가하며 스코어를 4 대 2로 만들면서 바짝 추격해왔다. 그러나 로마가 한 번 더 골을 기록하며 연장전 승부로 이어질 것처럼 보였던 상황에서 리버풀에게 맨시티전과 같은 또 한 번의 행운이 찾아왔다. 카리우스의 파울과 알렉산더-아놀드의 핸드볼 등 상대에게 페널티킥을 줄 수도 있었던 상황이 몇 차례 있었지만, 후반전 추가시간에 나온 핸드볼에 대해서만 페널티킥이 주어진 것이다. 그것은 로마 입장에서는 아쉬운 결정이었다.

조별리그를 포함해, 이 경기는 리버풀이 그 시즌 챔피언스리그 14경기에서 처음으로 당한 패배였다. 동시에 그 결과 리버풀은 2007년 이후 처음으로 챔피언스리그 결승에 진출할 수 있었다. 2007년 그들은 결승전에서 AC 밀란에 1 대 2 패배를 당했다. 리버풀은 조별리그를 포함해 총 46골을 기록했는데, 이는 1999-2000시즌 바르셀로나가 기록했던 45골을 경신한 기록이었다.

부바치 코치의 부재

2018년 4월, 로마와의 준결승 직전에 충격적인 뉴스가 전해졌다. 클롭 감독과 17년을 함께 일했고, 그의 '브레인'이라는 별명으로 불리던 부바치 수석코치가 팀을 떠나면서 로마로 함께 이동하지 않은 것이다. 당시 리버풀은 홈페이지를 통해 "잠시 휴식을 취한다"는 취지로 발표했고, 팀을 완전히 떠나는 것은 아니라고 설명했지만 왜 그런 갑작스런 결정이 나온 것인지에 대해서는 설명하지 않았다.

곧 클롭 감독과 부바치 코치 사이에 갈등이 있었다는 소문이 퍼지기 시작했다. 마인츠의 전 단장 크리스티안 하이델이 두 사람 사이에는 종종 갈등이 있었다고 말했지만, 그들은 항상 그 갈등을 잘 봉합하면서 함께해왔다. 2018년 5월, 그는 독일 언론 빌트를 통해 이렇게 말했다. "나는 그 두 사람이 함께 일하지 않는 것을 생각하는 게 어렵다. 사실 그 두 사람은 내게 한 존재처럼 보인다. 그러나 동시에 나는 그 두 사람이 아주 열정적인 사람들이라는 것도 알고 있다. 마인츠 시절 종종 두 사람이 문을 부수고 한 사람만 튀쳐 나올 것 같은 모습을 보인 적도 있었지만, 그들은 항상 함께 나와서 술을 마시러 가곤 했다."

클롭 감독 역시 이 일에 대해 별다른 말을 하지 않았다. 사실은 그것 자체가 의미하는 바가 있었다. "우리는 그 결정에 대해 클럽의 공식 입장을 밝혔고, 그것이 현재로서 밝힐 수 있는 전부다." 그러나 리버풀의 공식 입장문은 팬들의 궁금증을 풀어줄 만한 아무런 답변을 제시하지 못했다. 부바치는 그 즉시 리버풀을 떠나지 않았고 "개인적인 사유로 잠시 동안 1군을 떠난다"라는 것이 리버풀의 입장이었다. 클럽의 다른 수석코치인 크라비츠가 비디오 분석 등의 다른 역할들을 맡기로 했다. 그의 새로운 역할에 대한 공식적인 발표는 여름에 이뤄질 예정이었다.

클롭이 직접 '텔레파시'와도 같은 교감을 가진 코치라고 말했던 부바치를 잃은 것은 클롭 개인적으로도 감독으로서의 직무에 있어서도 큰 손실이었다. 그는 그 문제에 대한 질문에 대해 특유의 방식으로 답했다. 그는 레알 마드리드와의 결승전을 앞두고 지녜딘 지단 감독에 대한 질문을 받았다. 지단 감독은 평소 전술적인 경기 운영에 대한 비판을 받던 감독이었다. 클롭은 그에 대해 이런 말을 했다.

"사람들이 지단 감독에게 전술을 모르는 감독이라고 하면서, 또 나에 대해서도 그렇게 말한다면 재밌는 일이 아닌가. 전술에 대해 아무 것도 모르는 두 감독이 챔피언스리그 결승전에서 만났다니 말이다."

챔피언스리그 결승전의 불운

2018년 5월 26일, 챔피언스리그 결승전의 막이 올랐다. 이번 결승전은 리버풀에게 있어 유럽 챔피언의 자리에 오를 기회이자, 클럽 감독 개인에게는 '결승전의 저주'를 마침내 풀어낼 기회이기도 했다. 그는 그 전까지 5번의 결승전에서 모두 진 기록이 있었다. 그들의 꿈을 막아설 팀은 단 하나, 유럽 대회 최강자이자 1992년 유러피언컵이 챔피언스리그로 재출범한 이후 최초로 대회 2연속 우승을 차지한 레알 마드리드였다. 그들은 지난 4년 사이에 챔피언스리그 우승을 3번이나 차지한 강팀이었다. 그러나 레알 마드리드가 이번 시즌 챔피언스리그 8강과 4강에서 유벤투스와 바이에른 뮌헨(합산 스코어 4 대 3)을 상대로 보여준 경기력은 리버풀 팬들에게 그들을 상대로 우승을 차지할 수도 있을 것 같다는 희망을 안겨줬다. 우승 경험이 많은 레알 마드리드와 열정적인 리버풀은 각기 완전히 서로 다른 캐릭터와 다른 성향을 가진 감독이 이끄는 팀들이었다. 과연 그 승자는 누가 될까?

결승전을 앞두고 가진 세계 각국 미디어와의 기자회견에서 클럽은 도르트문트 시절 뮌헨을 상대로 한 결승전 이후 5년 만에 다시 챔피언스리그 결승전에 오른 것에 대한 기쁨을 솔직히 드러냈다. "당시에는 그 경기가 일생에 한 번 있을 법한 기회라고 생각했다. 그러나 이제 나는 내 선수들이 한 번의 기회를 더 준 덕분에 다시 이 자리에 섰다." 대회 우승 가능성에 대해서는 "레알 마드리드가 경기 초반에 우리보다 더 자신감을 갖고 경기를 할 것이라는 사실은 알고 있다. 그러나 경기는 초반에 끝나지 않는다. 그것은 경기의 시작일 뿐이다." 클롭 감독은 "레알 마드리드는 강팀을 모두 꺾고 이 자리까지 왔지만, 아직 우리를 꺾지 못했다. 우리는 리버풀이다"라고 강조했다.

그는 이 기자회견에서 선수단이 느낄 부담을 덜어내기 위해 최선을 다했다. "나는 리버풀 감독 부임 초기부터 선수들과 약속했다. 패배의 책임은 감독에게 있고, 승리의 책임은 선수들에게 있다고 말이다." 그는 상대가 레알 마드리드라도 상관없다면서 아무리 중요한 경기일지라도 그것 역시 또 하나의 경기일 뿐이라고도 말했다. "나는 선수들에게 슈팅을 하고, 크로스를 하고, 헤딩슛을 시도하라고 말했다. 원한다면 바이시클킥을 해도 된다고도 했다."

결승전 경기도 마찬가지였다. 리버풀은 좋은 시작을 보였고, 그들보다 우승 확률이 더 높다고 평가받은 레알 마드리드를 상대로 빠른 패스와 태클 등에서 인상적인 모습을 보였다. 클롭 감독의 축구는 경기 시작 30분이 특히 중요하다. 그 시간 동안 레알 마드리드는 수비에 좀 더 치중하는 모습을 보였고, 그들에게 이렇다 할 기회는 경기 시작 후 15분쯤에 나온 호날두의 슈팅 장면 정도였다. 리버풀에게 찾아온 최고의 기회는 23분, 피르미누와 알렉산더-아놀드의 연계 장면에서 나왔다.

그러나 그 후 갑자기 극적인 3가지 장면이 나왔다.

장면 1, 레알 마드리드 주장 라모스가 살라를 붙잡고 넘어지는 장면에서 살라가 비정상적인 자세로 땅에 떨어지면서 어깨를 다쳐 교체가 불가피한 상황이 발생했다. 결국 경기 시간 30분 만에 살라는 눈물을 흘리며 경기장을 떠나야 했다. 5분 후, 마드리드의 라이트백 카르바할도 마찬가지 상황으로 교체됐다.

살라의 교체는 리버풀의 경기력에 큰 영향을 끼쳤다. 그 전까지 리버풀이 보여주던 공격진에서의 침착함이 사라졌다. 클롭 감독 역시 경기 후 그 장면에 대해 이렇게 말했다. "물론 그 장면은 경기에 큰 영향을 준 장면이었다. 경기에서 진 사람이 그런 말을 하면 보통 평계처럼 들릴 수도 있겠지만, 나에게 그 교체는 정말 잔인했다. 그것은 고의적인 장면이었다. 마치 레슬링을 보는 것 같았다. 다른 선수들도 그 장면을 보고 충격을 받았다." 경기 중 클롭 감독은 자신의 가슴을 치면서 선수들에게 "계속 용감하게 플레이하라!"라고 주문했다. 어느새 경기의 흐름은 레알 마드리드 쪽으로 넘어간 상태였고, 리버풀은 그들의 팀을 재정비할 필요가 있었다. 전반전 종료 스코어 0 대 0. 리버풀에게는 플랜 B가 필요했다.

장면 2, 라모스가 살라를 상대로 보여준 '레슬링 기술'은 그가 잠시 후 골키퍼 카리우스에게 보여준 또 다른 장면으로 인해 거의 묻힐 뻔했다. 49분 레알 마드리드의 공격 상황에서 그는 카리우스의 관자놀이 부위를 팔꿈치로 가격했고, 카리우스는 잠시 그 충격으로 쓰러지기도 했다. 그러나 주심은 아무런 조치를 취하지 않았다. 이 장면에서 카리우스가 어느 정도의 충격을 받았는지는 당시엔 불분명했지만, 경기가 종료되고 며칠 뒤 그가 경기 중에 뇌진탕 증세를 보였다는 진단이 나왔다. 그 직후에 나온 장면은 보고도 믿기지 않을 정도였다. 후반전 6분, 레알 마드리드 플레이메이커 토니 크로스의 패스를 낚아챈 카리우스는 볼을 간수하다가 라이트백인 알렉산더-아놀드에게 전하려고 했다. 그러나 그 순간 그는 레알 마드리드 공격수 벤제마가 바로 자기 앞에 있다는 것을 제대로 인지하지 못했다. 벤제마는 다리를 뻗어서 카리우스가 던지려던 볼에 갖다 대며 그대로 텅 빈 골문 안에 밀어 넣었다. 그것은 카리우스 개인의 축구 커리어 전체에 있어 최악으로 남을 만한 믿기 힘든 실책이었다.

리버풀은 그로부터 머지않아, 거의 불필요했던 실점을 극복하는 동점골을 기록했다. 4분 만에 사디오 마네가 1 대 1을 만든 것이다. 코너킥 상황에서 로브렌이 라모스와의 공중 볼 경합을 이겨내고 골문 쪽으로 이어준 볼을 마네가 발끝으로 골로 성공시켰다. 그 골은 그의 그 시즌 챔피언스리그 10번째 골이었다. 리버풀은 다시 활력을 되찾았고 공격적인 축구를 구사하기 시작했다. 그러나 레알 마드리드가 후반 21분 가레스 베일을 교체 투입하면서 상황은 다시 한번 바뀌기 시작했다. 베일은 교체 투입 3분 만에 그 시즌 최고의 골에 뽑혀도 손색이 없는 오버헤드킥으로 카리우스가 막을 수 없는 곳에 골을 성공시켰다. 선수 시절 놀라운 기술로 유명했던 감독인 지네딘 지단조차 그 골에서 베일이 보여준 기술에 대한 놀라움을 감추지 못했다. 그 오버헤드킥은 경기 전 클럽 감독이 기대했던 그런 골은 결코 아니었다.

장면 3, 카리우스가 첫 번째 실점 장면에서 정상적인 컨디션이 아니라는 것을 알았던 것일까. 혹은 환상적인 오버헤드킥 골에서 자신감을 얻었던 것일까. 베일은 리버풀 골문에서 약 35미터 떨어진 위치에서 카이루스 정면으로 향하는 중거리 슈팅을 시도했다. 그러나 카리우스는 그 볼을 제대로 잡아내지 못했고 그의 글러브에서 빠져나간 볼은 그대로 골문 안으로 들어갔다. 3 대 1. 그 골은 레알 마드리드의 우승을 확정 짓는 골이었다. 그 장면이 나온 후 몇몇 리버풀 선수들은 충격을 받은 나머지 잠시 주저앉는 선수들도 있었다. 유럽 챔피언이 되기 위한 그들의 대장정이 몇몇 불행하고 이해하기 힘든 실점으로 인해 끝나는 순간이었다. 유럽 최강자 레알 마드리드를 꺾고 새로운 챔피언이 되는 것은 모든 선수들이 꿈꾸는 일이었다. 클롭은 그 경기가 끝난 후 시즌을 돌아보며 "우리에게는 우승할 자격이 있었다"라고 말했다.

독일의 전설적인 골키퍼 올리버 칸은 독일 방송국에서 카리우스의 실수에 대해 옹호하는 발언을 했다. 그 역시 2002년 월드컵 결승전에서 브라질 공격수 호나우두를 상대로 중요한 실책을 범한 적이 있었다. "골키퍼 입장에서 보자면, 저런 장면보다 잔인한 장면은 없다. 골키퍼라는 포지션 자체가 공평하지 않다. 그런 실책 이후에 스스로 겪는 엄청난 정신적 타격을 극복할 방법이 없기 때문이다. 이런한 경기가 골키퍼의 전체 커리어 전체를 망칠 수도 있다."

결승전이 끝난 후 감동적인 장면이 나오기도 했다. 카리우스는 경기 종료 후 몇 분 동안 그라운드에 엎드린 채 거의 무릎을 꿇고 애원하는 것 같은 모습을 보여주기도 했다. 리버풀 선수단 전체가 각자의 실망을 이겨내지 못한 채 서로 떨어져 있었기에 카리우스 역시 혼자였다. 그를 일으켜 세운 것은 그날 두 골을 기록한 가레스 베일과 몇몇 레알 마드리드 선수들이었다. 그 뒤 카리우스는 리버풀 응원석을 향해 눈물을 흘리며 사과의 제스처를 보냈다. 팬들은 그런 그를 향해 격려의 박수를 보냈다. 그들은 이미 경기가 끝날 무렵부터 응원가 〈당신은 결코 혼자 걷지 않으리〉를 부르며 선수단과 그들 스스로를 위로하고 있었다. 클럽은 기자들에게 카리우스의 실책에 대해 너무 과하게 비판하지 말아 달라는 부탁을 하기도 했다.

카리우스는 리버풀에 입단한 후로 줄곧 팬들의 비판대에 올랐다. 그 후로 한동안 꾸준한 모습을 보여주기도 했다. 그러나 그렇게 중요한 순간, 혹은 최악의 순간에 나온 최악의 실수에 대해서는 더는 그를 옹호할 발언을 찾기 힘들었다. 그는 누가 위로하더라도 소용없는 상태에 빠져 있었고, 팀과 팬들에게 계속해서 사과를 하면서 "시간을 돌릴 수만 있다면 그렇게 하고 싶다"라고 말했다.

경기가 끝난 후 클럽은 6번의 결승전에서 모두 패한 것은 감당하기 힘든 고통이라고 인정했다. 그러나 그에게는 살라의 갑작스러운 부상이나, 카리우스의 치명적인 실책에 대처할 방법이 없었던 것도 사실이다. 경기 후 기자회견에서 그는 "우리는 우승을 원했지만, 갑작스러운 살라의 부상을 겪어야 했다"라고 말했다. 3년 사이에 두 번의 유럽 대회 결승전에서 2번 모두 패한 결과와 그로 인한 실망감에 빠진 선수단의 사기를 끌어올리는 것은 어떤 감독이라도 힘든 일이다. 특히 이번 결승전처럼 치명적이고 믿기 힘든 장면들이 나온 경기 이후라면 더더욱 그렇다. 그러나 클롭은 여전히 리버풀을 유럽 정상에 도전하는 팀으로 끌어올렸다. 시즌 초 리버풀에 대해, 또 클롭 자신의 전술적 역량에 대해 비판하는 사람들 앞에서 보란 듯이 말이다.

클롭은 챔피언스리그 결승전 패배 이후에도 의연한 모습을 보여주기도 했다. 결승전이 끝난 후 열린 사적인 파티에 등장한 클롭은 아침 6시에 독일 밴드 디 토텐 호젠의 보컬인 리버풀의 유명 팬 캄피노와 다른 친구들과 함께 "우리는 유러피언컵을 보았지, 마드리드가 X나 운이 좋았어. 우리는 맹세해, 침착하게 계속 나아가서, 우승 트로피를 리버풀로 가져갈 거야"라는 노래를 불렀고 그 모습이 영상으로 전해지며 팬들 사이에서 화제가 되기도 했다.

리버풀의 진정한 스타

비틀즈의 시대부터 리버풀은 항구 도시일 뿐 아니라 로큰롤의 도시이기도 했다. 리버풀에 도착한 후로 클롭은 리버풀에서 '헤비메탈' 축구를 보여줬다. 부임 후 1년(365일) 동안 그의 팀은 리그에서만 71골을 기록했고, 2017-18시즌에는 놀랍게도 모든 대회 합산 135골을 기록했다. 클롭은 그가 처음 리버풀 감독이 되면서 했던 말처럼 '평범한' 감독이었을까? 그는 과거의 영광을 그리워하던 팀을 일으켜 세웠고, 리버풀은 다시 유럽 대회 정상에 도전하는 팀이 됐다. 클롭은 리버풀에 다시 '재미'를 가져왔다. 그가 싫어한 것 한 가지는 팬들이 그의 응원가를 부르는 것이었다. 그는 늘 리버풀을 상징해서 뛰는 것은 감독이 아니라 선수들이라고 말했다. 그러나 그가 좋아하든 그렇지 않든 그때 이미 리버풀의 진정한 스타는 선수들이 아닌, 카리스마 넘치는 감독이었다.

도르트문트의 모토는 '진정한 사랑'이다. 축구에 대한 열정은 그 클럽과 감독에 의해 계속 이어지고 있고, 클럽은 그 두 단어의 의미를 결코 잊은 적이 없다. 사랑은 사라지지 않고 공유될 수 있다. 그는 그 사실을 마인츠에서 도르트문트로 떠날 때도 증명했다. 그의 마음 속에 그 두 클럽은 영원한 사랑의 대상으로 남을 것이다. 그리고 이제, 리버풀 역시 그 사랑의 대상이 됐다.

제14장

최고의 영광

JÜRGEN KLOPP

JÜRGEN KLOPP

도약을 위한 준비

2018년 여름, 리버풀은 다시 한번 상처를 달래야 했다. 2007년 (AC 밀란과의 챔피언스리그 결승전), 2016년 (세비야와의 유로파리그 결승전), 그리고 2018년 레알 마드리드와의 결승전까지. 이번 결승전 패배는 그들이 3번째로 유럽 리그 결승에서 당한 패배였다. 그러나 그 시즌은 또한 리버풀이 다시 유럽 정상에 도전하고 있다는 사실을 증명하는 시즌이기도 했다. 리버풀은 이어진 여름 이적시장에서 전략적으로 선수단 강화에 나섰다.

곧 대형 영입이 이어졌다. 세리에 A의 AS 로마로부터 브라질 대표팀 골키퍼 알리송 베커가 영입됐다. 그는 골키퍼 포지션에서 가장 기대를 받는 선수였다. 물론 유럽 이적시장에서 그 정도 수준의 선수를 영입하는 데는 큰돈이 필요하다. 리버풀은 그의 영입을 위해 5,625만 파운드(모든 이적료는 트랜스퍼마크트 기준)에 추가 옵션을 포함한 이적료를 투자했다. 그 이적료는 역대 골키퍼 이적료 중 최고 수준이었다. 이전 겨울 이적시장에서 영입한 반 다이크 역시 수비수 최고의 이적료를 기록했었다. 지난 몇 년간 이적 선수들에 대한 재평가가 이뤄지면서 공격수에게만 비싼 이적료가 오가던 시대는 끝났다. 공격은 승리를 가져다주지만 수비는 우승을 가져다준다라는 말이 이적시장에도 반영되기 시작한 것이다.

순수하게 스포츠적인 면에서 볼 때, 두 번의 이적은 모두 성공적이었다. 클롭은 알리송을 소개하면서 그의 재능을 아주 높이 평가했다. "모든 골키퍼에게 필요한 역량에 있어 최고 수준의 능력을 갖춘 선수"라며 그의 영입을 반겼다. 사실 클롭이 리버풀 감독이 되기 전 알리송이 아직 브라질에서 뛰고 있던 2015년에도 리버풀은 이미 알리송에게 관심을 갖고 있었다. 그의 발전 상태를 눈여겨보고 있었지만 영입은 하지 않았던 적이 있었다. 그때는 이적료에 이견이 있었지만, 그 후로 알리송의 역량이 발전하면서 그들의 마음을 움직였다. 유럽 빅클럽들은 남미 출신 선수들이 유럽의 중소 규모 클럽에 와서 어떻게 적응하고 활약하는지 항상 관심 있게 지켜보곤 한다. 그들이 과연 유럽 무대에 적응할 수 있는지를 알아보기 위해서다.

리버풀 팬들은 2018-19시즌을 앞두고 가진 프리시즌 일정을 높은 기대를 안고 지켜봤다. 그들은 늘 그렇듯 리버풀에 대한 무조건적인 사랑과 지지를 보여줬다. 6부 리그 클럽 체스터에 7 대 0 승리를 거둔 경기가 시작되기 전부터 그들은 카리우스에게 기립박수를 보내며 그를 지지하는 모습을 보여줬다. 그로부터 며칠 후, 카리우스가 라모스의 팔꿈치에 맞은 충격으로 인해 경기 중 뇌진탕 증상을 보였다는 사실이 공개됐다. 그 시점에는 아직 경기 스코어가 0 대 0이었다. 미국의 전문가에 따르면, 그 충격은 카이루스에게 '시각 기능의 장애'를 불러온 것으로 밝혀졌다. 물론 그것이 카리우스가 범한 실책의 모든 이유라고 할 수는 없을지 몰라도, 어느 정도는 설명이 되는 부분이기도 했다.

그러나 그와 상관없이 알리송의 영입과 함께 카리우스의 입지는 크게 줄어들었다. 리버풀이 최고 수준의 이적료를 후보 골키퍼로 쓸 선수를 위해 썼을 리 만무했다. 알리송이 리버풀의 새 주전 골키퍼가 될 것이라는 사실은 명백했고, 자신이 더는 주전으로 뛸 수 없을 거라는 사실을 직감한 카리우스는 터키 리그의 베식타스로 임대를 떠나기로 결정했다.

골키퍼 포지션 이외의 다른 포지션에도 변화가 있었다. 리버풀은 공격진을 강화하기 위해 스위스 대표팀 공격수 샤키리를 스토크에 1,323만 파운드를 지불하고 데려왔다. 그리고 두 명의 수비형 미드필더 케이타(라이프치히, 5,400만 파운드)와 파비뉴(모나코, 4,050만 파운드)를 영입했다. 볼프스부르크로 임대를 떠났던 공격수 오리기도 임대를 마치고 리버풀로 복귀했는데, 그는 새 시즌 말미에 팀에서 중요한 역할을 하게 된다. 또 다른 공격수 다니엘 스터리지 역시 웨스트 브롬 임대를 마치고 리버풀로 복귀했다.

지난 시즌 1군에서 꾸준히 출전했던 선수 중 카리우스와 함께 독일 대표팀이었던 엠레 잔이 팀을 떠났다. 그는 리버풀과의 재계약을 거부하고 새로운 도전을 원한다며 이탈리아 리그 최다 우승팀인 유벤투스로 떠났다. 그러나 그 둘을 제외한 1군 팀의 핵심 선수는 그대로였다. 클롭은 수차례 그가 최고의 선수들을 지킬 수 있었다는 사실에 만족한다는 생각을 밝혔다. 그것은 그가 도르트문트 감독 시절

누리 사힌(레알 마드리드)과 카가와 신지(맨체스터 유나이티드), 마리오 괴체와 로베르트 레반도프스키(바이에른 뮌헨)를 다른 팀으로 보내야만 했던 때와는 사뭇 다른 상황이었다.

이번 이적시장에서 중요한 역할을 한 사람은 스카우팅 및 데이터 분석팀의 디렉터 역할을 한 이안 그레엄이었다. 그는 전통적인 방식(직접 현장에서 눈으로 관찰하는 방법)과 현대적인 데이터 분석 방식을 토대로 중요한 영입 타깃을 선정하는 작업을 지휘했다. 뉴욕 타임스에 그레엄의 중요한 역할에 대해 평가한 기사가 실리기도 했다. 그레엄은 캠브리지 대학에서 이론 물리학을 전공한 사람으로 리버풀의 의사결정 과정에 직접 참여했다. 그는 이제 스카우팅팀의 중점 사안은 숨겨진 보석 같은 선수들을 발굴하는 것이 아니라 리버풀에 어울리는 선수를 찾아내는 것이라고 주장했고, 그런 관점에서 자신의 임무에 집중했다.

그것은 한편으로 리버풀을 소유한 미국의 FSG(펜웨이 스포츠 그룹)의 영향이기도 했다. 그들은 과거부터 데이터 분석과 평가를 아주 중요하게 여겼다. 그들이 보유한 노하우와 클럽 감독과 함께 일하는 코치들의 역량이 어우러지면서(클럽은 데이터 분석만으로는 선수들의 역량을 정확히 분석할 수 없다고 생각했다), 최고의 조합이 탄생했다. 그 결과 현재까지는 훌륭한 성과를 내고 있는 것으로 보인다. 선수들의 지난 수년간의 성과는 모두 데이터로 분석됐고, 리버풀은 이제 단지 유명한 선수들이 아니라, 그들의 계획과 목표에 맞는 선수를 영입할 수 있게 됐다.

맨시티의 벽에 막히다

클럽의 팀은 화끈하게 새 시즌을 시작했다. 2017-18시즌 리버풀은 최고의 삼각편대인 살라, 마네, 피르미누가 리버풀의 84골 중 57골을 기록했음에도(이들은 챔피언스리그에서도 각자 10골 이상을 기록했다) 우승을 차지하지 못했다. 그러나 리버풀은 이제 알리송, 케이타, 파비뉴와 함께 공수 밸런스를 맞추는 데 성공했다. 이 시즌은 리버풀에게 역사적인 시즌이 될 수 있었고, 그렇게 될 자격도 충분했다. 리버풀은 이 시즌 38경기에서 승점 97점을 차지했고, 이는 구단 역사상 최다 승점이자, 보통 시즌이었다면 어떤 팀이라도 우승을 차지할 수 있는 승점이었다. 그러나 그들은 펩 과르디올라 감독이 이끈 '괴물'과도 같은 맨시티에 뒤지며 아깝게 우승을 차지하지 못했다. 맨시티는 이 시즌에 승점 98점을 기록했고, 리버풀은 30승 7무 1패(맨시티에 당한 패배)를 기록했다. 그러나 이 시즌 리버풀은 22실점을 기록하면서 리그 내 최소 실점을 한 팀이 됐다. 그럼에도 그들은 1990년 이후 처음으로 우승을 차지하는 데는 실패했다.

시즌 초반, 리버풀은 마치 파티를 벌이듯 안필드에서 4 대 0 승리를 거두며 새 시즌을 시작했다. 살라, 마네 그리고 리버풀로 복귀한 스터리지가 모두 골을 터뜨렸다. 이후 리버풀은 첼시와 1 대 1 무승부를 기록한 7라운드 직전까지 연승을 달렸다. 그러나 첼시전의 결과마저도 리버풀에게는 승리처럼 느껴졌다. 스터리지가 경기 시간 89분에 환상적인 장거리 슈팅으로 동점골을 기록했었기 때문이다. 이어진 1위 경쟁팀 맨시티와의 홈경기에서도 리버풀은 무승부를 기록했다. 그 경기에서 리버풀은 후반전 막판 맨시티의 마레즈가 페널티킥을 실축하는 바람에 패배를 면했다. 8경기를 치른 가운데 맨시티, 첼시 그리고 리버풀 세 팀이 승점 20점으로 선두 그룹을 형성했다.

리그, 챔피언스리그, 리그컵 대회를 합해 4경기 연속 승리가 없던 리버풀은, 한때 클롭이 가장 신뢰하는 코치진이었던 데이비드 바그너 감독이 이끄는 허더즈필드를 상대로 다시 승리 행진을 이어가기 시작했다. 이번에도 결승골의 주인공은 살라였다. 그 후로 리버풀은 다시 좋은 흐름을 이어가며 연승 행진을 계속했다. 그 시기 리버풀이 꺾지 못한 팀은 아스널(1 대 1)뿐이었다. 이어진 머지사이드 더비에서도 박진감 넘치는 승부가 펼쳐졌다. 그 경기의 유일한 골은 경기의 마지막 순간에 극적으로 터졌다. 반 다이크가 볼을 잘못 차는 바람에 골문을 벗어날 것 같던 볼이 뚝 떨어지면서 에버튼 골키퍼 픽포드가 제대로 처리하지 못했고, 그 볼을 오리기가 밀어넣으며 골이 들어간 것이다. 그 순간 안필드는 폭발할 것만 같은 분위기가 됐다.

전 시즌보다 훨씬 더 균형이 잡힌 리버풀은 이제 약팀을 상대로도 좋은 성적을 내기 시작했다. 또 경기 마지막 순간까지 승리할 수 있다는 믿음을 잃지 않은 덕분에 에버튼전에서와 같은 승리를 거둘 수 있었다. 결국 그들은 시즌 절반 정도가 지난 박싱데이에 리그 1위를 차지했다. 19경기에서 16승을 거둔 결과 이미 승점 51점을 획득했고, 2위 토트넘보다 6점을 더 앞서 있었다. 그리고 그때까지 단 7점만을 실점했다. 그것은 반 다이크로부터 시작해 계속해서 발전 중인 마팁,

로브렌, 고메즈 등의 수비진이 있어서 가능했던 성과였다. 리버풀 팬들은 반 다이크를 위해 유명한 포크송인 〈지저분한 오래된 마을〉의 가사를 바꿔서 다음과 같은 응원가를 부르기도 했다.

그는 센터백, 등번호는 4.

그가 수비하는 걸 봐, 그리고 골 넣는 걸 봐.

그는 패스도 잘해, 누구보다 차분하게.

그는 반 다이크, 버질 반 다이크.

2018-19시즌 리버풀의 수비진은 참으로 난공불락과도 같았다. 실제로 옵타 스포츠의 통계 기록에 의하면, 반 다이크는 단 한 번도 상대 선수가 자신을 지나치는 것을 허용하지 않았다. 대부분의 사람들은 반 다이크처럼 키가 큰 선수들은 느릴 거라고 상상하겠지만, 그는 그것과는 거리가 멀었다.

그러나 시즌이 아직 많이 남아 있다는 것을 잘 알고 있던 클럽은 "아직 방심해서는 안 된다"라고 항상 강조했다. 리버풀 팬들로서는 절대 방심할 수 없는 요소가 있었다. 프리미어리그 역사상 대부분의 경우 크리스마스에 1위를 기록한 클럽이 리그 최종 우승팀이 되었지만, 2008년과 2013년에는 그 기록에 예외가 발생한 적이 있었다. 이두 시즌에 1위를 달리던 팀은 다름 아닌 리버풀이었다. 그런 아픈 역사가 다시 한번 반복될 수 있다는 두려움은 이어진 맨시티전에서 더욱 커졌다.

맨시티전을 기점으로 분위기가 바뀌기 시작한 것이다. 맨시티와 만나기 전, 리버풀은 홈에서 아스널을 상대로 5 대 1 대승을 거뒀지만, 결국 맨시티 원정에서 그 시즌의 유일한 패배를 당하고 말았다. 새해 첫 경기에서 원정팀 리버풀은 간발의 차이로 선제골을 놓쳤다. 전반전 18분 만에 거의 골이 될 것 같았던 슈팅을 맨시티 수비수 스톤스가 걷어냈던 것이다. 그 후 마네는 골포스트를 맞추는 슈팅을 날렸다. 전반전 40분, 아구에로가 선제골을 기록했지만 피르미누가 64분에 동점골을 터뜨렸다. 그러나 72분에 사네가 다시 맨시티에 리드를 안기는 골을 기록한 후로 리버풀은 재추격에 실패했다. 이 경기에서 리버풀을 꺾은 맨시티는 1위와의 승점 차이를 4점으로 줄였다. 그렇게 리버풀은 2위권 팀들과의 승점 차이를 확실하게 벌리는 데 실패했다.

그 경기 이후 리버풀은 브라이튼에 1 대 0, 크리스탈 팰리스에 4 대 3 승리를 거뒀다. 크리스탈 팰리스전에서 리버풀은 그들답지 않은 엉성한 수비력을 보였지만, 피르미누가 리버풀의 프리미어리그 역사상 1,000번째 골을 기록했다. 24라운드 이후 리버풀은 6경기에서 4무를 기록하며 실망스러운 모습을 보였다. 이 기간 중 그들은 레스터 시티와의 홈경기에서 1 대 1 무승부, 웨스트햄 원정에서도 같은 스코어로 무승부를 거뒀다. 그 후 본머스에 3 대 0 승리를 거뒀으나, 맨유전에서 또 다시 무승부(0 대 0)를 거두고 말았다. 리버풀은 29라운드에 머지사이드 더비 상대 팀 에버튼과 무승부를 거둔 시점에서 3개월 동안 지켰던 리그 1위 자리를 내줬다. 이 경기에서는 살라가 잉글랜드 대표팀 골키퍼 픽포드와의 일대일 기회를 골로 연결하지 못하는 장면도 나왔다.

클롭은 그의 8번째 머지사이드 더비이자, 리버풀 대 에버튼의 200번째 경기에서 패하지 않았지만, 맨시티는 그 시점부터 남은 14경기에서 전승을 거두며 그대로 시즌 우승을 차지했다. 리버풀 역시 에버튼전 이후 남은 9경기에서 전승을 거뒀지만, 이미 너무 늦은 시점이었다. 결국 맨시티의 '승점 머신'들이 우승을 차지했다. 과르디올라 감독 특유의 점유율 위주 축구로 무장한 맨시티는 전례 없이 뛰어난 경기력을 꾸준히 선보이며 리버풀을 따돌리고 챔피언의 자리에 올랐다.

과르디올라 감독과 달리 클롭의 스타일은 좀 더 공격에 집중하는 축구다. 그러나 2018-19시즌 두 팀의 차이는 미미했다. 어떤 면에서 보자면, 1월 3일 두 팀의 경기에서 스톤스가 걷어내기 전 1.12센티미터 차이로 골이 되지 않았던 장면에서 다른 결과가 나왔다면, 우승 팀은 달라질 수도 있었다. 그러나 축구에서 만약이라는 말은 무의미하다.

거의 완벽에 가까운 축구

시즌 마지막 경기가 끝난 후, 안필드의 팬들과 클럽, 선수들 사이에는 만감이 교차했다. 마지막 경기에서 리버풀은 울버햄튼에 2 대 0 승리를 거뒀다. 한편으로는 몇 달 동안 리그 정상에 올랐다가 결국엔 우승을 아깝게 놓친 것에 대한 실망이 있었고, 동시에 그로부터 며칠 전 바르셀로나를 상대로 거둔 기적과도 같은(이에 대해서는 이후에 다시 다룰 것이다) 경기에 대한 감동이 남아 있었다. 클롭은 "우리는 내가 기억하는 한 가장 크게 발전한 팀이라는 사실에 대해 보상받을 자격이 충분하다"라고 말했다.

실제로 몇몇 선수들은 클럽의 지도 아래 놀라운 성장을 보이기도 했다. 대표적인 예가 양쪽 풀백인 로버트슨과 알렉산더-아놀드였다. 두 선수는 단순히 유망주의 수준을 넘어 월드클래스 풀백 선수로 성장했다. 또 이미 다른 클럽에서 톱클래스 선수라는 인정을 받고 리버풀에 온 선수들도 어느 순간부터 리버풀에서 그들이 가진 잠재력을 최대한으로 발휘하고 있었다.

레프트백 로버트슨과 라이트백 알렉산더-아놀드는 리버풀의 새로운 시스템에서 중요한 역할을 맡았다. 리버풀은 4-3-3 진형을 주로 사용했지만, 2019년 첼시를 떠나 레알 마드리드로 간 에당 아자르와 같은 팀의 중심이 되는 전형적인 유형의 플레이메이커는 없었다. 중앙 미드필더 역할을 맡은 헨더슨은 '8번' 역할이라기보다는 '6번'에 어울리는 플레이를 했다. 그것은 클럽이 장기간 그를 지켜본 결과 개인적인 판단에 의해 그 역할을 부여했던 것이다. 그래서 리버풀의 공격은 대부분 양쪽 측면, 특히 공격적인 성향을 가진 윙백들로부터 시작됐다.

전투적인 로버트슨과 개인기가 뛰어난 알렉산더-아놀드는 그 시즌 나란히 프리미어리그 최고의 어시스트를 기록한 선수가 됐다. 물론 그렇게 된 이유 중 한 가지는 그들의 놀라운 스피드 덕이었다. 그 시즌 내내 두 선수는 상대 수비 진영까지 올라간 상태로 포착됐고, 두 선수가 기록한 어시스트만 23개였다. 물론 그들은 그런 와중에도 자신들의 첫 번째 임무인 수비에 소홀하지 않았다. 그것을 증명하듯 리버풀은 그 시즌 리그에서 최소 실점을 기록했다. 이는 한편으로 클롭 감독이 중요시 여기는 강도 높고 에너지 넘치는 압박 축구를 위해 왜 어린 선수들이 중요한지를 잘 보여주는 대목이기도 했다.

스피드 외에 두 선수의 또 다른 강점 중 하나는 영리한 머리였다. 그것을 가장 잘 보여준 예가 바로 알렉산더-아놀드가 바르셀로나와의 챔피언스리그 준결승전에서 보여준 빠른 패스였다. 수석코치 크라비츠는 평소 리버풀이 라인 아웃된 볼을 빠르게 인플레이로 연결하는 연습을 자주 했다고 말했다. 리버풀이 안필드의 볼보이 숫자를 늘려 볼이 빠르게 다시 안으로 들어올 수 있도록 한 이유 중 하나이기도 했다.

두 공격적인 풀백들이 공헌한 덕분에, 한 명이 아닌 두 명의 리버풀 공격수가 2018-19시즌 프리미어리그 공동 득점왕에 올랐다. 살라와 마네가 아스널의 오바메양과 함께 22골을 기록한 것이다. 살라는 리버풀 입단 시즌에 32골을 기록한 것이 반짝 활약이 아니었다는 것을 증명했고, 마네 역시 리그에서만 22골을 기록하면서 리버풀은 이 시즌을 통틀어 총 89골을 기록했다.

전술적인 다양성과 좀 더 차분해진 팀 분위기, 경기장 위에서의 장악력, 약팀을 상대로 전보다 확실하게 승점을 얻는 더 꾸준해진 모습까지. 리버풀은 이 시즌에 리그 우승을 차지하지는 못했지만 전 시즌에 비해 여러 면에서 더 발전한 모습을 보여줬다. 그 전 시즌의 경우, 강등당한 팀들인 웨스트 브롬, 스토크 시티, 스완지가 모두 리버풀을 상대로 승점을 얻었지만, 그것은 이미 과거의 이야기였다.

그렇다면 정확히 무엇이 리버풀의 전술적인 변화를 불러온 것일까? 수석코치 크라비츠는 독일 매체 스폭스닷컴과의 인터뷰에서 다음과 같이 설명했다.

"우리는 점유율적인 부분에서 더 발전했다. 이제 우리는 상대로부터 강한 압박을 받는 상태에서도 공격적이고 창의적인 빌드업 플레이를 구사할 수 있다. 그리고 그것을 아주 꾸준하게 해낼 수 있다. 우리는 빌드업을 하면서 동시에 계속해서 다른 포메이션을 구사할 수 있는 다양성을 만들어냈다. 선수들이 서로에게 간단한 신호를 보내는 것만으로도 다양한 변화를 가져올 수 있는 것이다. 예를 들어 우리는 빌드업에 변화를 줄 필요를 느끼는 경우 한쪽 측면의 선수를 좀 더 높은 위치로 이동하게 한다거나, 2선과 3선 사이를 좀 더 활발히 오가게 하는 식의 변화를 시도했다. 그런 면들이 우리에게 경기 시간 90분 내내 점유율을 유지하면서 꾸준한 경기력을 보일 수 있는 배경이 됐다. 우리는 이제 경기 마지막 순간까지도 선수 교체나 시스템의 변화로 득점 확률을 높일 수 있는 수준에 올랐다."

그가 말한 다양성은 실제로 리버풀의 공격에서 구현됐다. 리버풀은 전형적인 센터포워드 없이 플레이하면서 왼쪽 윙어인 마네와 오른쪽 윙어인 살라, 폴스 나인 역할을 하는 피르미누가 공격을 책임지는 구조다. 특히 피르미누는 상대 페널티박스에 서서 자신에게 볼이 이어지기를 기다리는 것이 아니라 미드필드 위치까지 깊이 내려와서 볼을 받은 후 빌드업 플레이에 참가했다.

그 시즌 리그 막바지, 리버풀은 거의 완벽에 가까운 축구를 했다. 그들에게 후회는 없었다. 다만 맨시티라는 '더 완벽한' 상대가 있었을 뿐이다. 그럼에도 클롭은 리버풀 감독이 된 후 그때까지 최고의 시즌을 보냈다. 그는 문제로 지적됐던 포지션과 그 문제들을 개선했고, 선수들을 성장시켰으며, 자신의 팀을 한 단계 위로 끌어올렸다. 그들에게 마땅한 보상은 프리미어리그가 아닌 다른 대회에서 나왔다. 그들이 1970년대에 독주했고, 1985년 유러피언컵 결승전 장소였던 브뤼셀의 헤이젤 스타디움에서 나온 비극(리버풀 대 유벤투스, 이 경기 이후 잉글랜드 클럽은 5년, 리버풀은 6년간 유럽 대회 출전 금지 처벌을 받았다) 이전까지 최강자로 군림했던 바로 그 대회에서 말이다.

챔피언스리그에 재도전하다

리버풀은 잉글랜드 자국 컵대회에서 조용한 시즌을 보냈다. 사실 이번에는 아주 빨리 탈락하기도 했다. FA컵에서 리버풀은 프리미어리그 클럽들이 처음 참가하는 단계인 3라운드에서 승격팀 울버햄튼에 1 대 2로 패하며 탈락했다. 울버햄튼은 새 시즌에 승격한 뒤로 인상적인 경기력을 보여주고 있었다. 이 패배는 리버풀이 맨시티에 1 대 2로 당한 패배에 이어 2경기 연속 패배였다. 이 경기에서 클럽은 1군 선수들에게 휴식을 주고자 알리송, 반 다이크, 마네 등을 벤치에 앉혔고, 부상당한 로브렌 대신 네덜란드 수비수 키아나 후버를 출전시켰다. 클롭은 이 경기에서 데뷔전을 치른 그에 대해 "능력이 뛰어나다면 나이는 아무것도 아니다"라며 극찬을 보냈다. 실제로 그는 이 경기에서 자신이 충분히 준비된 선수라는 사실을 보여줬다. 18세의 유망주 라파엘 카마초, 17세의 커티스 존스 역시 선발 출전했다.

챔피언스리그, FA컵 외에도 리버풀은 리그컵에서도 일찌감치 안필드에서 열린 첼시전에서 1 대 2로 패하며 3라운드에서 탈락했다. 양 팀 모두 1군 선수들에게 대거 휴식을 부여한 이 경기에서 스터리지가 선제골을 터뜨렸다. 클롭은 3일 전 사우스햄튼과의 리그 경기 (3 대 0 승)에서 선발 출전했던 선수들 중 세 명만을 선발로 출전시켰다. 자연스럽게 컵대회에서 1군 선수들에게 휴식을 주는 것이 옳은가라는 의문부호가 따라왔다. 그러나 잉글랜드 클럽들은 독일 팀들과는 달리 겨울 휴식기도 갖지 않고(당시 기준) 시즌을 치렀다. 물론 그럼에도 리버풀이 잉글랜드 자국 컵대회, 특히 FA컵에 전력을 다하지 않는 것에 대한 비판의 목소리는 계속 이어졌다.

그 두 대회가 리버풀에게 아쉬움을 남긴 대회였다면, 챔피언스리그는 희망을 준 대회였다. 한 시즌 전 결승전에 진출했던 리버풀은 조별리그 추첨에서 딱히 좋은 대진 운을 받지는 못했다. 그들은 레드스타 베오그라드, 나폴리 그리고 막대한 이적료를 지출하며 스타 선수들을 끌어모으는 PSG와 한 그룹이 됐다. 리버풀의 첫 상대는 PSG였다. 두 팀의 대결은 이후에 이어질 드라마의 서막과도 같았다. 리버풀은 스터리지와 밀너의 골로 2 대 0으로 앞서다가 경기 종료 직전 동점을 내줬다. 그렇게 비기는 것 같던 경기 후반전 추가시간에 피르미누의 결승골로 승리를 차지했다.

다음 챔피언스리그 경기는 리버풀에게 그 이후에 이어질 경기들의 반면교사와도 같은 경기였다. 나폴리의 열정적인 팬들이 함께한 산파올로 스타디움에서 열린 경기에서 리버풀은 제대로 된 찬스를 한 번도 만들지 못하면서, 그 시즌 최악의 경기를 펼쳤다. 결국 나폴리가 91분에 터진 골로 1 대 0 승리를 차지했다. 실제로 리버풀은 홈에서 보여준 경기력을 완전히 잃어버린 모습이었다. 마치 잉글랜드 클럽들이 바다를 건너면 승점을 잃는다는 고정관념을 보여주기라도 하듯 말이다. 그 후 이어진 레드스타와의 경기에서 4 대 0 승리를 거두긴 했지만, 그 후 이어진 경기에서 당한 0 대 2 패배로 인해 리버풀은 16강 진출을 장담할 수 없는 상황에 놓이게 됐다. 그들은 나폴리와 승점에서 동률을 이뤘고, PSG는 1점, 레드스타는 오직 2점 뒤쳐져 있을 뿐이었다.

레드스타는 자신의 홈구장에서 열린 경기 전반전에 리버풀 페널티박스 진영에 혼란을 일으키며 리버풀을 당혹하게 만들었다. 리버풀은 이미 두 골이 뒤처진 후반전에서야 기회를 만들기 시작했지만, 승리를 지키기 위해 굳건한 모습을 보여준 레드스타는 실점을 허용하지 않았고 결국 리버풀은 나폴리 원정에서와 마찬가지로 경기 결과를 뒤집지 못했다.

경기 후 기자회견에서 클롭은 패배를 너무 심각하게 받아들이지 않기 위해 애썼다. 세르비아의 한 기자가 그날 리버풀의 선수들이 레드스타의 전술에 완벽하게 말려든 것 같다는 질문을 했다. 클롭은 그 기자의 질문에 대해 "저 기자는 화가 난 것 아닌가? 화가 난 것처럼 보인다"라고 응수했다. 그 후 잉글랜드 기자로부터 무엇이 잘못된 것인지 짚어줄 수 있겠느냐는 질문(손가락으로 가리킬 수 있겠느냐는 관용적 표현)에는 "나는 손가락이 10개뿐이다"라고 답했다. 이어서 그는 "우리는 베오그라드가 너무 자유롭게 플레이하도록 내버려뒀다. 그것이 우리의 문제였다. 그러나 그들에게는 열정적인 플레이에 걸맞은 결과를 얻을 자격이 있었다"라고 말했다. 그의 말은 그들 스스로에게 주는 일종의 교훈이었다. 전 경기에서 승리했다고 그다음 경기에서 방심하지 말 것. "결국 축구에서는 골을 넣어야 한다. 우리에게 얼마나 많은 기회가 있었는지를 생각해보라. 우리는 마지막 순간에 골을 기록했어야 했지만 그러지 못했다. 그것이 우리가 0 대 2로 패배한 이유다."

리버풀이 3번째 원정 경기에서도 패배를 당했기 때문에 16강 진출 여부는 더더욱 불투명해졌다. 파리에서 열린 원정 경기에서 그들은 좋지 못한 시작을 했고, 자기 진영에 너무 내려앉아서 플레이했다. 전반전 종료 직전 리버풀이 2골 차이를 1골 차이로 줄이는 페널티킥 골을 기록했다. 그러나 후반전 스터리지와 샤키리의 교체 투입 역시 무위로 돌아갔고, 이 경기에서의 패배로 리버풀은 조별 리그 3위인 상태로 16강 진출 여부를 가릴 나폴리전을 맞이하게 됐다. 다행히 그 경기는 리버풀 홈팬들 앞에서 펼쳐질 예정이었다. 이제 16강에 진출하기 위해 리버풀은 무조건 승리해야만 했다.

결국 리버풀은 그 압박감을 잘 이겨내고 나폴리를 상대로 승점

3점을 챙겼다. 나폴리는 비기기만 해도 16강 진출이 가능했지만 과감하게 공격 축구로 나왔다. 점점 경기의 지배권을 가져오던 리버풀은 30분경 살라의 골로 리드를 잡았다. 그는 또 한 번 놀라운 가속도를 보여주며 그를 마크하던 수비수를 따돌리고 골을 기록했고, 리버풀은 그대로 승리를 차지했다. 경기 후반 나폴리는 동점골을 기록하기 위해 필사적으로 나섰지만, 리버풀은 위기를 잘 넘겼다. 다만 살라와 마네, 반 다이크 모두 경기를 완전히 끝낼 기회를 잡았지만, 상대 골키퍼 오스피나를 무너뜨리는 데는 실패했다.

리버풀은 그렇게 놓친 몇 차례의 찬스에 대한 대가를 치를 뻔하기도 했다. 나폴리의 밀리크가 리버풀 페널티박스 바로 바깥에서 볼을 잡은 후에 슈팅을 시도했지만, 알리송이 놀라운 반사신경으로 막아내며 리버풀의 영웅이 되었다. 그 수비는 그 경기에서의 승리뿐만 아니라 리버풀의 16강 진출을 확정 짓는 세이브였다. 그 외에도 카예혼이 리버풀 골망을 흔든 장면이 있었는데, 주심이 오프사이드를 선언했다. 안필드에 모인 모두가 안도의 한숨을 내쉬었다.

그 경기에서 승리한 직후 클롭은 경기 후 기자회견에서 알리송에게 감사의 메시지를 전했다. "그의 세이브는 하나의 단순한 세이브가 아니었다. 그는 오늘 아주 많은 역할을 해냈다. 그가 볼을 잡을 때마다 보여준 침착함은 우리 빌드업 플레이에도 긍정적인 영향을 끼쳤다. 상대의 크로스를 막기 위해 뛰어나올 때의 모습도 훌륭했다. 물론 그의 세이브는 정말 놀라웠다."

리버풀의 16강 대진은 조별 리그보다 더욱 어려웠다. 지난 수년간 챔피언스리그에서 가장 꾸준한 모습을 보여줬던, 그리고 클럽이 도르트문트 감독 시절 가장 치열하게 경쟁했던 바이에른 뮌헨과 만나게 된 것이다. 이번에 만날 바이에른 뮌헨은 또 한 번 핵심 선수들의 노쇠화 문제를 겪고 있었다. 팀의 핵심인 아르옌 로번이나 프랑크 리베리는 부상 중이거나 이미 전성기를 지난 선수들이었다. 두 팀의 대결에서 결코 간과해서는 안 될 점은, 바이에른 뮌헨 원정에서 보여준 리버풀의 경기력과 그들의 경기력에 탄복한 듯한 뮌헨 팬들의 모습이었다. 그들은 클럽과 그의 선수들에게 존중을 표했다.

그 존중은 이미 1차전에서부터 잘 드러났다. 양 팀 경기 전 전문가들에 의해 미세한 차이로 승리할 가능성을 높이 평가받았던 리버풀은 수비적으로 나온 뮌헨을 상대로 이렇다 할 기회를 만들어내지 못했다. 결국 양 팀은 1차전에서 0 대 0 무승부를 기록했다. 그것은 그들이 보여준 경기력을 생각하면 공평한 결과였다. 2차전에서 뮌헨은 경기 초반을 지배했지만, 머지않아 유럽 리그 정상에 오르려는 꿈을 가진 리버풀에게 밀리기 시작했다. 반 다이크가 마네에게 경기를 바꾸는 결정적인 패스를 이어줬고, 마네는 뮌헨 골키퍼 노이어가 막지 못한 칩 슈팅으로 골을 성공시켰다. 경기 시작 후 26분만에 벌어진 일이었다. 전반전 종료 전 마팁이 레반도프스키의 슈팅을 걷어내는 과정에서 자책골을 기록하면서 양 팀의 스코어는 1 대 1이 됐다.

후반전, 뮌헨의 총공격을 기대했던 팬들은 실망했을지도 모른다. 반대로 후반전을 지배한 것은 리버풀이었다. 결국 리버풀은 밀너의 코너킥을 이어받은 반 다이크가 헤딩슛을 성공시키며 다시 리드를 잡았다. 뮌헨과의 1차전에 징계로 인해 출전하지 못했던 반 다이크는 큰 키와 점프력을 활용해 멋진 헤딩 골을 성공시켰다. 이어진 후반전, 뮌헨은 이렇다 할 찬스를 만들어내지 못했다. 사우스햄튼 시절 뮌헨 이적설에 연결되기도 했던 마네는 84분에 자신의 경기 두 번째 골을 성공시키며 리버풀을 파티 분위기로 이끌었다. 결국 리버풀은 그렇게 8강에 진출했다. 그 승리는 클롭에게 아주 큰 의미를 갖는 것이었다. 그는 스카이스포츠와의 인터뷰에서 자신의 감정을 솔직히 털어놨다.

리버풀의 8강 상대는 챔피언스리그에서 두 차례 우승했지만, 현재는 리버풀에 비해 훨씬 약체로 평가받는 포르투였다. 특히 두 팀은 지난 시즌에도 만난 적이 있었고. 당시 리버풀은 각각 5 대 0, 0 대 0을 기록했다. 클롭은 양 팀의 경기를 앞두고 포르투를 무시해서는 안 된다는 입장을 밝혔다. "축구를 잘 아는 사람이라면 포르투를 만나고 싶지 않았을 것이다." 리버풀은 포르투를 바이에른 뮌헨과 똑같은 태도로 상대했다. 결국 그들은 홈경기에서 2 대 0 승리를 거둔 후 원정에서도 4 대 1 승리를 거뒀다. 특히 2차전에서 리버풀은 4차례의 유효슈팅을 모두 골로 연결시키며 절정의 골 결정력을 보여줬다.

극적인 반전 드라마

바르셀로나와의 준결승전은 리버풀의 오랜 유럽 대회 역사에서도 최고로 드라마틱한 대결 중 하나였다. 아마도 2005년 이스탄불에서 열린 결승전에서 AC 밀란에 전반전 0 대 3으로 뒤지다가 승부차기 끝에 승리했던 경기보다 이때가 더 극적이었다고 말할 수 있을 것이다. 다섯 차례 발롱도르를 수상한 리오넬 메시가 뛰고 있는 바르셀로나는 대부분의 전문가들이 예상하는 우승 후보였고 실제로 그들이 리버풀을 꺾고 결승전에 진출할 거라 예상한 사람들이 더 많았다. 그러나 캄프누에서 막상 1차전이 시작되자, 원정팀 리버풀이 매섭게 공격하면서 많은 기회를 만들어내기 시작했다. 심지어 26분 만에 리버풀의 전 공격수 수아레스에게 선제골을 내준 후에도(수아레스는 2차전이 시작되기 전에 리버풀 팬들에게 친정팀을 상대로 한 그의 과한 세리머니에 대해 사과했다), 리버풀은 사기가 꺾이지 않고 계속 공격을 이어갔다. 다만 그들이 겪은 또 하나의 큰 타격은 실점 직전에 케이타가 부상으로 교체당한 것이었다.

수아레스뿐만이 아니었다. 바르셀로나에는 또 다른 리버풀 출신의 선수 쿠티뉴도 뛰고 있었다. 그러나 쿠티뉴는 1, 2차전에서 모두 기대 이하의 모습을 보인 후 교체되었다. 사과를 했음에도 리버풀 홈 팬들의 강한 항의를 받은 수아레스 역시 2차전에서 마법 같은 경기력을 보이지는 못했다.

전반전이 끝난 후 리버풀은 동점골을 기록하기 위해 도전했다. 대부분의 팀들을 상대로 압도적인 경기를 펼치던 바르셀로나가 오히려 어색할 만큼 수동적인 모습을 보일 정도였다. 그러나 마네도 살라도 바르셀로나 골키퍼 마르크안드레 테르 슈테겐을 뚫지 못했다. 더 결정적인 순간 날카로운 팀은 바르셀로나, 특히 그들의 슈퍼스타인 메시였다. 그는 결국 57분에 팀의 두 번째 골을 성공시켰고, 그 뒤에는

30미터 거리에서 그의 '마법의 발'에서 나온 환상적인 프리킥으로 또 한 골을 성공시켰다. 리버풀의 훌륭했던 시즌이 그렇게 끝나는 것일까? 그러나 그런 순간에도 리버풀은 포기하지 않았고 추격 골을 성공시킬 뻔했다. 살라가 84분에 시도한 날카로운 슈팅이 골포스트를 맞춘 것이다. 추가시간, 메시의 패스를 받은 뎀벨레가 경기 스코어를 4 대 0으로 만들 완벽한 찬스를 맞이했지만 그의 약한 슈팅은 알리송의 정면으로 향했다. 메시는 그 플레이를 보고 크게 화를 냈다. 아마도 그는 그 순간의 플레이가 리버풀이 2차전 안필드에서 결승전으로 향할 주인공을 바꿀 드라마를 만들어낼 화근이 될 거라는 사실을 직감했는지도 모른다.

그날의 0 대 3 패배에 대해 클롭은 다른 경기들과는 조금 다른 방식으로 말했다. "나는 이 경기를 즐겼다." 물론 결과는 빼고 말이다. 그는 특히 메시에 대해서, 그중에서도 그의 프리킥 골에 대해 경외감을 드러냈다. "얼마나 대단한 슛이었던가?" 사실 그 경기의 모든 수치는 리버풀이 바르셀로나에 비해 부족하지 않았다는 것을 보여줬다. 슈팅 15 대 12, 코너킥 5 대 3, 점유율 52% 대 48%. 그러나 결정적인 순간에 볼을 처리하는 방식에 있어서 리버풀은 아쉬운 모습을 보였다. 2차전에서 리버풀이 바르셀로나를 꺾을 가능성에 대해서는? "아직 한 경기가 남아 있다"라고 클롭은 말했다.

2차전을 앞두고 바르셀로나는 1년 전 AS 로마와의 1차전에서 4 대 1 승리를 거뒀다가 2차전 로마 원정에서 0 대 3으로 패하며 탈락했던 일을 떠올리지 않을 수 없었다. 언론에서도 어쩌면 조금 과할 정도로 수많은 이야기가 나왔다. 바르셀로나는 곧 '데자부'를 겪게 될지 모른다는 악몽에 시달렸다. 준결승 2차전은 리버풀의 홈구장 안필드에서 치러졌다. 단, 바르셀로나가 두려워하는 공격 삼각편대인 마네, 살라, 피르미누 중 선발 출전이 가능한 선수는 오직 마네뿐이었다. 살라와 피르미누 대신 오리기와 샤키리가 선발 출전했다. 그리고 경기 시작 7분 만에 오리기가 첫 골을 성공시켰다. 그것은 클럽과 그의 팀에게 완벽한 출발이었다. 그 골로 인해 2차전에서 펼쳐질 추격에 대한 심리적인 효과뿐 아니라, 팬들 모두 해낼 수 있다는 희망을 안고 90분 내내 응원을 펼칠 수 있게 됐기 때문이다.

로버트슨은 이후 그 순간에 대해 선수들끼리 교류하는 웹사이트인 플레이어스트리뷴닷컴에 다음과 같이 썼다. "우리는 팬들이 우리를 전적으로 믿고 있다는 것을 직접 듣고 느낄 수 있었다. 정말 생생하게 말이다. 그리고 우리는 우리 자신과 동료들을 강하게 믿고 있었다. 그것이 오리기가 7분 만에 골을 넣을 수 있었던 이유다. 나는 골이 터질 것이라는 것을 믿고 있었다. 바르셀로나를 무시할 생각은 없다. 그들을 늘 존경했다. 그러나 그날 안필드에서 중요한 것은 그들이 아니었다. 그날은 우리의 날이었다. 우리는 팬들과 하나가 되어 달아올랐고, 그날 우리의 열망은 다른 차원이었다."

전반전에 더 이상 추가 실점을 하지 않은 바르셀로나는 리버풀이 캄프누에서 그랬던 것처럼 이번에는 자신들이 주도권을 잡기 시작했다. 전반전 종료 전, 바르셀로나는 몇몇 좋은 포지션에서 리버풀을 강하게 압박하기도 했지만, 그 장면을 실제 골로 연결시켜 안필드의 분위기를 잠재울 결정적인 한 방을 만들지는 못했다. 바르셀로나가 한 골이라도 기록했다면, 리버풀에게는 다섯 골이 필요했을 것이다. 물론 그날의 경기 분위기를 보자면, 리버풀은 다섯 골이라도 포기하지 않았을 테지만 말이다.

하프타임에 클롭 감독은 부상당한 로버트슨 대신 베이날둠을 투입했고, 그는 곧바로 좋은 활약을 보였다. 선발 출전하지 못한 실망을 자신의 진가를 보여주는 것으로 대신하기라도 하듯 그는 교체 투입 후 122초 간격으로 두 골을 넣었다. 알렉산더-아놀드의 낮은 크로스가 굴절된 후 한 골을 넣었고, 샤키리가 올린 크로스를 강한 헤딩슛으로 연결하며 두 번째 골을 기록했다. 이제 스코어는 3 대 0이었다. 이제 양 팀의 합산 스코어는 동점이 됐고 안필드는 엄청난 열기에 휩싸였다. 그들 중에는 리버풀을 응원하는 광적인 팬들과 초조하게 과연 다음 골을 기록할 팀은 어느 팀이 될지 기다리는 팬들로 가득했다. 이제 양 팀은 그다음에 나올 골의 중요성을 알기에 신중하게 수비를 가다듬으며 결정적인 장면을 노렸다. 그러던 78분, 모두가 예상하지 못한 상황이 발생했다. 그 경기에서 뛴 선수들 중 리버풀에서 태어난 유일한 선수이자 안필드의 볼보이였던 알렉산더-아놀드가 모두가 눈치채지 못하는 사이에 빠르게 코너킥을 처리한 것이 오리기에게 그대로 이어졌고, 페널티박스 안에 있던 오리기가 그 볼을 침착하게 슈팅으로 연결하며 4 대 0 스코어를 만든 것이다.

골이 들어간 이후에도 무슨 일이 벌어졌는지, 그 골이 인정이 될지 어리둥절해하는 사람들도 있었다. 심지어 클롭 감독과 경기장 안에 있던 바르셀로나 선수들도 마찬가지였다. 클롭 감독은 경기 종료 후 인터뷰에서 "너무 갑작스럽게 일어난 일이라 누가 코너킥을 찼는지, 누가 골을 넣었는지도 보지 못했다"라고 말했다. 그러나 그는 오리기와 알렉산더-아놀드의 빠른 판단력을 극찬했다. "그건 정말 놀랍도록 똑똑한 결정이었다." 경기 중에 그는 코치들로부터 설명을 들은 후에야 무슨 일이 벌어졌는지를 알았다. 그 골은 물론 인정이 됐다. 안필드의 열기에 빠져 평정심을 되찾지 못한 바르셀로나 선수들이 그 코너킥 상황에서 방심한 것이 화근이었다. 그런 장면은 사실 고등학교 축구팀들간의 경기에서나 나올 법한 장면이었다. 그런데 그 위대한 바르셀로나를 상대로 그런 플레이를 했다고? 그것은 보통 사람들은 상상도 하지 못할 장면이었다. 그러나 축구에서는 그런 뜻밖의 장면이 발생하는 법이다.

결국 리버풀은 그 리드를 경기 종료까지 잘 지킨 끝에 2년 연속 챔피언스리그 결승전에 진출하게 됐다. 클롭은 이제 리버풀에서 보낸 지 4년 만에 2016년의 유로파리그와 2018년 챔피언스리그에 이은 세 번째 유럽 대회 결승전을 준비하게 됐다.

바르셀로나와의 준결승전이 끝난 후, 부상으로 출전하지 않았던 살라를 포함한 모든 선수들이 '절대 포기하지 마라Never give up'라는 문구가 적힌 티셔츠를 입고 리버풀 팬들 앞으로 나아가 함께 승리를 즐겼다. 선수들도 팬들도 그들이 이뤄낸 믿을 수 없는 성과에 도취된 듯했다. 강직하기로 유명한 제임스 밀너마저 눈물을 흘렸고 클롭도 마찬가지였다. 이 경기에서 오랜만에 안필드에 돌아왔던 수아레스는 리버풀의 네 번째 골에 대해 "우리가 마치 학생들처럼 보일 정도 였다"라고 말했다.

그날의 승리에 대해 각계각층으로부터 찬사가 이어지는 가운데, 영국 왕실에서도 축하 인사를 보내왔다. 윌리엄 왕자는 자신의 트위터에 "대단한 반전이고, 대단한 결과다. 잘했다 리버풀!"이라는 메시지를 남겼다. 가디언은 리버풀의 승리에 대해 "엄청나게 특별한 결과 였고, 챔피언스리그 역사상 최고의 반전 중 하나였다. 축구의 위대함과 희열을 알려준 경기였고, 누구도 예상할 수 없는 각본을 현실로 만들어냈다"라고 평가했다. 스페인 매체 아스는 "안필드가 벌벌 떠는 바르셀로나를 마치 바퀴벌레처럼 밟아버렸다"라고 썼다.

클롭은 경기 후 리버풀 선수들의 엄청난 정신력에 찬사를 보냈다. "경기 전, 나는 선수들에게 우리가 이기는 것은 거의 불가능할 테지만, 너희들이기 때문에 가능성이 있다고 말했다. 이미 시즌을 거의 다 보낸 상태에서, 우리가 현재 겪고 있는 선수들의 부상 문제를 고려하면 우리에게 내기를 걸 사람은 없었을 것이다. 그러니 우리 선수들이 오늘 보여준 경기력은 정말 믿을 수 없는 수준의 것이었다. 나는 내가 이 팀의 감독이라는 것이 정말 자랑스럽다. 나는 오늘을 영원히 기억할 것이다."

알리송은 그 놀라운 반전에 대해 선수들에게 쏟아지던 찬사를 반대로 감독의 공으로 돌렸다. 특히 클롭 감독이 선수들에게 불가능을 이겨낼 수 있다는 믿음을 심어준 점에 대해 강조했다. 리버풀 주장 조던 헨더슨 역시 "우리는 모두 강한 믿음을 갖고 있었다. 그것이 지금 이 팀의 위대한 점이다. 우리 감독님은 항상 선수들을 믿고 있고 우리는 그걸 느낄 수 있다. 그가 경기장에서 선수들에게 하는 말들은 실제 선수들에게 큰 도움이 된다. 선수들로 하여금 믿게 만들기 때문이다"라고 말했다. 실제로 1차전이 끝난 후 바르셀로나의 드레싱룸에서도 클롭은 그들이 더 운이 좋은 경기를 했을 뿐이라며, 2차전에서 가능성이 있다는 믿음을 심어줬다. 그날 리버풀은 실제로 경기 스코어보다 훨씬 좋은 경기를 했다.

로버트슨은 그날 클롭에 대해 "감독님은 전반전이 끝난 후 드레싱룸에 들어와서 '얘들아, 우리는 세계 최고의 팀이 아닐지도 몰라. 아마 바르셀로나가 그런 팀이겠지. 그런데 그게 무슨 상관이야? 무슨 상관이냐고. 우리가 세계 최고의 팀을 이길 수 있어. 자, 다시 나가자!'라고 말했다"고 전했다. 로버트슨은 그 순간 모든 것이 달라졌다고 덧붙였다.

한편 바르셀로나와 결승전에서 만날 상대를 가리는 토트넘과 아약스의 준결승 2차전에서도 그에 못지않은 드라마가 펼쳐졌다. 암스테르담 원정에서 0 대 2로 뒤졌던 토트넘은 그들 나름의 반전 드라마가 필요했다. 그리고 그들은 후반전에 3골을 터뜨리며 3 대 2 승리를 거두고 결승전에 진출했다. 잉글랜드 클럽들간에 펼쳐진 이 결승전은, 한동안 계속 이어졌던 스페인 클럽들의 지배를 뒤로하며(지난 5년간 스페인 클럽들이 결승전에서 우승했고, 그중 4번이 레알 마드리드의 차지였다) 새로운 시대를 알리는 것처럼 보였다. 유로파리그의 결승전 두 팀 역시 잉글랜드 클럽인 아스널과 첼시였다. 적어도 유럽 축구계에는 '브렉시트'에 대한 영향은 없어 보였다.

챔피언스리그 우승!

결승전을 앞두고 클럽에게 주어진 특별한 과제는 지난 두 번의 결승전에서 당한 패배에 대한 기억을 극복하는 것과 새롭게 완공된 완다 메트로폴리탄 구장에 적응하는 것 외에도 결승전까지 3주 동안 아무 경기가 없는 상태에서 결승전을 준비해야 한다는 점이었다. 그것은 감독 경력이 풍부한 클럽에게도 새로운 도전이었다. 어떻게 하면 선수들의 리듬을 잃지 않은 상태로 결승전을 치를 수 있을까? 그 준비의 한 가지 단계로 리버풀은 스페인 마르벨라 지역에서 6일 동안의 훈련 캠프를 보냈다. 그것은 그들이 바이에른 뮌헨과의 경기 전에, 리그컵과 FA컵에서 조기 탈락한 결과 가지게 되었던 공백기간을 현명하게 보내기 위해 활용한 것과 똑같은 방법이었다.

클럽은 결승전을 앞두고 한 치의 부족함도 없이 완벽하게 준비하고 싶었다. 물론 그는 이미 프리미어리그에서 토트넘을 수차례 상대해봤기 때문에 그들에 대해 잘 알고 있었다. 하지만 그래도 그들은 토트넘을 모델로 한 팀과 시뮬레이션 훈련을 가졌다. 벤피카 2군 팀의 레나토 파이바 감독은 포르투갈 언론 〈아 볼라〉와의 인터뷰에서 "벤피카 B의 플레이스타일이 토트넘과 비슷하다는 것을 알고 그들이 접촉했다"라고 밝혔다. 3주간의 휴식기간 동안 리버풀의 창이 녹슬지 않도록 유지하기 위해, 리버풀은 결승전 일주일 전에 연습 경기를 가졌다. 벤피카 선수들은 토트넘의 공격진 케인, 알리, 에릭센 등과 비슷한 플레이를 했고 그들과 유사한 세트피스 플레이를 구사했다.

마침내 3주간의 오랜 기다림이 끝났다. 부상으로 이탈한 케이타를 제외하면, 리버풀은 베스트 일레븐 선수들 대부분이 출전 가능했다. 피르미누 역시 근육 부상에서 돌아왔다. 그 결승전은 그 전해와는 사뭇 달랐다. 경기 초반 분위기 역시 리버풀에게 유리하게 흘러갔다. 경기 시작 20초 만에 리버풀이 페널티킥을 얻어낸 것이다. 마네가 시도한 크로스가 토트넘의 무사 시소코가 뻗은 팔에 맞았고, 주심은 휘슬을 불었다. 페널티킥을 차기 위해 나온 살라는 골문 정중앙에 슈팅을 시도했고, 그대로 골이 됐다. 한 시즌 전 라모스에게 당한 파울로 인해 눈물을 흘리며 교체됐던 살라가 1년 만에 열린 결승전에서 선제골을 넣는 순간이었다. 벤피카의 파이바 감독은 그 장면에 대해 일주일 전 친선 경기에서 리버풀의 플레이와 유사했다고 평가했다.

그 후 경기 양상은 결승전을 기대했던 중립 팬들의 기대와는 다른 방향으로 흘러갔다. 이미 리드를 잡은 리버풀은 확실한 기회를 잡을 때까지 기다리는 태도를 취했고, 토트넘은 결정적인 기회를 만드는 데 실패했다. 특히 거의 두 달 만에 부상에서 복귀한 케인은 경기에 큰 임팩트를 주지 못했다. 리버풀은 뜻밖에 얻은 1 대 0 리드를 경기 종료까지 잘 지켰다. 리버풀에게는 1 대 0을 지키기 위해 수비적인 경기를 하는 방법과 두 번째 골을 만들기 위해 승부를 거는 방법이 있었는데, 그들은 전자를 선택했다.

그 덕분에 그 경기는 매우 '리버풀답지 않은' 양상으로 흘러갔다. 그러나 그 결승전에서는 그 무엇보다 결과가 중요했다. 준결승전에서 나왔던 그 어떤 드라마보다도 그 결과가 중요했다. 어쩌면 결승전이 벌어지기 전에 양 팀이 가진 3주간의 휴식과 결승전의 긴장, 또 따뜻한 스페인의 날씨가 경기의 팽팽함을 저하시키는 요소가 됐을지도 모른다. 클롭은 경기 시간 한 시간 정도가 지난 후 피르미누와 베이날둠 대신 오리기와 밀너를 투입했다. 후반전에 첫 번째 찬스를 맞이한 것도 밀너였다. 그러나 그의 슈팅은 골문 오른쪽으로 흘러 나갔다.

물론 직접 득점을 기록한 선수들은 아니었지만, 알리송과 반 다이크 두 선수야말로 그 경기의 진정한 수훈갑이었다. 그들은 특히 경기 후반 막판에 토트넘이 필사적으로 동점골을 노리며 공격적으로 나올 때 중요한 역할을 했다. 반 다이크는 리버풀 수비진에 굳게 자리잡고 서서 걷어내야 할 상황들을 모두 처리했고, 평소 과소평가받았던 마팁도 마찬가지였다. 그는 화려하지는 않을지라도 매우 효율적인 수비 덕분에 로브렌 대신 주전 자리를 꿰찼다. 알리송 역시 토트넘이 얻은 여러 차례의 기회를 모두 무산시켰고, 특히 후반전 에릭센이 얻은 좋은 프리킥 슈팅도 막아냈다.

또다시 골키퍼가 결승전 결과에 중요한 역할을 했다. 이번에는 리버풀에 유리한 쪽이었다. 바르셀로나전과 마찬가지로 오리기에게 승부의 쐐기를 박을 기회가 찾아왔다. 리버풀의 코너킥 상황에서 마팁의 헤딩으로 이어진 볼이 오리기를 향했고, 오리기는 토트넘 골키퍼 요리스를 무너뜨리며 골을 성공시켰다. 경기 종료 3분을 남기고 잡은 2 대 0의 리드. 토트넘은 그 순간 이미 완전히 무너졌다. 오리기는 특히 그 시즌 챔피언스리그에서 최고의 효율적인 모습을 보여줬다.

그는 챔피언스리그 전체에서 3번의 슈팅을 기록해 세 번 모두 골을 성공시켰다!

클럽의 영웅들 – 결승전 선수 명단
- 14년 만에 리버풀에 챔피언스리그 우승 트로피를 들어 올린 선수들 : 알리송, 알렉산더-아놀드, 마팁, 반 다이크, 로버트슨, 헨더슨, 파비뉴, 베이날둠(밀너 62분), 살라, 피르미누(오리기 58분), 마네(고메즈 90분)
득점자 : 살라 (2분), 오리기 (87분)

그 우승은 리버풀의 챔피언스리그 6번째 우승이었다. 오직 레알 마드리드(13번), AC 밀란(7번)만이 리버풀보다 많은 우승을 차지했다. 클럽에게 있어 그 우승은 6회 연속 결승전에서 패배하고(그중 세 번은 리버풀에서) 두 차례 챔피언스리그 준우승을 차지한 이후에 마침내 얻어낸 영광이었다. (물론 그는 아주 빠르게 그의 선수들에게 영광을 돌렸다.) 그 우승은 보루시아 도르트문트 시절이던 2012년 바이에른 뮌헨을 5 대 2로 꺾은 포칼컵 우승 이후 결승전에서 거둔 첫 번째 승리였다.

클럽은 스카이스포츠와의 인터뷰에서 자신들이 좋은 경기를 하지 못했다고 인정했다. 사실 양 팀 모두 마찬가지였다. 그럼에도 결승전은 클럽의 계획대로 흘러갔다. 개인의 영광보다는 팀의 승리를 우선시한 결과였다. 그것은 클럽이 2015년 이후 계속해서 꿈꿔왔던 클럽이 완성되는 순간이었다. 리버풀은 그 이전 결승전의 실패들에서 배웠다. 과거에 그들은 우승은 차지하지 못했지만 공격적인 축구로 팬들의 마음을 사로잡았다. 2016년도 마찬가지였다. 리버풀은 강력한 출발을 보였지만, 후반전에는 세비야에 주도권을 뺏겼다. 하지만 이번은 달랐다. 리버풀은 냉정하고 합리적으로 결승전에 임했고, 그 결과 우승이라는 보상을 받았다. 그들은 지난 실패로부터 결과를 얻어내는 실용적인 방법을 배웠다. 결승전에서 실용적인 플레이를 하지 않는다면, 도대체 언제 그렇게 한단 말인가?

경기 종료 휘슬이 불리고 결승전에 대한 양 팀의 부담감이 사라지는 순간은 모두에게 아주 감정적인 순간이기도 하다. 선수들은 기쁨에 겨워 경기장에서 뛰어다니기도 하고 슬픔에 빠져 주저앉기도 한다. 2003년, 소년 시절 밀란 대 유벤투스의 결승전을 봤던 헨더슨은 "아빠, 나도 언젠가 저기에서 뛸 거에요"라고 말했다. 그는 이제 우승을 차지한 팀의 주장으로서 그의 감독을 껴안고 기뻐하고 있었다. 그는 경기 후 기자들과의 인터뷰에서 "감독님이 없었다면 우승은 불가능했을 것"이라고 말했다. "우리는 모두 그를 사랑한다"고도 말했다. 선수들은 클롭 감독을 1만 5,000여 명의 리버풀 팬들이 모여 있는 관중석 앞으로 데려가 그곳에서 함께 우승을 즐겼다. 헨더슨은 이후 그가 클롭 감독에게 함께 우승 트로피를 들어 올리고 싶다고 말했는데 클롭이 거절했다는 사실을 밝혔다. 클롭은 "그건 주장의 일이다"라고 말했다고 한다.

바르셀로나와의 경기가 끝난 후에 했던 것처럼, 그들은 모두 일렬로 팬들 앞에 나란히 서서 인사를 하며 기쁨을 함께 나눴다. 그들은 리버풀 응원가 〈당신은 결코 혼자 걷지 않으리〉를 함께 불렀다. 그 장면은 리버풀 팬들이 몇 번을 보더라도 질리지 않을, 눈물이 저절로 흐를 그런 장면이었다.

성숙해진 클럽

클럽은 더 성숙해졌다. 그는 우승을 차지한 후에도 성숙한 모습을 보였다. 경기장 위를 열광적으로 뛰어다니거나 광적인 세리머니를 하지도 않았다. 모든 선수들이 우승을 축하하기 위해 경기장 안으로 뛰어들어 갔을 때도, 그는 침착하게 토트넘의 아르헨티나인 감독 마우리시오 포체티노에게 다가가 악수를 건넸다. "나는 그 순간 토트넘이 어떻게 느낄지를 세상의 그 누구보다도 잘 알고 있었다." 그는 전에 안필드에서 열린 바르셀로나, 도르트문트와의 경기에서 그리고 도르트문트 감독 시절 말라가와의 경기에서 강한 세리머니를 보여준 적도 있었다. 그러나 그는 이제 과거의 고정관념에 갇혀 있는 사람이 아니었다. 어쩌면 그의 본성에 내재되어 있는 그런 '열정적인 동물'을 조금은 자제하는 법을 배운 것일지도 모른다. (물론 그다음 날 리버풀에서 열린 환영 행사에서는 그 '동물'이 다시 나왔지만…)

경기 후에 열린 기자회견에서 클롭은 이 우승은 감독보다도 선수들 덕분이고 그들을 위해서 더 가치가 있다고 말했다. "정말 즐겁다. 그러나 나는 내가 마침내 우승을 차지했을 때 예상했던 것보다는 차분하다. 우승컵을 내가 들어 올리는 것은 별로 중요하지 않다. 그러나 선수들이 트로피를 들어 올리는 장면은 보기 좋았다. 관중석에서 몇몇 소중한 사람들의 모습을 보기도 했다. 그것이 내게 필요한 모든 것이다. 내일은 리버풀에 가서 팬들과 함께 실컷 즐길 것이다!" 클롭은 그날 저녁 몇 차례 비슷한 말을 했다.

'결승전의 저주'에 걸린 감독이라는 그에 대한 과거의 평판에 대해서는 "그에 대해서는 결승전 2일 전에도 이야기한 적이 있다. 물론 사람들이 나에 대해 그렇게 생각할 수 있다는 점을 이해한다. 그러나 사실 나는 그렇게 생각하지 않는다. 왜냐하면 언제나 나는 어떻게든 결승전까지 진출하는 방법을 찾았기 때문이다. 그것은 나에게 중요한 일이고, 나의 삶은 내가 꿈꿨던 것보다도 훨씬 더 훌륭했다. 물론 우승이라는 것은 좋은 것이지만, 나는 나보다도 다른 사람들을 기쁘게 하는 것이 좋다. 나는 선수들을 성장시키는 일에 더 관심이 있다. 물론 축구팀으로서 우리에게는 우승이 필요하다. 그것은 중요한 일이다. 우리는 앞으로도 계속 우승을 차지하고 싶고, 100퍼센트 그렇게 할 수 있을 것이다."

클롭이 축구를 하면서 받아들이기 힘들었던 것은 때로 감독들의 성과가 2등은 무시당하고 오로지 1등만 중요한 것처럼 평가받는 분위기였다. 그것은 클롭의 축구 철학과는 정반대되는 것이었다. 그것은 결승전까지 진출하지 못한 수많은 팀들의 노력을 평가절하하는 것이다. 그러나 이번에는 달랐다. 감독으로서 최고의 성과를 거둔 그 순간, 클롭은 그 주변의 사람들의 공헌에 대해 먼저 챙겼다. 지금 이 순간 그가 느끼는 행복은 다른 이들, 선수들과 코치들, 클럽의 모든 스태프들이 있어 가능한 것이었기 때문이다.

클롭은 다른 사람들에게 동기부여를 불어넣는 특유의 방식으로 리버풀의 커뮤니티를 더욱 강화시켰고, 선수들간의 연대감과 책임감을 더 강화시켰다. 한편 그는 '에고(자부심) 비즈니스'라고 불리는 축구계에서 선수들에게 모두가 하나가 되어 리버풀을 더 성공적인 클럽으로 만들겠다는 목적 아래에서 자기 자신을 위해 뛰지 말고, 클럽의 다른 모든 사람들과 팬들을 위해서 뛰라고 가르쳤다. 반 다이크는 이에 대해 "리버풀과 연결된 모든 사람들은 리버풀을 더 자랑스럽게 만들고 싶다"라고 말했다.

클롭은 경기 후 파티에서도 남다른 재능을 보여줬다. 2018년 챔피언스리그 결승전에서처럼 그는 코칭팀이 직접 만든 노래를 불렀다. 다른 점은 이번에는 강인함이 담긴 노래가 아닌 순수한 기쁨이 담긴 노래였다는 점이다. "마드리드에서 인사를 보냅니다. 오늘 밤 우리는 여섯 번째 우승을 차지했습니다. 그 우승을 리버풀로 가지고 돌아갑니다. 그렇게 할 거라고 약속했으니까요!"

1년 전 결승전에서 패한 후 노래를 부르던 순간 그들은 1년 만에 리버풀이 그 우승 트로피를 들고 리버풀로 돌아갈 거라고는 상상하지 못했다. 그러나 그들은 첫 번째 시도 만에 그 노래를 현실로 만들어냈다. "지난해 결승전을 마치고 리버풀에 돌아왔을 때는 그리 기쁘지 못했다. 나의 친구 중 한 명이 가수였기에 그와 나, 나의 수석코치가 함께 노래를 불렀다. 누구도 그 노래가 현실이 될 거라고는 생각하지 못했을 것이다. 그것은 우리의 사기를 높이려고 불렀던 노래였지만, 오늘은 현실이 됐다. 그러니 이제 우리가 무슨 노래를 부를지 신중하게 생각해야 할 것 같다." 그러나 클롭은 얼마 지나지 않아서 새 가사를 만들어냈다.

그날 그는 단지 그의 노래 솜씨를 뽐낸 것이 아니었다. 그는 노르웨이 방송사의 프리미어리그, 분데스리가 담당 진행자 얀 아게 표요 토프트와 함께 리버풀의 6번째 챔피언스리그 우승을 기념하기 위해 1991년 솔트 앤 페퍼의 히트곡 〈섹스에 대해 이야기하자Let's talk about Sex〉를 패러디한 〈'식스'에 대해 이야기하자Let's talk about Six〉라는 노래를 불렀다.

그는 이후 잉글랜드 기자들에게 "오늘 밤은 아마도 내 인생 최고의 밤일 것이다. 적어도 나의 커리어에 있어서는 말이다"라고 말했다. 클롭의 오랜 결승전 저주는 드디어 끝났다. 클롭은 자신이 '발전' 뿐만 아니라 '결과'도 만들어낼 수 있는 감독이라는 것을 증명했다. 도르트문트 시절 이미 거뒀던 두 번의 리그 우승과 컵대회 우승에 이은 네 번째 우승을 통해서 말이다.

세계 언론의 평가

세계 언론에서는 리버풀의 성공에 대해 다양한 평가를 내놨다. 그들은 상대적으로 덜 흥미로웠던 결승전 경기 자체의 내용보다는 클롭 감독의 지도 아래 나온 리버풀의 발전에 대해 다뤘다. 스페인 언론 〈마르카〉는 클롭을 마치 '축구의 신'처럼 묘사하는 기사를 내기도 했다. 아래는 당시 언론의 주요 반응이다.

잉글랜드

리버풀 에코 : "마드리드에서의 환상적인 밤이 지난 후, 리버풀이 다시 한번 유럽의 왕이 됐다. 클롭은 4년 만에 리버풀을 유럽의 한 팀이 아닌 가장 두려운 팀으로 탈바꿈시켰다. 지금의 리버풀은 영감을 주는 감독이 이끄는 놀라운 팀이 됐다. '빅이어(챔피언스리그 우승 트로피)'가 여섯 번째로 머지사이드에 온다. 리버풀의 파티는 이제 시작이고, 금방 끝나지 않을 것이다."

데일리메일 : "이날의 경기는 눈부신 것은 아니었지만, 축구 역사에 남을 경기였다. 리버풀은 12개월 전 키예프의 올림픽 스타디움을 떠나면서 골키퍼 카리우스가 범한 두 차례의 결정적인 실책으로 당한 패배로부터 상처를 받은 것처럼 보였다. 그들은 이번 시즌 내내 그 당시의 실망으로부터 스스로를 구원하기 위해 굳건하게 나섰다. 클롭이 이뤄낸 것은? 그는 이제 더 이상 '문턱'까지만 잘 가는 감독이 절대 아니다. 그는 이제 세계 최고의 감독 중 한 명이 됐다.

데일리 텔레그라프 : "리버풀이 드디어 여섯 개의 별을 그들의 유니폼에 새길 수 있게 됐다. 그들은 각기 다른 세기와 세대를 통해 유럽축구 최고의 성과를 달성해낸 팀이다. 이제 안필드에서 클롭의 위치는 안필드에서 다른 위대한 성과를 만들어낸 존재들과 나란히 서게 될 것이다. 다른 결승전에서 그들이 놀라운 경기력을 보여줬다면, 이번에는 꼭 그렇지는 않았음에도 말이다. 그러나 '프리미어리그의 한팀' 정도로 추락했던 리버풀을 4년 만에 유럽 정상의 팀으로 만든 클롭의 성과는 어떤 찬사로도 평가하기가 어려울 정도다.

더 타임스 : "흥미롭지는 않은 경기였지만, 리버풀 팬 중 누가 그런 것에 신경 쓸까? 리버풀은 마드리드에서 열린 결승전에 진출할 때까지와는 정반대의 모습으로, 헤비메탈 축구의 카오스보다는 침착한 컨트롤을 통해 다시 한번 유럽의 정상에 섰다."

스페인

엘 문도 데포르티보 : "리버풀이 마드리드에서 정상에 올랐다. 유럽 대회 여섯 번째 우승이다. 클롭은 자신의 세 번째 결승전에서 우승을 차지했다. 토트넘이 경기 초반 내준 페널티킥이 경기의 향방을 결정지었고, 오리기는 다시 한번 챔피언스리그 챔피언이 됐다. 클롭과 리버풀의 인내심이 마침내 결실을 맺었다."

마르카 : "리버풀의 로큰롤 축구가 정상에 올랐다! 반 다이크는 거인 같았고, 클롭은 위대한 감독들의 신전에 입성했다. 토트넘은 더 좋은 결과를 얻을 자격이 있었지만, 반 다이크와 알리송이 그 기회를 무산시켰다."

아스 : "영원한 리버풀. 여섯 번째 챔피언스리그 우승. 클롭의 저주가 마침내 끝났다. 리버풀이 높은 기대를 받고 실망스러운 결과를 내던 시절도 끝났다. 그들의 기다림이 마침내 결실을 맺었다. '당신은 결코 혼자 걷지 않으리.' 클롭이 스페인에서도 감독으로 활동하는 모습을 보고 싶다."

이탈리아

가제타 델로 스포르트 : "리버붐! 챔피언스리그 결승에서 두 차례 패했던 클럽이 드디어 자격이 충분한 승리를 성취했다. 특유의 실용주의와 지성적인 방식으로 그는 3번째 도전 만에 챔피언스리그 우승을 차지했다. 1년 전 결승전에서 당했던 리버풀의 상처가 드디어 치유됐다. 라모스에 의해 쓰러졌던 살라가 전술적으로 매우 '이탈리아 스타일'이었던 결승전에서 복수에 성공했다."

코리에레 델레 세라 : "붉은 천국. 클럽의 팀이 상대를 꺾고 우승을 차지하는 데는 오직 25초가 필요했다. 이것은 클럽의 리버풀이 이룩한 첫 번째 챔피언스리그 우승이지만 앞으로 더 많은 우승의 시작이다. 그는 이제 리버풀 역사에서 밥 페이슬리, 조 페이건, 라파 베니테즈와 나란히 한 자리를 차지하게 됐다."

코리에레 델로 스포르트 : "킹 클럽! 그는 이 순간을 오래 기다려왔다. 그에게는 승리할 자격이 충분하다. 이번 결승전에서 그는 지난 6번의 결승전에서 누리지 못한 행운을 누렸다. 특히 지난 시즌 결승전에서의 심각한 불운을 씻어냈다. 리버풀은 지난 20년간 최고의 성적을 축하하고 있고, 이 축제가 끝나고 나면 클럽은 리버풀과 재계약을 맺을 것으로 보인다. 둘의 재계약 협상은 이미 시작됐다."

투토스포르트 : "살라와 오리기가 축구의 올림푸스를 정복했다. 경기 자체는 흥미롭지 않았다. 전반전 초반에 나온 리버풀의 골이 경기에 큰 영향이 미쳤고, 포체티노의 선수들은 계속해서 싸웠지만 반 다이크와 그의 동료들이 모든 공격을 막아냈다. 알리송 역시 결정적인 활

약을 했다.”

독일

키커 : “킹 클롭. 독일인 감독이 리버풀과 함께 마침내 챔피언스리그 우승을 차지했다. 그러나 이것은 그들의 첫 번째 걸음일 뿐이다.”

프랑크푸르터 알게마이네 차이퉁 : “미션 완료. 토요일 밤, 리버풀의 지난 3년 반의 모든 노력이 성공의 왕관을 썼다.”

쥐트도이체 차이퉁 : “마침내 영웅의 도전이 결실을 맺었다. 클롭은 세 번째 도전 만에 우승이라는 결실을 맺었다.”

클롭의 세 가지 약속

2019년 6월 2일, 리버풀에서는 75만 명의 인파가 거리로 나와 리버풀 선수단을 열렬히 환영했다. 클럽과 리버풀 선수단은 붉은 오픈톱 버스를 타고 한 시간 동안 시내를 돌아다니며 팬들과 인사를 나눴다. 공항에서부터 시작해 시내까지 빨간색 교통 통제선이 깔렸고 몇몇 에버튼 팬들을 제외한 도시 전체가 리버풀의 빨간 유니폼을 입은 선수들을 보고 거리에서 날뛰며 기뻐했다. 클럽은 그 광경에 대해 리버풀 홈페이지에 소개된 인터뷰를 통해 “어떻게 표현해야 할지 모르겠다. 나도 모르게 조금 눈물이 났다. 팬들의 모습이 너무나 압도적이었다”라고 말했다. 또 “팬들과 직접 눈을 마주치거나, 그들이 얼마나 감동하고 있는지 보는 것은 정말 감동적이다”라고 덧붙였다. 그는 자신이 눈물을 흘렸다는 것을 부끄러워하지 않았다. 그럴 필요도 없었다.

그 결승전에서의 승리는 클럽이 리버풀 팬들과 했던 세 가지 약속 중 하나였다. 그 약속들 중 이제 두 가지는 달성이 됐고 한 가지가 남아 있었다. 첫 번째, 그가 2015년 10월 기자회견에서 했던 "4년 안에 우승을 하겠다"라는 약속. 그 약속은 아주 정확한 타이밍에 지켜졌다. 두 번째, 2018년, 챔피언스리그 결승전에서 패한 직후 유러피언 컵 우승 트로피를 리버풀로 다시 가져오겠다는 약속. 세 번째, 토트넘과의 결승전 후에 "이것은 오직 시작일 뿐이다. 우리는 아직 젊은 팀이고 우리 선수들에게는 밝은 미래만이 남아 있다"라고 한 약속이다. 그 약속은 이제부터 클럽이 지켜야 할 약속이었다.

다른 전문가들도 이미 유럽 무대를 장악하기 시작한 리버풀의 새로운 시대에 대한 긍정적인 전망을 내놨다. 그런 그들의 포부는 유럽 엘리트 클럽들에서 뛰고 있는 선수들에게도 매력적으로 다가왔고, 그래서 리버풀로 하여금 새로운 선수들을 영입하기 쉽게 만들었다. 반면 리버풀의 핵심 선수들은 대부분 아직 리버풀과 장기계약이 남아 있었고, 2018-19시즌을 기준으로 평균 연령이 26.5세 정도에 불과했다. 선수단 전체가 축구단에 있어 가장 이상적인 시기에 있었다. 그 덕분에 리버풀은 이제 새로운 황금 세대를 꿈꿀 수 있게 됐다. 특히 육성의 대가인 클롭이 감독으로 있는 한, 리버풀은 앞으로 더 밝은 미래를 기대할 수 있었다.

챔피언스리그 결승전을 앞두고, 리버풀의 톰 베르너 회장은 리버풀 에코와의 인터뷰를 통해 클럽 감독에 대한 깊은 존중을 드러냈다. "클럽은 그가 원하는 만큼 리버풀에 머물 수 있을 것이다." 이 말을 듣고 의외라고 생각한 사람이 있을까? 클럽은 리버풀에게 있어 축구 구단으로서의 성공뿐만 아니라 경제적인 성공도 불러왔다. 트랜스퍼마크트에 의하면, 2020년 7월 기준 리버풀 선수단은 약 8억 8,700만 파운드의 가치를 갖고 있었다. 그것은 2015년 클럽이 감독이 됐을 당시(2억 6,200만 파운드)보다 거의 3배 더 높은 가치다. 그 기간 동안 그렇게 높은 가치 상승을 기록한 클럽은 어디에도 없었다.

2018-19시즌, 리버풀은 선수단에 약 2억 3,000만 파운드를 투자했음에도 2020년 2월 기준으로 4,200만 파운드 정도의 세전이익을 기록했다고 발표했다. 그것은 그들이 처음으로 5억 파운드 정도의 수입을 올렸기 때문에 가능했던 일이다. 2015-16시즌, 클럽이 부임할 당시 리버풀의 수입은 약 3억 파운드 정도였다. 4년 사이에 50퍼센트 이상의 수입이 증가했다는 뜻이다. 2015년 가을 이후 채 5년이 지나기 전에, 잉글랜드 축구계의 옛 명문이 스포츠적으로나 경제적으로나 그들의 지위를 완벽히 되찾은 것이다.

2019년 여름 기준으로 클럽의 계약은 2022년에 끝날 예정이었다. 그는 마인츠와 도르트문트에서 각각 7년씩을 보냈다. 2022년은 리버풀에서도 7년째가 되는 해이다. 리버풀이 클럽을 떠나보낼 걱정을 해야 하는 것일까? 그 무렵 새로운 소식이 들려왔다. 바이에른 뮌헨의 명예회장인 프란츠 베켄바우어가 (클럽과 수년 전 친한 사이였던) 빌트와의 인터뷰에서, 클럽이 뮌헨의 감독이 되길 원한다고 발언한 것이다.

그러나 2019년 12월에 리버풀과 클롭은 계약기간을 2024년까지 연장하는 것에 동의하고 재계약을 발표했다.

"우리는 지금까지 그랬던 것처럼 계속 함께하기로 했다. 우리가 함께했던 것들이 그리 나쁘진 않았다고 생각한다." 클롭은 리버풀 TV와의 인터뷰에서 짧은 영상을 통해 말했다. "우리는 리버풀을 사랑한다. 리버풀은 위대한 클럽이고, 나는 이곳을 집처럼 느끼고 있다. 중요한 것은 우리가 지금까지 함께 성취한 것과 앞으로 성취할 것들이다"라고 말했다.

실제로 리버풀에게는 앞으로 해야 할 일이 많이 남아 있었다. 그들이 말한 것처럼, 한 경기가 끝나면 곧 다음 경기가 시작된다. 마드리드에서의 결승전이 끝난 후에도 클롭은 이미 2019-20시즌을 바라보고 있었다. 그는 또 그의 경쟁자이자 동업자인 과르디올라가 그에게 축하 전화를 걸었다는 사실을 공개하기도 했다. 클롭은 그에 대해 "우리는 다음 시즌에도 열심히 서로의 엉덩이를 걷어차기로 했다"라고 밝혔다. 승리에 대한 열망은 여전히 그대로였다. 오히려 그 열망은 전보다도 더 강해졌다. 리버풀의 가장 큰 소망이 아직 남아 있었다. 19번째 리그 우승을 차지하는 것. 또 FA컵 우승을 차지하는 것. 리버풀은 FA컵에서 아직까지 겨우 '7번'만 우승을 차지했다. 클롭의 재임기간 중에도 그 대회에서는 딱히 좋은 성적을 내지 못했다. 또 그들은 아직 클럽 월드컵에서도 우승을 차지하지 못했다.

클롭과 리버풀의 관계

2018-19시즌 전, 독일의 축구인이자 유로 1996 우승 멤버인 토마스 헬머는 클롭과 리버풀의 관계에 대해 긍정적인 전망을 내놨다. "프리미어리그는 균형이 잘 잡힌 리그이고 한 팀이 다른 팀을 언제든 꺾을 수 있는 리그이다. 나는 클롭이 이 어려운 리그에서 잘 해내고 있다는 것이 만족스럽다. 리버풀이 다시 정상에서 경쟁하고 있는 것이 클롭 덕분이라는 의미다. 클롭의 감독으로서의 스타일뿐만 아니라 그가 가진 개성 또한 리버풀과 완벽하게 맞아떨어진다. 사람들은 모두 그의 카리스마를 사랑하고, 그의 감정적인 부분도 사랑한다. 그가 터치라인에서 보여준 열정적인 제스처는 프리미어리그의 흥밋거리가 됐다. 아스널의 아르센 벵거 전 감독은 대부분의 시간을 벤치에 앉아 있었다. 하지만 클롭은 전혀 다른 스타일의 감독이다. 그는 사람들과 그의 감정을 솔직하게 공유하는 감독이다. 그것은 팬들에게 아주 좋은 일이고, 새로운 모습이다."

그는 또한 이렇게 말했다. "클롭은 잉글랜드에서 스스로도 계속 발전했다. 이제는 그가 어떤 선수들을 선호하는지도 명백해졌다. 그는 마리오 발로텔리를 떠나 보냈고, 마마두 사코도 보냈다. 그는 언제나 자신보다 팀을 먼저 생각하는 선수를 선호한다."

이른 은퇴?

독일의 마케팅 전문가 프랑크 도파이데는 클롭이 언젠가(월드컵 우승을 이끈 요하임 뢰브 감독이 물러난 후에) 독일 대표팀 감독이 될 것이라고 예상하기도 했다. 그러나 과연 그 직업이 매일같이 훈련장에서 일하는 것을 즐기는 클롭에게 정말 어울리는 일일까? 자신의 선수들과 불규칙적인 일정에 맞춰가며 훈련할 수 있는 그런 역할을 과연 그가 즐길 수 있을까? 매주가 아니라 몇 주에 걸쳐 몇 경기씩만 하는 그런 축구를? 현재로서는 클롭이 국가대표 감독이 될 날은 아직 먼 훗날의 일로 보인다.

정작 클롭 본인은 그런 예상에 대해 뭐라고 말했을까? 도르트문트 시절 미래의 삶에 대한 질문을 받았을 때, 그는 다른 사람들이 듣기에 다소 뜻밖의 대답을 했다. "집에서 나는 종종 앞으로 10년 후에 있을 일에 대해 이야기하곤 한다. 만약 그 즈음에 과거를 돌아보며 '이제 그만, 재미있었어'라고 말할 수 있다면 멋질 것이다. 그때가 되면 아마 나는 감독을 30년 정도 한 후일 것이다. 그 30년 동안 나는 세상을 제대로 즐기지 못했고, 휴가도 제대로 갖지 못했다". (그러나 클롭은 그때 그가 말한 휴식을 도르트문트 감독직에서 물러난 후에 충분히 즐겼다.)

그가 10년 전에 말한 대로라면, 감독으로서의 커리어가 2021년에 끝날 수도 있다는 말이다. 그러나 그는 이미 2024년까지 재계약을 체결했다. 그런데 57세의 나이에 은퇴를 한다고? 그것은 클롭을 아는 사람들이라면 무시할 수 없는 발언이다. 그는 언제나 그 자신의 말을 지켰던 사람이기 때문이다. 그는 이미 전에도 비슷한 주제에 대해 말한 적이 있다. "언젠가 어떤 팀이 이겼는지 졌는지에 대해 신경 쓰지 않고, 큰 집에서 아이들과 손자 손녀들과 함께 햇빛을 즐기며 살 수 있다면 참 좋을 것 같다."

그는 그 말 끝에 이런 말을 하기도 했다. "그리고 어딘가 외국에서 일하지 않고 살면서 말이다." 그러나 현재 그는 이미 외국에서 일하고 있고, 그가 세 번째로 감독으로 일하는 곳에서 자신의 선수들을 세계 최고의 선수들로 만들고 있다. 클럽을 지켜본 사람이라면 누구라도 그가 자신의 꿈을 이루며 살고 있다는 것을 알 것이다. 그리고 그가 빨리 은퇴하지 않을 것이라는 것도.

제15장

최고의 시즌

프리미어리그 우승

JÜRGEN KLOPP

JÜRGEN KLOPP

리그 우승을 향한 길

챔피언스리그 우승을 차지한 선수단에 대한 강한 믿음이 있었기에, 리버풀은 별다른 빅사이닝 없이 2019-20시즌을 시작했다. 네덜란드의 유망한 수비수 세프 판 덴 베르흐(당시 17세였던)가 미래를 위해 영입됐고, 풀럼에서 이미 프리미어리그 데뷔전을 치른 하비 엘리엇도 미래에 대한 투자 차원에서 영입됐다. 백업 골키퍼로는 미뇰레 대신 스페인 골키퍼 아드리안이 입단했고, 미뇰레는 자국 리그 구단인 클럽 브뤼헤로 돌아갔다. 사실 그때 리버풀의 스쿼드에 개선될 곳이 어디였을까? 큰 우승을 차지한 선수들은 충분한 휴식을 취하되, 방심하지 않도록 노력할 필요가 있다. 그러나 클롭의 선수들에게는 방심할 여지가 없었다. 리그 우승이라는 커다란 목표가 있었기에 그들의 동기부여는 그 어느 때보다 높았다. 핵심 선수들 역시 리버풀을 떠날 마음이 없었다. 클럽에게 있어 살라, 마네, 헨더슨, 알렉산더-아놀드 등과의 재계약은 어떤 선수의 영입보다도 중요했다.

단, 1월 겨울 이적시장에서는 일본 대표팀 윙어 미나미노 타쿠미를 영입했다. 그는 리버풀에서 많은 역할을 맡고 있던 피르미누의 백업 역할을 위해 영입된 선수였다. 또한 그의 영입은 일본에 리버풀의 새로운 시장을 개척하는 의미가 있었다. 글로벌 시대, 글로벌 시장을 상대로 하는 축구 비즈니스에 있어 그것은 결코 과소평가되어서는 안 되는 부분이다.

2019-20시즌은 리버풀에게 또 다른 잊지 못할 한 해였다. 축구 자체적인 면에서부터 시작해 리버풀의 프리미어리그에서의 우승 행진, 그리고 맨시티의 저항 등등 모든 면에서 그랬다. 그러나 그 무엇보다 치명적이었던 것은 그 누구도 예상하지 못했던 코로나 바이러스가 축구계에 미친 영향이었다. 그 영향은 아무리 강조해도 충분하지 않을 만큼 강력했다.

전 시즌 리그 2위 팀이었던 리버풀은 리그에서 더블을 기록한 맨시티와 커뮤니티실드에서 만났다. 그 경기에서 리버풀은 베이날둠의 승부차기 실축으로 인해 패했다. 10일 후, 리버풀은 또 다른 잉글랜드 클럽이자 유로파리그 우승팀인 첼시를 상대하기 위해 이스탄불로 향했다. 그 대결은 1973년 UEFA 슈퍼컵 결승전 이후 처음으로 잉글랜드 클럽들끼리 슈퍼컵에서 맞붙는 결승전이었다. 그 경기에서도 승부는 승부차기에서 결정됐고, 부상당한 알리송 대신 출전한 아드리안이 결국 결승전의 주인공이 됐다. 연장전 후반까지 2 대 2로 종료되었고(마네가 두 골을 기록했다), 아드리안은 첼시의 마지막 승부차기를 막아냈다. 그 결과 리버풀은 2019년 네 번째, 유럽 대회에서는 두 번째 우승을 차지했다.

리버풀은 리그에서도 연승 행진을 달렸다. 반면 맨시티는 뜻밖의 부진을 겪으며 레스터 시티와 함께 선두권과의 격차를 줄이는 데 실패했다. 당시의 각종 기록들과 숫자들이 그때의 모습을 생생하게 보여준다.

- 27라운드, 리버풀이 웨스트햄을 3 대 2로 꺾은 경기는 (지난 시즌에 이어) 홈경기 기준 21연승이었다. 이는 프리미어리그 역대 최고 기록이며, 그 전의 기록 역시 1972년의 리버풀이 보유하고 있다.
- 리버풀은 2017-18시즌 맨시티의 기록과 동률을 이루는 18연승을 기록했다.
- 리버풀은 리그 27경기 중 26경기에서 승리했다. 유일하게 승리하지 못한 경기는 10월 올드 트래포드에서 맨유와 거둔 1 대 1 무승부였다. 지난 시즌까지 합칠 경우, 그들은 36경기에서 승점 108점 중 106점을 따냈다.
- 리버풀과 2위 맨시티의 격차는 27라운드에서 이미 22점 차이였고, 리버풀은 7경기를 치르지 않은 상태에서 이미 리그 우승을 확정지었다.

통계에 큰 관심을 두지 않는 클럽조차도, "이 기록들은 정말 특별하고 놀라운 기록이다"라고 말했다.

선두권 팀들 사이의 일대일 대결에서도 리버풀은 좋은 기록을 남겼다. 박싱데이에 레스터 원정에서 거둔 4 대 0 승리로 힘을 보여준 리버풀은, 그 후로도 우승이라는 궁극적인 목표를 달성할 때까지 멈추지 않았다. 클롭은 그의 자세를 선수들에게 주입시켰다. 한 번에 한 단계씩 나아가되, 팬들의 열광에 휩쓸려서 집중력이 흐트러지는 일이 없도록 할 것. 리버풀과의 경기 전, 레스터는 홈에서 8개월 동안 패한 적이 없었고, 전반전 종료 후 클롭은 드레싱룸에서 열광적으로 선수들에게 왜 1 대 0 리드를 더 벌리지 못했는지 질책하며 더 강한 플레이를 주문했다. 그 결과, 리버풀은 후반전에 훨씬 더 날카로운 플레이를 펼치며 밀너의 페널티킥과 피르미누의 두 골, 알렉산더-아놀드의 골까지 묶어 대승을 거뒀다.

2020년, 승격팀 셰필드 유나이티드를 이끌고 상위권 경쟁을 하던 크리스 와일더 감독은 높은 평가를 받았다. 그와 그의 팀은 안필드 원정에서 0 대 2 패배를 당했지만, 그것은 리버풀의 경기력을 생각하면 놀라운 결과는 아니었다. 그러나 그 경기는 결과를 떠나 경기 내용적인 측면에서 대단히 훌륭한 부분들이 있었다. 스타 선수들이 진흙탕에서 구르는 것을 마다하지 않고, 이미 리드를 거두고 있는 상황에서도 전력을 다해 플레이한 부분이 특히 그랬다. 와일더 감독은 리버풀 선수들에 대해 "리버풀 선수들은 모든 볼을 먼저 따냈고, 세컨드볼도 마찬가지였다. 그들은 경기장 전체에서 우리보다 훨씬 더 강력한 모습을 보여줬다. 그들이 전력을 다하지 않은 것처럼 보였음에도 왜 그들이 유럽과 세계의 챔피언인지를 보여줬다. 그들이 프리미어리그 우승을 당연히 차지할 것이라고 생각한다"라고 말했다. 와일더 감독은 그날의 리버풀에 대해 '특출나다'고 평가했다. 클롭은 상대 팀의 그런 평가에 대해 훈련장에서 기울인 노력이 결과로 돌아왔을 뿐이라고 겸손하게 말했다.

은퇴한 기자가 본 리버풀

리버풀은 여행할 가치가 충분한 도시다. 비틀즈의 도시다운 음악 도시 특유의 분위기와 창조적인 문화와 색채가 넘치는 도시 풍경, 또 유네스코 세계 유산에 등재된 역사적인 부두가 있고, 무엇보다도 안필드가 있는 곳이다. 도시 곳곳, 특히 조던 스트리트와 자메이카 스트리트에서는 거리 예술을 볼 수 있다. 그중 한 곳에는 지역 예술가 악세Akse가 제작한 클롭의 대형 그라피티가 거리의 끝자락 벽면을 장식하고 있다. 이 그림은 클롭이 평소에 자주 취하는 오른손을 심장에 대고 팬들에게 감사를 표하는 모습을 잘 표현했다. 그림 아랫쪽에는 전설적인 리버풀의 감독 빌 샹클리가 남긴 유명한 말인 "우리는 리버풀이다. 이것은 더 많은 것을 의미한다"라는 문구가 적혀 있다. 이 문구는 리버풀 홈구장뿐 아니라, 도시 곳곳에서도 찾아볼 수 있다.

클롭은 리버풀 구단에서 제작한 한 영상에서 그 특유의 누구도 따라 할 수 없는 방식으로 중요한 메시지를 전달하기도 했다. 리버풀의 많은 역사적인 순간(희극과 비극)의 장면들과 함께 클롭의 목소리가 보이스 오버로 들린다. 그는 차분한 목소리로 말한다. "다른 이들에게는 스포츠지만, 우리에게는 삶의 방식이다. 다른 이들에게는 경기장이지만, 우리에게는 집이다. 다른 이들에게는 노래지만, 우리에게는 응원가다. 다른 이들에게는 감독이 있지만 우리에게는 수호자

(빌 샹클리를 의미한다)가 있다. 다른 팀에게는 서포터가 있지만, 우리에게는 가족이 있다." 그 비디오의 말미에서 클럽은 직접 모습을 드러내며 이렇게 말한다. "우리는 리버풀이다. 그것은 더 많은 것을 의미한다." 몇몇 팬들은 그 영상을 아주 감정적으로 받아들였고, 어떤 이들은 리버풀 고유의 특별한 분위기를 보여준 것이라고 했다. 1985년의 헤이젤 참사, 1989년의 힐스버러 참사를 이겨낸 클럽은 결코 '보통의' 클럽이 아니다.

지금은 은퇴한 독일의 전 스포츠 기자 리시는 2월 24일 웨스트햄 유나이티드전을 관전했다. 그날 밤, 머지사이드의 크로스비에 있는 로얄 호텔에서는 리버풀 경기를 앞두고 팬들의 미팅이 열렸고, 팬들은 함께 경기가 시작되기를 기다렸다. 그 호텔의 종업원은 리버풀의 소품 담당자와 몇몇 일화를 갖고 있을 정도로 매우 친한 사이다.

그날 호텔에 모인 사람 중 한 명인 닐은 호텔 바로 근처에서 살고 있다. 그는 친구와 함께 리버풀 홈경기를 30년째 한 번도 놓친 적이 없다. 그는 이 사실을 아주 자랑스럽게 여긴다. 그러나 이 시즌 그에게 한 가지 걱정거리가 생겼다. "리버풀이 계속 이렇게 이기다가는 3주 후에 에버튼에서 우승을 확정 짓겠어요. 그때 저는 남미 여행이 계획되어 있는데 말이죠…." 리버풀에는 리버풀 팬뿐만 아니라 구디슨 파크를 홈구장으로 하는 에버튼 팬도 많이 살고 있다. 두 경기장은 5분 거리에 위치해 있다. 그러나 에버튼은 지난 몇 년간 힘든 시기를 보냈다. 클럽의 리버풀이 모든 면에서 그들을 압도했기 때문이다.

닐은 조심스럽게 "에버튼전에서 승점을 조금만 잃고 그 후에 우승을 차지하면 좋겠는데…"라고 말했다.

그러나 리버풀의 우승은 코로나 바이러스의 영향으로 무기한 연기됐다. 사실 축구가 언제 다시 재개될 수 있을지도 알 수 없었다. 팬데믹이 전 세계에 영향을 주면서 더 이상 축구는 중요한 일이 아닌 게 됐다. 닐은 남미행 비행기를 탈 수 있을까? 만약 그랬다면, 그는 리버풀로 다시 돌아올 수 있을까? 모든 것이 불분명한 시기가 됐다.

리시의 잉글랜드인 친구는 독일에서 30년 동안 살았고, 그 친구의 누이는 리버풀에서 30분 거리에 있는 해변에서 살고 있다. 이곳은 클롭과 많은 리버풀 선수들이 지내는 곳이다. 이 도심에서 조금 벗어난 곳과 바다가 보이는 곳에서 그들은 잠시 휴식을 취할 수 있다. 클롭의 반려견인 엠마(도르트문트의 전설적인 공격수 로타르 에머리히의 이름에서 땄다)도 바닷가에서 산책을 즐길 수 있다. 클롭과 만나서 대화를 나눠본 적이 있느냐는 질문에 그녀는 "어린 선수들이 클롭을 알아보고 사인을 해달라고 하면 클롭은 항상 그들의 요구를 들어주기 위해 시간을 내준다"라고 말했다. 그는 경기장 밖에서는 그렇게 친절한 사람이다. 그리고 나름의 영국식 유머를 구사하길 좋아하는 사람이기도 하다.

클롭은 종종 편한 차림으로 주변 동네를 돌아다니기도 한다. 피시앤칩스를 파는 오래된 잉글랜드식 펍이나 커뮤니티 센터 같은 곳 말이다. 그의 반려견 역시 환영이다. 그는 팬들 사이에서 '보스'라는 애칭으로 불린다. 그러나 그런 곳에 들를 때 그는 정말 평범한 사람 같다. 특히 리버풀의 경기를 보러온 독일 팬들을 마주칠 때면, 그는 그들에게 먼저 다가가 함께 대화를 나누곤 한다. 그는 리버풀에서 좋은 매너를 가진 사람으로 유명하다. 그러나 최근에는 그가 점점 더 유명인이 되면서 편안하게 시민들과 만날 수 있는 기회도 줄어들었다. 클롭은 그것을 참 안타깝게 생각하고 있다.

클롭이 리버풀 감독에 부임하기 전부터 리시는 잉글랜드 축구의 팬이었고, 특히 리버풀을 좋아했다. 그녀는 프리미어리그에 대해 "리버풀과 잉글랜드의 축구는 좀 더 좁은 경기장에서, 관중석과 가까운 피치에서 펼쳐지는 독특한 분위기를 가진 리그다. 누구도 좀처럼 조롱하지 않는다. 상대 팀 선수가 넘어져 있을 때도 말이다. 독일에서라면 동시에 야유를 할 장면에서도 그렇다. 상대 팀이 잘할 때면, 오히려 극찬의 박수를 보내기도 한다. 선수들이 불평을 하는 일도 적다. 축구 외에는 어떤 것도 중요하지 않다."

리버풀과 잉글랜드는 정말로 방문해볼 가치가 있다.

리버풀은 그날 웨스트햄을 상대로 특별히 좋은 경기를 펼치지 못했지만 그래도 3 대 2로 승리했다. 81분, 마네가 결승골을 터뜨렸다. 또 한 번 늦은 시간에 터진 결승골에 이은 역전승으로 리그 우승이 한 발 더 가까이 다가왔다. 리시는 리버풀에서 비틀즈의 동상을 보며 "언젠가 이곳에 클롭의 동상도 세워질 것"이라고 예언했다.

이길 수 있다는 자신감

11월, 11라운드에 리버풀이 안필드에서 맨시티를 상대로 거둔 3 대 1 승리는 그 시즌의 우승팀이 어떤 팀이 될지 알려주는 듯했다.

리버풀은 그 경기에서 충분히 승리할 자격이 있었다. 물론 약간의 행운이 따르기도 했지만 말이다. 파비뉴의 선제골이 터지기 전에, 알렉산더-아놀드는 고의적이지 않은 핸드볼을 범하기도 했다. 그 상황에서 맨시티가 페널티킥을 얻을 수도 있었지만, 주심은 파울을 선언하지 않았다. 과르디올라는 그 판정에 광분했다. 그 뒤로 골을 기록한 것은 살라와 마네였다.

그 시기 리버풀의 놀라운 경기력 뒤에는, 강도 높은 훈련으로 만들어진 강인한 체력이 한몫을 했다. 리버풀은 특히 경기 후반에 좋은 모습을 보였고, 종종 추가시간에 승리를 확정 짓기도 했다. 마치 복서들이 많은 펀치를 견디다가 마지막 순간에 스트레이트를 날리듯, 리버풀은 승리에 대한 믿음을 갖고 경기 마지막 순간까지 집중력을 발휘했다. '클롭 타임'이라는 말이 생길 정도였다.

그 한 예가 11월 초에 빌라 파크에서 열린 아스톤 빌라와의 리그전이었다. 리버풀은 승리를 확신하고 있었다. 로버트슨이 경기 시간 87분 만에 동점골을 기록했을 때, 그는 골을 기뻐하는 대신 무승부로는 부족하다는 것을 팀원들에게 알리는 신호를 보냈다. 결국 마네가 2 대 1 역전골을 성공시켰다. 그 골로 인해 리버풀은 그 시점부터 이미 2위 팀을 10점 차로 앞서게 됐다. 미드필더 애덤 랄라나는 경기 후 인터뷰에서 이렇게 말했다. "마치 우리에게 여섯 번째 감각이라는 게 있는 것 같았다. 우리는 하프타임에 한 골만 넣는다면, 그걸로 충분하다는 것을 알고 있었다. 우리는 그 골을 늦게 기록했지만, 그래도 여전히 시간이 남아 있었다. 우리가 두 번째 골을 기록했다는 것이 놀랍지 않다." 그런 일들이 반복될수록 그들은 경기 후반에도 승부를 뒤집을 수 있다는 확신을 더 강하게 갖게 됐다. 그것은 클럽이 훈련에서 특히 강조하는 점이었다.

분데스리가의 베테랑이자 안필드에서 1999-2000시즌을 보낸 에릭 메이어르는 자신이 뛰었던 전 소속팀이 펼치는 새로운 힘의 축구를 아주 좋아하고 있다. "두 명의 풀백, 알렉산더-아놀드와 로버트슨이 보여주는 공격적인 플레이는 정말 훌륭하다! 리버풀의 수비라인은 매우 높게 형성되어 있으며 수비를 할 때도 뒤로 물러서지 않고 앞으로 나아가면서 수비를 한다. 세 명의 미드필더진의 적극적인 압박도 매우 뛰어나고, 공격수들은 각자가 개개인의 역량으로 아주 위협적인 플레이를 펼친다. 리버풀이 경기 종료 직전에 거둔 많은 승리의 원동력은 계속되는 압박을 통해 상대 팀을 무너뜨린다는 점에 있다." 이것이 그가 리버풀의 플레이에 내린 짧은 평가다. 메이어르는 클럽이 한 시즌 동안 많은 로테이션 없이 시즌을 보냈다는 것에 아주 큰 감명을 받았다고 말하기도 했다.

그는 이어서 "리버풀의 포백은 거의 항상 그대로 유지되고 있고, 살라, 마네, 피르미누도 90퍼센트 이상의 경기에 함께 출전하고 있다. 리버풀에서 변화가 있는 곳은 미드필드 정도뿐이다. 리버풀이 분명히 이번 시즌에 리그 우승을 차지할 것이다"라고 덧붙였다.

그는 또 리버풀의 성공에는 '보스'의 영향력이 결정적이었다고 평가했다. "리버풀의 발전은 당연히 클럽 감독의 영향이 아주 큰 부분을 차지한다. 또 그의 선수 영입도 큰 역할을 했다. 그는 그의 시스템에 완벽하게 맞아떨어지는 선수들을 영입할 수 있었다. 또 한 가지 핵심적인 것은 그가 리버풀에 매일 같이 불어넣는 동기부여다. 선수들은 클럽을 절대적으로 따른다. 그는 친절한 동시에 직선적이고, 선수들이 그들의 기준 이상을 하지 못할 때는 송곳처럼 날카롭다." 그는 또 자신이 클럽의 팀에서 뛰어봤으면 좋겠다는 의견을 밝히기도 했다. "그들은 실패해도 다시 일어나고 또다시 일어난다. 클럽이 결승전에서 수차례 패하고도 다시 이겨낸 것처럼 말이다. 그들이 일군 성공과 트로피들을 통해 그들에게 더욱 깊은 신뢰감을 갖게 됐다."

무패 우승의 방해자

리버풀이 리그에서의 독주를 점점 더 강화하고 있던 2월, 한 가지 따뜻한 소식이 공개됐다. 10세 소년 다라 컬리가 학교 숙제를 하면서 리버풀 구단에 편지를 썼는데, 그것은 보통의 팬이 쓴 편지와 크게 다를 바가 없었다.

"리버풀이 너무 많이 이기고 있어요. 맨유 팬으로서 너무 슬퍼요. 다음 경기에서는 리버풀이 지게 해주세요. 다른 팀이 골을 좀 넣게 해주세요. 리버풀이 리그 경기에서 지거나 다시 골을 넣지 못하게 해주세요!"

클럽은 따로 시간을 내서 그 편지에 직접 답변을 했다. 그는 그 이후 열린 기자회견에서 그 소식을 들었다며, 다만 소년이 쓴 편지가 공개적으로 알려진 것에 대해서는 유감을 표하면서도 "맨유는 그렇게 충성스러운 팬이 있다는 것을 자랑스럽게 여겨야 될 것"이라고 말했다. 그러나 그는 그 소년의 소망을 최소한 자발적으로 들어줄 마음이 전혀 없었다. "누가 아무리 리버풀이 지기를 바라더라도, 나의 책임은 리버풀이 승리하길 원하는 전 세계 팬들을 위해 최선을 다하는 것이기 때문에 우리 팬들을 실망시키고 싶지 않다. 한 가지 다행인 점은 리버풀이 과거에 진 적이 있고 미래에도 그럴 것이라는 점이다." 그는 그 소년에게, 적어도 리버풀이 영원히 무적은 아닐 거라는 작은 희망을 남겨준 셈이다.

운명의 장난인지, 리버풀은 실제로 그 후 몇 경기에서 패했다. 챔피언스리그와 프리미어리그, FA컵에서 말이다. 전 시즌 챔피언스리그 우승팀인 리버풀은 새 시즌 16강에서 아틀레티코 마드리드를 만났다. 아르헨티나 감독 디에고 시메오네가 이끄는 아틀레티코 마드리드는 유럽 최고 수준의 수비력과 조직력을 자랑하는 팀이다. 클롭은 그들에 대해 높은 경계심을 드러냈다. "유럽에서 반드시 경계해야 하는 팀이 있다면(그는 '반드시'라는 단어를 강조했다) 그게 아틀레티코다"라고 말했다. 그는 또 상대 팀 감독에 대해 "사람들이 나에게 터치라인에서 열정적이라고 말하는데, 레벨로 치자면 나는 4레벨 정도이고, 시메오네는 12레벨이다!"라고 말했다. 마드리드는 실제로 그들의 열정적인 팬들 앞에서 벌어진 1차전에서 1 대 0 승리를 거뒀다. 리버풀은 한 시즌 전 챔피언스리그 우승을 달성한 같은 경기장에서 다른 결과를 맞았다. "마드리드 팬들은 정말 그들의 구단을 돕기 위해 최선을 다했다. 우리 팬들과는 다른 방식으로 말이다."

그 후, 강등권 싸움을 하고 있던 왓포드가 그들의 홈구장에서 리버풀의 연승 행진을 끊는 3 대 0 승리를 거뒀다. 그 경기에서 리버풀의 모습은 그 전까지 수개월 동안 보여줬던 경기력에 비하면 무기력했고, 무미건조했다. 몇몇 전문가들은 리버풀이 이미 하락세에 접어든 모습을 보여주고 있었다며 패배가 불가피했다고 평가하기도 했다. 그러나 리버풀의 강점은 그런 경기에서도 승리를 거두는 것이었다. 클럽은 패배가 이미 다가오는 중이었다는 평가를 거부했다. 그 패배로 인해 리버풀은 프리미어리그 최다 연승 기록과 아스널이 2003-04시즌에 달성했던 무패 우승을 달성하는 데 실패했다. 특히 그 무패 우승의 기록은 115년 전 프레스턴 노스엔드와 아스널만이 달성한 기록이었다. 리버풀의 패배 후, 게리 리네커는 "아스널은 이번 시즌 가장 좋은 기록을 올리고 있다"라고 말하기도 했다(그 시즌, 아스널은 리그 중위권을 맴돌고 있었다).

그러나 두 시즌에 걸친 44경기 무패 기록의 끝에서도 긍정적인 면을 찾지 못한다면, 그것은 클롭이 아니다. 그는 그에 대해 "이제 우리는 기록에 집착하지 않고 자유롭게 축구를 할 수 있게 됐다"라고 말했다. 그의 말대로, 매 경기마다 그들을 따라붙던 무슨 무슨 기록에 대한 이야기들은 이제 잠잠해지게 됐다.

FIFA 올해의 감독상

컵대회 결과는 더 많은 논쟁을 불러왔다. 챔피언스리그 우승팀으로서 리버풀은 2019년 12월에 열린 FIFA 클럽 월드컵에 참가했다. 물론 그 대회는 영광스러운 대회였지만, 그들은 선수단 관리에 애를 먹고 있었다. 리버풀은 그 대회 4강전 멕시코 클럽 몬테레이와의 경기 일정과 2일 간격으로 버밍엄에서 아스톤 빌라와의 리그컵 8강전을 치러야 했다. 클롭은 그 일정에 대해 "정말 놀라울 정도로 멋진 일정이다"라며 비꼬았다. 결국 리버풀은 그 일정을 해결하기 위해 선수단을 둘로 나눠 1군 팀은 도하로, 23세 이하 팀은 버밍엄으로 보내야 했다. 리그컵, 즉 또 다른 한 대회의 우승 가능성은 사실상 포기한 것이나 다름없었다. 그래도 웨스트햄과의 리그 원정 경기는 1월 말로 일정이 조정됐다.

클롭과 1군 팀 선수들은 카타르의 수도인 도하의 호텔에서 아스톤 빌라와의 리그컵 경기를 시청했다. 리버풀 23세 이하 팀은 최선을 다했지만 결국 0 대 5라는 대패를 당하고 말았다. 반면 1군 팀은 또 한 번 '클롭 타임'에 골을 성공시키며 2 대 1 승리를 거뒀다. 결승전에서도 결승골의 주인공은 피르미누였다. 그는 브라질 클럽이자 코파 리베르타도레스 우승팀인 플라멩구를 상대로 그 경기의 유일한 골을 기록했다. 그 덕분에 리버풀은 클럽 역사상 처음으로 클럽 월드컵 우승팀이 됐다. 정말로 완벽한 시즌이었다!

클럽 월드컵의 성공적인 결과에 대해 클롭은 "정말 놀랍고 훌륭한 결과다. 정말 행복하다"라며 솔직한 소감을 밝혔다. 이제 그는 더는 결승전에서 우승을 차지하지 못하는 감독이 아니었다.

클롭이 결승전에 약하다고? 2019년에만 3개의 대회에서 우승(챔피언스리그, 슈퍼컵, 클럽 월드컵)한 후 그런 평가는 완전히 사라졌다. 게다가 그들의 클럽 월드컵 우승은 시즌 중에 이뤄졌다. 그들에게는 여전히 우승을 차지할 수 있는 또 다른 대회인 리그 경기가 남아 있었다. 리버풀은 선수단의 에너지를 소진시킬 수 있는 다른 대회를 과감히 포기했고, 크리스마스 기간의 바쁜 일정도 나름의 방법으로 선수들의 체력을 관리했다.

그에 앞서, 클럽은 2019년 9월 FIFA 베스트 풋볼 어워즈 시상식에서 올해의 감독상을 수상하면서 세계적으로 유명한 밀라노의 오페라 하우스에서 특유의 카리스마 넘치는 모습을 보여주기도 했다. 그의 팀과 그 모두가 세계 정상에 오른 것이다. "이 개인적인 상에 대해 100퍼센트 이해하는 것은 아니지만, 받겠다. 나는 이곳에 온 모든 사람들을 위해 서 있다. 25년 전, 내가 이 상을 받을 것이라고 상상한 사람은 아무도 없었을 것이다"라고 말했다. 그는 지난날을 돌아보며, 자신의 가족과 리버풀의 성공에 기여한 모든 사람들에게 감사하다는 메시지를 전했다. 또 그는 지난 시즌 챔피언스리그 결승전의 상대 팀 감독이었던 마우리시오 포체티노에게도 메시지를 전했다. "마우리시오, 네가 아니라 내가 이곳에 서 있는 이유는 우리가 결승전에서 이겼기 때문이야. 그것이 축구라는 스포츠이지만 모두가 네가 올린 엄청난 성과에 대해 알고 있어. 물론 펩도 마찬가지야."(펩과 포체티노는 각각 2, 3위에 올랐다.)

도르트문트로의 복귀설

한편, 도르트문트가 클럽이 떠난 지 4년이 지난 후에도 여전히 클럽의 제대로 된 후계자를 찾지 못했다는 사실은 2019년 10월을 기점으로 확실해졌다. 리그 우승에 도전 중이던 도르트문트는 과연 그들의 잠재력을 충분히 발휘하고 있었을까? 클롭이 올해의 감독상을 수상하기 한 달 전, 도르트문트의 한스 요하임 바츠케 CEO가《진정한 사랑 – 도르트문트에서의 삶》이라는 책을 출간했다. 그 책에서 그는 클롭이 도르트문트를 떠나겠다는 의사를 밝혔을 때 그를 설득하지 않은 것이 실수였는가라는 주제에 대해 답변했다.

"어쩌면 우리가 감독을 바꾸는 대신 선수들을 모두 바꾸는 편이 더 나았을지도 모른다. 그런 감독은 쉽게 찾을 수 있는 것이 아니기 때문이다. 하지만 좋은 선수들은 언제든 구할 수 있다." 그리고 그는 "그러나 클롭은 더 이상 도르트문트를 이끌지 않았을 것이다. 나는 그것을 느낄 수 있었다"라고 덧붙였다. 클롭과 그 사이의 각별한 우정 때문에, 2015년 결승전 이후 클롭이 떠나는 것을 지켜보는 것은 그에게 특히 더 힘든 일이었다. "과장이 아니라, 정말로 눈물이 났다. 내가 클롭과 함께 보낸 7년은 그 전에는 결코 경험하지 못했던 특별한 시간이었다. 어쩌면 앞으로도 그런 일은 없을지도 모른다." 그는 특히 클롭이 종종 훈련장에서 보여줬던 '승리의 미소'를 좋아했다. "그를 지켜보면 나는 항상 안심할 수 있었다. 모든 것이 잘 되리라는 믿음이 생겼기 때문이다."

바츠케는 또 그가 2018년 5월에 클롭을 다시 도르트문트로 데려오려는 시도를 했었다는 사실을 밝혔다. 도르트문트는 이제 막 피터 스퇴거를 떠나보낸 뒤 새로운 감독을 구하고 있었다. 그래서 그는 클롭에게도 전화를 걸었다. 물론 클롭이 다시 도르트문트로 돌아올 확률이 높지 않다는 것은 알고 있었지만 말이다. 그럼에도 그는 한번 시도는 해보고 싶었다. 클럽의 반응은 확고했다.

"미쳤어? 무슨 생각을 하는 거야?"

그 책의 출간행사 인터뷰가 오래 이어진 것은 아니었지만, 반대로 도르트문트의 감독이었고 많은 비판을 받고 있던 루시앵 파브레에게는 유쾌할 수 없는 인터뷰였다. 그는 당시 팬들로부터 꾸준히 도르트문트에 대한 열정이 부족하다는 비판을 받고 있었는데, 사실 그것은 다소 불공평한 비판이었다. 그가 도르트문트에 온 순간, 이미 모든 사람들이 알고 있었다. 그 누구도 클럽을 대체할 수는 없다는 사실을.

재경기 딜레마

또 한 차례의 일정 지옥이 있었다. 이번에는 FA컵이 문제였다. 이번에는 다른 대회와의 중복이 아니라, 재경기 일정 문제였지만 말이다. 리버풀은 3부 리그 클럽 슈르즈베리 타운과 4라운드에서 만났다. 이 경기에서도 클럽은 1군 선수단 대부분을 쉬게 했고, 결국 그 경기는 2 대 2로 끝났다. 문제는 그 무승부로 인해 클럽이 가장 피하고 싶었던 문제가 오히려 더 심각해졌다는 점이었다. 무승부로 끝난 탓에 재경기 일정이 잡혔는데, 이것이 하필 2월 초로 잡힌 것이다. 2월 초는 잉글랜드 축구계에서 처음으로 겨울 휴식기를 가질 예정이었던 시기였다. 클럽은 선수들에게 이미 예정되어 있던 휴식을 빼앗을 마음이 없었다. 그래서 리버풀은 재경기에서도 23세 이하 팀을 내보냈고,

감독 본인조차 그 경기를 지휘하지 않았다. 그 결정은 많은 논란을 불러왔다. 이번 경기의 경우에는 리버풀 1군 팀의 출전이 물리적으로 불가능한 상황은 아니었기 때문이다.

특히 클롭의 그 선택에 대한 강한 비판에 따라왔다. 특히 3부 리그 클럽 애크링턴 스텐리의 구단주인 앤디 홀트는 리버풀이 FA컵을 무시하고 있다고 발언했고, 심지어 "클럽의 결정은 불명예스럽고, 더 높은 대회의 성공만을 위한 이기적인 결정"이라는 강도 높은 비판을 가했다. 홀트는 그에 더해 클럽이 FA컵에 참가하는 하부 리그 클럽들을 무시하고 있다며 그 클럽들에게 FA컵은 하나의 대회일 뿐만 아니라 중요한 수입처라고도 말했다. 슈르즈베리 타운의 샘 리케츠 감독 역시 비슷한 의견을 내놨다. 리버풀 1군 선수단과의 경기라면 만원 관중도 가능하지만 23세 이하 팀이라면 그렇지 않기 때문이다. 클롭은 그 문제에 대해 리케츠와 직접 대화를 나눴고, 그의 입장을 잘 전달한 것처럼 보였다.

리버풀의 전 수비수인 제이미 캐러거는 클럽이 그의 1군 선수단을 보호하려는 취지는 이해하지만, 왜 그가 23세 이하 선수들이 출전하는 경기의 감독으로 나서지 않은 것에 대해서는 의구심을 드러냈다. "1군 선수들이 겨울 휴식기를 즐기는 것은 좋다. 겨울 휴식기를 이제 막 도입했는데, 그 기간에 선수들에게 뛰라고 할 수는 없다. 그러나 23세 이하 팀이라도 클럽이 이끌어야 한다. 어린 선수들도 얼마나 즐거워하겠는가."

클롭은 자기 자신을 혁신가로 여기지 않는다. 이는 그런 차원의 논쟁거리는 아니었다. 그는 항상 자신의 선수들에 대한 책임감을 느낀다. 만약 누군가가 클롭이 그 경기에 나서지 않은 것을 두고 그가 게으르다고 생각했다면, 그에 대해 클롭이 할 수 있는 일은 아무것도 없다. 클롭에게 있어 그것은 원칙의 문제였다. 지나치게 빡빡한 일정속에서 자신의 선수들을 지키기 위한 원칙. 그가 그 주제에 대해 얼마나 자주 과감한 발언을 했는지를 고려한다면, 클롭은 아마도 자신의 '보이콧'을 통해, 일정을 관리하는 사람들에게 무언의 메시지를 보내려고 한 것이라고 해석하는 편이 옳을 것이다. 그러나 과연 클롭의 그 결정은 그의 평소 발언과 언행일치를 이루는 것일까? 혹은 세계에서 가장 오래된 축구 대회를 무시하는 행동이었을까? 클롭이 23세 이하 팀을 직접 이끌었다면, 정말 그 결정이 문제가 되지 않았을까? 혹은 그렇게 했다면, 그것은 23세 이하 팀 감독을 무시하는 결정은 아니었을까? 그에게 안필드에서 자신의 선수들을 이끌 기회를 뺏으며 동기부여를 앗아갈 수도 있는 결정은 아니었을까?

어떤 쪽으로 해석하든지 간에, 클롭은 경기 전과 경기 중에 전화를 통해 23세 팀 감독 크리칠리와 대화를 나눴다. 크리칠리는 경기후 "클롭이 전화를 통해 여러 조언을 건네며 '리버풀답게 플레이하라'는 점을 강조했다"라고 말했다. 팀의 부주장인 제임스 밀너 역시 유소년 선수들과 함께 훈련하며 사기를 북돋아줬다. 그리고 경기 중에도 벤치 바로 뒤 관중석에 앉아 경기를 함께 지켜보며 어린 선수들을 격려했다.

그리고 결국 그 모든 논쟁에도 불구하고 클롭이 '어린이들'이라고 부른 그 23세 팀은 슈르즈베리 타운을 1 대 0으로 꺾으며 승리를 거뒀다. 그 골은 자책골에서 나왔지만, 그 결과는 리버풀의 어린 선수들의 뛰어난 경기력과 홈팬들의 응원 덕분에 가능했다. 평균 연령 19세 102일이었던 그 팀은, 리버풀이 실전 경기에 내보낸 역대 최연소 팀이었다. 이날 경기에서 주장을 맡았던 19세의 커티스 존스는 리버풀 역사상 최연소 주장으로 경기에 나선 선수가 됐다. 18세의 풀백 네코 윌리엄스는 "정말 믿을 수 없는 밤이다. 오랫동안 잊을 수 없을 것이다"라고 말했다.

뜻밖의 암초

FA컵 리버풀의 다음 상대는 첼시였다. 스탬퍼드 브리지에서 열린 5차전에서 클롭은 다시 한번 로테이션 정책을 유지했고, 선발 11명의 선수 중 1군 선수는 절반 정도만 내보냈다. 두 유망주 커티스 존스와 네코 윌리암스는 다시 한번 선발로 출전하는 기회를 얻었다. 클롭은 그의 약속을 지켰다. 그는 그 전에 23세 이하 팀이 슈르즈베리를 꺾는다면, 한두 명의 선수를 다음 라운드에도 선발 출전시킬 것이라고 말한 적이 있었다.

그러나 리버풀은 첼시에 0 대 2 패배를 당했고, 그 결과를 두고 또다른 논쟁이 따라왔다. FA컵이라는 대회에서 우승을 차지할 수 있는 가능성을 충분히 높게 여기지 않은 게 아니냐는 것이었다. 시즌 종료까지 10경기가 남아 있는 상황에서 리버풀은 리그에서 2위 맨시티와 22점 차로 앞서 있었고, 맨시티가 한 경기 덜 치른 경기에서 승리하더라도 여전히 19점을 앞선 상태였다. 그렇다면 FA컵에서 오히려 1군 선수들을 기용하는 것이 더 현명한 선택은 아니었을까? 클롭은 그에 대해 "왓포드전에 비하면 오늘 경기력은 나쁘지 않았다"라고 평가했다. 그들이 지난 4경기에서 8실점을 했다는 사실에 대해서는 "잘 알고 있다. 보통은 우리를 상대로 많은 기회를 얻지 못한다"라고 말했다.

왓포드전이 끝난 후 리버풀은 2경기 연속 패배를 기록했고, 그것은 한동안 계속해서 승리와 우승을 기록하던 리버풀에게는 낯선 상황이었다. 맨유의 소년 팬이 보냈던 그 편지가, 리버풀이나 혹은 상대 팀들에게 영향을 준 것일까? 물론 아니다. 지난 4경기 중 3번의 원정 경기에서 패배를 당한 후, 리버풀은 강등권 팀 본머스를 상대로 2대 1 승리를 거두며 다시 방향을 되찾았다. 그 경기에서의 경기력 역시 완벽하다고 볼 수는 없었고, 선제골을 내준 후 역전을 하긴 했지만 중요한 것은 승점 3점이었다. 이제 리버풀은 리그 우승까지 2승만을 남겨두고 있었다. 다른 팀들의 결과와 관계없이 말이다. 프리미어리그 우승이 눈앞에 다가왔다. 리버풀의 시민들, 리버풀의 빨간색 팀을 응원하는 시민들은 경우의 수를 생각하며 30년 동안 기다려온 파티를 준비하기 시작했다. 리버풀에게 가장 중요한 것은 그것이었다. 그러나 그 본머스전이, 2019-20시즌 리버풀의 마지막 리그 경기가 될 수도 있는 상황이 발생했다.

그 기한을 알 수 없는 중단이 발생하기 직전 리버풀의 마지막 경기는 챔피언스리그 아틀레티코 마드리드와의 2차전, 안필드 홈경기였다. 이 경기는 코로나 바이러스가 막 퍼지기 시작한 시점의 경기로 관중을 어느 정도 규모로 어떻게 입장시켜야 할지가 큰 논쟁거리였다. 그러나 이미 입장표는 오래 전에 매진된 상태였고, 3,000명의 원정 팬들은 결국 경기장에 입장했다. 결과적으로 그 결정은 당시 이미 바이러스가 퍼지기 시작했던 스페인에서 잉글랜드로 코로나 바이러스를 옮겨오는 결과를 초래했다. 실제로 그 경기가 끝난 뒤인 4월 중순부터 머지사이드에서 코로나 바이러스로 인한 사망자가 나오기 시작했다.

2020년 3월 11일에 열린 그 경기는 코로나 바이러스로 인해 잉글랜드 축구계가 중단되기 전의 마지막 경기였다. 유럽의 경우 처음에는 무관중으로라도 경기를 이어 가자는 의견이 우세했지만(특히 TV 중계권 문제 등으로 인해), 축구가 중단되지 않을 경우 경기장이 아니라도 펍 등에서 사람들이 모인다는 점 등을 감안해 결국 모든 축구 일정을 중단하기로 했다.

유럽 대회 탈락

그러나 리버풀은 장기간의 리그 중단 일정 직전에 또 하나의 불필요한 패배를 당하고 말았다. 아틀레티코의 공격을 완벽히 잠재우는 데는 성공했지만, 결정적인 기회를 살리지 못한 것이 화근이 됐다. 리버풀이 경기를 완벽하게 지배했음에도 연장전 역습 상황에서 나온 한 번의 실수가 패배로 이어졌다. 베이날둠이 전반전 종료 직전 골을 기록했고, 피르미누가 합산 스코어상 우위를 안기는 골을 기록하는 등 모든 것이 리버풀의 흐름으로 이어지는 것처럼 보였다. 안필드의 압도적인 분위기가 다시 한번 그 위용을 드러내는 것만 같았다.

그러나 갑자기 모든 것이 바뀌었다. 큰 실책이 나온 것은 부상당한 알리송 대신 출전한 골키퍼 아드리안으로부터였다. 이렇다 할 압박이 없는 상황에서 그는 실수로 상대 공격수 주앙 펠릭스에게 볼을 넘겼고, 펠릭스는 그 볼을 곧바로 요렌테에게 연결했다. 요렌테는 그 볼을 골문 구석에 찔러 넣으며 2차전 스코어를 2 대 1로 만들었다. 그대로 경기가 끝난다면 원정 다득점 원칙에 따라 리버풀이 탈락하는 상황이 된 것이다. 리버풀은 즉각 공세에 나섰지만, 그런 상황에 익숙한 아틀레티코 마드리드는 오히려 요렌테와 모라타의 골을 추가하며 합산 스코어를 4 대 2로 만들어버렸다. 지난 시즌 유럽 챔피언이 챔피언스리그에서 탈락하는 순간이었다. 그것은 리버풀이 1, 2차전으로 치러지는 유럽 대회에서 클롭 부임 이후 겪은 첫 탈락이었다.

경기 후 클롭은 "나는 95분의 경기를 즐겼다"라고 말했다. 그는 리버풀이 두 번째 골을 기록하지 못한 것을 안타깝다고 말했다. 동시에 그는 상대 팀에 대해 "다양한 포지션에 월드클래스 선수들이 뛰고 있는 아틀레티코 마드리드가 자신의 플레이를 한다면 그들을 이기는 건 쉬운 일이 아니다"라고 하면서 "그러나 그들의 플레이 방식은… 나는 이해를 못하겠다. 솔직히 말해서 적어도 오늘, 나는 나쁜 패자다. 만약 내가 마음속에 있는 모든 것을 말한다면, 최악의 패자가 될지도 모른다. 그러니 여기까지만 말하는 게 좋을 것 같다"라고 덧붙였다.

그러나 그 모든 것에도 불구하고, 클롭은 아틀레티코 마드리드의 수비적인 스타일, 심지어 자국에서도 일부 언론으로부터 비판을 받았던 그들에 대해 옹호하기도 했다. "성공적인 축구는 매력적인 축구이고 내게 그들의 축구는 매력적이다. 강도가 높고 빠르다. 분명한 목표와 철학이 있고 공격적이다. 그에 대해 비판하는 사람들은 아마도 스페인이 '티키타카'의 나라이기에 그런 것이 아닌가 싶다."

코로나 브레이크

그 경기를 끝으로 유럽의 축구는 한동안 완전히 멈췄다. 축구뿐 아니라 일반 시민들의 삶도 모두 멈췄다. 코로나 바이러스에 대한 대책이 세상의 모든 관심 사안이 됐다. 2020년 예정됐던 유로 2020도 1년 연기됐다. 그로 인해 국가대표팀들간의 일정도 미뤄졌다. 그것은 또한, 2020년 6월 30일에 계약기간이 종료될 예정이었던 선수들의 계약은 어떻게 되는 것인지에 대한 문제를 불러오기도 했다. 일각에서는 그 시즌 전체를 취소해야 한다는 주장까지 나오기 시작했다.

그러나 만약 시즌 자체를 없었던 일로 한다면, 그 후의 일들은 어떻게 한단 말인가? 승격팀과 강등팀, 우승팀 등의 모든 문제는? 그 모든 것을 없던 걸로 하고 모든 것을 2019년 여름의 상태로 되돌린단 말인가? 전례 없는 코로나 사태로 인해 모든 것에 물음표가 붙게 됐다. 아무도 무엇을 어떻게 해야 할지 알 수 없었다. 그 시점부터 축구 일정은 축구인들만의 것이 아니라 정치인, 의료진, 국가기관에 달린 일이 되었다. 프랑스의 리그 1과 네덜란드 1부 리그는 취소됐다. 프랑스의 경우 당시 리그 1위였던 PSG가 우승 타이틀을 얻었고, 2개의 클럽이 승격하는 대신 아미앙과 툴루스가 강등당했다. 네덜란드의 경우는 시즌 전체가 없던 것이 됐다. 승격팀도 강등팀도 없었다. 몇몇 클럽들은 그 결정에 대해 법적인 절차를 취하겠다고 대응했다.

리버풀에게 있어, 시즌을 취소한다는 것은 그 어떤 것보다도 치명적인 일이었다. 그들은 29라운드까지 경이로운 시즌을 보내고 있었고, 30년 만의 리그 우승까지 승점 6점만을 남겨놓은 상태였다. 그들의 우승은 사실상 확정된 것이나 다름없었다. 그러나 한편으로 그대로 우승이 확정된다 한들, 아무도 입장하지 못하는 텅 빈 홈구장의 분위기는 끔찍할 게 뻔했다. 그들은 1년 전 챔피언스리그에서 우승할 때처럼 오픈톱 버스를 이용한 파티를 이미 꿈꾸고 있었다. 그러나 이제 그 모든 것이 코로나 바이러스의 영향으로 누구도 예상할 수 없는 상황에 놓이고 말았다.

2020년 3월 말, 리버풀은 클럽과 선수들 및 스태프들이 함께 그들의 자국어로 녹화한 영상을 공개했다. 코로나 바이러스로 인한 세계적인 위기에서 고생하는 의료진과 봉사자들을 위한 영상이었다. 그 비디오 끝에 남긴 메시지는 "집에서 머물며, 생명을 살리자"라는 것이었다. 클럽은 언제나 자신의 생각을 솔직히 밝히는 사람이었고, 그것은 코로나 바이러스 기간에도 그대로였다. 그는 6월경에는 코로나 바이러스에 대한 영국의 정책에 대해 공개적인 발언을 하기도 했다. 그 당시 영국은 유럽 내 최악의 확진자 숫자를 기록하고 있었다.

과연 코로나 바이러스 사태로 인한 피해는 어느 정도일까? 이 주제에 대해서라면, 어떤 과격한 표현도 참작이 될 정도였다. 그것은 단지 사람들의 생명이나 건강 문제일 뿐 아니라, 경제적인 문제이기도 했다. 선수들의 주급과 감독의 급여, 클럽 스태프들의 급여는 계속 지급되어야 마땅하지만, 그 돈을 제공하는 스폰서들이 경제적인 어려움을 겪게 된다면? TV 중계권료가 지급되지 않는다면? 결국 여러 가지 상황 속에서 리버풀은 다른 프리미어리그 클럽들과 마찬가지로 비정규직 스태프들의 휴직을 결정하게 됐다. 그들에 대한 방침은 2020년 3월 영국 정부에서 1인당 월 2,500파운드까지의 비용을 3개월 동안 지급하기로 한 방침을 참고한 것이었다. 이에 대해 디디 하만은 "그 기금은 그런 목적으로 조성된 것이 아니다. 리버풀이라는 클럽의 정책과 방향에 반하는 것이다"라고 말했다. 그의 주장은, 그 기금은 당장 생존의 문제에 닥친 중소 규모의 기업과 가계를 지원하기 위해 조성된 기금이지, 수많은 후원사들을 거느린 프로 축구 클럽들이 사용하라고 만들어진 것이 아니라는 지적이었다. 실제로 그 결정은 리버풀의 심각한 '자책골'이자, 그들의 수많은 중산층, 노동자 팬들을 실망시키는 결정이었다. 클럽 CEO 피터 무어가 말한 것처럼 그들은 "샹클리라면 어떻게 했을까?"를 미리 생각해봤어야 했다.

리버풀은 결국 그 결정으로 인해 심각한 비판을 받게 됐다. 피터 무어는 클럽 홈페이지에 게재된 성명문을 통해 공개적으로 사과했고, 그들의 계획을 변경하겠다고 밝혔다. "지난주, 우리는 정부가 발표한 코로나 바이러스 구제 정책에 지원하기로 결정했었는데, 그 결정에 대해 사과한다. 우리의 당시 의도는, 현재도 그렇지만, 우리의 스태프들이 코로나 바이러스로 인해 받는 피해를 최소화하는 것이었다. 물론 이 위기 이전에는 우리가 재정적으로 건강한 상태에 있었지만, 지금은 클럽의 지출이 그대로인 상황에서 수입이 중단된 상태다." 그는 리버풀이 코로나 바이러스로 인해 큰 피해를 받은 것은 사실이지만 앞으로 다른 대안을 찾겠다고 밝혔다.

코로나 바이러스 기간 중의 훈련 일정에도 차질이 발생했다. 록다운으로 인해 더 이상 멜우드 트레이닝 센터에서 훈련을 하는 것은 불가능해졌다. 새로운 훈련장을 리버풀 북서부의 커비로 옮기려는 계획도 연기됐다. 마지막 건물들의 건축 일정 자체가 연기됐기 때문이다. 다른 모든 분야의 근무자들과 마찬가지로, 리버풀 역시 화상회의를 통해 모든 것을 진행하기 시작했고, 선수들의 훈련도 온라인 팀 훈련으로 대체됐다. 현대의 인터넷 기술 덕분에 선수들은 개인별로 최소한의 훈련을 받을 수 있었다.

30년 만의 리그 우승

FA와 프리미어리그는 축구 일정을 빠르게 재개시키기를 원했다. 당초 계획은 4월 3일부터 다시 일정을 재개하는 것이었지만, 보건상의 문제 때문에 연기됐다. 유럽 리그들 중 5월 중순에 가장 먼저 리그 일정을 재개한 것은 독일 분데스리가였다. 결국 무관중 경기를 갖되, 선수들이 정기적으로 코로나 바이러스 검사를 받는 동시에 철저한 자기격리 규정을 준수하고, 선수와 스태프를 포함한 300명 이내의 인원만 경기장에 있는 조건으로 리그 경기를 재개한다는 새로운 안이 발표됐다. 마침내 6월 17일, 프리미어리그도 재개됐다. 리버풀은 이제 장기간의 기다림 끝에 그들의 궁극의 목표였던 리그 우승을 위해 다시 나아갈 수 있게 됐다.

리그 재개 후 치러진 리버풀의 첫 번째 일정은 구디슨 파크에서 열린 에버튼 원정이었고, 양 팀은 0 대 0 무승부를 거뒀다. 그 경기는 236번의 머지사이드 더비 중 첫 번째 무관중 경기였다. 그 경기는 평소 리버풀다운 카리스마와 에너지를 찾아볼 수 없는 지루한 경기였다. 혹시라도 코로나 기간 동안 리그 중단의 영향으로 리버풀의 좋은 흐름이 완전히 사라진 게 아닐까 하는 우려는 바로 다음 경기에서 해소됐다. 6월 24일, 크리스탈 팰리스전에서 리버풀은 4 대 0 대승을 거뒀고, 그 승리는 리버풀이 31번의 리그 경기에서 거둔 28번째 승리였다. 그리고 하루 뒤 그 경기에서의 승리가 리버풀의 목표가 달성되는 결과였다는 것이 밝혀졌다. 맨시티가 첼시 원정에서 1 대 2로 패하면서, 리버풀이 남은 경기 결과와 관계없이 리그 우승을 차지하는 것이 확정된 것이다. 리버풀 팬들의 30년 동안의 기다림이 드디어 끝났다! 그것은 리버풀 역사의 새로운 장을 여는 결과이자, 스포츠의 환희와 인간의 비극이 겹쳐진 가장 기념비적인 순간이었다.

첼시와 맨시티전이 끝난 후, 클럽과 선수들은 리버풀의 호텔 테라스에 각각 나와 원 없이 우승의 순간을 즐겼다. 코로나 바이러스의 영향으로 인해 그들 이외의 다른 사람들과 함께 즐길 수는 없었다. 그 우승을 축하하는 자리에서 클롭은 그의 선수들을 위해 춤을 추기도 했다. 다음 날 그는 사실 우승 기념 입장문을 준비했었지만, 너무 기쁜 나머지 까맣게 잊어버렸다고 말했다. 그는 그 순간을, 그가 2008년 마인츠를 떠났던 때처럼 감정적이었던 순간이었다고 말했다.

클롭은 리버풀 팬들에게 코로나 바이러스 상황을 감안해 파티를 최소화해달라고 부탁했으나, 수백 명의 팬들이 안필드에 몰려들어 리버풀이 30년간 기다린 우승을 축하했다. 하지만 이것은 영국 정부의 코로나 바이러스로 인한 사회적 거리두기 규정을 위반한 것이었다. 또 다른 수천 명의 팬들도 리버풀의 피어 헤드에 모여 우승을 축하했다. 리버풀은 이에 대해 클럽 성명문을 내고 정부의 규정을 어기는 행위는 클럽으로서 인정할 수 없다고 목소리를 높였다.

가드 오브 아너

물론 리버풀의 리그 우승은 몇 주, 몇 달간 거의 확정적인 상태였지만 (코로나 바이러스로 인해 한때 취소당할 우려를 낳기도 했지만) 클럽은 우승이 확정된 순간 매우 강한 감동을 느꼈다. 스카이스포츠와의 TV 인터뷰에서 그는 수차례 눈물을 닦으며 감정을 제어하지 못한 모습으로 아주 솔직하게 소감을 밝혔다. 이날 그가 했던 말은, 리버풀의 레전드였던 케니 달글리시 경과 그레엄 수네스가 과거에 했던 발언과 매우 유사했다.

"이것은 위대한 순간이다. 뭐라고 말해야 할지 모르겠다. 정말 이런 기분일 거라고는 상상도 못했다. 정말 대단한 기분이다." 그는 갑자기 감정이 북받치는 바람에 인터뷰를 멈춰야 했다. "미안하다." 다음 날, 그는 화상 기자회견에서 "나는 이 우승이 리버풀 팬들에게 모든 것을 의미한다는 것을 안다. 나에게도 마찬가지다. 나는 작년부터 이 순간을 기다렸지만, 이 우승이 정말로 대단하다고 느낀다." 그렇게 감정이 북받친 순간에도 그는 리버풀 팬들과 선수들, 코칭스태프 그리고 달글리시, 스티븐 제라드 등에게 공을 돌리며 지난 2년 반의 시간 동안 놀랍도록 꾸준했던 팀을 치하했다.

프리미어리그에서는 우승을 확정 지은 팀은 다음 경기에서 특별한 축하를 받는다. 우승이 확정된 팀이 다음 경기에 입장할 때 상대 팀 선수들이 양쪽에 도열해서 박수를 치며 맞이하는 '가드 오브 아너'라고 불리우는 의식이 그것이다. 이번 리버풀의 우승이 확정된 후, 가드 오버 아너를 하게 된 팀은 지난 시즌 우승팀이자 최근 몇 년 사이 클럽과 가장 격렬한 라이벌이었던 맨시티였다.

"리버풀은 우승할 자격이 있기 때문에 기꺼이 가드 오브 아너를 할 것이다." 펩 과르디올라 감독이 말했다.

7월 말, 리버풀은 안필드에서 또 다른 경쟁 팀인 첼시와 만났다. 관중들은 입장할 수 없었지만, 새로 시작된 프리미어리그 경기 중 25경기를 무료로 중계해주는 방송 덕분에 집에서 경기를 볼 수 있었다. 리버풀이 먼저 세 골을 기록했고, 그 후 스코어는 4 대 1이 됐다. 최종적으로 그 경기는 5 대 3으로 끝났고, 경기 종료 후 경기장 상공에서 불꽃놀이가 펼쳐졌다. 경기 종료 후 20분 정도가 지났을 때, 시상대에서 리버풀 레전드 달글리시가 주장 헨더슨에게 우승 트로피를 건넸다. 리버풀이 안필드에서 우승을 자축하는 순간이었다.

클럽은 우승을 확정 짓기 전 BBC와의 인터뷰에서 이렇게 말했다.

"우리가 우승을 차지한다면, 우리는 선수단 내부적으로 축하를 한 후에 가능한 어떤 방법이든 동원해서 팬들과 함께 다시 한번 우승을 즐길 것이다. 반드시 팬들과 함께하는 퍼레이드를 할 것이다. 언제가 되었든 말이다!"

코로나 바이러스로 인해 팬들과 함께 우승을 축하할 수는 없었지만, 언젠가 코로나 바이러스가 끝난 후 리버풀 팬들은 다시금 우승을 즐길 수 있을 것이다. 록다운, 사회적 거리두기, 온갖 자가격리 끝에 마침내 우승을 차지한 리버풀의 모습을 안필드에서 직접 보면서 말이다.

이제 클롭과 그의 팀은 2021년과 그 이후로 계속해서 클롭이 말했던 '보통normal'의 성공을 계속해서 차지할 수 있는 꿈을 갖게 됐다.

리버풀의 30년 만의 리그 우승에 대한 언론 보도

잉글랜드

데일리 메일: "처음부터 클롭과 리버풀은 천생연분이었다. 클롭은 리버풀이라는 클럽과 그 도시 그리고 그 사람들을 품에 안았다. 그는 잉글랜드 축구를 체득하는 데 오랜 시간이 걸리지 않았다. 딱히 심리학을 공부한 것도 아니고, 책을 읽은 것도 아니다. 그는 그냥 우리를 알고 있다."

데일리 텔레그라프: "리버풀이 맨시티를 그렇게 큰 승점 차이로 제치고 우승을 차지한 것은 잉글랜드 축구 역사상 가장 큰 성과 중 하

나다."

가디언 : "여름부터 봄까지 클럽의 리버풀은 마치 다른 팀들과는 전혀 다른 물리 체계를 가진 팀 같았다."

스페인

스포르트 : "리버풀이 30년 만에 다시 챔피언이 됐다. 그들의 저주가 드디어 풀렸다. 지금의 리버풀은 프리미어리그 역사상 최고의 팀 중 하나다. 위르겐 클롭에게는 승자의 유전자가 있다. 많은 좌절 뒤에도 그는 도르트문트와 마인츠에서 그것을 이미 증명했다."

문도 데포르티보 : "오랜 기다림이 드디어 끝났다. 1990년 달글리시의 전설적인 리버풀이 마침내 제대로 된 후계자를 만났다. 안필드에 클럽 동상은 언제 세워질 것인가?"

이탈리아

코리에레 델로 스포르트 : "리버풀의 역사적인 우승. 클럽이 그렇게 완벽하게 감독을 닮는 것은 매우 드문 일이다. 지금 축구계에는 최고의 선수들을 사 오느라 바쁜 감독들이 많다. 클럽은 최고의 선수들을 직접 만든다."

가제타 델로 스포르트 : "리버풀이 30년 만에 다시 왕좌에 올랐다. 클럽은 그가 과르디올라의 대체자라는 것을 증명했고, 비틀즈의 다섯 번째 멤버가 됐다. 그는 실로 걸작을 만들었다."

추가시간:

클롭의 어록, 클롭에 대한 어록

위르겐 클롭의 어록*

2001년에 감독 생활을 시작하면서

"제 인생에서 이렇게 준비를 철저히 한 적은 없습니다. 저는 선수로서 지녔던 능력보다 감독으로서의 능력에 더 자신감을 갖고 있습니다."

(2001년 12월 11일 〈프랑크푸르터 알게마이네 차이퉁〉지의 웹사이트에 공개 된 기사에서)

선수 커리어에 관해

"현역 시절의 저는 머릿속에 떠오르는 이미지를 피치 위에서 표현하지 못했습니다. 재능은 6부 리그 수준, 두뇌는 1부 리그 수준이었지요. 그 결과가 2부 리그입니다."

꿈꾸던 직업을 얻기까지의 활동에 관해

"프로축구 선수였던 시절은 언젠가 감독이 되기 위한 과도기로밖에 생각되지 않았습니다."

---

* 다양한 매체에서 인용한 것으로, 출처가 확실하지 않은 것도 있다. 확실한 것에만 출처를 명기했다.

팀의 플레이에 관해

"지금까지 저는 잔디 위에서 체스(여기에서는 지루한 축구라는 의미)를 하도록 팀을 지도한 적이 없습니다."

감독으로서 지향하는 것에 관해

"저는 제가 될 수 있는 최고의 감독이 되고 싶습니다."

(2011년 4월 24일자 〈노이에 취르허 차이퉁 암 존타크〉지의 인터뷰에서)

완전히 지쳐버린 어떤 경기 후 당시 샬케 감독이었던 프레드 루텐을 향해

"만약 땀 냄새가 진동한다면 그건 제 탓입니다. 이 경기는 그만큼 흥분됐어요."

수준 높은 축구를 하는 기쁨에 관해

"끔찍한 축구와는 이미 충분히 오랫동안 싸워왔습니다. 그것은 저 자신의 축구입니다."

현세대의 선수에 관해

"선수와 교류하는 것은 그리 어렵지 않습니다. 저는 축구를 하는 사람이라면 거의 다 좋아합니다. 그 상대가 젊고 제 이야기를 들어줄 수 있는 사람이라면 나이가 많고 저의 방법론에 참견하고 싶어 하는 사람보다 더 좋습니다. 당연한 일이지요. 하지만 제가 호감을 느끼느냐는 그 사람에게 배우려는 의지가 있느냐 없느냐에 따라 결정됩니다. 나이가 아니라 말이지요."

2011년 슈퍼컵에서 샬케에 패했을 때 결정적인 득점 기회를 여러 차례 놓친 것에 대해

"그런 논란에는 작년부터 흥미를 잃었습니다. 우리가 저번 시즌에 놓친 결정적인 득점 기회의 수는 레버쿠젠이 만들어낸 결정적인 득점 기회보다 많았습니다."

(2011년 7월 28일에 웹사이트 'www.derwesten.de'에 공개된 기사에서)

오피니언 리더가 없다는 논란에 관해

"누리(사힌)가 이 클럽에 왔을 때는 의견을 말할 수 있는 상태가 아니었습니다. 그렇다면 누구에게도 그 역할을 시킬 필요는 없습니다. 제게는 아무도 말하지 않는 편이 누군가가 실언을 하는 편보다 낫습니다."

(2011년 7월 28일에 웹사이트 'www.derwesten.de'에 공개된 기사에서)

DFB-포칼에서 '급이 낮은 팀'과 경기할 때의 요구 수준에 관해

"잔트하우젠을 상대로 패스 미스를 범하는 것과 바이에른 뮌헨을 상대로 패스 미스를 범하는 것에 대한 평가가 다르다고 생각한다면 그건 머리가 이상한 겁니다."

(2011년 7월 28일에 웹사이트 'www.derwesten.de'에 공개된 기사에서)

결코 수비적이 아닌 자신의 팀의 스타일에 관해

"우리가 남쪽 스탠드의 '노란 벽' 앞에 나란히 서서 두 번째 벽이 될 필요는 없습니다."

위르겐 클롭에 대한 어록

안드레아스 레티히Andreas Rettig_2011-12시즌 말까지 FC 아우크스부르크의
매니저, 2013년 1월부터 독일축구리그DFL 이사

"저는 클롭과 마인츠의 카페에서 아침을 먹었을 때를 지금도 똑똑히
기억하고 있습니다. 당시 쾰른의 매니저였던 저는 클롭과 한번 이야기
를 해보고 싶었습니다. 말하자면 감독 스카우팅 같은 것이었지요. 솔
직히 저는 그때처럼 음식을 거의 입에 대지 않은 채 오랫동안 아침 식
사 테이블에 앉아 있었던 적이 없었습니다. '우와, 이 사내에게는 정말
반할 지경이군!'이라며 감탄만 했지요. 세상에는 매일매일 세상으로
뛰쳐나가 자신의 능력을 보이려 하는 사람이 있는데, 클롭은 바로 그
런 유형입니다.

클롭은 현명해서 적재적소에 사람을 배치할 줄 압니다. 제가 특히 마
음에 들었던 점은 클롭이 자신에 대해서도 웃을 수 있는 사람이며 자
신을 과대평가하지 않는다는 것이었습니다. 교묘한 화술과 깊은 조예
에도 감명을 받았지요. 식기가 놓인 아침 식사 테이블 위에서 에그 스
탠드를 사용해 올바른 지역방어의 움직임을 아주 알기 쉽게 설명해줬
습니다. 정말 인상 깊었습니다."

(2011년 8월 3일자 〈루르 나흐리히텐〉지에서)

프리드헬름 훈켈Friedhelm Funkel_FC 바이어 05 위르딩겐과 FC 카이저슬라우테
른에서 분데스리가 선수로 활동했으며, 현재 포르투나 뒤셀도르프를 이끌고
있는 감독

"10년 전에 클롭이 마인츠에서 감독 생활을 시작했을 무렵이 떠오릅
니다. 저는 당시 쾰른의 감독이었는데, 위르겐이 그때 이미 선수들을

볼을 향해 격렬히 달려들도록 지시했던 것이 기억에 남아 있습니다. 솔직히 말해 그 팀의 선수 개개인은 지금의 보루시아 도르트문트만큼 우수하지 않았습니다. 위르겐은 당시 2부 리그에서 그런 플레이를 시도하며 정밀도를 높여나갔지요.

그리고 지금은 선수 개개인이 높은 능력과 힘을 지닌 보루시아 도르트문트를 이끌고 있는 만큼, 당연히 그 플레이의 수준이 점점 향상되고 있습니다. 볼을 빼앗은 뒤의 플레이도, 상대 골문 앞에서의 속도도 10년 전보다는 훨씬 향상되었습니다. 당시 마인츠와 경기하게 되면 항상 두려움이 엄습해 소극적이 되었던 것이 지금도 생생하게 기억납니다. 우리는 무엇이 우리를 향해 다가올지 알고 있었습니다. 당시 클로포가 팀을 어떻게 정비했는지 알고 있었습니다. 그리고 그 팀을 상대하는 것은 참으로 어려운 일이었습니다. 그런 플레이가 세월이 흐르면서 더욱 향상되었습니다."
(보훔에서 열린 2011년 국제 코치 회의에서)

미르코 슬롬카_하노버 SV의 전 감독
"시스템(감독이 팀을 어떤 형태, 조직으로 플레이시키느냐)은 팀에, 그리고 어느 정도는 클럽의 철학에도 부합하는 것이어야 합니다. 그러면 클럽이라는 단위에서 무엇인가를 발전시킬 수 있다는 것이 제 생각인데, 그런 의미에서 클로포가 만들어낸 시스템은 클럽에 아주 잘 부합합니다."
(보훔에서 열린 2011년 국제 코치 회의에서)

미하엘 외닝_뉘른베르크와 함부르크 SV의 전 감독이자 버셔시 SC의 감독
"항상 팀을 우선하고, 팀과 어떤 플레이를 할 수 있을지를 곰곰이 생각해야 합니다. 물론 이때 참고할 수 있는 표본이 있다면 좋겠지요. 그것을 얻기 위해 스페인(여기에서는 FC 바르셀로나를 의미)까지 갈 필요는 없습니다. 저는 도르트문트를 모방하는 것이 참으로 즐겁습니다."

(보훔에서 열린 2011년 국제 코치 회의에서)

크리스티안 네를링거 Christian Nerlinger_**바이에른 뮌헨의 전 단장**

"터치라인에 서 있는 클롭을 보면 감정적이라기보다 사이코패스적인 과잉 반응으로 보이는 부분이 있습니다."

(2011년 4월 19일에 텔레비전 방송국 '슈포르트아인스'에서 방송된 〈아우디 스타 토크〉에서 한 발언. 농담으로 한 말이었으나, 네를링거는 그 후 이 발언에 대해 클롭에게 사과했다.)

한스-귄터 브룬스 Hans-Günter Bruns_**오랫동안 보루시아 뮌헨글라트바흐에서 뛴 선수 출신 감독**

"최근의 수비적이기만 한 팀들에는 정말 화가 납니다. 도르트문트 같은 플레이야말로 진정한 축구입니다! 현재 위르겐 클롭처럼 팀에 공격적인 플레이를 시키는 감독은 극소수뿐입니다. 도르트문트는 끊임없이 앞을 향해 플레이하면서 수비도 안정적으로 합니다. 어떻게 해야 이런 균형을 맞출 수 있는지를 잘 보여주는 팀이지요."

(2012년 7월 5일에 저자와의 대담에서)

볼프강 프랑크_**마인츠 등을 지휘한 클롭의 스승과도 같은 감독**

"먼저, 위르겐은 성격이 좋습니다. 이것은 가족과 학교에서 형성된 것이지요. 그것을 바탕으로 위르겐은 지성을 키울 수 있었습니다. (…) 이해 속도가 매우 빨랐던 위르겐은 전술적인 측면에서 성장하려 했습니다. 기술적인 측면에서는 대단한 선수가 아니었기 때문이지요. (…) 위르겐은 옛날부터 언제나 좋은 녀석이었습니다. 정직하고, 솔직하고, 비판을 받아들일 줄 알고, 팀에 모든 것을 바치는 친구입니다. 논쟁이 벌어지면 언제나 앞장서서 참여했지요. 또 피치 위에서도 감정을 폭발시킬 때가 있었습니다. 머릿속에는 좋은 아이디어가 넘쳐나는데, 자신의 축구 실력으로는 그 아이디어를 실현할 수 없었기 때문이지요. 너무 심하게 화를 내서 터치라인으로 불러들여야 할 때도 있었습니다. (…) 위르겐은 은인을 잊지 않습니다. 공경하는 마음을 가진 사람입니다."

(2011년 5월 1일자 〈프랑크푸르터 알게마이네 존탁스차이퉁〉지에서)

"공경하는 마음을 가진 사람."

클럽의 은사 볼프강 프랑크의 이 표현으로 위르겐 클롭을 소개한 이 책을 마무리하고자 한다.

위르겐 클롭 약력

이름 위르겐 노르베르트 클롭_{Jürgen Norbert Klopp}

생년월일 1967년 6월 16일, 슈투트가르트 출생

가족관계 아동 도서 작가인 아내 울라 클롭_{Ulla Klopp}과 아들 마르크 클롭_{Marc Klopp}이 있다. 마르크 클롭은 2010년부터 2012년까지 보루시아 도르트문트의 U-23 팀에서 뛰었지만 부상으로 23세에 축구 선수의 커리어를 마치게 되었다.

형제자매 누나 두 명

신장 193센티미터

닉네임 클로포

별자리 쌍둥이자리

학력 프랑크푸르트대학에서 스포츠 과학 학위를 취득(졸업 논문의 주제는 워킹. 단, 클롭 자신은 조깅을 더 좋아한다.)

선수로서의 소속 클럽

- 1972~1983: SV 글라텐(유스)
- 1983~1987: TuS 에르겐징겐(처음에는 유스, 그 후 톱팀)
- 1987: 1. FC 포르츠하임
- 1987~1988: 아인트라흐트 프랑크푸르트(아마추어 부문)
- 1988~1989: 빅토리아 진들링겐
- 1989~1990: 로트바이스 프랑크푸르트

- 1990~2001: 1. FSV 마인츠 05

선수 시절의 실적

- 마인츠에서 분데스리가 2부 리그 325경기에 출장. 이것은 클럽 최다 기록이다.
- 마인츠의 분데스리가 2부 리그 득점 랭킹에서 스벤 데만트(55골)에 이어 2위(52골). 1991년의 FC 로트바이스 에르푸르트전(5 대 0)에서는 1경기 4골을 달성했다.
- 포워드, 미드필더, 수비수라는 다양한 포지션에서 기용되었다.

감독으로 지휘한 클럽

- 2001~2008: 1. FSV 마인츠 05
- 2008~2015: 보루시아 도르트문트
- 2015~: 리버풀

감독으로서 세운 공적

1. FSV 마인츠 05

- 2004년 분데스리가 1부 리그 승격

보루시아 도르트문트

- 2010-11시즌, 2011-12시즌 분데스리가 우승
- 2011-12시즌 DFB 포칼 우승
- 2008(비공식), 2013, 2014년 DFL 슈퍼컵 우승
- 2013-14시즌 챔피언스리그 8강
- 2013-14시즌 분데스리가 준우승

- 2014-2015시즌 DFB 포칼 준우승

리버풀 FC
- 2015-16시즌 유로파리그 준우승
- 2017-18시즌 챔피언스리그 준우승
- 2018-19시즌 프리미어리그 준우승
- 2019년 UEFA 슈퍼컵 우승
- 2019년 FIFA 클럽 월드컵 우승
- 2018-19시즌 챔피언스리그 우승
- 2019-20시즌 프리미어리그 우승

개인 수상
- 독일 올해의 감독상(2011, 2012, 2019년)
- 2013년 FIFA 올해의 감독상 2위
- 2019년 FIFA 올해의 감독상 수상

위르겐 클롭

2판 1쇄 인쇄   2021년 7월 6일
2판 2쇄 발행   2024년 5월 20일

지은이 엘마 네벨링
옮긴이 이성모
펴낸이 김기옥

실용본부장 박재성
마케터 서지운
지원 고광현, 김형식

디자인 푸른나무디자인
인쇄 · 제본 민언프린텍

펴낸곳 한스미디어(한즈미디어(주))
주소 04037 서울시 마포구 양화로 11길 13(서교동, 강원빌딩 5층)
전화 02-707-0337 | 팩스 02-707-0198 | 홈페이지 www.hansmedia.com
출판신고번호 제 313-2003-227호 | 신고일자 2003년 6월 25일

ISBN 979-11-6007-705-6 03690

JÜRGEN
KLOPP
THE BIOGRAPHY